判例講義
刑事訴訟法

渡辺 咲子

不磨書房

はじめに

　本書は，刑事訴訟法の基礎を学んでいる法科大学院の２年次，３年次における刑事訴訟法の学習の参考とすることを念頭にしたものです。
　法科大学院では，刑事訴訟法の基礎をひととおり学習すると，具体的事案にそれを当てはめて考えていく「事例演習」にすすんでいきます。提示された事例について，何か問題となるところはないかをチェックし，検討するのです。このような学習（訓練といった方が正確でしょう）は，司法修習生になっても続きます。事実を掘り起こし，評価し，評価した事実に基づいた主張を組み立て，これを説得力のある文書にするのが法律実務家の仕事の重要な部分ですから，法科大学院生の演習はその入門編，司法修習生の演習（起案）は中級編といえるでしょう。
　実務家が事件を担当したときに書くことになる法律文書も，法科大学院生が演習の答案として書く文書も，「考え方」の基本は同じです。
　教科書にしたがって法律の基本的な知識を身につけても，それを具体的な事案に応用して，その検討結果を文書にしていくのは，容易なことではありません。
　どのように考え，どのように書くかの一番の見本は判例です。刑事訴訟法を学んだときに，判例の重要性も学び，主要な判例については勉強してきたと思います。主要な判例については，優れた解説や評釈がたくさん発表されています。これらを熟読することも刑事訴訟法の理解を深めるためには重要です。本書は，判例を解説したり，研究したりすることに力点を置きません。法科大学院生が事例問題に接したときに，どのように考え，どのように書けばよいか，そのノウハウを手に入れるために，判例となっている最高裁や高裁の判決・決定文を読んでいきます。判例に示された事実を辿り，この事件の当事者であったら，どのように主張するだろうか，どのような相手方の主張が考えられるだろうか，裁判官としてどのような判決を書けばよいだろうかと，事案の中に自らの身を置いて考えていきましょう。また，あわせてそれぞれの事案に関連す

はじめに

る刑事手続についても復習していきましょう。

　本書が法科大学院生の学習にはもちろん，司法修習生の修習や法律実務家の執務の参考となれは幸いです。

　2009年7月

渡辺　咲子

目　次

はじめに

◆ 第1章 ◆　**刑事訴訟の原則**────────────────1

1-1　最(大)判昭47・12・20刑集26巻10号631頁（高田事件〜迅速な裁判）……1
　　1　何について判断している判例か〜「判示事項」に留意する（1）
　　2　本判決の判断（2）
　　3　具体的事案の解決（5）
　　4　判決理由はどのように組み立てられているか（6）

1-2　最(大)判平元・3・8民集43巻2号89頁（レペタ訴訟〜傍聴人による
　　　メモ）………………………………………………………………………12
　　1　判示事項と判決要旨を確認しよう（12）
　　2　何が問題となったのか（13）
　　3　最高裁の判断（13）

1-3　最判昭33・2・13刑集12巻2号218頁（職推主義と当事者主義）…………20
　　1　何を判示したものか（20）
　　2　裁判所が職権で証拠調べをしなければならない義務（21）
　　3　裁判所が審理において義務を果たさなかった場合どうなるか（25）

1-4　東京高判平8・7・16高刑集49巻2号354頁（捜査段階における通訳）…26
　　1　判示事項と判決要旨（26）
　　2　通訳人の能力を巡る問題（26）
　　3　判決の検討（27）
　　4　高等裁判所の判決と判例（28）

◆ 第2章 ◆　**弁護活動・弁護人に関する判例**────────29

2-1　最決平4・12・14刑集46巻9号675頁（被告人の公判調書閲覧権）………29
　　1　何が，なぜ，問題となったのだろうか（29）
　　2　裁判所の判断（30）

2-2　最判昭54・7・24刑集33巻5号416頁（国選弁護人の解任）……………32
　　1　何が判示されたのか（32）
　　2　この判決の背景（32）

v

3　判示事項〈1〉,〈2〉と判決要旨（35）
　　　4　判示事項〈3〉,〈4〉（36）
　2-3　最決平7・3・27刑集49巻3号525頁（弁護人の不出頭）……………37
　　　1　何が判示されたか（37）
　　　2　事案の経過（38）
　　　3　最高裁の判断（41）
　2-4　最決平5・10・19刑集47巻8号67頁（被疑者段階の特別弁護人）………43
　　　1　何を判示した決定か（43）
　　　2　特別弁護人（43）
　　　3　最高裁の判断（44）
　2-5　最(大)判平11・3・24民集53巻3号514頁（接見指定）………………46
　　　1　問題の所在（46）
　　　2　裁判所の判断（47）
　　　3　裁判所の判断～その余の憲法違反の主張（51）
　　　4　参考判例（52）
　2-6　最決昭55・4・28刑集34巻3号178頁（余罪の可否と接見指定）………56
　　　1　何が判断されたものか（56）
　　　2　どのような事例か（57）
　2-7　最決平17・11・25刑集59巻9号1831頁（証拠の保全）……………59
　　　1　どのような裁判か（59）
　　　2　事実の経過（60）
　　　3　本件の判断（61）
　　　4　誰が準抗告を申し立てるのか（64）

◆ 第3章 ◆　任意捜査に関する判例―――――――――――――――67
　3-1　最決昭51・3・16刑集30巻2号187頁（有形力の行使と任意捜査）………67
　　　1　判示事項と決定要旨（67）
　　　2　判示事項〈1〉「任意捜査において許容される有形力の行使の限度」（68）
　　　3　判示事項〈2〉の事例判断（70）
　　　4　この決定の考え方をどこまで応用できるか（73）
　3-2　最決昭59・2・29刑集38巻3号479頁（高輪グリーンマンション・ホステス殺人事件～宿泊を伴う取調べ）………………………………………75

目　次

　　　1　判示事項と決定要旨（75）
　　　2　宿泊を伴う取調べ（75）
　　　3　伝聞供述（判示事項〈2〉）（80）
3-3　最決平元・7・4刑集43巻7号581頁（長時間にわたる取調べ）············82
　　　1　どのような決定か（82）
　　　2　事実経過（82）
　　　3　最高裁の判断（84）
3-4　最(大)判昭44・12・24刑集23巻12号1625頁（京都府学連事件～犯罪現場の写真撮影）··86
　　　1　判示事項と判決要旨（86）
　　　2　「肖像権」についての判断（87）
　　　3　捜査手段としての写真撮影（88）
　　　4　本件への当てはめ（90）
　　　5　この後の関連判例（91）
3-5　最決平16・7・12刑集58巻5号333頁（おとり捜査）····························94
　　　1　判示事項と決定要旨（94）
　　　2　おとり捜査の許容性（95）
　　　3　決定文を確認する（95）
　　　4　あてはめ（判示事項〈2〉）（96）
3-6　最判昭53・6・20刑集32巻4号670頁（米子銀行強盗事件～所持品検査）··99
　　　1　判示事項（99）
　　　2　事実を読んでみよう（99）
　　　3　弁護人の主張（103）
　　　4　最高裁の結論（104）
3-7　最判昭61・4・25刑集40巻3号215頁（任意同行）····························108
　　　1　判示事項と判決要旨（108）
　　　2　事実の経過（109）
　　　3　裁判所の判断（110）
　　　4　反対の考え方（112）
3-8　最決昭55・9・22刑集34巻5巻272頁（交通検問）····························114
　　　1　何が問題となったのか（114）

vii

目　次

　　2　裁判所の判断（114）

◆第4章◆　捜索差押えに関する判例─────────117

4-1　最(大)決昭33・7・29刑集12巻12号2776頁（捜査差押令状の記載の程度）
　　　……………………………………………………………………117
　　1　どのような裁判なのか（117）
　　2　判示事項と決定要旨（117）
　　3　この決定が他に判断していることがらはないか（118）
　　4　場所の特定についての参考判例～最決昭30・11・22刑集9巻12号2484頁（120）

4-2　最決平14・10・4刑集56巻8号507頁（令状呈示前の立入り）…………121
　　1　どのような判例か（121）
　　2　判断の根拠となる事実（122）
　　3　何が問題となったか（125）
　　4　どのように判断し，どのようにそれを説明するか（125）
　　5　類似事例～大阪高判平6・4・20高刑集47巻1号1頁（126）

4-3　東京高判平4・10・15高刑集45巻3号101頁（捜索令状による捜索の範囲）………………………………………………………………131
　　1　何が判断されたのか（131）
　　2　どのような事件か（132）
　　3　弁護人の主張（133）
　　4　裁判所の判断（135）

4-4　最決平2・6・27刑集44巻4号385頁（捜索差押の際の写真撮影）……138
　　1　問題はなにか（138）
　　2　裁判所の判断（139）

4-5　最決平19・2・8刑集61巻1号1頁（捜索開始後に配達された荷物の捜索）………………………………………………………………141
　　1　判示事項と決定要旨（141）
　　2　事実（142）
　　3　裁判所の判断（142）

4-6　最決平6・9・8刑集48巻6号262頁（場所の捜索における物の捜索）…144

4-7　東京高判平6・5・11高刑集47巻2号237頁（場所の捜索における身

体の捜索）···146
    1　判示事項は何か（146）
    2　判示事項〈1〉について（147）
    3　判示事項〈2〉（152）

4-8　最決平2・7・9刑集44巻5号421頁（取材ビデオの差押え）···········155
    1　何についての判断か（155）
    2　決定文を読む（156）

4-9　最判昭51・11・18裁判集202号379頁（賭博メモの差押え）···········158
    1　問題点と原審判決（158）
    2　最高裁の判断（160）

4-10　最決平10・5・1刑集52巻4号275頁（包括的差押え）··············162

4-11　最決平2・4・20刑集44巻3号283頁（押収物の還付先）············164
    1　判例の内容（164）
    2　どのような事例だったのか（164）
    3　裁判所の判断（165）

◆第5章◆　新しい強制捜査に関する判例──────167

5-1　最決昭55・10・23刑集34巻5号300頁（強制採尿）················167
    1　なぜ，強制的な採尿が必要か～決定の背景（167）
    2　本決定の原審の判断（168）
    3　本決定の判示事項と決定要旨（169）
    4　判示事項〈1〉～強制採尿は許されるか（170）
    5　判示事項〈2〉～どのようにして強制採尿を行うか（172）
    6　判示事項〈3〉（173）

5-2　最決平6・9・16刑集48巻6号420頁（強制採尿令状による採尿場所への連行）···174
    1　判示事項と決定要旨（174）
    2　判示事項〈1〉について（174）
    3　判示事項〈2〉について（176）
    4　手続き全体を見るということ（181）

5-3　最決平11・12・16刑集53巻9号1327頁（電話傍受）···············182
    1　本判例の意義（182）

目　次

　　　2　決定要旨（182）
　　　3　電話の傍受は憲法上許されるか（182）
　　　4　電話の傍受は刑訴法による手続によって可能か（183）
　5-4　最決平12・7・12刑集54巻6号513頁（会話の秘密録音）………186
　　　1　一方当事者による会話の秘密録音（186）
　　　2　判示事項と決定要旨（187）
　　　3　会話の録音についての判例（188）

◆第6章◆　逮捕・勾留に関する判例───────────191
　6-1　最決昭39・4・9刑集18巻4号127頁（留置場所の変更）………191
　　　1　どのような判例か（191）
　　　2　裁判所の判断（192）
　6-2　最決昭57・8・27刑集36巻6号726頁（逮捕についての準抗告）………194
　6-3　最決平7・4・12刑集49巻4号609頁（移監命令の可否）………195
　　　1　何を判示したものか（195）
　　　2　判示事項〈1〉についての裁判所の判断（196）
　　　3　判示事項〈2〉についての裁判所の判断（197）
　6-4　最決昭52・8・9刑集31巻5号821頁（狭山事件～別件取調べ）………198
　　　1　どのような裁判か（198）
　　　2　どのような事案か（198）
　　　3　弁護人の主張（200）
　　　4　裁判所の判断（200）
　6-5　最大判昭36・6・7刑集15巻6号915頁（緊急逮捕に伴う捜索差押え）…205
　　　1　判示事項は何か（205）
　　　2　判示事項〈1〉について（206）
　　　3　判示事項〈2〉（212）
　　　4　関連判例～東京高判昭44・6・20高刑集22巻3号352頁（214）
　6-6　最決平8・1・29刑集50巻1号1頁（準現行犯，逮捕に伴う捜索差押え）
　　　………………………………………………………………………217
　　　1　判示事項（217）
　　　2　準現行犯（217）
　　　3　事実の経過（218）

x

4　逮捕の適法性（220）
　　　5　逮捕の現場における捜索差押え（222）
　6-7　最大判昭32・2・20刑集11巻2号802頁（氏名の黙秘権）……………226
　　　1　判示事項と判決要旨（226）
　　　2　最高裁の判断（227）
　6-8　最大判昭37・5・2刑集16巻5号495頁（交通事故の報告義務）………228
　　　1　問題の所在（228）
　　　2　裁判所の判断（229）
　　　3　関連判例～最判平9・1・30刑集51巻1号335頁（230）
　6-9　最決平18・12・8刑集60巻10号837頁（供述録取書の供述者の代署方式）
　　　　……………………………………………………………………………232
　　　1　問題の所在（232）
　　　2　本決定の判断（234）
　6-10　福岡高決昭42・3・24高刑集20巻2号114頁（一罪一勾留の原則と常習犯）
　　　　……………………………………………………………………………236
　　　1　問題の所在（236）
　　　2　事案の経緯と原決定（237）
　　　3　裁判所の判断～判示事項〈1〉（238）
　　　4　裁判所の判断～判示事項〈2〉（239）

◆ 第7章 ◆　告訴に関する判例─────────────────243
　7-1　最決昭45・12・17刑集24巻13号1765頁（犯人を知った日）……………243
　　　1　何についての判例か（243）
　　　2　裁判所の判断（243）
　7-2　東京高判昭35・2・11高刑集13巻1号47頁（電話による告訴）………246
　7-3　最決昭34・5・14刑集13巻5号706頁（告訴調書の形式）………………248
　7-4　最大判昭28・12・16刑集7巻12号2550頁（親告罪の一部の起訴）………248
　　　1　判示事項（248）
　　　2　非常上告（249）
　　　3　裁判所の判断（250）
　7-5　最判平4・9・18刑集46巻6号355頁（告訴の客観的不可分）…………251

目　次

◆第8章◆　公訴に関する判例――――――――――――――255
　8-1　最判昭32・5・24刑集11巻5号1540頁（不起訴事件の再起）……255
　8-2　最決昭55・12・17刑集34巻7号672頁（公訴権濫用〜チッソ川本事件）
　　　――――――――――――――――――――――――――256
　　　1　どのような判例か（256）
　　　2　事案の経緯（256）
　　　3　公訴権濫用論についての最高裁の判断（258）
　　　4　原判決を破棄すべきかどうか（261）
　8-3　最判昭56・6・26刑集35巻4号426頁（不公平な起訴の効力）……263
　　　1　公訴権濫用論の類型（263）
　　　2　何が争われた判例か（263）
　　　3　裁判所の判断（264）
　8-4　最決昭63・2・29刑集42巻2号314頁（水俣病事件〜公訴時効の起算点）
　　　――――――――――――――――――――――――――266
　　　1　どのような事件だったのか（266）
　　　2　上告審で何が問題となったのか（268）
　　　3　判示事項〈1〉について（269）
　　　4　判示事項〈2〉について（270）
　　　5　判示事項〈3〉，〈4〉について（272）
　　　6　判示事項〈5〉について（274）
　　　7　関連判例〜最判平18・12・13刑集60巻10号857頁競売妨害と公訴時効（276）
　8-5　最決昭50・5・30刑集29巻5号360頁（他人の氏名を冒用して交付を受けた略式命令の効力）――――――――――――――280
　　　1　問題の所在（280）
　　　2　決定の内容（281）
　8-6　東京高判平2・11・29高刑集43巻3号202頁（起訴状謄本翻訳文添付）…285
　　　1　問題の所在（285）
　　　2　裁判所の判断（287）

◆第9章◆　訴因に関する判例――――――――――――――291
　9-1　最大判昭37・11・28刑集16巻11号1633頁（白山丸事件〜訴因の特定）…291
　　　1　どのような事案か（291）

2　訴因の特定を求める趣旨（291）
　　　3　具体的事案への当てはめ（294）
　9-2　最決昭56・4・25刑集35巻3号116頁（覚せい剤使用事犯の訴因の特定）
　　　　　　　　　　　　　　　　　　　　　　　　　　　　　　　　　　295
　　　1　どんな判例か（295）
　　　2　関連判例～最決昭63・10・25刑集42巻8号1100頁（297）
　9-3　最決平13・4・11刑集55巻3号127頁（訴因と異なる認定）………300
　　　1　判示事項と決定要旨（300）
　　　2　訴因と認定事実（301）
　　　3　最高裁の判断（301）
　9-4　最決平14・7・18刑集56巻6号433頁（択一的認定）……………305
　　　1　どのような判例か（305）
　　　2　最高裁の判断（306）
　9-5　最(大)判昭40・4・28刑集19巻3号270頁（訴因変更の要否と訴因変更
　　　命令）……………………………………………………………………308
　9-6　最判昭58・9・6刑集37巻7号930頁（訴因変更命令義務の有無）………310
　　　1　何が問題になったか（310）
　　　2　審理の経過（311）
　　　3　最高裁の判断（314）
　9-7　最判昭46・6・22刑集25巻4号588頁（訴因変更の要否）…………316
　　　1　どのような事案か（316）
　　　2　最高裁の判断（317）
　9-8　最決昭53・2・16刑集32巻1号47頁（罰条の記載）………………318
　　　1　判示事項と公訴事実（318）
　　　2　最高裁の判断（320）
　9-9　最判平15・10・7刑集57巻9号1002頁（訴因と一事不再理効）………321
　　　1　問題の所在（321）
　　　2　最高裁の判断（322）
　9-10　最(大)判平15・4・23刑集57巻4号487頁（不可罰的事後行為と訴因）…324
　　　1　どのような事案か（324）
　　　2　最高裁の判断（325）

目　次

9-11　最決昭53・3・6刑集32巻2号218頁（公訴事実の同一性）…………326

◆ 第10章 ◆　公判前整理手続・公判手続に関する判例――――329
10-1　最決平18・10・26刑集60巻8号537頁（関連事件・併合）…………329
　　1　刑訴法8条とはどのような規定か（329）
　　2　どんな事例だったのか（329）
　　3　最高裁の判断（330）
10-2　証拠開示に関する4つの判例 ………………………………………331
　　1　公判前整理手続きにおける証拠開示（331）
　　2　最決平19・12・25刑集61巻9号895頁（331）
　　3　最決平20・6・25刑集62巻6号1886頁（334）
　　4　最決平20・9・30刑集62巻2753号（334）
　　5　従来の通常手続における証拠開示～最決昭44・4・25刑集23巻4号（336）
10-3　最判昭35・3・24刑集14巻4号462頁（証拠物の取調べ）…………337
　　1　何を判示したものか（337）
　　2　原判決の判断（338）
10-4　東京高判昭42・6・20高刑集20巻3号386頁（公判手続の更新と証拠調べ）……………………………………………………………………340

◆ 第11章 ◆　証拠法の原則に関する判例――――――――――343
11-1　最(大)決昭33・2・26刑集12巻2号316頁（累犯前科の証明）…343
11-2　最決昭58・12・19刑集37巻10号1753頁（訴訟法的事実の証明）…343
　　1　事案の内容と原審の判断（344）
　　2　最高裁の判断（344）
11-3　最判昭27・5・6刑集6巻5号736頁（書面の意義か証拠となる証拠物）……………………………………………………………………345
11-4　最決昭59・12・21刑集38巻12号3071頁（現場写真の性質）………346
11-5　最判昭35・3・24刑集14巻4号447頁（謄本の証拠能力）…………347
　　1　判示事項と判決要旨（347）
　　2　判決文を理解する（348）
11-6　最判昭35・9・9刑集14巻11号1477頁（共犯者の証人尋問）………349
　　1　何を判示した判決か（349）

xiv

2　関連判例～最判昭28・10・27刑集7巻10号1971頁（350）

11-7　最判昭53・9・7刑集32巻6号1672頁（違法収集課程の証拠能力）……352
　　　1　判示事項（353）
　　　2　判断の基礎となった事実関係（353）
　　　3　差押えの適法性についての最高裁の判断（355）
　　　4　判示事項〈3〉（押収物の証拠能力についての判断）（357）
　　　5　判示事項〈4〉～具体的な当てはめ例（359）

11-8　最判平15・2・14刑集57巻2号121頁（大津覚せい剤事件～違法収集証
　　　拠と毒樹の果実）…………………………………………………………360
　　　1　判示事項の検討（360）
　　　2　問題となった違法な手続（361）
　　　3　逮捕と採尿の違法性についての判断（363）
　　　4　違法に収集された証拠と派生証拠（364）
　　　5　毒樹の果実（365）

11-9　最大判平7・2・22刑集49巻2号1頁（刑事免責と証拠能力）…………366
　　　1　判示事項はなにか（366）
　　　2　事案の経緯（367）
　　　3　不起訴確約の法的性質（368）
　　　4　刑事免責は認められるか（369）

11-10　最決平12・7・17刑集54巻6号550頁（科学的鑑定の許容性）…………372
　　　1　判示事項は何か（372）
　　　2　最高裁の判断（373）
　　　3　鑑定についての判例（374）

◆第12章◆　伝聞法則に関する判例――――――――――――――――377

12-1　最決昭57・12・17刑集36巻12号1022頁（1号書面）………………377
　　　1　判示事項（377）
　　　2　何が問題なのか（377）

12-2　最決平7・6・20刑集49巻6号741頁（退去強制と2号書面）…………378
　　　1　何を判示した判例か（378）
　　　2　事実はどのようなものか（379）
　　　3　「2号前段書面」についての判断（380）
　　　4　本件への当てはめ（382）

目　次

　　　5　関連する裁判例～手続的正義に反するか否かについての判断（385）

12-3　最判昭30・1・11刑集9巻1号14頁（2号後段書面）……………387
　　　1　何の判例か（387）
　　　2　判示事項〈1〉について（388）
　　　3　判示事項〈2〉について（388）

12-4　最決平15・11・26刑集57巻10号1057頁（外国において得られた供述・証拠）……………………………………………………………………389
　　　1　判示事項と決定要旨（390）
　　　2　判断のもととなった事実（391）
　　　3　刑訴法321条1項3号該当性（391）
　　　4　類似の判例～最決平12・10・31刑集54巻8号735頁（392）

12-5　最判昭28・10・15刑集7巻10号1934頁（4項の準用）……………393

12-6　最決平20・8・27刑集62巻7号2702頁（私人作成の書面の3項準用）…394
　　　1　何を判断した判例か（394）
　　　2　問題になった書面の内容（395）
　　　3　私人作成書面についての321条3項の準用の可否（396）
　　　4　4項準用の可否（397）

12-7　最決平17・9・27刑集59巻7号753頁（犯行再現実況見分調書の証拠能力）……………………………………………………………………398
　　　1　何が問題となったか（398）
　　　2　事実関係（399）
　　　3　本決定を理解するための参考判例～最判昭36・5・26刑集15巻5号893頁（401）
　　　4　最高裁の判断（402）
　　　5　本決定の意義（404）

12-8　最決昭61・3・3刑集40巻2号175頁（323条2号書面）……………405
　　　1　何を判断した判例か（405）
　　　2　決定文の検討（406）

12-9　最判昭32・1・22刑集11巻1号103頁（伝聞供述）……………408
　　　1　どのような判例か（408）
　　　2　判示事項〈1〉について（408）
　　　3　判示事項〈2〉について（409）

4　判示事項〈3〉について（413）
　　　5　判示事項〈4〉について（413）
　12-10　最決昭53・6・28刑集32巻4号724頁（同意擬制）……………………413
　　　1　何を判示した判例か（413）
　　　2　原審の認定した審理の経過（414）
　　　3　弁護人の主張と最高裁の判断（415）
　12-11　最決平18・11・7刑集60巻9号561頁（328条書面）……………………417
　　　1　何が判示されたか（417）
　　　2　どのような証拠が問題となったのか（418）
　　　3　最高裁の判断（419）
　　　4　「弾劾証拠」と「増強証拠」,「回復証拠」（422）
　12-12　最決昭54・10・16刑集33巻6号633頁（任意性の調査）………………423
　　　1　何が判示されたか（423）
　　　2　決定の内容をかんがえよう（423）

◆第13章◆　自白に関する判例―――――――――――――――――427

　13-1　最判昭23・4・17刑集2巻4号364頁（自白の任意性）……………………427
　13-2　最大判昭23・7・14刑集2巻6号856頁（自白の任意性の立証）…………428
　　　1　本判決の判断（428）
　　　2　同様の判例～最大判昭23・11・17刑集2巻12号1565頁（428）
　13-3　最大判昭26・8・1刑集5巻9号1684頁（自白の任意性の判断）…………429
　13-4　最判昭27・3・7刑集6巻3号387頁（任意性を失わせる警察の取調後
　　　の検察官に対する自白）………………………………………………………430
　　　1　自白の任意性についての判断例（430）
　　　2　同様の問題についての判例（432）
　13-5　最判昭38・9・13刑集17巻8号1703頁（手錠を施したままの自白）……435
　13-6　最判昭41・7・1刑集20巻6号537頁（約束による自白）…………………437
　　　1　どのような判例か（437）
　　　2　任意性に関する判断の基準（438）
　13-7　最大判昭45・11・25刑集24巻12号1670頁（偽計による自白）…………439
　　　1　何が判断された判例か（439）

目　次

　　　　2　任意性が問題となった他の事例（441）
　　13-8　最判昭28・10・9刑集7巻10号1904頁（自白の任意性の調査）…………443
　　13-9　最判昭23・4・17刑集2巻4号357頁（補強法則）……………………445
　　　　1　自白の補強法則についての判例（445）
　　　　2　補強証拠の範囲についての判例（446）

◆ 第14章 ◆　裁判に関する判例────────────────────449
　　14-1　最決平19・10・16刑集61巻7号677頁（有罪認定に必要な証明の程度）…449
　　　　1　何を判示したのか（449）
　　　　2　事案の概要（450）
　　14-2　最決昭41・11・22刑集20巻9号1035頁（同種前科による認定）…………452
　　14-3　最（大）判昭41・7・13刑集20巻6号609頁（余罪と量刑）……………453

◆ 第15章 ◆　上訴に関する判例────────────────────457
　　15-1　最（大）判昭30・12・14刑集9巻13号2760頁（免訴と上訴）……………457
　　　　1　何を判断したものか（457）
　　　　2　引用された判決の内容（458）
　　　　3　最判平20・3・14刑集62巻3号185頁（横浜事件）（461）
　　15-2　最決平19・12・13刑集61巻9号843頁（無罪判決後の勾留）……………464
　　　　1　決定の内容（464）
　　　　2　事実の経過（465）
　　　　3　裁判所の判断（466）

事 項 索 引（473）

判 例 索 引（477）

第1章　刑事訴訟の原則

1-1　最(大)判昭47・12・20刑集26巻10号631頁(高田事件)

1　何について判断している判例か…「判示事項」に留意する

　刑事事件において大法廷で判断がなされる例は，現行憲法・刑訴法の施行当初の時期を除いてはあまり多くありません。それだけに，よく読んで理解する必要があるでしょう。

　大法廷の裁判は，憲法判断かこれまでの最高裁の判例を変更する場合に限られます（裁10条）。

　では，この判例は何を判断しているのでしょうか。最近は，判例をデータベースで読む機会が多くなっています。しかし，判例集〔もちろん，最高裁のホームページやデータベースなど，ネットによるものでもかまいません〕にどのように記載されているかは，判例を理解するのに重要です。必ず，判示事項と判決（決定）要旨を注意深く読みましょう。

　この判決の「判示事項」は，

〈1〉　憲法37条の迅速な裁判の保障条項の趣意
〈2〉　迅速な裁判の保障条項に反する事態に至っているか否かの判断基準
〈3〉　迅速な裁判の保障条項に反する事態が生じた場合の事件処理の方法

の3点です。

　判例集を読んだことのある人ならば，多くの最高裁判例のように「……事例」という判示事項がないことに気づくでしょう。

　このような判示事項についての判断は，それ（本判決では「迅速な裁判の保障」）が問題となるすべての事例についてあてはめることのできる規範になります。

　もちろん，最高裁のたてた法解釈規範が常に正しく，絶対にこれに従わなければならないというものではありません。しかし，法律実務は，この判例を前

第1章　刑事訴訟の原則

提に動いていきます。判例によって定立された規範がうまく当てはまらない，これに従うと不合理な結論に至ってしまう場合に，判例を乗り越える理論が受け入れられ，判例が変更されることになります。したがって，判例の論理の枠組みをしっかり理解することが，法律実務家としての第一歩といえます。

　そこで，本判決の判示事項に立ち返りましょう。**判示事項〈1〉および〈2〉**は，もっぱら憲法の問題です。憲法37条は，「すべて刑事事件においては，被告人は，公平な裁判所の迅速な公開裁判を受ける権利を有する」として，刑事被告人に迅速な裁判を保障しています。それでは，実際に審理に長期間を要した事件について，この迅速な裁判の保障に反するかどうかを判断するにはどうしたらよいでしょうか。

　この判決は，そのような法の解釈の方法を具体的に示してくれています。つまり，まず，問題となっている法の「趣旨」を考えるのです。そして，その趣旨に照らせば，どのように判断すればよいかという「判断基準」を考えていきます。

　これができれば，あとは，直面している具体的な問題（事件）にその基準を当てはめて論じていけばよいということになります。

　これが，検察官の論告，弁護人の最終弁論，裁判所の判決など，法律実務家の書く文章です。法科大学院生の「演習（事例）問題」，新司法試験問題はその入門編ということになります。

2　本判決の判断

　では，最高裁は，これについてどう考えたのでしょうか。その内容を理解するには，判文を丁寧に読む必要がありますが，まず，「判決要旨」を確認することが大切です。最高裁は，毎日のように多くの裁判を行うのですが，そのうち，これからの法解釈，事案の解決の基準として欲しい裁判を選んで判例集に登載します。このとき，登載する裁判例をどのように理解し，利用してもらいたいかを明らかにするためにまとめられるのが，判示事項と判決（決定）要旨なのです。

（1）憲法に関する判断

　判示事項〈1〉について，最高裁は，

第 1 章 刑事訴訟の原則

> 憲法37条 1 項は，単に迅速な裁判を一般的に保障するために必要な立法上および司法行政上の措置をとるべきことを要請するにとどまらず，さらに個々の刑事事件について，現実に右の保障に明らかに反し，審理の著しい遅延の結果，迅速な裁判を受ける被告人の権利が害せられたと認められる異常な事態が生じた場合には，その審理を打切るという非常救済手段がとられるべきことをも認めている趣旨の規定である。　　　　　　　　　　　　　　　　　　　　　　　　（判決要旨≪ 1 ≫）

と述べました。つまり，「迅速な裁判の保障条項」というのは，単なる訓示規定ではないことを明言したのです。

　このように，迅速な裁判の保障条項が法的な効果を有する規定（効力規定）である以上，どのような場合に，「迅速な裁判を受ける被告人の権利が害されたと認められる異常な事態」が生じたといえるのか，という点について具体的な基準を示す必要があることになります。それが，**判示事項**〈 2 〉です。最高裁は，具体的刑事事件における審理の遅延が迅速な裁判の保障条項に反する事態に至っているか否かは，

> 遅延の期間のみによって一律に判断されるべきではなく，遅延の原因と理由などを勘案して，その遅延がやむをえないものと認められないかどうか，これにより右の保障条項が守ろうとしている諸利益がどの程度実際に害されているかなど諸般の情況を総合的に判断して決せられなければならない。

と判示し，さらに，

> 事件が複雑なために，結果として審理に長年月を要した場合はもちろん，被告人の逃亡，審理拒否又は審理引延ばしなど遅延の主たる原因が被告人側にあった場合には，たとえその審理に長年月を要したとしても，迅速な裁判を受ける権利が侵害されたということはできない。　　　　　　　　　　　　　（判決要旨≪ 2 ≫）

と具体的な事情を示しています。

　そこで，これからの刑事訴訟において，当事者が，訴訟の遅延について，「迅速な裁判の保障」に反している，あるいは，反していないと主張し，裁判所がこの主張について判断するには，この**判決要旨≪ 2 ≫**に掲げられた事項をそ

の順番に論じていけばよいということになります。

（2） 刑訴法に関する判断

さて，ここまでは，憲法の話でした。

憲法は，直接具体的な事件に適用されるのではなく，法律を通じて適用されます。したがって，憲法論として，「その審理を打切るという非常救済手段がとられるべき」だとすると，「非常救済手段」が刑訴法に規定されていなければ，刑訴法が違憲ということになります。これについて，判断したのが判示事項《3》です。最高裁は，

> 刑事事件が裁判所に係属している間に，迅速な裁判の保障条項に反する事態が生じた場合においては，判決で免訴の言渡をするのが相当である。(判決要旨《3》)

と述べます。したがって，刑訴法自体は憲法に反するものではないことになります。

免訴とはどのような規定でしょう。刑訴法337条は，「左の場合には，判決で免訴の言渡をしなければならない。」として，

　　1　確定判決を経たとき
　　2　犯罪後の法令により刑が廃止されたとき
　　3　大赦があったとき
　　4　時効が完成したとき

の4つを挙げています。条文上はっきり「迅速な裁判の保障に反したとき」と書かれているわけではありませんから，この場合に免訴判決を言い渡すべきかどうか，言い渡すことができるかどうかは，この規定の解釈によることになります。

なぜ，最高裁は，「免訴」としたのでしょうか。同じように手続を打ち切る規定としては，公訴棄却判決（338条）があります。手続を打ち切る場合に，免訴によるか公訴棄却によるかについては，学説にも様々な見解があるところですが，ここでは，免訴はおよそ裁判所が手を出せない場合，公訴棄却は，手続に問題がある場合と考えておけばよいでしょう。迅速な裁判の保障に反する事態に至った場合，これ以上裁判所は事件に手を出すことができない，と考えたのです。つまり，最高裁は，免訴について，1つの解釈を示したことになり

ます。

3 具体的事案の解決
(1) 事実を当てはめる

具体的事案を解決するには，その事案の事実を最高裁が示した上記の基準にあてはめていけばよいわけです。

判決要旨≪2≫によれば，まず，審理期間が重要です。「遅延の期間のみによって一律に判断すべきでない」というのは，「遅延の期間が判断基準としては最も重要である。ただし，それだけで判断するのではない。」という意味です。それでは，期間以外に何を考えればよいか，最高裁は，遅延の原因・理由を挙げます。これが，迅速な裁判に反するかどうかを判断するための「事実」です。

遅延の期間，遅延の原因・理由という事実がそろっても，それだけでは判断できません。最高裁は，この事実をもとに，「遅延がやむをえないものと認められないかどうか，これにより右の保障条項が守ろうとしている諸利益がどの程度実際に害されているかなど諸般の情況を総合的に判断」するといいますから，遅延の期間，原因・理由を「やむを得ないか」，「守られるべき利益がどの程度実際に害されているか」という観点で評価すればよいのです。

つまり，本判決は，迅速な裁判の保障に反するかどうかの判断を行うための事実とその評価方法を示しているわけです。どのような事実を取り上げるか，それをどのように評価していくか，その結果，どのような法律効果が生じるのかをきちんと考えていきましょう。

実は，この前の段階に，取り上げるべき事実が信用できるものかどうか，という「証拠の評価」をする段階があります。この評価は，法律実務家にとってとても大切ですが，これは，事実審である第1審の仕事です。過去の事実を知ろうとするのですから，完全なものが得られることはありません。人の供述であったり，物だったり，事実を示す様々な破片を一つ一つ評価して組み立てるものです。大学で学ぶ法解釈学では，事実というものは，当然に，明白なものとして存在します。法律実務では，事実を探りながら，法律論を組み立てていきます。

最高裁の判例は，ごく一部の例外を除いて，証拠上認定できる事実を確定し

た段階から始まります。その前にこのような事実認定の段階があることを念頭に置いておきましょう。

（2）当てはめの例

本判決要旨には，上記の基準を当てはめた例があげられています。

> 事件が複雑なために，結果として審理に長年月を要した場合はもちろん，被告人の逃亡，審理拒否又は審理引延ばしなど遅延の主たる原因が被告人側にあったときは，迅速な裁判を受ける権利が侵害されたということはできない。

具体的にどのように検討したかどうかは判決理由を読むことによって理解できます。

4 判決理由はどのように組み立てられているか

さて，判例集の最初の2頁が終わりました。いよいよ判決本文です。もちろん，主文も確認しておきましょう。主文と理由というのは分かりますね。

理由を読んでいきます。

（1）まず，最初のパラグラフは**判決要旨《1》**の部分です。

> 憲法37条1項の保障する迅速な裁判をうける権利は，憲法の保障する基本的な人権の一つであり，右条項は，単に迅速な裁判を一般的に保障するために必要な立法上および司法行政上の措置をとるべきことを要請するにとどまらず，さらに個々の刑事事件について，現実に右の保障に明らかに反し，審理の著しい遅延の結果，迅速な裁判をうける被告人の権利が害せられたと認められる異常な事態が生じた場合には，これに対処すべき具体的規定がなくても，もはや当該被告人に対する手続の続行を許さず，その審理を打ち切るという非常救済手段がとられるべきことをも認めている趣旨の規定であると解する。（下線筆者）

判決要旨《1》とほぼ同文ですね。違うところ（要旨では省略されたところ）に注目しましょう。「これに対処すべき具体的規定がなくても」という部分ですね。これが，**判決事項**〈3〉の刑訴法337条の解釈につながるのです。

続く部分はかなり長いのですが，3つに分かれます。

> ① 刑事事件について審理が著しく遅延するときは，被告人としては長期間罪責

の有無未定のまま放置されることにより，ひとり有形無形の社会的不利益を受けるばかりでなく，当該手続においても，被告人または証人の記憶の減退・喪失，関係人の死亡，証拠物の滅失などをきたし，ために被告人の防禦権の行使に種々の障害を生ずることをまぬがれず，ひいては，刑事司法の理念である，事案の真相を明らかにし，罪なき者を罰せず罪ある者を逸せず，刑罰法令を適正かつ迅速に適用実現するという目的を達することができないこととともなるのである。上記憲法の迅速な裁判の保障条項は，かかる弊害発生の防止をその趣旨とするものにほかならない。

　② もっとも，「迅速な裁判」とは，具体的な事件ごとに諸々の条件との関連において決定されるべき相対的な観念であるから，憲法の右保障条項の趣旨を十分に活かすためには，具体的な補充立法の措置を講じて問題の解決をはかることが望ましいのであるが，かかる立法措置を欠く場合においても，あらゆる点からみて明らかに右保障条項に反すると認められる異常な事態が生じたときに，単に，これに対処すべき補充立法の措置がないことを理由として，救済の途がないとするがごときは，右保障条項の趣旨を全うするゆえんではないのである。

　③ それであるから，審理の著しい遅延の結果，迅速な裁判の保障条項によって憲法がまもろうとしている被告人の諸利益が著しく害せられると認められる異常な事態が生ずるに至った場合には，さらに審理をすすめても真実の発見ははなはだしく困難で，もはや公正な裁判を期待することはできず，いたずらに被告人らの個人的および社会的不利益を増大させる結果となるばかりであって，これ以上実体的審理を進めることは適当でないから，その手続をこの段階において打ち切るという非常の救済手段を用いることが憲法上要請されるものと解すべきである。(①～③筆者)

　最初のパラグラフ（**判決要旨《1》**）で「異常な事態に対する非常救済手段」と述べたことの続きです。なぜ，迅速な裁判が求められるのかを論じています。弊害を考え，それが，「事案の真相を明らかにし，罪なき者を罰せず罪ある者を逸せず，刑罰法令を適正かつ迅速に適用実現するという目的」を達することができなくなるという考え方の筋道を理解しましょう。基本に立ち返る，法の目的を考えるというのは，法解釈の基本ですね。よく，刑訴法の目的を「人権の保障」であると答える人がいます。「人権の保障を全うしつつ」というのですから，文言上目的でないことは明らかですね。この判決を参考にしてください。

　（2）　2つめのパラグラフは，実は，原判決（2審判決のことです）が，被

第1章　刑事訴訟の原則

告人の迅速な裁判を受ける権利を侵害したと認定しながら，裁判の遅延から被告人を救済する規定がないから裁判所としては救済の仕様がないと判断したことに対する反論です。

　3つめがそれに対する結論となります。なぜ，審理を打ち切るのか，という理由を説明し，これが，憲法の要請であることを明らかにしているのです。この①，②に書かれた「なぜか？」という理由の部分も重要です。判例の結論だけを覚えるのではなく，常に，なぜ？どうして？という問いかけをしながら理解していくことが大切です。

> 　そもそも，具体的刑事事件における審理の遅延が右の保障条項に反する事態に至っているか否かは，遅延の期間のみによって一律に判断されるべきではなく，遅延の原因と理由などを勘案して，それ遅延がやむをえないものと認められないかどうか，これにより右の保障条項がまもろうとしている諸利益がどの程度実際に害せられているかなど諸般の情況を総合的に判断して決せられなければならないのであって，<u>たとえば，</u>事件の複雑なために，結果として審理に長年月を要した場合などはこれに該当しないこともちろんであり，さらに被告人の逃亡，出廷拒否または審理引延しなど遅延の主たる原因が被告人側にあった場合には，被告人が迅速な裁判をうける権利を自ら放棄したものと認めるべきであって，たとえその審理に長年月を要したとしても，迅速な裁判をうける被告人の権利が侵害されたということはできない。（下線筆者）

　ほぼ判決要旨と同文ですが，「たとえば」という言葉があり，その後の例示も丁寧でわかりやすくなっています。

> 　ところで，公訴提起により訴訟係属が生じた以上は，裁判所として，これを放置しておくことが許されないことはいうまでもないが，当事者主義を高度にとりいれた現行刑事訴訟法の訴訟構造のもとにおいては，検察官および被告人側にも積極的な訴訟活動が要請されるのである。しかし，少なくとも検察官の立証がおわるまでの間に訴訟進行の措置が採られなかった場合において，被告人側が積極的に期日指定の申立をするなど審理を促す挙に出なかったとしても，その一事をもって，被告人が迅速な裁判をうける権利を放棄したと推定することは許されないのである。

第1章　刑事訴訟の原則

　本件は，15年余の間審理が行われず放置されたことが問題となっているため，この原因が被告人の側にあるかどうかを検討することになります。被告人が迅速な裁判を受ける権利を放棄したといえるかどうかの判断の前提を述べている部分です。
　（3）次の部分は本件の事実関係を述べたところです。かなり長いので要約しますが，ぜひ，原文を読んでください。

（1）本件は，第1審裁判所で，検察官の立証段階において，昭和28年6月18日ないし昭和29年3月4日の公判期日を最後として，審理が事実上中断され，その後昭和44年6月10日ないし同年9月25日公判審理が再び開かれるまでの間，15年余の長年月にわたり，全く審理が行なわれないで経過した
（2）当初本件審理が中断されるようになったのは，被告人ら総数31名中20名が本件とほぼ同じころに発生したいわゆる大須事件についても起訴され，事件が名古屋地裁刑事第一部に係属していたため，弁護人側から大須事件との併合を希望し，同事件を優先して審理し，その審理の終了を待って本件の審理を進めてもらいたい旨の要望があり，裁判所がこの要望をいれた結果であった
（3）大須事件が結審したのは，昭和44年5月28日であったが，本件について審理が中断された段階では，裁判所も訴訟関係人も，大須事件の審理がかくも異常に長期間かかるとは予想していなかった
（4）本件被告人中大須事件の被告人となっていたもののうち5名が被告人として含まれていたいわゆる中村県税事件，ＰＸ事件および東郊通事件が名古屋地裁刑事第二部に係属しており，本件と同様大須事件との併合を希望する旨の申立が昭和27年頃弁護人からなされたが，右刑事第二部においてはこの点についての決定を留保して手続を進め，昭和31年頃，全証拠の取調を完了したうえ，論告弁論の段階で大須事件と併合することとして，次回期日を追って指定する措置をとった
（5）本件審理の中断が長期に及んだにもかかわらず，検察官から積極的に審理促進の申出がなされた形跡が見あたらない
（6）その間，昭和39年頃，被告人団長および弁護人から，大須事件の進行とは別に，本件の審理を再び開くことに異議がない旨の意思表明が裁判所側に対してなされたことはあるが，被告人側として審理促進に関する申出をした形跡はなく消極的態度であった。しかし，被告人らが逃亡し，または，審理の引延しをはかったことは窺われない
（7）その他，第1審裁判所が本件について，かくも長年月にわたり審理を再び開

第1章　刑事訴訟の原則

> く措置をとり得なかった合理的理由を見いだしえない

このように，審理の遅延の状況について具体的事実を摘示した上で最高裁は，

> これら事実関係のもとにおいては，検察官の立証段階でなされた本件審理の事実上の中断が，当初被告人側の要望をいれて行なわれたということだけを根拠として，15年余の長きにわたる審理の中断につき，被告人側が主たる原因を与えたものとただちに推認することは相当ではない。

と結論を述べています。

（4）最高裁は，最初に判示したとおり，遅延の期間，遅延の理由を検討した上，次に，遅延による被告人の利益の侵害の程度について検討します。

ここも要約しておきましょう。

> 1　審理中断前に被告人らの具体的行動等についての証拠調べはなされていなかった
> 2　検察官がした犯行現場事務所の検証の申請が，事務所消滅のため撤回されるなど地理的状況の変化，証拠物の滅失があった
> 3　証人，被告人の記憶も曖昧不確実になっている
> 4　取調べの違法についての立証が困難になっている

最高裁は，以上のように，本件の立証の段階を踏まえて，長年月の経過により被告人に有利な証拠を利用することが困難となったことを認定した上で，大須事件との併合を予定して審理を中断するとしても，その前に全証拠を取り調べる措置を執っていれば，上記の不利益はなかったのであるから，長期の審理の中断によって被告人らは，訴訟上はもちろん社会的にも多大の不利益を蒙ったものといわざるをえないとしました。

ここで，最高裁が「仮に……すれば，そのような不利益はなかった」と，この不利益を回避することが可能であったことを認定していることは，他の法律問題を検討するときにも重要です。法は不可能を強いるものではないのです。したがって，ちゃんとやりさえすればできた，ということが要件となるのです。

そして，結論です。

> 　以上の次第で，被告人らが迅速な裁判をうける権利を自ら放棄したとは認めがたいこと，および迅速な裁判の保障条項によってまもられるべき被告人の諸利益が実質的に侵害されたと認められることは，前述したとおりであるから，本件は，昭和44年第1審裁判所が公判手続を更新した段階においてすでに，憲法37条1項の迅速な裁判の保障条項に明らかに違反した異常な事態に立ち至つていたものと断ぜざるを得ない。したがつて，本件は，冒頭説示の趣旨に照らしても，被告人らに対して審理を打ち切るという非常救済手段を用いることが是認されるべき場合にあたるものといわなければならない。

　結論までの論理を追うことができたでしょうか。検察官の論告，弁護人の弁論，裁判所の判決など法律文書において，事実を踏まえて論ずるやり方は同じです。

　さて，最後の判示事項です。

> 　刑事事件が裁判所に係属している間に迅速な裁判の保障条項に反する事態が生じた場合において，その審理を打ち切る方法については<u>現行法上よるべき具体的な明文の規定はないのであるが</u>，前記のような審理経過をたどった本件においては，これ以上実体的審理を進めることは適当でないから，判決で免訴の言渡をするのが相当である。（下線筆者）

　この部分も判決要旨と比べるとわかりやすいですね。具体的明文の規定はないが，と特に判示していることについても留意しておきましょう。単純に337条の解釈を広げたものではなく，ごく例外的に認めたものなのです。

　これについては，天野武一裁判官の反対意見があります。反対意見や上告趣意書も読みましょう。何をどのように主張すれば，裁判所を振り向かせることができるか，かっちり組み立てられた裁判所の論理にどのように反対していけばよいのか，法律実務家として，手に入れるべき知識と技術がそこにあるといえます。

　この判決後，審理に長期間を要したことが憲法の迅速な裁判の保障条項に反するか否かが問題となった事例については，いずれも憲法に反するまでには至っていないという結論が出ています。調べてみましょう。

　迅速な裁判の保障条項が問題となったが審理期間の長さ自体を問題とするも

のではない，いわば応用問題ともいえるものに，**最決昭63・2・29刑集42巻2号314頁**（公訴提起の遅延），**最決平7・2・28刑集49巻2号481頁**（心神喪失を理由とする公判手続の停止と迅速な裁判の保障）があります。

1-2 最(大)判平元・3・8民集43巻2号89頁(レペタ訴訟)

1 判示事項と判決要旨を確認しよう

　これは，民事判決です。刑事判決とちょっと趣が異なりますが，刑事訴訟に関する事項について，民事訴訟で見解が示される例も少なくありません。民事判決にもなじんでおきましょう。

　最高裁の判例集で，判示事項と判決要旨が示されるのは，民事事件でも同じです。

　この事件の判示事項は，

〈1〉　法廷で傍聴人がメモをとることと憲法82条1項
〈2〉　法廷で傍聴人がメモをとることと憲法21条1項
〈3〉　法廷警察権行使についての裁量の範囲
〈4〉　法廷でメモを取ることを報道機関の記者に対してのみ許可することと憲法14条1項
〈5〉　法廷警察権行使と国家賠償法1条1項の違法性

　判決要旨もあげておきましょう。

《1》　憲法82条1項は，法廷で傍聴人がメモをとることを権利として保障しているものではない。
《2》　法廷で傍聴人がメモをとることは，その見聞する裁判を認識，記憶するためにされるものである限り，憲法21条1項の精神に照らし，尊重に値し，故なく妨げられてはならない。
《3》　法廷警察権の行使は，裁判長の広範な裁量に委ねられており，その行使の要否，執るべき措置についての裁判長の判断は，最大限に尊重されなければならない。
《4》　法廷でメモを取ることを司法記者クラブ所属の報道機関の記者に対してのみ許可し，一般傍聴人に対して禁止する裁判長の措置は，憲法14条1項に違反しな

い。
《5》 法廷警察権の行使は，法廷警察権の目的，範囲を著しく逸脱し，又はその方法が甚だしく不当であるなどの特段の事情のないかぎり，国家賠償法1条1項にいう違法な公権力の行使ということはできない。

またもや，憲法判断が主であることが分かりますね。刑事訴訟法の問題としては，**判示事項**〈3〉があるようです。

2 何が問題となったのか

この判決は，「原審の確定した事実関係」を要約して述べるところから始まります。ここでも，その事実関係を追ってみましょう。事実関係は単純なので要約しておきます。

上告人（一審原告）は，研究のために，東京地方裁判所における被告人Kに対する所得税法違反被告事件の公判を傍聴した。上告人は，公判期日に先立って傍聴中にメモを取ることの許可を求めたが，裁判長はこれを許さなかった。なお，司法記者クラブ所属の報道機関の記者に対しては，メモを取ることを許可されていた。

本判決は，上告人の主張を明記していませんが，一審判決を確認すると，上告人は，傍聴人がメモをとることを禁止するのは，憲法21条及び市民的及び政治的権利に関する国際規約（「人権規約」という）19条，憲法82条に違反する，刑事訴訟規則215条は写真等を禁止するだけで，メモまで禁止してはいない，報道機関の記者のみにメモを許可するのは憲法14条に違反すると主張していました。

3 最高裁の判断

(1) 判示事項〈1〉についての判断

判示事項のうち，〈1〉については，実に簡単です。

憲法82条1項の規定は，裁判の対審及び判決が公開の法廷で行われるべきことを定めているが，その趣旨は，裁判を一般に公開して裁判が公正に行われることを制度として保障し，ひいては裁判に対する国民の信頼を確保しようとすることにある。裁判の公開が制度として保障されていることに伴い，各人は，裁判を傍聴するこ

第1章　刑事訴訟の原則

> とができることとなるが，右規定は，各人が裁判所に対して傍聴することを権利として要求できることまでを認めたものでないことはもとより，傍聴人に対して法廷においてメモを取ることを権利として保障しているものではないことも，いうまでもないところである。

　憲法の問題ですから，ここでは深入りしませんが，「権利として要求できる」ものかどうか，という考え方は，法律実務家としては，大切ですね。ここでは，憲法が公開の裁判を求めている趣旨が明示されています。きちんと理解しておくべきでしょう。

（2）　判示事項②についての判断

　これに対して**判示事項〈2〉**はちょっと異なります。

　まず，憲法21条の趣旨について述べます。

> 　憲法21条1項の規定は，表現の自由を保障している。そうして，各人が自由にさまざまな意見，知識，情報に接し，これを摂取する機会をもつことは，その者が個人として自己の思想及び人格を形成，発展させ，社会生活の中にこれを反映させていく上において欠くことのできないものであり，民主主義社会における思想及び情報の自由な伝達，交流の確保という基本的原理を真に実効あるものたらしめるためにも必要であって，このような情報等に接し，これを摂取する自由は，右規定の趣旨，目的から，いわばその派生原理として当然に導かれるところである。市民的及び政治的権利に関する国際規約（以下「人権規約」という。）19条2項の規定も，同様の趣旨にほかならない。

　憲法では基本中の基本ですね。判決文に引用された**最大判昭58・6・22民集37巻5号793頁**も必ず読んでおきましょう。

　次に，この表現の自由及びその派生原理である「情報等に接し，これを摂取する自由」から「筆記」を考えます。

> 　筆記行為は，一般的には人の生活活動の一つであり，生活のさまざまな場面において行われ，極めて広い範囲に及んでいるから，そのすべてが憲法の保障する自由に関係するものということはできないが，さまざまな意見，知識，情報に接し，これを摂取することを補助するものとしてなされる限り，筆記行為の自由は，憲法21条1項の規定の精神に照らして尊重されるべきであるといわなければならない。

表現の自由→情報等に接し，これを摂取する自由→筆記行為の自由という論理の運び方は，大きな，抽象的なものから，具体的なものを導き出す場合に参考になりますね。

なお，最高裁は，情報等を摂取する自由は，「表現の自由の派生原理」として，認めるのに対し，「筆記行為の自由」については，「憲法21条1項の精神に照らし尊重されるべき」として，慎重な取扱いをしていることも注目しておきましょう。

このように筆記の自由を尊重すべきものとした最高裁はさらに，「傍聴人の筆記の自由」について考えます。

> 裁判の公開が制度として保障されていることに伴い，傍聴人は法廷における裁判を見聞することができるのであるから，傍聴人が法廷においてメモを取ることは，その見聞する裁判を認識，記憶するためになされるものである限り，尊重に値し，故なく妨げられてはならないものというべきである。

「筆記の自由」の具体例の一つというわけですね。

それでは，この「筆記の自由」は無制限に許されるのでしょうか。最高裁は，次のようにいいます。

> もっとも，情報等の摂取を補助するためにする筆記行為の自由といえども，他者の人権と衝突する場合にはそれとの調整を図る上において，又はこれに優越する公共の利益が存在する場合にはそれを確保する必要から，一定の合理的制限を受けることがあることはやむを得ないところである。しかも，右の筆記行為の自由は，憲法21条1項の規定によって直接保障されている表現の自由そのものとは異なるものであるから，その制限又は禁止には，表現の自由に制約を加える場合に一般に必要とされる厳格な基準が要求されるものではないというべきである。

ここも憲法論ですから，深入りはしませんが，表現の自由の制約がどのような基準で許されるのか，という点について復習するよい機会ですね。

このように「筆記行為の自由」の制約法理について判示した最高裁はこれを傍聴人のメモに当てはめていきます。

第1章　刑事訴訟の原則

> これを傍聴人のメモを取る行為についていえば，法廷は，事件を審理，裁判する場，すなわち，事実を審究し，法律を適用して，適正かつ迅速な裁判を実現すべく，裁判官及び訴訟関係人が全神経を集中すべき場であって，そこにおいて最も尊重されなければならないのは，適正かつ迅速な裁判を実現することである。傍聴人は，裁判官及び訴訟関係人と異なり，その活動を見聞する者であって，裁判に関与して何らかの積極的な活動をすることを予定されている者ではない。したがって，公正かつ円滑な訴訟の運営は，傍聴人がメモを取ることに比べれば，はるかに優越する法益であることは多言を要しないところである。してみれば，そのメモを取る行為がいささかでも法廷における公正かつ円滑な訴訟の運営を妨げる場合には，それが制限又は禁止されるべきことは当然であるというべきである。適正な裁判の実現のためには，傍聴それ自体をも制限することができるとされているところでもある（刑訴規則202条，123条2項参照）。

では，傍聴人の筆記行為の自由は，具体的にどのような場合に制限されるのでしょうか。

> メモを取る行為が意を通じた傍聴人によって一斉に行われるなど，それがデモンストレーションの様相を呈する場合などは論外としても，当該事件の内容，証人，被告人の年齢や性格，傍聴人と事件との関係等の諸事情によっては，メモを取る行為そのものが，審理，裁判の場にふさわしくない雰囲気を醸し出したり，証人，被告人に不当な心理的圧迫などの影響を及ぼしたりすることがあり，ひいては公正かつ円滑な訴訟の運営が妨げられるおそれが生ずる場合のあり得ることは否定できない。
>
> しかしながら，それにもかかわらず，傍聴人のメモを取る行為が公正かつ円滑な訴訟の運営を妨げるに至ることは，通常はあり得ないのであって，特段の事情のない限り，これを傍聴人の自由に任せるべきであり，それが憲法21条1項の規定の精神に合致するものということができる。

これが，この判決の「目玉」です。この判決後，平穏な態様のメモは認められるようになっています。刑事訴訟法を学ぶために法廷傍聴をする学生には福音のような判決ですね。

どのような場合に制限できるのか，最高裁はかなり詳細かつ具体的に説明し

ています。よく読んでおきましょう。

（3） 傍聴人のメモを制限する法的な根拠

上記のように，傍聴人のメモをとる行為は制限できるわけですが，その根拠は，刑事訴訟法ではどこにあるのでしょうか。最高裁は，これは，裁判長の法廷警察権を根拠とするとしました。そこで，まず，**法廷警察権**について説明します。

> 法廷を主宰する裁判長（開廷をした一人の裁判官を含む。以下同じ。）には，裁判所の職務の執行を妨げ，又は不当な行状をする者に対して，法廷の秩序を維持するため相当な処分をする権限が付与されている（裁判所法71条，刑訴法288条2項）。右の法廷警察権は，法廷における訴訟の運営に対する傍聴人等の妨害を抑制，排除し，適正かつ迅速な裁判の実現という憲法上の要請を満たすために裁判長に付与された権限である。しかも，裁判所の職務の執行を妨げたり，法廷の秩序を乱したりする行為は，裁判の各場面においてさまざまな形で現れ得るものであり，法廷警察権は，右の各場面において，その都度，これに即応して適切に行使されなければならないことにかんがみれば，その行使は，当該法廷の状況等を最も的確に把握し得る立場にあり，かつ，訴訟の進行に全責任をもつ裁判長の広範な裁量に委ねられて然るべきものというべきであるから，その行使の要否，執るべき措置についての裁判長の判断は，最大限に尊重されなければならないのである。

ここは，法廷警察権についての重要な判示です。「メモ」の問題に目が行きがちですが，刑訴法としては，この部分はとても大切ですから，よく理解してください。

次に，最高裁は，この法廷警察権の規定が，傍聴人に対してメモをとる行為を禁止する根拠となると述べます。

> 裁判所法71条，刑訴法288条2項の各規定により，法廷において裁判所の職務の執行を妨げ，又は不当な行状をする者に対し，裁判長が法廷の秩序を維持するため相当な処分をすることが認められている以上，裁判長は，傍聴人のメモを取る行為といえども，公正かつ円滑な訴訟の運営の妨げとなるおそれがある場合は，この権限に基づいて，当然これを禁止又は規制する措置を執ることができるものと解するのが相当であるから，実定法上，法廷において傍聴人に対してメモを取る行為を禁止する根拠となる規定が存在しないということはできない。

第1章　刑事訴訟の原則

　最高裁は，原告の主張に沿い，人権規約にも反しない旨も判示しています。次に最高裁は，裁判長がメモをとる行為を制限する方法について考えます。

> 　裁判長は傍聴人がメモを取ることをその自由に任せるべきであり，それが憲法21条1項の規定の精神に合致するものであることは，前示のとおりである。裁判長としては，特に具体的に公正かつ円滑な訴訟の運営の妨げとなるおそれがある場合においてのみ，法廷警察権によりこれを制限又は禁止するという取扱いをすることが望ましいといわなければならないが，事件の内容，傍聴人の状況その他当該法廷の具体的状況によっては，傍聴人がメモを取ることをあらかじめ一般的に禁止し，状況に応じて個別的にこれを許可するという取扱いも，傍聴人がメモを取ることを故なく妨げることとならない限り，裁判長の裁量の範囲内の措置として許容されるものというべきである。

　これで，憲法21条1項違反の主張については，本件の具体的な事例について判断する準備が整いました。

（4）　憲法14条1項違反に対する判断

　上告人は，報道機関の記者だけが筆記を許されたとして，憲法14条1項違反を主張しました，これに対して最高裁は，

> 　憲法14条1項の規定は，各人に対し絶対的な平等を保障したものではなく，合理的理由なくして差別することを禁止する趣旨であって，それぞれの事実上の差異に相応して法的取扱いを区別することは，その区別が合理性を有する限り，何ら右規定に違反するものではないと解すべきであるとともに，報道機関の報道は，民主主義社会において，国民が国政に関与するにつき，重要な判断の資料を提供するものであって，事実の報道の自由は，表現の自由を定めた憲法21条1項の規定の保障の下にあることはいうまでもなく，このような報道機関の報道が正しい内容をもつためには，報道のための取材の自由も，憲法21条の規定の精神に照らし，十分尊重に値するものであ。
> 　そうであってみれば，以上の趣旨が法廷警察権の行使に当たって配慮されることがあっても，裁判の報道の重要性に照らせば当然であり，報道の公共性，ひいては報道のための取材の自由に対する配慮に基づき，司法記者クラブ所属の報道機関の記者に対してのみ法廷においてメモを取ることを許可することも，合理性を欠く措置ということはできないというべきである。

> 本件裁判長において執った右の措置は，このような配慮に基づくものと思料されるから，合理性を欠くとまでいうことはできず，憲法14条1項の規定に違反するものではない。

と述べました。法の下の平等と合理的な区別，報道の自由，取材の自由の重要性……憲法の総復習のような判示ですね。

（5） 本件についての判断

以上は，傍聴人がメモをとる行為を制限できるか，その根拠についての判示です。次に最高裁は，本件訴訟についての具体的な判断をします。

> 前示事実関係の下においては，本件裁判長が法廷警察権に基づき傍聴人に対してあらかじめ一般的にメモを取ることを禁止した上，上告人に対しこれを許可しなかった措置（以下「本件措置」という。）は，これを妥当なものとして積極的に肯認し得る事由を見出すことができない。上告人がメモを取ることが，法廷内の秩序や静穏を乱したり，審理，裁判の場にふさわしくない雰囲気を醸し出したり，あるいは証人，被告人に不当な影響を与えたりするなど公正かつ円滑な訴訟の運営の妨げとなるおそれがあったとはいえないのであるから，本件措置は，合理的根拠を欠いた法廷警察権の行使であるというべきである。

なかなか厳しい判断ですね。それでも，最高裁は，過去に「荒れる法廷」が日常であり，平穏円滑な法廷の運営のためには一般的にメモをとることを禁止する措置を執らざるを得なかったという経緯を踏まえ，法廷の秩序や平穏を維持するために，裁判長は，傍聴人のいかなる行為であっても，厳正かつ果断に法廷警察権を行使すべき職務と責任を有していることも忘れられてはならないと強調しています。これも大切なところです。

本件は，裁判長の「禁止」が国家賠償法1条1項の公務員の違法な行為に当たり，それによって損害を被ったとして賠償を求めるものです。つまり，裁判長のメモの禁止措置が「違法な公権力の行使」でなければなりません。これについては，まず，裁判長の法廷警察権に基づく措置については，それが法廷警察権の目的，範囲を著しく逸脱し，又はその方法が甚だしく不当であるなどの特段の事情のない限り，国家賠償法1条1項の規定にいう違法な公権力の行使ということはできないものと解するのが相当である，とし，本件措置は，配慮

を欠いていたことが認められるにもかかわらず，これが国家賠償法1条1項の規定にいう違法な公権力の行使に当たるとまでは，断ずることはできないとの結論が出されています。国家賠償法1条1項にいう違法な公権力の行使の解釈に関する重要な事例といえます。刑事訴訟法には直接関係がありませんが，行政法を学ぶ者は当然理解しておくべき事柄ですね。

1-3 最判昭33・2・13刑集12巻2号218頁

1 何を判示したものか

ちょっと古い判例ですが，刑事訴訟の構造に関する基本的な判例です。

判示事項は，

〈1〉 現行刑訴法上裁判所は職権で証拠調をしたり検察官に対して立証を促がしたりする義務があるか。
〈2〉 裁判所に検察官に対し証拠の提出を促す義務があると認められる一場合。
〈3〉 審理不尽に基づく理由の不備または事実の誤認があって判決に影響を及ぼすことが明らかな事例。

です。

判示事項〈3〉は「事例判断」です。〈1〉が大切そうですね。

判決要旨は，

《1》 わが現行刑訴法上，裁判所は，原則として，職権で証拠調をしたり，または，検察官に対して立証を促がしたりする義務はない。
《2》 しかし，共犯又は必要的共犯の関係に立つ者が多数あって，これらの被告事件がしばしば併合又は分離されつつ同一裁判所の審理されているうち，甲を除くその世の被告人に対する関係では，同人等の検察官に対する供述調書が証拠として提出され，同被告人等に対しては有罪の判決が言い渡したが，残る被告人甲の関係では，検察官が不注意によって右供述調書を証拠として提出することを遺脱したことの明らかなような場合には，裁判所は，少なくとも，検察官に対し，同供述調書の提出を促す義務があるものと解するのが相当である。
《3》 したがって，右被告事件につき，かかる立証を促すことなく，直ちに公訴事実を認めるに足る十分な証拠がないとして無罪を言い渡したときは，該判決は，

> 審理不尽に基づく理由の不備又は事実の誤認があって，その不備又は誤認が判決に影響を及ぼすことが明らかであるといわなければならない。

となっています。🌙1-1，🌙1-2の判例の要旨と比べて長く，判決文とほぼ同文ですが，内容を正確に理解するためには，やはり，判決文を確認する必要があるようです。

2 裁判所が職権で証拠調べをしなければならない義務

判決文のうち**判示事項**〈1〉，〈2〉の部分は次のとおりです。

> わが刑事訴訟法上裁判所は，原則として，職権で証拠調をしなければならない義務又は検察官に対して立証を促がさなければならない義務があるものということはできない。しかし，原判決の説示するがごとく，本件のように被告事件と被告人の共犯者又は必要的共犯の関係に立つ他の共同被告人に対する事件とがしばしば併合又は分離されながら同一裁判所の審理を受けた上，他の事件につき有罪の判決を言い渡され，その有罪判決の証拠となった判示多数の供述調書が他の被告事件の証拠として提出されたが，検察官の不注意によって被告事件に対してはこれを証拠として提出することを遺脱したことが明白なような場合には，裁判所は少くとも検察官に対しその提出を促がす義務あるものと解するを相当とする。

ちょっと文章が古めかしいので，この書き方をそのまま真似るのはやめましょう。今ならどのように書くのか，「現代文」に書き直してみるのもよい勉強です。

さて，内容です。ここでは，なぜ，裁判所に義務がないのかについて，説明がないので，分かりにくいですね。そこで，反対意見を読んでみましょう。何がポイントか分かります。

最高裁の判決には，「意見」，「補足意見」，「反対意見」がついていることがあります（裁11条）。下級審の裁判の場合，「合議」の内容は秘密です（裁75条）。

この判決には，真野裁判官の反対意見があります。

> 現行刑訴法は，当事者主義を本体とし，これに職権主義を加味したものである。刑訴298条1項において，"検察官，被告人又は弁護人は，証拠調を請求することができる"と定めたのは，証拠調における当事者主義の本体を明らかにしたものであ

り，同2項において，"裁判所は，必要と認めるときは，職権で証拠調をすることができる"と定めたのは，証拠調において職権主義が補充的に加味され得ることを明らかにしたものであると解するを相当とする。すなわち，第2項の規定は，裁判所が必要と認めるときは，職権で証拠調をすることができる旨を定めたに過ぎないものであって，職務として証拠調をしなければならない旨を定めたものと解することはできない。そして，刑訴1条の規定が存在するからといって，別異の解釈によらなければならぬというものではない。それ故，原判決が所論の事由に基き第一審判決に審理不尽の違法があるとしたのは，判決に影響を及ぼすべき法令の違反があるに帰着し，原判決を破棄しなければ著しく正義に反すると認められるから，上告は理由あるに帰し刑訴411条1号を適用して原判決を破棄するを相当とする。そこで，訴訟記録および事実審において取り調べた証拠によって，被告人の公訴事実の各共謀事実は，これを認めるに足る十分な証拠がないので，被告人に対しては刑訴336条により無罪の言渡をすべきである。

　これを見ると，問題点ははっきりしますね。
　現行刑訴法の訴訟の構造は**当事者主義**です。検察官と被告人（弁護人）が対等な当事者として，公判に臨み，裁判所はこれを公正に判断するという構造です。
　刑事訴訟では，全ての**立証責任**は検察官にあります。したがって，検察官が被告人を有罪とすることのできるだけの証拠を提出し，これが取り調べられないかぎり，被告人が「犯罪の証明がない」（336条）として無罪が言い渡されることになるのです。
　これは，弁護人の側でも同じことがいえます。検察官の証明した事実に**合理的な疑い**を差し挟むのは弁護人の責任です。例えば，アリバイがあるのに，これを一切立証しなかったら，「この人が犯人に間違いありません」という目撃者の証言が信用され，有罪となってしまうことになります。
　裁判官は，これまでの訴訟の経過の中で，「検察官が，さらに〇〇さえ立証できれば，有罪となるだろう」とか，「弁護人が，△△について合理的な疑いを差し挟む立証をすれば，無罪となるかも知れない」などと考えるかも知れません。しかし，訴訟の途中で，そのような**心証**を明らかにすることは公平公正な裁判を害することになりかねません。

当事者主義を守ることと，たまたま当事者の訴訟活動が不十分な結果，真相が明らかにならない事件があることとを秤にかけた場合，前者に重きを置くというのが原則です。

　とはいえ，当事者の訴訟活動の出来不出来で，裁判の結果が変わってしまうというのでは，真相を明らかにして刑罰法規を適正に適用実現するという刑訴法の目的を達することはできないでしょう。そこで，この目的を達するために補充的に職権主義（訴訟において，裁判所が手続の主宰者となり，裁判所に審判についての各種の権限を集中する原則）がとられていると理解されているのです。その根拠が，298条です。

　確かに，真野反対意見の述べるとおり，同条2項は，「裁判所は……できる」であって，「……しなければならない」という義務規定ではありません。反対意見は理屈としてはすっきりしていますね。しかし，多数意見がいうように，同じ裁判所でたくさんの共犯者が審理されていて，証拠も共通で，一人を除いて全員有罪となったが，残る一人について，検察官の見落としがあったために必須の証拠が提出されなかったというだけで，これを無罪にするのは納得がいかない，と思いませんか。法律実務の世界で大切なのは，実はこの「常識」，「バランス感覚」なのです。

　当事者主義というのは，裁判官が一方，特に，訴追側に偏ることなく，訴追側と被訴追側が対等な立場で立証活動を行うことが事案の真相に近づくために最もよい制度だという人類の経験に基づく制度といえます。しかし，「事案の真相に近づき，その真相に基づいて刑罰法令を適正に実現する」ことが目的なのであって，当事者が対等に戦うゲームを実現することが目的なのではないはずです。

　そこで，多数意見は，裁判所に職権による証拠調べが認められている以上，例外的に，「できるのにしなかった」ことが違法となる場合もある，と判断したわけです。

　裁判所は，このように，真相を明らかにするためには，例外的にではありますが，**職権**を発動することが義務付けられます。裁判所の**後見義務**などといわれるものです。

　実際には，検察官が有罪無罪を決するような大切な証拠の請求を忘れるよう

では困りますが，この事件のように複雑な経過をたどる場合には，あり得ないこともないのです。長期間を要したり，複雑な経過をたどった場合などには，裁判所は，証拠調べの最後に「証拠の整理」として，当事者が請求したまま採否が留保になっている証拠はないか確認します。当事者もその際，共犯者の証拠関係を比較するなどして，本件のように「請求していない」証拠がないかどうかを検討して漏れがないように気をつけています。

　事件の経過について，最高裁は，被告事件と被告人の共犯者又は必要的共犯の関係に立つ他の共同被告人に対する事件とがしばしば併合又は分離されながら同一裁判所の審理を受けた上，他の事件につき有罪の判決を言い渡されたと説明していますね。この事件は，被告人らが競輪選手に「八百長レース」をさせたという自転車競技法違反の事件です。八百長レースに関わった多数の人が共犯（共同正犯）者又は必要的共犯（八百長レースをさせる側とする側）者として起訴されました。このような場合，公平な裁判をするためには，全被告人の審理を一緒にやる方がよいと考えられます。刑訴法は，一人が数罪を犯したとき，数人が共に同一又は別個の罪を犯したとき事件が関連するとし（9条1項），関連する事件は，「併合」して審理ができる（8条1項）としています。「併合」してというのは，一つの手続で一緒に審理するということです。しかし，いったん一緒に審理を始めても，やはり別々に審理する方がよい場面もあります。一部の人にしか関係のない証人を調べたり，一部の弁護人の都合が悪かったりした場合です。そこで，裁判所は，適当と認めるときは，弁論を分離又は併合することができることになっています（313条）。複雑な事件では，一部を分離したり，また併合したり，という本件のような経緯を辿る例は少なくありません。

　ここで，留意して欲しいのは，最高裁は，「重大な事件に限って」そのような義務があるとはしていないことです。今説明したとおり，事件は大規模ではありますが，単なる八百長レースというだけで，実際に科された刑は一番重い者でも懲役8月執行猶予付及び罰金です。公判で裁かれる犯罪としては，むしろ軽微な犯罪ですね。それでも最高裁は，裁判所の義務を認めたのです。

　裁判所が犯罪が重大であることを理由の一つに挙げることはよくありますが，これが必ずしも「犯罪が軽微なときにはあてはまらない」ということを意味す

るものではないことに注意しましょう。

3 裁判所が審理において義務を果たさなかった場合どうなるか

それでは，裁判所が職権で証拠調べをする（少なくとも立証を促す）義務がある場合に，これをしなかった場合どう考えるのでしょうか。まず，裁判所に義務があるというのは，本来は有罪なのにその証拠がないと無罪とするほかはない，又はその逆の場合に限られるでしょう。したがって，この裁判所の義務違反は，有罪のはずなのに無罪，又はその逆という「間違った判決」という結果になって現れますから，これを控訴審がどのようにして是正できるかが問題となります。

控訴審というのは，**事後審**といって，1審の判決が正しいかどうかを審理するところです。そこで，控訴をすることのできる理由は，1審に「訴訟手続の法令違反」がある，「法令の適用に誤り」がある，「事実誤認」がある，「量刑が不当だ」という場合に限られます（378条〜382条）。

裁判所が当事者に立証を促したり，職権で証拠調べをする義務があったのにそれをしなかったのは，これらの控訴理由のどれに当たるのでしょうか。

裁判所は，これは，**審理不尽**だ，といいます。審理不尽という言葉は，刑事訴訟法にはありません。文字どおり，「審理を尽くさなかった」，つまり，裁判所がきちんと審理を行うべきなのに，その義務を果たさず，十分な審理をしなかったということです。戦前から民事訴訟でも用いられてきた言葉ですが，この裁判所が義務を果たさず審理を尽くさなかったということが理由の不備又は事実誤認を導くと考えたのです。

> 従って，被告事件につきかかる立証を促がすことなく，直ちに公訴事実を認めるに足る十分な証拠がないとして無罪を言い渡したときは，審理不尽に基く理由の不備又は事実の誤認があって，その不備又は誤認が判決に影響を及ぼすことが明らかであるとしなければならない。

理由不備というのは，378条4号です。「裁判に理由を附さない」ことをいいます。これに対して事実の誤認というのは，その誤認が判決に影響を及ぼすことが明らかである場合に限り，控訴が認められるのです（382条）。

第1章　刑事訴訟の原則

審理不尽による破棄事例は実際にとても多いのです。裁判所の役割を考えるキーワードといえるでしょう。

1-4　東京高判平8・7・16高刑集49巻2号354頁

1　判示事項と判決要旨

高裁の判決例ですが，判例集に登載されており，判例集に登載された最高裁判例と同様に判示事項と判決要旨が示されています。

この判決の判示事項は，

> 捜査段階において，外国語を母国語とする通訳人に求められる日本語能力と法律知識の程度

であり，判決要旨は

> 捜査段階においては，外国語を母国語とする通訳人に求められる日本語の習熟度や表現力は，日常の社会生活上，互いに日本語で話を交わすに当たり，相手の話していることを理解し，かつ，自己の意思や思考を相手方に伝達できる程度に達していれば足り，法律知識についても通常一般の常識程度の知識があれば足りる。

というものです。

単なる事例判断ではないので，かなり重要だと思われますね。

2　通訳人の能力を巡る問題

わが国の公判は日本語で行います（裁判所法74条「裁判所では，日本語を用いる」）。日本語を理解しない被告人や証人の出廷する公判には通訳人が選任されます。日本語を理解できない被疑者・被告人の利益を守るためには正しい通訳が行われることが絶対に必要です。しかし，完璧な通訳を求めることは困難な場合も少なくありません。

外国人犯罪は，来日外国人が増えるにつれて増加し，通訳の確保は捜査機関でも裁判所でもとても大変です。わが国の通訳人には公的な資格が定められているものではありません。最近の一審刑事事件の約1割は通訳を要する外国人

被告人の事件で、その言語もおよそ40言語にわたっています。裁判所は、通訳のできる人の「データベース」を作成したり、通訳のためのテキストを作成したり、研修を行ったりして適切な通訳人の確保に努めていますし、警察でも通訳のできる職員を養成するなど、同様の努力を重ねています。しかし、捜査の現場では、すぐに通訳が確保できそうもないという理由で、逮捕を躊躇する場面も考えられないではありません。

3 判決の検討

　本件は、そのような中で、捜査段階の通訳人に求められる能力について裁判所が判断を示したものです。

　内容は判決要旨で十分ともいえますが、やはり、判決文を確認する癖をつけましょう。

> 　まず一般的に、刑事手続における通訳人の適格性について考えると、本件のように、被告人（捜査当時は被疑者）らがタイ語しか話せないような場合、タイ語を母国語とする通訳人にあっては、日本語に通じていることが基本的前提である。もっとも、その程度については、捜査段階においては、捜査官らの取調べも、これに対する被疑者等の供述も、犯罪に関するとはいえ、社会生活の中で生じた具体的な事実関係を内容とするものであり、特別の場合を除いて、日常生活における通常一般の会話とさほど程度を異にするものではないことを考えると、本件通訳人らに求められる日本語の習熟度や表現力も、もちろん一語一語正確にかつ文法的にも誤りなく通訳できる能力を持っていることが最も望ましいことではあるが、日常の社会生活において、互いに日本語で話を交わすに当たり、相手の話していることを理解し、かつ、自己の意思や思考を相手方に伝達できる程度に達していれば足りるというべきである。そして、捜査段階である限り、漢字やかなの読み書きができることまで必要ではなく、法律知識についても、法律的な議論の交わされる法廷における通訳人の場合と異なり、通常一般の常識程度の知識があれば足りると考えられる。

　捜査段階と公判段階では、通訳を要する言葉の内容が異なるというのですね。逆に言えば、法律的な議論がなされる場では、それに関する素養が必要だということになるでしょう。

　最高裁は、多数の言語について『法廷通訳ハンドブック』を出版しています。

基本的・初歩的な刑事手続きの説明がなされています。刑事訴訟の初歩を学べますし，法廷通訳人に求められる知識の水準が分かります。

　本件で裁判所は，通訳人の日本語の能力について，日常の社会生活において，日本人を相手としても日本語によって会話する能力があり，取調べに際して分からない言葉が出てくると辞書を引いたり，ときには捜査官とやり取りして捜査官の言うことを理解した上で通訳するなどしていたこと，捜査官も調書の読み聞けに当たっては，通訳しやすいように，その内容を分かりやすい言葉に言い換えてやったりしていたなどの事情から，捜査段階の通訳人の適格性を備えていると判断しています。

　通訳人の能力を見極めて，平易な言葉を使うことが，法律実務家として必要だということを感じさせますね。

4　高等裁判所の判決と判例

　普通判例という場合，最高裁の判決・決定が挙げられます。**判例**とは何なのでしょうか。ヒントは，刑訴法405条にあります。同条は，**上告理由**を定めたものです。どのような場合に，上告ができるかは，法律実務家（を目指す者）が覚えていなければならない知識ですね。上告理由の1は，憲法違反です。憲法81条が，「最高裁判所は，一切の法律，命令，規則又は処分が憲法に適合するかしないかを決定する権限を有する終審裁判所である。」というのを受けた規定です。次の2つが「判例違反」なのですが，まず，「最高裁判所の判例」（2号）が挙げられ，次に，最高裁判所の判例がない場合の高等裁判所の判例と戦前の上告審判例（3号）が挙げられています。つまり，最高裁で決着がつかないうちは，高裁の判断が判例となるのです。

第2章　弁護活動・弁護人に関する判例

2-1　最決平4・12・14刑集46巻9号675頁

1　何が，なぜ，問題となったのだろうか

弁護人についての比較的最近の最高裁判例です。判示事項は，

> 国選弁護人を付された被告人が判決宣告後上訴申立てのため公判調書の閲覧を請求することの可否。

です。判示事項だけでは，何が問題になっているのかすぐには分からないかもしれません。

まず，公判調書の閲覧について刑訴法の規定を確認しましょう。

公判調書というのは，公判，つまり，公開の法廷における審判の記録です。「調書」というのは，なんだか古めかしい言葉ですが，捜査や訴訟で捜査機関や裁判所書記官が作成する公文書のことをいいます（「供述調書」，「検証調書」，「証人尋問調書」など）。

公判調書を作成するのは裁判所書記官です。公判調書は，「公判期日における訴訟手続で公判調書に記載されたものは，公判調書のみによってこれを証明することができる。」（52条）という強力なものです。

公判の記録，すなわち公判調書は，訴訟が終了すれば，原則として誰でも見ることができます（53条。手続は，刑事確定記録法に定められています）。裁判は公開なのですから，その記録も公開が原則なのです。

それでは，訴訟中はどうでしょうか。訴訟関係人は，当然公判調書を閲覧できます。次の公判の準備をするために必要ですね。したがって，弁護人には公判調書の閲覧・謄写（コピー）が認められます（40条）。これに対して，被告人については，「被告人に弁護人がないときは，公判調書は，裁判所の規則の定めるところにより，被告人も，これを閲覧することができる。」（49条）と特に

定められているのです。公判調書を見て検討するのは，訴訟の専門家である検察官と弁護人に限られるのですが，軽微な事件で被告人が希望しない場合には，弁護人がなくてもよいので，この場合だけは，被告人に公判調書の閲覧を認めるのです。

　それでは，なぜ，「判決宣告後上訴申立まで」の期間が問題となったのでしょうか。

　実は，刑事訴訟では，弁護人は審級ごとに選任されます。被疑者段階の弁護人は，被疑者が起訴されるとそのまま1審の弁護人となりますが（32条1項），その後は，審級ごとに選任されることになるのです（同条2項）。

　したがって，1審の弁護人は，判決宣告でその役目を終えるというのが原則です。その後は，新たに2審の弁護人を選任しなければならないのです（私選弁護人の場合にも，改めて弁護人選任届を提出します）。

　そこで，本件の被告人は，1審の被告人の役目は判決宣告で終わり，その後，2審の弁護人が選任されるまでは，弁護人のない状態になるのだから，自分で公判調書が閲覧できると主張したのです。

2　裁判所の判断

　最高裁はこの被告人の主張を斥けました。決定要旨は，

> 　国選弁護人を付されて審理を受けた被告人が判決宣告後上訴申立てのため必要があるとして公判調書の閲覧を請求した場合は，刑訴法49条にいう「弁護人がないとき」に当たらず，右閲覧請求は許されない。

です。

　なぜでしょうか。

　決定文を読む前に，もう少し刑訴法の規定を確認しましょう。確かに，1審の国選弁護人は，判決宣告でその任務が終わるように見えます。実際，審理に弁護人が必要な事件（必要的弁護事件）であっても，判決宣告には出席しなくてもよいのです。しかし，上訴（控訴・上告）の期間は14日間と限られています。その間に新たな弁護人を選任し，選任された弁護人が原審の内容を把握し，上訴するかどうかを考えるというのは不可能といえるでしょう。そこで，刑訴

法は,「原審における代理人又は弁護人は,被告人のため上訴をすることができる。」(355条)と定めます。

　したがって,1審判決後も1審の国選弁護人には控訴をすることができるという限りでは役割が残っているので,本件の被告人が主張するように,「弁護人がない」というのは少し違うようです。

　しかし,刑訴法は,「控訴すること」については,特に認めるのですが,公判調書の閲覧についてはこれを認める規定をおいていません。ここからが,刑訴法の解釈となるのです。

　最高裁は,被告人に公判調書の閲覧を認めない理由について,

> 　記録によれば,申立人は,有印公文書偽造等被告事件の被告人として国選弁護人を付されて審理を受け,判決を宣告された翌日に,当該裁判所に対し,上訴申立てのため必要であるとして,同事件の公判調書の閲覧を請求したが,これを許されなかったことが認められるところ,弁護人選任の効力は判決宣告によって失われるものではないから,右のような場合には,刑訴法49条にいう「弁護人がないとき」には当たらないと解すべきである。したがって,申立人の公判調書閲覧を許さなかった処置に違法はないとした原判断は,正当である。

と述べています。

　「弁護人選任の効力が判決宣告によって失われるものではない」とはどのような意味でしょうか。被告人に閲覧を認めないということは,他に本来閲覧できる者がいるということですね。閲覧できる者として考えられるのは1審の国選弁護人しかありません。なぜ,1審の弁護人が閲覧できるのでしょうか。それは,1審の弁護人が控訴できるからです。

　控訴するかどうかを決めるためには,被告人との打ち合わせなども大切ですが,専門家としては,公判記録を確認するのも大切なことですね。

　この決定は,被告人の請求を斥けたもので,被告人に厳しいようですが,実は,被告人が弁護人の助けを得ることができることを重視したので,弁護人に重い責任を課しているといえます。国選弁護人であっても私選弁護人であっても,その審級の審理だけ行えばよいというのではなく,判決後にも被告人のために上訴すべきかどうかを検討し,そのために必要があれば,公判調書を閲覧

して検討することまでを求めているといえます。

簡単な判例ですが，刑訴法の解釈のやり方もわかりますし，公判調書や弁護人の役割など刑訴法の「総則」の重要部分が復習できますね。

なお，判例集を見ると分かるように，この事件は，「付審判請求棄却決定に対する抗告棄却決定に対する特別抗告事件」です。何が付審判請求されたのでしょうか。これは，原々決定（刑集46巻9号679頁）を見ると分かりますが，閲覧を許可しなかった裁判官を職権濫用の罪で告訴し，これが，「嫌疑がない」との理由で不起訴になったことから，裁判所に付審判請求をした事件なのです。付審判請求の要件や手続などについても条文を確認して復習しておきましょう。

2-2 最判昭54・7・24刑集33巻5号416頁

1 何が判示されたのか

判示事項は，

〈1〉 原審弁護人の辞任がやむを得ないとされた事例
〈2〉 被告人の国選弁護人選任請求を却下した裁判所の措置の当否と憲法37条3項
〈3〉 国選弁護人の辞任の申出と解任の裁判の要否
〈4〉 国選弁護人の解任の裁判と事実の取調

の4点です。

ここでも憲法が問題になっていますね。刑訴法の問題は，憲法にさかのぼって考える必要があります。憲法の保障しているところに反しないのかどうか，それを受けた刑訴法の解釈としてはどうなるのか，2段階の検討が必要になるのです。

それにしても，なぜ，国選弁護人が辞任するとか，解任するという事態が生じたのでしょうか。

2 この判決の背景

レペタ訴訟（1-2）で最高裁は「荒れる法廷」について言及していました。

第2章　弁護活動・弁護人に関する判例

　この判決は，まさに，「荒れる法廷」における訴訟運営についての判断です。
　事件は，昭和44年のいわゆる4・28沖縄デー闘争に関連して起きました。
　「全学連」の多数の学生が新橋駅に集合し，電車を止めるなどして兇器準備集合，威力業務妨害，公務執行妨害の罪に問われたのです。現在では想像が難しいかもしれませんが，そのころは，日米安保条約の破棄を求めるなどして多数の学生らが街頭でデモを行い，この中の過激な集団が多くの暴力的な事件を起こしました。これらの事件では，起訴された学生らが刑事訴訟の法廷も闘争の場であるととらえ，法廷で自分たちの主張を実現させようとして法廷の秩序を乱し，さらに刑訴法の抜け穴を捜して訴訟が立ち行かなくなるようにしようとしました。現代の刑訴法の解釈は，この「法廷闘争」に直面した裁判所の判断によって発展してきた部分もあります。この判決もその一つです。
　本件のような「法廷闘争」は現代ではほとんどみられないので，どのようなものだったか，最高裁が判示している事実関係を読んで理解しないと，この判決の意味が分かりにくいでしょう。以下は，最高裁の摘示した事実の要約です。できるだけ原文を読んでください。

1　いわゆる4・28沖縄デーの闘争に関連して約240名が東京地方裁判所に起訴されたが，そのうち約150名は分離公判を希望し，起訴後比較的短期間のうちに主として単独部において審理を受け終わった。他方，本件被告人らを含む約90名は，10名の私選弁護人を選任したうえ，いわゆる統合方式すなわち一つの合議部が全事件を担当して弁論の併合・分離をくり返す方式をあくまでも主張し，数か部にグループ別に配点するという東京地方裁判所裁定合議委員会の案に対しては，一切具体的な意見を述べようとはしなかった。そのため，同裁判所裁判官会議は，近い将来に合理的で具体的な結論が得られる見通しがたたないものと判断し，グループ別の配点をすることを決議し被告人Aら10名のAグループと，被告人Bら10名のBグループが同地裁刑事第六部（以下「第1審」という。）に配点された。

2　第1審は，A・B両グループについて，昭和45年3月27日を第1回公判期日と指定したところ，その期日の直前に私選弁護人が全員辞任し，被告人らは，第1回公判期日の当日に国選弁護人の選任を請求したので，同期日には人定質問を行うにとどめ，以後の手続は続行することにした。

3　第1審は，A・B両グループについてそれぞれ3名の弁護士を国選弁護人に選任し，同年11月までにそれぞれ検察側立証を終わらせ，弁護人及び被告人らの希

第2章　弁護活動・弁護人に関する判例

望を考慮し，同年12月16日の第6回公判においてA・B両グループを併合して審理する旨の決定をし，以後審理を続けた。

4　ところが，6名の国選弁護人は，昭和46年5月26日の第10回公判の開廷前に突如書面により辞意を表明してきたので，第1審は，辞意を表明するに至った事情に関し事実の取調をしたところ，次の事実が明らかになった。

　　被告人らは，当初からいわゆる統一公判の実現を要求するのみで，国選弁護人から弁護のために必要であるとしてされた具体的要求には一切応じなかったものであるところ，昭和46年5月に行われた代表者打合せ会の席上では，弁護人に暴言をはき，定刻を過ぎて退席しようとする弁護人の服をつかんで引き戻す暴行を加えるなど，著しい非礼をかさねたため，国選弁護人6名は，もはや被告人らには誠実に弁護人の弁護を受ける気持がないものと考えるに至った。

5　右の事実が認められたため，第1審は，同年6月4日国選弁護人の辞意を容れ全員を解任した。これに対し，被告人らは，国選弁護人の再選任を請求したので，第1審は，同月9日の第11回公判において，被告人の一人一人に対し，右のような事実につき弁明を求めるとともに，以後このような行為をしないことを確約することができるかどうかを尋ね，ひき続き判事室に被告人らを個別に呼んで右の2点につき調査を行おうとしたが，被告人らは全員これを拒否した。そこで，第1審は，翌6月10日の第12回公判において国選弁護人の再選任請求を却下した。

6　その後，被告人らから3回にわたり国選弁護人の再選任請求がされた。第1審は，同年7月1日の第14回公判において，被告人らが前記のような行為をくり返さないことを確約できるかどうかを確かめたところ，被告人らは「無条件で弁護人を選任するのが裁判所の義務である。」などといってこれに答えることを拒否した。第1審は，さらに慎重を期し，右の点につきさらに確めたいので7月19日までに裁判所に出頭するよう書面によって被告人に連絡したが，被告人らは連署した書面でこれを拒否した。同年8月23日の第15回公判においても，被告人らは同様の主張をくり返すだけであつた。第1審は，国選弁護人再選任請求をすべて却下した。

7　被告人らは，第1審においては，法廷闘争という名のもとに権利行使に藉口してそれまでの主張を固執し，裁判長の訴訟指揮に服さず，そのため裁判所は，退廷命令ないし拘束命令を再三再四発することを余儀なくされている状況であった。

　この判決の背景が感じ取れたでしょうか。
　そこで，最高裁の判断を検討してみましょう。

第2章　弁護活動・弁護人に関する判例

3 判示事項〈1〉,〈2〉と判決要旨

判示事項〈1〉について，最高裁は，

> 被告人が，国選弁護人を通じて正当な防禦活動を行う意思がないことを自らの行動によって表明したと認められる判示の事情の下においては，裁判所が国選弁護人の辞意を容れてこれを解任してもやむを得ない。

と判示しました。

判決（決定）要旨では，「判示の事情の下においては」とか，「（判文参照）」という書き方がよく見られます。事例判断であることを明確にしているということですが，法律実務家としては，最高裁がどの事実を摘示しているのかを把握することが大切です。これは，裏返せば，このような主張をするにはどの程度の事実を摘示する必要があるかというサンプルなのです。例えば，本件において，検察官が「被告人が，国選弁護人を通じて正当な防禦活動を行う意思がないことを自らの行動によって表明したと認められる」と主張しようとする，あるいは，被告人側が「被告人が，国選弁護人を通じて正当な防禦活動を行う意思がないことを自らの行動によって表明したとは認められない」と主張しようとする場合，最高裁が判文に示したような事実を摘示して論じなければならないわけです。本判決では，上記の事実を詳細に示した上で，**判示事項**〈1〉と**判示事項**〈2〉の前半部分についてまとめて判示しています。

> 右事実によれば，被告人らは国選弁護人を通じて権利擁護のため正当な防禦活動を行う意思がないことを自らの行動によって表明したものと評価すべきであり，そのため裁判所は，国選弁護人を解任せざるを得なかったものであり，しかも，被告人らは，その後も一体となって右のような状況を維持存続させたものであるというべきであるから，被告人らの本件各国選弁護人の再選任請求は，誠実な権利の行使とはほど遠いものというべきであり，このような場合には，形式的な国選弁護人選任請求があっても，裁判所としてはこれに応ずる義務を負わないものと，解するのが相当である。

「**形式的な国選弁護人選任請求**」という表現に注目しましょう。
しかし，被告人が求める場合に国選弁護人を付すというのは，憲法上の義務

ではなかったでしょうか。これに答えたのが**判示事項〈2〉**の後半です。最高裁は，「被告人が，国選弁護人を通じて正当な防禦活動を行う意思がないことを自らの行動によって表明したため，裁判所が国選弁護人の辞意を容れてやむなく，これを解任した場合，被告人が再度国選弁護人の選任を請求しても，被告人において，その後も，判示のような状況を維持存続させたとみるべき本件においては，裁判所が右再選任請求を却下した措置は相当であり，このように解しても，憲法37条3項に違反しない。」と述べました。権利の濫用は許さないという最高裁の毅然とした判断ですが，この点は，判決文にもう少し詳しく論じられています。

> ところで，訴訟法上の権利は誠実にこれを行使し濫用してはならないものであることは刑事訴訟規則1条2項の明定するところであり，被告人がその権利を濫用するときは，それが憲法に規定されている権利を行使する形をとるものであっても，その効力を認めないことができるものであることは，当裁判所の判例の趣旨とするところであるから，第一審が被告人らの国選弁護人の再選任請求を却下したのは相当である。このように解釈しても，被告人が改めて誠実に国選弁護人の選任を請求すれば裁判所はその選任をすることになるのであり，なんら被告人の国選弁護人選任請求権の正当な行使を実質的に制限するものではない。したがって，第一審の右措置が憲法37条3項に違反するものでないことは右判例の趣旨に照らして明らかである。（下線筆者）

当裁判所の判例としてたくさんの判例が引用されていますから，面倒でもどのような判例か確認しておきましょう。

4　判示事項〈3〉，〈4〉

判示事項〈3〉，〈4〉は刑訴法に関する問題です。いずれも事例判断ではなく，刑訴法の解釈を示したものですから，重要ですね。

判示事項〈3〉について，最高裁は，

> 国選弁護人は辞任の申出をした場合であっても，裁判所が辞任の申出について正当な理由があると認めて解任しない限り，その地位を失うものではない。

としています。

　国選弁護人は，裁判所が選任するのですから，裁判所が解任することになります。当然といえば当然ですが，これも，国選弁護人が勝手に辞任し，あるいは国選弁護人に辞任を迫り，被告人に弁護人の付されていない状態を作り出そうとする「闘争手段」をはっきり封じる必要があったのです。

　判示事項4も当然といえる判断です。

> 国選弁護人から辞任の申出を受けた裁判所は，解任すべき事由の有無を判断するに必要な限度において，相当と認める方法により，事実の取調をすることができる。

　裁判所が判断をするためには「事実の取調ができる」というのは，刑訴法43条3項にあるとおりです。この場合の事実の取調は公開の法廷における厳格な証明によるものでなくてもよいのです。このような判決を読んだときに，裁判所のする事実の取調について調べると，学習が発展します。

2-3　最決平7・3・27刑集49巻3号525頁

1　何が判示されたか

> いわゆる必要的弁護事件の公判期日について刑訴法289条1項の適用がないとされた事例

　実は，刑訴法289条には，平成16年の改正によって，「弁護人がなければ開廷することができない場合において，弁護人が出頭しないおそれがあるときは，裁判所は，職権で弁護人を付することができる。」という3項が追加されました。なぜ，このような項が追加されたのでしょうか。

　これを考えるヒントとなるのがこの判例です。

　改正後はこの判例のような事例が起こることはほとんど考えられなくなりました。しかし，改正前の規定を前提に，法をどのように適用していくかを考えることは，法的思考の力をつけるためにも大切です。

　刑訴法289条1項，2項はどのような規定であったか，確認しておきましょ

う。289条1項は，いわゆる必要的弁護事件を定めた規定です。「死刑又は無期若しくは長期3年を超える懲役若しくは禁錮にあたる事件を審理する場合には，弁護人がなければ開廷することはできない。」です（「超える」という点に留意しましょう。緊急逮捕の要件は3年以上でしたね）。この定めにより，必要的弁護事件の被告人が希望しなくても，国選弁護人が選任されることになります。

さて，「弁護人がいなければ開廷できない」というこの規定を悪用して，公判を引き延ばす事例があったのです。

2 事案の経過

裁判所は事案の経過を次のようにまとめています。少し長いですのが，概要をメモしながら読んでみましょう。長い文章の内容を要領よくつかんでいくことも，法律実務家には大切です。

1　差戻し前の第1次第1審の経過

本件は，暴力行為等処罰に関する法律違反（常習傷害・暴行・脅迫），住居侵入被告事件として起訴されたいわゆる必要的弁護事件であるところ，第1次第1審である大津地方裁判所における審理は，昭和44年4月から昭和54年3月までの約10年間に及んだ。この間，被告人は，公判期日への不出頭や勾引状を執行不能にさせる出廷拒否を重ねながら，裁判官忌避申立て（18回），書記官忌避申立（1回）及び管轄移転の請求（13回）を繰り返し，国選弁護人に対しては，公判期日への不出頭を要求し，裁判所にその解任を請求するなどした。このため，国選弁護人の選任，解任が繰り返され，延べ8名の国選弁護人が審理に関与したが，最後に選任された国選弁護人2名も辞任届を提出して公判期日に出頭しなくなったところから，裁判所は，第26回公判期日において，被告人及び弁護人の立会いがないまま，被告人の身上調査回答書及び前科調書を取り調べ，不出頭の証人（被告人の妻）の採用を取り消し，検察官が論告求刑を行って結審した上，第27回公判期日に，懲役1年6月の有罪判決を宣告した。

2　第1次控訴審の経過

被告人からの控訴申立てにより，大阪高等裁判所において，昭和54年9月から昭和56年12月までの間に7回の公判期日が開かれたが，被告人が当初選任した私選弁護人2名は，公判期日に出頭しないまま辞任する一方，被告人は，裁判官忌避を申し立てたり，選任された国選弁護人2名に対する解任請求を繰り返したりして，公

判期日に1回も出頭しないまま，結審を迎えた。同裁判所は，第1次第1審が弁護人の立会いがないまま実質審理をした点に違法があるとして，第1次第1審判決を破棄し，事件を原審である大津地方裁判所に差し戻した（第1次控訴審判決）。
3　差戻し後の第2次第1審の経過
（1）差戻しを受けた大津地方裁判所において，昭和57年10月から昭和59年2月までの間，16回の公判期日が開かれたが，被告人は，昭和58年10月保釈取消しにより収監されるまで，裁判所からの送達書類の受取りを拒否し，郵送された書類は開封しないまま返送するなどして，公判期日に出頭せずに，疎明資料のない公判期日変更請求を繰り返し，収監された後も，公判期日に3回出頭した以外は，出廷拒否を重ねたほか，裁判官忌避申立て（12回）及び管轄移転の請求（2回）を繰り返した。
（2）当初の国選弁護人2名は，いずれも第1回公判期日に出頭したものの，その後は，本件の紛糾の原因が裁判所にあるなどとする意見書等を提出したまま公判期日に出頭せず，辞任届を提出したため，裁判所が滋賀弁護士会に刑訴規則303条2項による処置請求をした結果，同弁護士会は，会長である北川和夫弁護士及び遠藤幸太郎弁護士を推薦した。裁判所は，当初の国選弁護人2名を解任して，北川，遠藤両弁護士を国選弁護人に選任した。
（3）新たな国選弁護人の選任を知った被告人は，昭和58年7月15日，北川弁護人の自宅に押し掛け，その妻子に対し，約4時間にわたり，「おやじが法廷に出ないように言っておけ。」と要求するなどし，同年9月18日には，その妻に対し電話で，「裁判になれば，わしの家族も不幸になるが，おまえのとこの家族の両手がそのままあると思っていたら大間違いやぞ。」などと脅迫し，同日午後10時半ころには，同弁護人の自宅に押し掛けて，その胸倉をつかまえ，「今日はケリをつけたるから外へ出ろ。」などと言って，同弁護人を外へ連れ出した上，翌日午前1時ころまで，右電話によるのと同様の脅迫を行い，心配して駆けつけた遠藤弁護人に対しても，同日午前2時半ころまで同様の脅迫を続けた。さらに，被告人は，同月21日にも，両弁護人に対し，同様の脅迫行為を繰り返したため，北川弁護人は，裁判所に対し，被告人による脅迫を理由として辞任を決意した旨の上申書を提出し，同月22日以降の公判期日には出頭しなかった。
（4）他方，被告人は，同年10月20日，保釈を取り消されて収監された後，私選弁護人2名を選任した。このうち1名は，第1次第1審において国選弁護人に選任されたが，被告人との信頼関係欠如を理由に辞任届を提出して，同審第26回公判期日に出頭しなかった者であり，また，他の1名は，差戻し後の第2次第1審の当初

の国選弁護人であり，前記のとおり，公判期日への不出頭を重ねた上，辞任届を提出した者である。

（5）第7回ないし第9回各公判期日には，被告人及び前記私選弁護人の1名又は2名が出頭したが，第9回公判期日には，出頭した私選弁護人2名のうち1名が病気治療を理由に途中退廷し，他の1名及び被告人が当日の審理打切りを強く要求したため，裁判所は，被告人らの強い要望に従って次回期日を追って指定にした。その後の期日の打合せにおいて，私選弁護人両名は，被告人を納得させるためには保釈すべきであると主張したほか，2箇月先の期日指定を要求したり，被告人の承知しない期日指定には応じられないとする態度を示したが，裁判所は，同年12月27日に，翌59年1月11日から2月9日までの間に9回の公判期日を一括して指定した。

（6）昭和59年1月11日の第10回公判期日において，被告人が出廷を拒否したため，裁判所が刑訴法286条の2の規定に基づいて開廷したところ，私選弁護人両名は，公判期日の一括指定に抗議して，裁判官の忌避を申し立てた上（簡易却下された。），裁判官の在廷命令を無視して退廷した。裁判所は，国選の遠藤弁護人に電話で出頭を要請したが，同弁護人がこれに応じなかったため，弁護人が在廷しないまま当日に予定されていた公判手続の更新を行った。その後，裁判所は，公判期日ごとに，被告人及び各弁護人に対し，前回の公判調書の写しを送付し，当日には電話で出頭を要請したが，いずれも出頭しないまま，第12回公判期日までに，公判手続の更新を終えた。第13回公判期日には，被告人質問を予定し，事前に被告人及び各弁護人にもその旨を通知していたが，被告人及び各弁護人がいずれも出頭しなかったため，同期日には開廷することができなかった。

（7）第14回公判期日の直前に，遠藤弁護人は，不出頭届を提出して，被告人が行った同弁護人やその家族に対する脅迫による不安を訴えた。また，同公判期日に出頭した私選弁護人両名は，被告人の身上調査回答書及び前科調書が取り調べられた後に，公判調書の記載の正確性に対する異議申立て及び裁判官忌避申立てを行い（簡易却下された。），さらに，被害者の再尋問の請求等を検討中であるとして第15回以降の公判期日指定の取消しを求めたが，裁判所が証人としては既に採用され取調べ未了の被告人の妻だけを取り調べる意向を表明したことから，裁判官の在廷命令を無視して退廷した。

（8）その後も，裁判所は，各公判期日ごとに，各弁護人に対し，前回の公判調書の写しを送付し，審理の経過を通知するなどしたほか，公判期日の当日にも電話で出頭を要請したが，被告人及び各弁護人の出頭が得られないまま，第15回公判期日において，不出頭の証人（被告人の妻）の採用を取消して同証人の取調べ請求を

却下した後，検察官が論告求刑を行い，第16回公判期日において，懲役1年6月の有罪判決を宣告した。

　第1次1審判決まで10年，第2次2審を経て本決定まで実に30年近く経っています。懲役1年6月に処せられるだけの事件でこのような経過を辿るというのも異例ですが，1審裁判所は大津地裁だということにも注目しましょう。2009年1月1日現在でも滋賀県弁護士会の登録数は100名に満たないのです。このような被告人がいたら，刑事弁護を引き受ける弁護士はみなこの被告人にかかわらざるを得なかったのではないでしょうか。そういう地域の弁護士だったら，皆さんはどう行動するでしょうか。

3　最高裁の判断

　さて，問題は，弁護士不在のまま進められた審理手続は違法ではないか，ということです。
　最高裁の判示を読みましょう。

　以上の経過に即して，第2次第1審における審理手続の適否について判断する。
1　刑訴法289条に規定するいわゆる必要的弁護制度は，被告人の防御の利益を擁護するとともに，公判審理の適正を期し，ひいては国家刑罰権の公正な行使を確保するための制度である。

必要的弁護制度の趣旨として覚えておいてよい判示ですね。
　引用されている**最判昭23・10・30刑集2巻11号1435頁**の，

　被告人が弁護人の選任を辞退したものとみられるのであるが，刑事訴訟法が重罪事件について，弁護人の立会を必要とする理由は一面において，被告人の利益を擁護するためであることは勿論であるが，また一面においては，公判審理の適正を所期し，ひいては国家刑罰権の公正なる行使を確保せんがためでもあるのであるから，たとえ，被告人がこれを辞退した場合でも，裁判長はそれにかゝわらず，職権をもつて弁護人を付するを要するものと解しなければならない。

というのも応急措置法に関するものですが，わかりやすいですね。
　さて，次の項は，なぜ，弁護人不在の審理が行われたかについての事実のま

第2章　弁護活動・弁護人に関する判例

とめです。

　上の長い事実経過から，何が取り出されてまとめられているかを確認すると，事実を摘示して論じるヒントになるでしょう。

> 2　被告人は，第2次第1審において，本件が必要的弁護事件であって，審理を行うには弁護人の立会いが必要であることを熟知しながら，前記のように，弁護人を公判期日へ出頭させないなど，種々の手段を用いて，本件公判審理の進行を阻止しようとしたものであり，私選弁護人両名は，このような被告人の意図や目的を十分知りながら，裁判所による公判期日の指定に応ぜず，被告人の意向に沿った対応に終始し，裁判所が公判期日を一括して指定するや，公判期日への不出頭あるいは在廷命令を無視した退廷を繰り返し，裁判所からの再三にわたる出頭要請にも応じなかったものである。さらに，裁判所が弁護人出頭確保のため弁護士会の推薦に基づき順次選任した同会会長を含む国選弁護人も，被告人の意向に従って，あるいは，被告人の弁護人本人やその家族に対する暴行ないし脅迫によって，いずれも公判期日に出頭しなくなったものである。そして，このような被告人の言動あるいは被告人の意向に沿った弁護人らの対応によって，多数回にわたり実質審理が阻止され，弁護人の立会いの下に公判期日を開くことが事実上不可能になったものであることは明らかである。

　1必要的弁護制度の趣旨→2どのような審理経過だったか→と進んできました。最後の3が結論です。1の趣旨に照らして弁護人不在の審理が許されるかを検討するのです。

> 3　このように，裁判所が弁護人出頭確保のための方策を尽したにもかかわらず，①被告人が，弁護人の公判期日への出頭を妨げるなど，弁護人が在廷しての公判審理ができない事態を生じさせ，かつ，②その事態を解消することが極めて困難な場合には，当該公判期日については，刑訴法289条1項の適用がないものと解するのが相当である。けだし，このような場合，③被告人は，もはや必要的弁護制度による保護を受け得ないものというべきであるばかりでなく，④実効ある弁護活動も期待できず，⑤このような事態は，被告人の防御の利益の擁護のみならず，適正かつ迅速に公判審理を実現することをも目的とする刑訴法の本来想定しないところだからである。（①～⑤筆者）

①と②が，判断のもとになる事実ですね。このような事実があると，③，④という結果になります。その結果は，必要的弁護制度の趣旨に反しないか，を判断したのが⑤というわけです。

明文に定められた制度をたてにとったこのような被告人の行動が擁護されるべきいわれはないでしょう。この結論が不当だと考える人は少ないでしょう。では，どのように理論的にその結論を導き出せるのか，この決定はそれを教えてくれます。それでも，被告人は護られなければならない，それについては，弁護人の上告趣意を読んでください。

2-4 最決平5・10・19刑集47巻8号67頁

1 何を判示した決定か

> 被疑事件につき刑訴法31条2項によりいわゆる特別弁護人を選任することの可否

について，

> 刑訴法31条2項により特別弁護人を選任することができるのは公訴が提起された後に限られる。

と判示したというきわめて簡単な判例です。

現行刑訴法が施行されて半世紀余たって，こんな基本的な解釈が示されたのかと驚きますが，それには理由があるようです。

2 特別弁護人

特別弁護人というのは，弁護士でない者を第1審に限って弁護人にすることを認める規定です。特殊な分野で背景をよく知る者が弁護活動に参加するのがよい場合もあるという趣旨でしょう。控訴審，上告審は法律の専門家でなければできない構造になっています（被告人自身も弁論の権利がありません）。したがって，特別弁護人の制度は認められていません。

それでは，捜査段階はどうか？という，まさに法の盲点を突いたような主張

がされたのが本件なのです。

　現行刑訴法は，旧刑訴法（大正刑訴法）を改正するという形で成立しました。第2次大戦後，新しい憲法を制定する（これも旧憲法を改正するという手続で成立しました）ことになったのですから，すべての法律について，新しい憲法に合致しないものがあるかどうかを検討し，改正することが急がれました。そこで，刑訴法についても「被疑者段階でも弁護人の選任を認めよう」（旧刑訴法では被疑者段階に弁護人を認めていませんでした）とか，「被疑者・被告人には黙秘権を認め，任意性のない自白の証拠能力を否定しよう」など，憲法が要請する権利を保障する改正を行ったわけです。

　特別弁護人の制度は，戦前からありました（旧刑訴法40条2項）が，これが憲法の関係で問題となることはなかったので，この部分については，旧刑訴法の規定がそのまま残ることになったのです。

　そこで，被疑者段階にも特別弁護人が認められるべきだという主張が出てきたわけです。控訴審以降について弁護人の資格を厳格にしていくというのであれば，1審より前の被疑者段階は資格を広げてもよいのではないかというのも一つの考え方です。

③　最高裁の判断

　最高裁はどのように考えたのでしょうか。決定文はこのようになっています。

　（刑訴）法31条1項は，弁護人は弁護士の中から選任しなければならないと規定し，弁護士でない者を弁護人に選任することを一般的に禁止しており，同条2項は，同条1項の一般的禁止の例外として，弁護士でない者を弁護人に選任するいわゆる特別弁護人を選任することができる場合を認めている。同条2項が例外規定であって，同項が「簡易裁判所，家庭裁判所又は地方裁判所においては，裁判所の許可を得たときは」と規定している趣旨，そして，同項ただし書が，地方裁判所において特別弁護人の選任が許可されるのは他に弁護士の中から選任された弁護人がある場合に限るとし，地方裁判所と簡易裁判所及び家庭裁判所との間で選任の要件に区別を設けているところ，捜査中の事件については，右いずれの裁判所に公訴が提起されるかいまだ確定しているとはいえないから，簡易裁判所又は家庭裁判所が特別弁護人の選任を許可した後，地方裁判所に公訴が提起された場合を考えると，他に弁

> 護士の中から選任された弁護人がいない限り，同項ただし書に抵触する事態を招く結果となることなどにかんがみると，特別弁護人の選任が許可されるのは，右各裁判所に公訴が提起された後に限られるものと解するのが相当である。

　わかりましたか。1審では，裁判所によって特別弁護人を認める要件が異なるのに，起訴前に特別弁護人の選任を認めるのはおかしいというのです。
　確かにそのとおりですが，ちょっと形式的な感じがします。しかし，この事件の申立人は，弁護士である弁護人を選任せず，特別弁護人だけを認めて欲しいといっているのですから，最高裁のいうとおり，申立人が簡裁に起訴された場合はともかく，地裁に起訴された場合，刑訴法の規定に反する事態が生じてしまうことになるというのは，最高裁のいうとおりですね。
　この結論は刑訴法の条文の解釈として当然といえますが，この際，なぜ，捜査段階の弁護人に特別弁護人が認められないのかを考えてみましょう。被疑者の弁護人は何をするのでしょうか。それに対して一審の特別弁護人は何を期待されているのでしょうか。なぜ，地裁事件では特別弁護人は弁護士である弁護人がある場合でなければ認められないのでしょうか。
　「資格のある弁護人」に弁護して貰う権利というのはとても重要です。第2次大戦直後の現行刑訴法の制定時に，被疑者の弁護人まで認めると弁護士が不足するから，被疑者段階では司法修習生にも弁護人の資格を認める方がよいのではないかという提案がなされたのですが，やはり弁護士による弁護が絶対に必要だとして現在の制度が確定しているのです。特別弁護人を認めるのは一見すると被疑者の保護を厚くするように見えますが，「資格のある弁護人」の弁護を受けることがとても重要なのだと考えると，この要件を緩和するような解釈は許されないでしょう。
　この判例は，被疑者・被告人の弁護とは何かを考えるのによい材料ですね。
　なお，少年法の改正に伴い，家庭裁判所は1審裁判所ではなくなったので，注意しましょう。
　この事件の特別抗告の申立書は，自分の意見を率直につづったものでなかなか興味深いものです。自分ならどのように主張を組み立てて申立書を書くか考えてみるのもよいでしょう。

第2章　弁護活動・弁護人に関する判例

2-5　最(大)判平11・3・24民集53巻3号514頁

1　問題の所在

民事判例（国家賠償請求事件）ですね。

> 刑訴法39条3項本文と憲法34条前段，37条3項，38条1項

という判示事項で，

> 刑訴法39条3項本文は，憲法34条前段，37条3項，38条1項に違反しない。

という判断を示した刑訴法39条3項についての大法廷判決です。

　初歩の初歩に戻りますが，刑訴法39条とはどのような規定だったでしょうか。
　39条1項は，「身体の拘束を受けている被告人又は被疑者は，弁護人又は弁護人を選任することができる者の依頼により弁護人となろうとする者（弁護士でない者にあっては，第31条第2項の許可があつた後に限る。）と立会人なくして接見し，又は書類若しくは物の授受をすることができる。」です。
　被疑者・被告人は「身体の拘束を受けている」場合ですね。弁護人等以外の場合は，「勾留中」です。違いは分かりますね。逮捕中の被疑者，勾引中の被告人が加わります。なぜ，弁護人等の場合は対象が異なるのか，考えて理解しましょう。
　弁護士でない者も含まれていますね。特別弁護人の制度についても復習するチャンスです。
　2項は，「前項の接見又は授受については，法令（裁判所の規則を含む。以下同じ。）で，被告人又は被疑者の逃亡，罪証の隠滅又は戒護に支障のある物の授受を防ぐため必要な措置を規定することができる。」です。弁護人の差入れだからといって，共犯者のメモが差し入れられたり，爆発物が差し入れられたりしてはならないでしょう。当たり前のことを規定しているように見えますね。この規定を見ると，1項の「立会人なくして」というのが接見だけにかかっていることが分かるでしょう。
　この立会人のない接見，つまり**秘密交通**が刑事弁護の目玉ともいうべき大切な権利です。

それでは、これは無制限なのでしょうか。
　3項は、「検察官、検察事務官又は司法警察職員（司法警察員及び司法巡査をいう。以下同じ。）は、捜査のため必要があるときは、公訴の提起前に限り、第1項の接見又は授受に関し、その日時、場所及び時間を指定することができる。但し、その指定は、被疑者が防禦の準備をする権利を不当に制限するようなものであつてはならない。」として、弁護人の接見交通権が一定の制限を受けることを認めます。
　同項には、「司法警察職員とは司法警察員及び司法巡査をいう」という定義が出てきますね。刑訴法は他の新しい法律のように最初（多くは目的を定める1条の次に置かれます）に定義規定がありません。気をつけて条文を読んでいかなければなりませんね。
　被疑者の弁護人を依頼する権利、弁護人に法的援助を受ける権利を捜査機関の都合で制限してもよいのでしょうか。これが問題になったのです。
　裁判所はどのように判断したのでしょうか。

2　裁判所の判断
（1）　憲法34条との関係

> 憲法34条前段は、「何人も、理由を直ちに告げられ、且つ、直ちに弁護人に依頼する権利を与へられなければ、抑留又は拘禁されない。」と定める。この弁護人に依頼する権利は、身体の拘束を受けている被疑者が、拘束の原因となっている嫌疑を晴らしたり、人身の自由を回復するための手段を講じたりするなど自己の自由と権利を守るため弁護人から援助を受けられるようにすることを目的とするものである。したがって、右規定は、単に被疑者が弁護人を選任することを官憲が妨害してはならないというにとどまるものではなく、被疑者に対し、弁護人を選任した上で、弁護人に相談し、その助言を受けるなど弁護人から援助を受ける機会を持つことを実質的に保障しているものと解すべきである。

　憲法の解釈です。消極的なものではない、「実質的な保障」というところに意味がありますね。
　この憲法34条の保障の意味をはっきりさせてはじめて刑訴法39条が解釈できます。

第2章　弁護活動・弁護人に関する判例

> 　刑訴法39条1項が，「身体の拘束を受けている被告人又は被疑者は，弁護人又は弁護人を選任することができる者の依頼により弁護人となろうとする者（弁護士でない者にあっては，第31条第2項の許可があつた後に限る。）と立会人なくして接見し，又は書類若しくは物の授受をすることができる。」として，被疑者と弁護人等との接見交通権を規定しているのは，憲法34条の右の趣旨にのっとり，身体の拘束を受けている被疑者が弁護人等と相談し，その助言を受けるなど弁護人等から援助を受ける機会を確保する目的で設けられたものであり，その意味で，刑訴法の右規定は，憲法の保障に由来するものであるということができる。

　さて，憲法上の権利として認められた接見交通権ですが，もちろん他の権利と同様に一切の制約を許さないものではありません。

> 　もっとも，憲法は，刑罰権の発動ないし刑罰権発動のための捜査権の行使が国家の権能であることを当然の前提とするものであるから，被疑者と弁護人等との接見交通権が憲法の保障に由来するからといって，これが刑罰権ないし捜査権に絶対的に優先するような性質のものということはできない。そして，捜査権を行使するためには，身体を拘束して被疑者を取り調べる必要が生ずることもあるが，憲法はこのような取調べを否定するものではないから，接見交通権の行使と捜査権の行使との間に合理的な調整を図らなければならない。憲法34条は，身体の拘束を受けている被疑者に対して弁護人から援助を受ける機会を持つことを保障するという趣旨が実質的に損なわれない限りにおいて，法律に右の調整の規定を設けることを否定するものではないというべきである。

　接見交通権と捜査権の衝突する場面で，接見交通権が制約される場面があるわけですが，憲法34条の保障が「実質的に損なわれない限り」，「調整」という言葉が用いられています。他の人権の制約とちょっとニュアンスが異なりませんか。34条の弁護人から援助を受ける機会の保障というのをとても尊重していますね。

> 　①ところで，刑訴法39条は，前記のように1項において接見交通権を規定する一方，3項本文において，「検察官，検察事務官又は司法警察職員（司法警察員及び司法巡査をいう。以下同じ。）は，捜査のため必要があるときは，公訴の提起前に限り，第一項の接見又は授受に関し，その日時，場所及び時間を指定することがで

きる。」と規定し、接見交通権の行使につき捜査機関が制限を加えることを認めている。②この規定は、刑訴法において身体の拘束を受けている被疑者を取り調べることが認められていること（198条1項）、被疑者の身体の拘束については刑訴法上最大でも23日間（内乱罪等に当たる事件については28日間）という厳格な時間的制約があること（203条から205条まで、208条、208条の2参照）などにかんがみ、被疑者の取調べ等の捜査の必要と接見交通権の行使との調整を図る趣旨で置かれたものである。③そして、刑訴法39条3項ただし書は、「但し、その指定は、被疑者が防禦の準備をする権利を不当に制限するようなものであつてはならない。」と規定し、捜査機関のする右の接見等の日時等の指定は飽くまで必要やむを得ない例外的措置であって、被疑者が防御の準備をする権利を不当に制限することは許されない旨を明らかにしている。（①〜③筆者）

この「調整」規定が39条3項だというわけです。①は規定の内容、②「調整」の趣旨、③例外的措置であることという順で述べられていますね。法の趣旨、内容を論ずるお手本のような書き方といえます。

（2） 捜査のため必要があるときの意義

以下が本判決の「目玉」です。「例外的措置」が認められる「捜査のため必要があるとき」の内容を考えるのです。

このような刑訴法39条の立法趣旨、内容に照らすと、捜査機関は、弁護人等から被疑者との接見等の申出があったときは、原則としていつでも接見等の機会を与えなければならないのであり、同条3項本文にいう①「捜査のため必要があるとき」とは、右接見等を認めると取調べの中断等により捜査に顕著な支障が生ずる場合に限られ、②右要件が具備され、接見等の日時等の指定をする場合には、捜査機関は、弁護人等と協議してできる限り速やかな接見等のための日時等を指定し、被疑者が弁護人等と防御の準備をすることができるような措置を採らなければならないものと解すべきである。③そして、弁護人等から接見等の申出を受けた時に、捜査機関が現に被疑者を取調べ中である場合や実況見分、検証等に立ち会わせている場合、また、間近い時に右取調べ等をする確実な予定があって、弁護人等の申出に沿った接見等を認めたのでは、右取調べ等が予定どおり開始できなくなるおそれがある場合などは、原則として右にいう取調べの中断等により捜査に顕著な支障が生ずる場合に当たると解すべきである。（①〜③筆者）

第2章 弁護活動・弁護人に関する判例

　① 例外を認める要件
　② 制限をしたときの措置
　③ ①の要件を満たす具体的な場合の例

という順に論じられていますね。
　これを踏まえて弁護人として被疑者の接見を求める場面を考えてみましょう。
　検察官が「今は接見できない」と拒否した場合，どうすればよいでしょうか。
　裁判所は，「現に取調べ等が行われているか，間近いときに取調べ等を行おうとしているとき」を「捜査に顕著な支障が生ずる場合」としていますから，弁護人としては，具体的に取調べ等の最中か，すぐに取調べ等を行うのか，はっきりさせるように検察官に求めればよいのです。
　そして，本当に取調べ中等の場合には，「速やかな接見等のための日時」の指定を求めることになります。
　このような判決は，被疑者・弁護人の権利を厚く保護するものですが，弁護人がその要件等を熟知していなければ活かされないものです。具体的な捜査の内容を明らかにさせることも，速やかな接見等の日時の指定を求めることもせずに，単に「検察官の指定は不当だ」と主張することは許されないのです。

（3） 刑訴法39条3項は違憲か

　さて，裁判所は，以上のような刑訴法39条3項の解釈をもとにしてこれが憲法に反するかどうかを考えます。

　以上のとおり，刑訴法は，身体の拘束を受けている被疑者を取り調べることを認めているが，被疑者の身体の拘束を最大でも23日間（又は28日間）に制限しているのであり，被疑者の取調べ等の捜査の必要と接見交通権の行使との調整を図る必要があるところ，（1）刑訴法39条3項本文の予定している接見等の制限は，弁護人等からされた接見等の申出を全面的に拒むことを許すものではなく，単に接見等の日時を弁護人等の申出とは別の日時とするか，接見等の時間を申出より短縮させることができるものにすぎず，同項が接見交通権を制約する程度は低いというべきである。また，前記のとおり，（2）捜査機関において接見等の指定ができるのは，弁護人等から接見等の申出を受けた時に現に捜査機関において被疑者を取調べ中である場合などのように，接見等を認めると取調べの中断等により捜査に顕著な支障が生ずる場合に限られ，しかも，（3）右要件を具備する場合には，捜査機関

は，弁護人等と協議してできる限り速やかな接見等のための日時等を指定し，被疑者が弁護人等と防御の準備をすることができるような措置を採らなければならないのである。このような点からみれば，刑訴法39条3項本文の規定は，憲法34条前段の弁護人依頼権の保障の趣旨を実質的に損なうものではないというべきである。

　前の繰り返しのような判示ですね。接見を拒むものではなく，制約の程度が低いこと，制約される場合は限定的であること，できるだけ速やかな接見を実現するという制約を補う措置があることを理由に，刑訴法39条3項の接見指定が憲法34条前段に違反しないとしたのです。

　上告人は，接見等の指定の権限が被疑者と対立する関係にある捜査機関にあることも問題としています。これは，被疑者と捜査機関が対等当事者であるという弾劾的捜査感を前提としているようですが，裁判所は，捜査の構造に踏み込むことはなく，単に，捜査機関のする接見等の制限については準抗告が認められ，簡易迅速な司法審査の道が開かれていることを指摘し，捜査機関が指定することによって39条3項本文が違憲であるということはできないとしてその主張を斥けています。

　おまけのような判示ですが，上告人（弁護人）は，刑訴法198条1項ただし書が**取調受忍義務**を認めたものであれば，それは憲法38条1項に反するとの主張をしましたが，裁判所は，「身体の拘束を受けている被疑者に取調べのために出頭し，滞留する義務があると解することが，直ちに被疑者からその意思に反して供述することを拒否する自由を奪うことを意味するものでないことは明らかである」として，実質的に取調受忍義務を認め，弁護人の主張を斥けています。

３　裁判所の判断〜その余の憲法違反の主張

　上告人は，憲法37条3項，38条1項違反の主張もしています。
　裁判所は，それぞれについて，簡単にその主張を斥けました。憲法37条3項，38条1項の趣旨の復習になるでしょう。
　37条3項については，

憲法37条3項は「刑事被告人」という言葉を用いていること，同条1項及び2項

は公訴提起後の被告人の権利について定めていることが明らかであり，憲法37条は全体として公訴提起後の被告人の権利について規定していると解されることなどからみて，同条3項も公訴提起後の被告人に関する規定であって，これが公訴提起前の被疑者についても適用されるものと解する余地はない。論旨は，独自の見解を前提として違憲をいうものであって，採用することができない。

これは，単純な文理解釈ですね。38条の方はどうでしょうか。

憲法38条1項の不利益供述の強要の禁止を実効的に保障するためどのような措置が採られるべきかは，基本的には捜査の実状等を踏まえた上での立法政策の問題に帰するものというべきであり，憲法38条1項の不利益供述の強要の禁止の定めから身体の拘束を受けている被疑者と弁護人等との接見交通権の保障が当然に導き出されるとはいえない。論旨は，独自の見解を前提として違憲をいうものであって，採用することができない。

これも，憲法の考え方としては，基本的なものです。

4 参考判例

(1) 最判平12・6・13民集54巻5号1635頁

平成11年判決をさらに発展させたものです。

判示事項を確認すると，

〈1〉 弁護人を選任することができる者の依頼により弁護人となろうとする者から被疑者の逮捕直後に初回の接見の申出を受けた捜査機関が接見の日時等の指定に当たって採るべき措置

〈2〉 被疑者の依頼により弁護人となろうとする者から被疑者の逮捕直後に初回の接見の申出を受けた捜査機関が接見の日時を翌日に指定した措置が国家賠償法1条1項にいう違法な行為に当たるとされた事例

となっていますから，特に〈1〉について，留意しておく必要がありそうですね。〈1〉の要旨は，

弁護人を選任することができる者の依頼により弁護人となろうとする者から被疑者の逮捕直後に初回の接見の申出を受けた捜査機関は，即時又は近接した時点での

> 接見を認めても接見の時間を指定すれば捜査に顕著な支障が生じるのを避けることが可能なときは、留置施設の管理運営上支障があるなど特段の事情のない限り、被疑者の引致後直ちに行うべきものとされている手続及びそれに引き続く指紋採取、写真撮影等所要の手続を終えた後、たとい比較的短時間であっても、時間を指定した上で即時又は近接した時点での接見を認める措置を採るべきである。

であり、これだけでも何が求められるかはわかりますが、なぜか、については十分に示されていません。そこで、判決文を確認します。

> 　右のように、弁護人等の申出に沿った接見等を認めたのでは捜査に顕著な支障が生じるときは、捜査機関は、弁護人等と協議の上、接見指定をすることができるのであるが、その場合でも、その指定は、被疑者が防御の準備をする権利を不当に制限するようなものであってはならないのであって（刑訴法39条3項ただし書）、捜査機関は、弁護人等と協議してできる限り速やかな接見等のための日時等を指定し、被疑者が弁護人等と防御の準備をすることができるような措置を採らなければならないものと解すべきである。
> 　**とりわけ**、弁護人を選任することができる者の依頼により弁護人となろうとする者と被疑者との逮捕直後の初回の接見は、身体を拘束された被疑者にとっては、弁護人の選任を目的とし、かつ、今後捜査機関の取調べを受けるに当たっての助言を得るための最初の機会であって、直ちに弁護人に依頼する権利を与えられなければ抑留又は拘禁されないとする憲法上の保障の出発点を成すものであるから、これを速やかに行うことが被疑者の防御の準備のために特に重要である。したがって、右のような接見の申出を受けた捜査機関としては、前記の接見指定の要件が具備された場合でも、その指定に当たっては、弁護人となろうとする者と協議して、即時又は近接した時点での接見を認めても接見の時間を指定すれば捜査に顕著な支障が生じるのを避けることが可能かどうかを検討し、これが可能なときは、留置施設の管理運営上支障があるなど特段の事情のない限り、犯罪事実の要旨の告知等被疑者の引致後直ちに行うべきものとされている手続及びそれに引き続く指紋採取、写真撮影等所要の手続を終えた後において、たとい比較的短時間であっても、時間を指定した上で即時又は近接した時点での接見を認めるようにすべきであり、このような場合に、被疑者の取調べを理由として右時点での接見を拒否するような指定をし、被疑者と弁護人となろうとする者との初回の接見の機会を遅らせることは、被疑者が防御の準備をする権利を不当に制限するものといわなければならない。（下線筆者）

第2章　弁護活動・弁護人に関する判例

　初回接見というのがどのような意味を持つのか，なぜ重要なのか，が丁寧に判示されています。
　判示事項〈2〉は，事例判断ですね。要旨は次のとおりです。皆さんはぜひ判決文を確認してください。

> 接見の日時等の指定をする権限を有する司法警察職員が，逮捕された被疑者の依頼により弁護人となろうとする者として逮捕直後に警察署に赴いた弁護士から初回の接見の申出を受けたのに対し，接見申出があってから約1時間10分が経過した時点に至って，警察署前に待機していた弁護士に対して接見の日時を翌日に指定した措置は，即時又は近接した時点での接見を認めても接見の時間を指定すれば捜査に顕著な支障が生じるのを避けることが可能であるにもかかわらず，犯罪事実の要旨の告知等引致後直ちに行うべきものとされている手続及びそれに引き続く写真撮影等所要の手続が終了した後も弁護士と協議することなく取調べを継続し，その後被疑者の夕食のために取調べが中断されたのに，夕食前の取調べの終了を早めたり，夕食後の取調べの開始を遅らせたりして接見させることをしなかったなど判示の事情の下においては，国家賠償法1条1項にいう違法な行為に当たる。

　平成11年判決を機械的にあてはめて行った警察官の措置を違法としているのですが，単に違法というのではなく，どうすればよかったか，という具体的な措置を示しているところが注目されます。このように，「○○すればよかった，それは可能であった」ことをきちんと示すと説得力があります。
　弁護人選任権は弁護人を選任できることを告げるだけでよいわけではありません。選任の機会を妨害してはならないでしょう。**福岡高平5・11・16判時1480号82頁**では任意取調中の被疑者に弁護人となろうとする者が面会を求めたのを被疑者に取り次がなかったことが違法だとされています。

　（2）　**最判平17・4・19民集59巻3号563頁**
　被疑者が検察庁に押送されているときに，弁護人が接見を求めた事例です。要旨は，

> 《1》　弁護人から検察庁の庁舎内に居る被疑者との接見の申出を受けた検察官は，同庁舎内に，その本来の用途，設備内容等からみて，検察官が，その部屋等を接見のためにも用い得ることを容易に想到することができ，また，その部屋等

を接見のために用いても，被疑者の逃亡，罪証の隠滅及び戒護上の支障の発生の防止の観点からの問題が生じないことを容易に判断し得るような部屋等が存しない場合には，接見の申出を拒否することができる。

《2》 検察官が検察庁の庁舎内に接見の場所が存在しないことを理由として同庁舎内に居る被疑者との接見の申出を拒否したにもかかわらず，弁護人がなお同庁舎内における即時の接見を求め，即時に接見をする必要性が認められる場合には，検察官には，捜査に顕著な支障が生ずる場合でない限り，秘密交通権が十分に保障されないような態様の短時間の「接見」（面会接見）であってもよいかどうかという点につき，弁護人の意向を確かめ，弁護人がそのような面会接見であっても差し支えないとの意向を示したときは，面会接見ができるように特別の配慮をすべき義務がある。

《3》 弁護人が，検察官から，検察庁の庁舎内には接見のための設備が無いことを理由に同庁舎内に居る被疑者との接見の申出を拒否されたのに対し，接見の場所は被疑者が現在待機中の部屋でもよいし，検察官の執務室でもよいなどと述べて，即時の接見を求めたこと，弁護人は，勾留場所が代用監獄から少年鑑別所に変更されたことをできる限り早く被疑者に伝えて元気づけようと考え，接見を急いでいたこと，ごく短時間の接見であれば，これを認めても捜査に顕著な支障が生ずるおそれがあったとまではいえないことなど判示の事情の下においては，検察官が，立会人の居る部屋でのごく短時間の「接見」（面会接見）であっても差し支えないかどうかなどの点についての弁護人の意向を確かめることをせず，上記申出に対して何らの配慮もしなかったことは，違法である。

最高裁は，**面会接見**という新しい言葉を作り出しましたが，その内容は，ごく常識的なものです。

弁護人が**接見**で戦おうとせず，検察官が弁護人を敵視せず，互いに妥協して被疑者のためによい解決方法を探る工夫が必要でしょう。

なお，接見に関しては，
◎最判昭53・7・10民集32巻5号820頁（逮捕当日に弁護人となろうとする弁護士の接見を拒否したのが違法とされた事例）
◎最判平成3・5・10民集45巻5号919頁（検察官の具体的指定書を要求したのが違法とされた事例）
◎最判平成3・5・31裁判集民事163号47頁（接見指定のため連絡等に必要な

第 2 章　弁護活動・弁護人に関する判例

時間が合理的であれば，違法とはいえないされた事例）
も参照しましょう。

2-6　最決昭55・4・28刑集34巻 3 号178頁

1　何が判断されたものか

判示事項は，

> 同一人につき被告事件の勾留とその余罪である被疑事件の逮捕勾留とが競合している場合における刑訴法39条 3 項の接見等の指定権

ですから，単なる事例判断ではなく，刑訴法39条 3 項に関する重要な解釈がありそうですね。

この決定は，検察官の接見指定に関する準抗告棄却決定に対する特別抗告事件です。この準抗告は，430条 1 項にあります。必ず条文を確認する癖をつけましょう。430条 1 項は，「検察官又は検察事務官のした第39条第 3 項の処分又は押収若しくは押収物の還付に関する処分に不服がある者は，その検察官又は検察事務官が所属する検察庁の対応する裁判所にその処分の取消又は変更を請求することができる。」ですね。

刑訴法39条 3 項の合憲性については，前掲**最（大）判平11・3・24民集53巻 3 号514頁**等を参照してください。

逮捕・勾留は事件単位で行われます。いくつかの罪で捜査が行われる場合，逮捕・勾留が繰り返され，一部が勾留中に起訴されて被告人の勾留となり，まだ起訴されていない被疑者の勾留と競合することがあります。被告人の勾留には，検察官の接見指定権は及びません。被疑者の勾留に認められる接見指定権が，被告人の勾留が競合するときに認められるのでしょうか。

最高裁の判断はとても簡単です。決定要旨は，

> 同一人につき被告事件の勾留とその余罪である被疑事件の逮捕，勾留とが競合している場合，検察官等は，被告事件について防御権の不当な制限にわたらない限り，刑訴法39条 3 項の接見等の指定権を行使することができる。

です。決定の本文もまったく同じです。

2 どのような事例か

具体的にはどのような事例だったのでしょうか。

判例集には，原決定（**水戸地決昭55・4・17**）が登載されています。このようなときは，原決定を参照することも理解を深めるのに役立ちます。

原決定の示した事実関係をまとめると

昭和55年3月15日		収賄事件①で勾留中起訴
同　年4月7日		別件収賄事件②で追起訴
同　　月10日		別件収賄事件③で勾留
同　　月16日		検察官の接見等に関する指定

という経緯だったようです。別件収賄事件②では逮捕・勾留がなかったようですね。この場合は，①事件についての勾留（被告人の勾留）ですから，②事件について捜査の必要があるからといって接見指定が許されないのは当然です。

このことは，刑訴法の規定，事件単位の原則から導かれますが，**最決昭41・7・26刑集20巻6号728頁**がすでに判断しているところです。この判例も読んでおきましょう。

③事件は，逮捕・勾留がなされました。ここで，①事件の被告人勾留と③事件の被疑者勾留が競合することになったのです。

原決定は，このように判断しました。

　ところで，本件のように，同一人について被告事件の勾留とその余罪である被疑者件の逮捕，勾留が競合する場合，なお検察官等に接見指定権を認めるべきかどうかについては争いがあるところ，①これを肯定するとなると，これが弁護人（弁護人となろうとする者についても同じ）と被告人との間の接見交通権に対する重大な制約となるものであることは所論のとおりである。②しかし，そうかといって，被告人が一旦公訴を提起され，被告人としての立場に立たされた以上，その後はいかなる余罪が生じ，捜査の必要が生じようとも，検察官等の接見指定権を一切認めないとするのも，行過ぎであると思われる（事件単位に考え，余罪についてのみ接見指定権を認めようという考え方もあるが，現実的ではない）。③ここは検察官等に

その接見指定権を認めたうえ，当該被告事件の訴訟の進行状況（既に第一回公判期日が指定されているかどうか，それが近接した時期にあるかどうか，現に公判審理中のものであるかどうかなど），事案の軽重，それまでの接見状況，被疑事件の重大性など具体的な場合，状況に応じ，接見時間の大幅な緩和など特段の配慮をなすことによって，被告人の防禦権と余罪捜査の必要性との調和を図るのが相当であると考える。（いずれにせよ，接見交通の問題は，迅速処理が要求されるものであり，検察官・弁護人の相互信頼のもとに，自主的に処理されることが望ましい）。

④そうであれば，本件の場合検察官に接見指定権が全くないとして，その具体的指定の取消等を求める弁護人の申立は，いずれも理由がなく棄却を免れないものといわなければならない。（①～④は筆者）

対立する2つの考え方について考察し（①，②），その調和を求めた結論を下す（③）という論文の見本のような書き方ですね。

最高裁は，抽象的に「被告事件について防御権の不当な制限にわたらない限り」と判示するだけですが，原決定は，当該被告事件の訴訟の進行状況（既に第1回公判期日が指定されているかどうか，それが近接した時期にあるかどうか，現に公判審理中のものであるかどうかなど），事案の軽重，それまでの接見状況，被疑事件の重大性を判断の要素として挙げていますから，これが具体的事案を解決する際には参考になりますね。

この決定は，接見指定に関する前記の大法廷判決をはじめとする一連の判断がなされる前のものです。決定自体には関係ありませんが，検察官は，勾留場所の長に対して，弁護人の接見には検察官の指定を要する旨の「一般指定書」を出した上で，弁護人に「具体的指定書」を交付して接見を認めるという取扱いがなされていました。この決定の判示事項ではありませんが，特別抗告申し立ての理由は，そのような取扱いがなされていたことを前提にしています。

現在でも，「一般指定書」は，検察官が捜査の必要によって接見の日時等を指定することがある旨を勾留場所の長に連絡する捜査機関の内部的な事務連絡文書として使われます（**最判平12・2・22裁判集民事192号397頁を読んでみてください**）が，弁護人が検察庁に赴いて検察官から「具体的指定書」を受け取らない限り接見ができないという取扱いはされていません。

2-7 最決平17・11・25刑集59巻9号1831頁

1 どのような裁判か

「裁判官がした証拠保全における押収の裁判に対する準抗告の決定に対する特別抗告事件」です。

証拠保全というのはどのような手続だったでしょうか。

また，証拠保全に関して不服申立ができるのはどのような規定に基づくのでしょうか。

特別抗告とは何だったでしょうか？誰が申し立てたのでしょうか。一つ一つの手続と根拠条文を必ず確認して下さい。繰り返して確かめ考える癖をつけましょう。

判示事項・決定要旨・決定文は極めて単純です。

判示事項は，

> 捜査機関が収集し保管している証拠を証拠保全手続の対象とすることの可否

決定要旨は，

> 捜査機関が収集し保管している証拠は，特段の事情が存しない限り，証拠保全手続の対象にならない

です。

決定文も同じですね。

> 捜査機関が収集し保管している証拠は，特段の事情が存しない限り，証拠保全手続の対象にならないものと解すべきである

「なぜ？」「特段の事情とは？」について最高裁はなにも答えていません。

「これと同旨の原判断は相当である」というのですから，原判断をみるほかありませんね。

原審は京都地方裁判所（平成17年9月9日刑集59巻9号1836頁）です。なぜ高等裁判所でないのか，最初に条文を確認していますから分かりますね。

原審は「原裁判を取り消す。本件証拠保全請求中，押収の請求を却下する。」

第2章　弁護活動・弁護人に関する判例

という判断をしました。

どういう経過だったのでしょうか。

決定文を確認すると，準抗告を申し立てたのは，警察官です。

原々審は，捜査機関が被疑者の両手首等を撮影した写真28枚（以下「本件写真」という）の押収を認めました。

これに対して，警察官は，本件写真は，該捜査機関において保管されており，散逸や故意による滅失，報告書化の際の恣意的な取捨選択のおそれはないので，本件写真にはあらかじめ保全しなければ使用することが困難な事情があるとは認められないとしてその裁判の取消しを求めたのです。

2　事実の経過

いったいどんな写真が撮影され，証拠保全の対象となったのでしょうか。

裁判所の認定した事実の経過を要約すると次のとおりです。

> ア　被疑者の長女から「父（被疑者の元夫）が覚せい剤を使用した上，母（被疑者）にも暴力を振るって覚せい剤を注射しようとしているらしい」との相談を受けた警察官が被疑者に任意同行を求め，尿の任意提出を受けて検査をしたところ，尿から覚せい剤が検出されたことから，被疑者を覚せい剤使用事実で逮捕した。被疑者は覚せい剤は元夫に無理に注射されたものである旨主張した。
>
> イ　任意同行後，警察官は，被疑者の両肘内側や両手首内側に内出血等を認めて，その状況をポラロイドカメラと通常カメラで写真撮影し，さらに，逮捕後身体検査令状の発付を受けて医師の立会を得て被疑者の被疑者の両肘内側，両手首内側，両足及び顔面等の写真を撮影するとともに，同医師に被疑者の身体の注射痕や損傷の有無，成傷用器の種類等を内容とする鑑定嘱託を行い，同日付けで同医師作成の鑑定書が作成された。
>
> ウ　弁護人は，逮捕翌日当番弁護士として被疑者と接見し，勾留7日目に，京都地方裁判所に対し，被疑者の身体の検証ないし鑑定並びに被疑者の携帯電話の7月24日及び25日の発信履歴の検証と共に，山科警察署が保管する，被疑者の両手首内側及び両肘内側並びに被疑者の身体のあざになっている部位を撮影した写真の押収を求める旨の本件証拠保全の請求をした。
>
> エ　翌日，原裁判官は，本件証拠保全請求を認容し，同日，山科警察署において，被疑者の身体及び被疑者の携帯電話の各検証と併せて，上記任意同行時に撮影さ

れた写真15枚及び身体検査の際に撮影した写真13枚をを押収した。

3 本件の判断

原裁判所は，保全の必要性の有無を検討するために，まず，**証拠保全手続**について考えます。

> 刑訴法179条所定の証拠保全手続は，被告人，被疑者又は弁護人も本来自己に有利な証拠を自ら任意の方法で収集，保全すべきではあるが，被告人，被疑者又は弁護人にはそのための強制的な手段が認められていないことから，起訴後の公判段階を待っていては，その証拠が廃棄又は隠匿されるなどのおそれがある場合には，裁判官の強制処分によって，その証拠の収集，保全を図ることができるというものである。

そのとおりですね。

そこで，その趣旨に照らして，本件写真は保全の必要があるかどうかを検討するのです。事実判断の王道ですね。

> 本件写真は，いずれも警察官が本件被疑事件の捜査の過程において証拠として被疑者の身体の注射痕様のものなどを撮影し，警察署内部において保管しているものである。そうすると，本件写真は，いわば捜査機関の手によって既に収集，保全がされたものであって，被疑者側は，本件に係る公訴提起がなされた後に，検察官からそれらの証拠開示を受けたり，検察官の手持ち証拠として証拠請求するなどして，公判廷に証拠として提出すれば足りるのであって，通常は，証拠保全手続によって証拠を保全する必要性はないというべきである。

捜査機関手持ちの証拠については，公判前整理手続において広く開示が認められています。公判前整理手続に付されない事件に直接適用される規定ではないのですが，事実に争いがあり，争点や証拠を整理する必要がある場合には，公判前整理手続又は期日間整理手続に付されることになりますから，開示されないということは考えられないでしょう。公判前整理手続における証拠開示の範囲については，多くの判例が積み重ねられていますから，復習しましょう。

公判段階に至って証拠開示を求めたときには，捜査機関がすでにその証拠を

第2章　弁護活動・弁護人に関する判例

廃棄しているということも考えられなくはないのではないか，つまり，後に開示を受けられるというのは，今この時点で保全の必要があるかどうかということに直接関連がないようにも見えます。

そこで，裁判所は，捜査機関の収集，保全する証拠について証拠保全を認めるべきかどうかについて，もう一歩踏み込んだ考察を行います。

> そもそも捜査機関が収集，保全した証拠について，捜査機関が被疑者に有利な証拠であるとして廃棄又は隠匿するおそれがあるとの理由で，広く証拠保全が許容されるならば，捜査機関が事案の真相を解明すべく被疑者にとって有利，不利を問わず，客観的な証拠等の収集を行う適正な捜査を行っているのに，被疑者側が捜査機関の収集した証拠の中から自己に有利な証拠を探し出そうとするなどの行為を招きかねず，ひいては，捜査機関による適正な捜査自体に支障を生じさせ，あるいはその妨げとなり得る場合も考えられ，証拠開示の制度との整合性にも疑問が生じる

裁判所が「捜査機関はいったん被疑者と決めた者について，不利な証拠を集め，有利な証拠を破棄・隠匿する」という前提で判断をするというのは，確かに健全とはいえないでしょう。やはり，「捜査機関は被疑者に有利不利を問わず証拠を収集する責務がある」という前提で，捜査機関に公正な捜査を行わせようとするのが正しい方向であるといえます。

しかし，被疑者・弁護人側にすれば，やはり，捜査機関が被疑者に有利な証拠を収集しなかったり，破棄・隠匿するのではないか，という疑念が払拭しきれません。

裁判所は，その点にも考慮し，例外があることについて述べます。

> 捜査機関が収集，保管している証拠について，証拠保全手続によって保全すべき必要性が肯認できるのは，捜査機関が，証拠を故意に毀滅したり，紛失させたりするおそれがあることが疑われる特段の事情が疎明された場合に限られると解すべきである。

と例外を認めるのです。つまり，捜査機関が被疑者の有利不利を問わず事案の真相の解明のために証拠収集・保全を行うことを推定し，その推定を破る事情があることについての**疎明**を要求するのです。

被疑者・弁護人側にそのような疎明をする責任を負わせるのは不当だという考え方もあるでしょうが，捜査機関に証拠破棄等の疑いがある場合には，捜査機関の被疑者の取調の際の言動や弁護人との交渉の態度などから，捜査機関の偏った考え方を明らかにすることができるでしょう。

裁判所の判断の当否はともかく，ここでは，裁判所の論理の組み立て方を学ぶのが大切です。

証拠保全手続の趣旨→捜査機関の収集した証拠を入手する他の手段の存在→原則として捜査機関の収集した証拠について証拠保全を認めるべきでない理由→例外を認めるべき場合と論理を進めてきました。最後に本件にそのような特段の事情があるかどうかの検討になります。

裁判所は，弁護人の主張をこのように理解します。

> 弁護人は，警察官は被疑者に対して，元夫が無理矢理覚せい剤を注射したという被疑者の弁解に耳を貸さず自己の意思で覚せい剤を使用したことを自供させようとする姿勢で取調べに臨んでおり，そのような捜査状況にかんがみると，捜査機関が被疑者に有利な本件写真（の一部）を毀滅したり調書化の際に殊更に除外するなどのことを故意に行うおそれがある旨主張しているものと解される。

これについて，裁判所は，取調の状況や作成された供述調書の内容を検討するなどして，被疑者が取調べに際し，「捜査官から，自分の意思で覚せい剤を注射してもらったことを認めるよう厳しく問い糾され，これを認めない自己の弁解を十分調書に残してもらえない状況が存したことがうかがわれる」と認めながら，「捜査官において，元夫から暴力を加えられて無理やり覚せい剤を注射されたという被疑者の当初の弁解について，不合理，不自然であると疑う事情が存したことは明らかであり，そのような場合，被疑者の供述を詳細に確認したり，あるいは厳しく追及したりするといった取調べの方法は，それが殊更に行過ぎたものでない限り，違法とされることはないのであって，したがって，上記のような，被疑者に対する厳しい取調べがなされているといった事情だけでは，警察官が本件写真を故意に毀滅したり隠匿したりするなどのおそれがあると疑うことはできない」と判断しました。

さらに裁判所は，警察官の写真撮影目的が，被疑者の両腕の状況等について

鑑定を含め，客観的な証拠保全を行おうとしたものであること，撮影された被疑者はもちろん，弁護人も早い段階から身体検査が行われたことを含めて写真撮影事実を知っていたこと，証拠保全請求は，逮捕からわずか8日後という捜査の早期の段階であって故意に写真を破棄等するとは考えがたいことなどの捜査経過を検討して「殊更に本件写真が被疑者の弁解に沿う被疑者に有利なものであって，捜査機関による本件被疑事実の立証の妨げになるなどと考えて，本件写真を故意に毀滅又は隠匿するなどの行為に出るおそれがあるとは認め難い」と判断しました。

4 誰が準抗告を申し立てるのか

　準抗告は誰がするのでしょうか。本件は，まず，検察官が準抗告したようです。すでに事件は送致されているのですから，まだ検察官に送られていない証拠であっても，検察官が処分を受けたといえると考えたのでしょう。これに対して裁判所は，検察官には準抗告の申立権がないとしてこれを棄却したので，今度は当該写真を保管していた警察署長が準抗告を申し立てたのです。

　これについて，本件準抗告裁判所は，つぎのように述べています。

> 　なお，本件準抗告の申立適格について付言するに，前記のとおり，本件被疑事件は，被疑者の逮捕の翌日である7月26日に，検察官に送致されており，以後検察官が本件被疑事件について主体的に捜査を行う地位に立ったものというべきであるから，本件写真が原裁判時にはなお山科警察署に保管され，検察官に送致されていないという事情を考えても，<u>検察官は，本件押収の裁判に対して準抗告を申し立てる正当な利益，権限を有し，その申立適格を有することは明らかである</u>。そして，更には，本件のように事件送致後は，検察官が捜査機関を一元的に代表して当事者資格を持つとするのが，法律専門職としての職務上の性質や職責からしても適当であって，捜査機関内部の主張の対立を防ぐメリットもあるとの見解も成り立つところではあるが，事件送致後であっても，警察官は，事件について，検察官の捜査指揮に反することができないなどの制約はあるとはいえ，新たな証拠の収集等の捜査を継続する責務があるのであるから（犯罪捜査規範196条1項），本件写真のように，自ら保管している証拠物について押収された場合には，警察官もまた，保管者という<u>立場で本件準抗告の申立権を有するものと解するのが相当である</u>。（下線筆者）

本来検察官に申立適格があると考えているようですね。この点は，原審でも傍論ですし，最高裁は検察官の申立適格について何も判断していませんが，警察官の申し立てた準抗告について，特別抗告を認めていますから，警察官に申立権があることについては，認めていると考えられます。

第3章　任意捜査に関する判例

3-1　最決昭51・3・16刑集30巻2号187頁

1　判示事項と決定要旨

　任意捜査を考える上で，最重要の判例の1つです。まず，判示事項と決定要旨を確認しましょう。

　判示事項は，

〈1〉　任意捜査において許容される有形力の行使の限度
〈2〉　任意捜査において許容される限度内の有形力の行使と認められた事例

　決定要旨は，

《1》　任意捜査における有形力の行使は，強制手続，すなわち個人の意思を制圧し，身体，住居，財産等に制約を加えて強制的に捜査目的を実現する行為など特別の根拠規定がなければ許容することが相当でない手段にわたらない限り，必要性，緊急性などをも考慮したうえ，具体的状況のもとで相当と認められる限度において許容される。
《2》　警察官が，酒酔い運転の罪の疑が濃厚な被疑者をその同意を得て警察署に任意同行し，同人の父を呼び呼気検査に応じるよう説得を続けるうちに，母が警察署に来ればこれに応じる旨を述べたので，連絡を被疑者の父に依頼して母の来署を待っていたところ，被疑者が急に退室しようとしたため，その左斜め前に立ち，両手でその左手首をつかんだ行為（判文参照）は，任意捜査において許容される限度内の有形力の行使である。

となっています。
　これは，判例集に登載されている刑事訴訟法に関する判例の判示事項と決定要旨の形として，標準的なものです。
　〈1〉は，任意捜査において許容される有形力の行使の限度というものです

から、この問題を含む事案を検討する場合に一般に用いることのできる基準であること、〈2〉は、それを具体的事実に当てはめたときにどう判断するのか（いわゆる「事例判断」）ということになります。

そうすると、まず〈1〉については、内容を正確に理解する必要があります。

〈2〉はどうでしょうか。実際には、判例にあらわれたものと同じ事実関係の事件が起こるはずはありませんから、判例がそのまま具体的事案の解決に利用できるわけではありません。

しかし、どのような問題でも、判例の考えかたをきちんと順を追って理解していれば、解決できます。判例がどのような事実をどのように整理して、〈1〉で示された規範をどのように当てはめたのかをきちんと理解し、直面する自分の問題が判例の事案とどこがどのように違うかを考えればよいのです。

［2］ 判示事項〈1〉「任意捜査において許容される有形力の行使の限度」

（1）　この決定の理由の書き方もまた、最高裁の判例としては典型的なものです。

まず、事実関係を述べます。判断に必要な事実を要約するのです。

次に、この事実関係から明らかになる問題点を指摘します。

そして、この問題点に関する判断を示します。これが、**判示事項**〈1〉です。

最後に、**判示事項**〈1〉で示した解釈を具体的事実関係に当てはめて結論を導き出す（**判示事項**〈2〉）のです。

判示事項〈1〉についての決定文は次のとおりです。

　捜査において強制手段を用いることは、法律の根拠規定がある場合に限り許容されるものである。しかしながら、ここにいう強制手段とは、有形力の行使を伴う手段を意味するものではなく、個人の意思を制圧し、身体、住居、財産等に制約を加えて強制的に捜査目的を実現する行為など、特別の根拠規定がなければ許容することが相当でない手段を意味するものであつて、右の程度に至らない有形力の行使は、任意捜査においても許容される場合があるといわなければならない。ただ、強制手段にあたらない有形力の行使であつても、何らかの法益を侵害し又は侵害するおそれがあるのであるから、状況のいかんを問わず常に許容されるものと解するのは相当でなく、必要性、緊急性なども考慮したうえ、具体的状況のもとで相当と認めら

れる限度において許容されるものと解すべきである。

　決定要旨は，これが要約されているので，本文の方がわかりやすいように思います。
　「強制手段とは，有形力の行使を伴う手段を意味するものではなく」というのは少しわかりにくいかもしれません。任意捜査か強制捜査かが問題となる事例は，有形力の行使を伴うものに限りません。しかし，この判例はあくまで「有形力の行使を伴う捜査」についての判断なのです。このあとに，「右の程度に至らない有形力の行使は，……」と続くことからも，「強制手段とは，有形力の行使を伴う手段を意味するものではなく」というのは，まず，「有形力の行使を伴いすれば，強制手段であるというわけではない」という意味だと理解すべきでしょう。
　（2）　そうすると，この判示は2つの重要なことを含んでいることが分かります。捜査において有形力が行使されたとき，まず第1段階として，それが**強制手段**ではないか，つまり任意捜査と強制捜査の限界を検討しなければなりません。この基準は，「個人の意思を制圧し，身体，住居，財産等に制約を加えて強制的に捜査目的を実現する行為など，特別の根拠規定がなければ許容することが相当でない手段」かどうかというところにあります。
　ここで，強制処分であると判断されれば，法律の根拠規定があるかどうかを考えればよいのです。
　それでは，強制処分ではないと判断された場合はどうでしょうか。これが，決定要旨の後段です。第2段階として，任意捜査であっても相当性の限界を検討するのです。つまり，強制処分に当たらないとしても，許される捜査と許されない捜査があるというわけです。
　この後半の基準は，「必要性，緊急性なども考慮したうえ，具体的状況のもとで相当と認められる限度」というところにあります。
　この**必要性，緊急性，相当性**というのは，多くの裁判例において使われています。捜査の適法性が問題となる場合に，必要性，緊急性があり，相当であれば，許されるというだけでは足りないのです。まず，強制処分には当たらないという判断をして，その次に，必要性，緊急性，相当性を考えるのです。

（3）　強制処分との限界は、「個人の意思を制圧し、身体、住居、財産等に制約を加えて強制的に捜査目的を実現する行為など、特別の根拠規定がなければ許容することが相当でない手段」かどうかということになります。

「強制処分とは、強制的に捜査目的を実現する行為」というトートロジーのような表現がありますが、整理すると次のようになるでしょう。

捜査、特に強制捜査かどうかを考えるような捜査は、身体、住居、財産等に何らかの制約を加えることになるでしょうから、それだけで強制かどうかを考えるわけではないことは当然です。そうであれば、強制かどうかを判断するキーワードは、「個人の意思を制圧」と、「特別の根拠規定がなければ許容することが相当でない」の2つということになります。

特別の根拠規定がなければ……というのも強制処分法定主義によれば、当然ではないかと思われるかもしれません。しかし、裁判所がここで言いたかったのは、身体、住居、財産等に対する制約の程度が大きく、どのような場合にどのような要件で許容するかどうかの判断を国権の最高機関である国会に委ねるべきものかどうか、ということではないでしょうか。

このように考えると、この基準は、有形力の行使を伴うために強制処分かどうかが問題となる場合に限らず、他の捜査方法において強制処分かどうかを判断するのにも応用できる基準であることが分かります。

盗聴、盗撮のように相手方と直接接しない捜査方法では、「個人の意思を制圧する」かどうかという基準はそのままでは用いられないでしょう。しかし、身体、住居、財産等への制約が、有形力の行使の場合であれば、個人の意思を制圧する程度に至っていたかどうかを基準とするとすれば、相手方の意思にかかわらない捜査方法の場合も、それに準ずるような重大な制約のあった場合と考えればよいでしょう。「特別の根拠規定……」という基準は有形力の行使を伴う場合であろうと、それ以外の場合であろうと同様に考えることができます。

したがって、この判例の基準は、捜査全般に応用できる重要な基準です。

③　判示事項〈2〉の事例判断

（1）　判示事項〈2〉について、決定要旨に「（判文参照）」という言葉がありますね。決定要旨には、判断のために重要な事実は要約しているのですが、

それだけで判断したわけではないということが明らかになります。このような場合は，判文の事実をよく読んでおく必要があります。単に判例を理解するというのではなく，判例を道具として使えるように理解するためには，正確な事実関係の把握も重要です。

事実関係についての判示は次の通りです（年月日や地名，人名等は省略しました）。

1　被告人は，午前4時10分ころ，酒酔い運転のうえ，道路端に置かれたコンクリート製のごみ箱などに自車を衝突させる物損事故を起し，間もなくパトロールカーで事故現場に到着した巡査2名（F，K）から，運転免許証の提示とアルコール保有量検査のための風船への呼気の吹き込みを求められたが，いずれも拒否したので，両巡査は，道路交通法違反の被疑者として取調べるために被告人をパトロールカーで岐阜中警察署へ任意同行し，午前4時30分ころ同署に到着した

2　被告人は，当日午前1時ころから午前4時ころまでの間にビール大びん1本，日本酒5合ないし6合位を飲酒した後，軽四輪自動車を運転して帰宅の途中に事故を起したもので，その際顔は赤くて酒のにおいが強く，身体がふらつき，言葉も乱暴で，外見上酒に酔っていることがうかがわれた

3　被告人は，両巡査から警察署内の通信指令室で取調べを受け，運転免許証の提示要求にはすぐに応じたが，呼気検査については，道路交通法の規定に基づくものであることを告げられたうえ再三説得されてもこれに応じず，午前5時30分ころ被告人の父が両巡査の要請で来署して説得したものの聞き入れず，かえって反抗的態度に出たため，父は，説得をあきらめ，母が来れば警察の要求に従う旨の被告人の返答を得て，自宅に呼びにもどった

4　両巡査は，なおも説得をしながら，被告人の母の到着を待っていたが，午前6時ころになり，被告人からマッチを貸してほしいといわれて断わったとき，被告人が「マッチを取ってくる。」といいながら急に椅子から立ち上がって出入口の方へ小走りに行きかけたので，K巡査は，被告人が逃げ去るのではないかと思い，被告人の左斜め前に近寄り，「風船をやってからでいいではないか。」といって両手で被告人の左手首を掴んだところ，被告人は，すぐさま同巡査の両手を振り払い，その左肩や制服の襟首を右手で掴んで引っ張り，左肩章を引きちぎったうえ，右手拳で顔面を1回殴打し，同巡査は，その間，両手を前に出して止めようとしていたが，被告人がなおも暴れるので，これを制止しながら，F巡査と二人でこれを元の椅子に腰かけさせ，その直後公務執行妨害罪の現行犯人として逮捕した

5　被告人がK巡査の両手を振り払った後に加えた一連の暴行は，同巡査から手首

を掴まれたことに対する反撃というよりは，新たな攻撃というべきものであった
6　被告人が頑強に呼気検査を拒否したのは，過去２回にわたり同種事犯で取調べを受けた際の経験などから，時間を引き延して体内に残留するアルコール量の減少を図るためであった

　この決定文のうち，１はいわば舞台設定です。２はどうでしょうか。１で認められた酒酔い運転の嫌疑の程度を示しています。相当高度の嫌疑があることが分かりますね。
　３は，本件に至る経緯です。両巡査は説得に努め，父親にも応援を求め，なんとか任意で呼気検査を行おうとしています。父親が呼ばれたり，母親がくれば検査に応じるというなど，なんとも「甘ったれ」の印象がありますが，実は，被告人は酒酔い運転による処罰を求めるために時間の引き延ばしをはかっていたのです（事実の６参照）。
　４が問題の**有形力の行使**ですが，このとき，すでに事故後２時間近くを経過しています。最近の捜査では，このくらい長い時間呼気検査を拒否した場合には，強制採血に踏み切ることが多いようですが，本件では，両巡査はあくまで任意で捜査を行おうとしています。しかし，呼気中のアルコールは時間が経過すると減少，消失しますから早く検査をする必要があるのです。
　そこで，４です。問題の巡査の行使した有形力は，椅子から立ち上がって出入口の方へ小走りに行きかけた被告人に対して，その左斜め前に近寄り，「風船をやってからでいいではないか。」といって両手で被告人の左手首を掴んだというものです。
　（２）　以上の事実が「演習問題」で示されて，その適法性を検討せよと問われたら，どのように解答していけばよいでしょうか。実務家であれば，論告や弁論でどのように論じていけばよいでしょうか。本決定の以下の判示はその模範解答例ともいえるものです。
　裁判所は，以上の事実に，**決定要旨≪１≫**で示した基準を当てはめました。

①Ｋ巡査の前記行為は，呼気検査に応じるよう被告人を説得するために行われたものであり，その程度もさほど強いものではないというのであるから，これをもって性質上当然に逮捕その他の強制手段にあたるものと判断することはできない。②ま

> た，右の行為は，酒酔い運転の罪の疑いが濃厚な被告人をその同意を得て警察署に任意同行して，被告人の父を呼び呼気検査に応じるよう説得をつづけるうちに，被告人の母が警察署に来ればこれに応じる旨を述べたのでその連絡を被告人の父に依頼して母の来署を待っていたところ，被告人が急に退室しようとしたため，さらに説得のためにとられた抑制の措置であって，その程度もさほど強いものではないというのであるから，これをもって捜査活動として許容される範囲を超えた不相当な行為ということはできず，公務の適法性を否定することができない。(①，②筆者)

このように，裁判所は，判示事項1で説明した2段階の判断，①強制手段かどうか，②相当なものかどうか，についての判断をしていることが分かるでしょう。判文には，**必要性**や**緊急性**という言葉が出てきません。しかし，事実の摘示の中で，被告人の酒酔い運転の嫌疑が相当高度であったこと，被告人が呼気中のアルコールの減少，消失を狙って時間稼ぎをし，すでに2時間近くが経過していたことが摘示されています。裁判所が必要性，緊急性を考慮していることは明らかです。

この決定の「あてはめ」は比較的あっさりしていますが，決定要旨≪1≫で示した要件に該当する事実はきちんと摘示されています。私たちがこのような事例について判断を示す文書を書く場合には，どの事実から「必要性」，「緊急性」が認められるかを丁寧に書くべきでしょう。

4 この決定の考え方をどこまで応用できるか

(1) 有形力の行使のない捜査の任意性

この決定は，被疑者に対して有形力を行使した事例の判断です。判示事項も「任意捜査において許容される有形力の行使の限度」となっていますから，有形力を行使しない捜査が「任意捜査として許されるか否か」を問題とする場合の先例とならないように見えます。

しかし，決定文を検討したとおり，「任意か強制か」の限界を判断する基準として，「個人の意思を制圧し，身体，住居，財産等に制約を加えて強制的に捜査目的を実現する行為など，特別の根拠規定がなければ許容することが相当でない手段を意味する」と示されているのですから，この基準は，有形力の行使のない捜査，たとえば，盗聴や写真撮影などについて判断する場合に応用で

きることになります。つまり，「有形力の行使であれば，個人の意志を制圧する程度に達しているといえる程度の重大な権利の制約」かどうか，「国権の最高機関である国会において特に認める必要がある程度の重大な権利の制約」かどうかを考えればよいわけです（**3-2**参照）。

（2） 警職法上の職務質問のための停止，任意同行との関係

従来，警察官職務執行法（警職法）上の職務質問のための停止，任意同行については，「逮捕に至らない」程度の有形力の行使が認められると解されてきました。

警職法2条1項は，「停止させて」と文言上明らかに相手の意志に反する停止行為が認められると解されましたし，その限界がどこにあるかについては，同条3項が，職務質問のための停止，同行を求められる者について「刑事訴訟に関する法律の規定によらない限り，身柄を拘束され，又はその意に反して警察署，派出所若しくは駐在所に連行され，若しくは答弁を強要されることはない。」と規定するので，逆に，逮捕に至らない程度の有形力の行使は認められると解されたわけです。

これに対して，刑事訴訟法では，逮捕という強力な力を及ぼす方法があるのだから，任意捜査においては一切の有形力の行使を認めない，という見解が有力でした。いわば，ゼロか百かという極端な考え方ですね。これがあまり現実的でないということから，「強制捜査」と「一切の有形力の行使が認められない任意捜査」の間に中間的な領域を認めようという見解も主張されました。中間的な捜査領域を認めるというのは，現実に合致しているように見えますが，法にないものを認めるというのは，正しい法解釈とはいえません。このような捜査において有形力の行使を認めるべきかどうかについての見解の対立を経て，本決定があるのです。

本決定は，「逮捕に至らない程度の有形力の行使」を必要性・緊急性に照らして相当な限度で認めるというものですから，この決定によって，警職法の職務質問・任意同行に許される有形力の行使の限界と刑訴法上の任意捜査において許される有形力の行使の限界に差異はないことが明らかになったといえます。

3-2 最決昭59・2・29刑集38巻3号479頁（高輪グリーンマンション・ホステス殺人事件）

1 判示事項と決定要旨

これも任意捜査の限界に関する判例です。

判示事項は，

> 〈1〉 被疑者を所轄警察署近辺のホテル等に宿泊させて取調べを続行したことが任意捜査の方法として違法とまではいえないとされた事例
> 〈2〉 伝聞証言につき異議の申立がなかった場合の証拠能力

です。

この判例は，宿泊を伴う取調べの許容性（**判示事項**〈1〉）を判断した事例として有名ですが，実は**判示事項**〈2〉もかなり大切です。

決定要旨を見てみましょう。

> 《1》 被疑者につき帰宅できない特段の事情もないのに，同人を4夜にわたり所轄警察署近辺のホテル等に宿泊させるなどした上，連日，同警察署に出頭させ，午前中から夜間に至るまで長時間取調べをすることは，任意捜査の方法として必ずしも妥当とはいい難いが，同人が右のような宿泊を伴う取調べに任意に応じており，事案の性質上速やかに同人から詳細な事情及び弁解を聴取する必要性があるなど本件の具体的状況のもとにおいては（判文参照），任意捜査の限界を越えた違法なものとまでいうことはできない。
> 《2》 いわゆる伝聞証言であっても，異議の申立がないまま当該証人に対する尋問が終了した場合には，直ちに異議の申立ができないなどの特段の事情がない限り，黙示の同意があったものとして，証拠能力を有する。

判示事項〈1〉は事例判断にすぎませんが，**判示事項**〈2〉は伝聞法則についての重要な判断ですね。

2 宿泊を伴う取調べ

「必ずしも妥当とはいい難いが，違法なものとまでいうことはできない。」というまさに限界事例です。

第3章 任意捜査に関する判例

　決定要旨を見れば分かるように，4夜であれば，警察署付近に宿泊させて取り調べることが許されるという判断ではありません。なぜ任意捜査の限界を超えたものとまではいえないという判断に至ったのかについては，要旨に「判文参照」とあるとおり，要旨に挙げられた事実だけでは，十分ではありません。

　そこで，決定文を見てみましょう。

　判示事項〈1〉に関する判断は「職権判断」です。上告理由は，憲法違反と判例違反に限られますが，最高裁判所は，重要な問題については職権で判断します。

　その構成を確認してみましょう。

　（1） 最初のパラグラフは事実の確認です。この決定では，「第一審判決及び原判決の認定するところに記録を併せると」として最高裁の認定した取調べの経過及び状況を示しています。「第一審判決及び原判決によれば」という通常の書き方でないことが注目されます。

　ちょっと長いのですが，最高裁が限界事例だといっている事件ですから，事実関係の全部を読んでみましょう（決定文の年月日の一部，地名，人名を省略）。

1　5月18日，港区高輪グリーンマンション〇号室の本件被害者S方において，被害者が何者かによって殺害されているのが被害者の勤め先の者によって発見され，同人の通報により殺人事件として直ちに捜査が開始された。犯行現場の状況等から犯人は被害者と面識のある者との見通しのもとに被害者の生前の交友関係を中心に捜査が進められ，かつて被害者と同棲したことのある被告人もその対象となっていたところ，同月20日，被告人は自ら高輪警察署に出頭し，本件犯行当時アリバイがある旨の弁明をしたが，裏付捜査の結果右アリバイの主張が虚偽であることが判明し，被告人に対する容疑が強まったところから，同年6月7日早朝，捜査官4名が大田区所在の被告人の勤め先の独身寮の被告人の居室に赴き，本件の有力容疑者として被告人に任意同行を求め，被告人がこれに応じたので，右捜査官らは，被告人を同署の自動車に同乗させて同署に同行した。
2　捜査官らは，被告人の承諾のもとに被告人を警視庁に同道した上，同日午前9時半ころから2時間余にわたってポリグラフ検査を受けさせた後，高輪警察署に連れ戻し，同署4階の3.3平方メートルくらいの広さの調べ室において，1名（巡査部長）が主になり，同室入口付近等に1ないし2名の捜査官を立ち会わせて被告人を取り調べ，右アリバイの点などを追及したところ，同日午後10時ころに至って被

告人は本件犯行を認めるに至った。
3 そこで、捜査官らは、被告人に本件犯行についての自白を内容とする答申書を作成させ、同日午後11時すぎには一応の取調べを終えたが、被告人からの申出もあって、高輪警察署長宛の「私は高輪警察署でＳさんをころした事について申し上げましたが、明日、さらにくわしく説明致します。今日は私としても寮に帰るのはいやなのでどこかの旅館に泊めて致だきたいと思います。」と記載した答申書を作成提出させ、同署近くのＮ社の宿泊施設に被告人を宿泊させ、捜査官４、５名も同宿し、うち１名は被告人の室の隣室に泊り込むなどして被告人の挙動を監視した。
4 翌６月８日朝、捜査官らは、自動車で被告人を迎えに行き、朝から午後11時ころに至るまで高輪警察署の前記調べ室で被告人を取り調べ、同夜も被告人が帰宅を望まないということで、捜査官らが手配して自動車で被告人を同署からほど近いホテルメイツに送り届けて同所に宿泊させ、翌９日以降も同様の取調べをし、同夜及び同月10日の夜は東京観光ホテルに宿泊させ、右各夜ともホテルの周辺に捜査官が張り込み被告人の動静を監視した。なお、右宿泊代金については、同月７日から９日までの分は警察において支払い、同月10日の分のみ被告人に支払わせた。

（２） このように事実関係を認定した上、裁判所はこの捜査が強制処分かどうかの判断をするため、任意捜査についての**最決昭51・３・16刑集30巻２号187頁**（3-1）の規範を挙げます。直接被疑者の身体に有形力を行使したという場合ではない事例にどのように決定の規範を用いる例として参考になるでしょう。

右のような事実関係のもとにおいて、６月７日に被告人を高輪警察署に任意同行して以降同月11日に至る間の被告人に対する取調べは、刑訴法198条に基づき、任意捜査としてなされたものと認められるところ、任意捜査においては、強制手段、すなわち、「個人の意思を制圧し、身体、住居、財産等に制約を加えて強制的に捜査目的を実現する行為など、特別の根拠規定がなければ許容することが相当でない手段」を用いることが許されないことはいうまでもないが、任意捜査の一環としての被疑者に対する取調べは、右のような強制手段によることができないというだけでなく、さらに、事案の性質、被疑者に対する容疑の程度、被疑者の態度等諸般の事情を勘案して、社会通念上相当と認められる方法ないし態様及び限度において、許容されるものと解すべきである。

「有形力の行使」についての判示を削除した形になっていますね。また、強

制かどうか，さらに強制でなくても，相当な限度かどうかという2段階の判断をすることが明示されています。

つづいて，本件への当てはめです。

典型的な事例判断の方法ですね。

最初は，任意同行とそれに続く取調べです。

> これを本件についてみるに，まず，被告人に対する当初の任意同行については，捜査の進展状況からみて被告人に対する容疑が強まっており，事案の性質，重大性等にもかんがみると，その段階で直接被告人から事情を聴き弁解を徴する必要性があったことは明らかであり，任意同行の手段・方法等の点において相当性を欠くところがあったものとは認め難く，また，右任意同行に引き続くその後の被告人に対する取調べ自体については，その際に暴行，脅迫等被告人の供述の任意性に影響を及ぼすべき事跡があったものとは認め難い。

この判例の判示事項には直接関係がないところですが，「任意同行の適法性をどのように判断しているか」も参考になるでしょう。**事案の性質，重大性，嫌疑の程度，任意同行の手段，方法の相当性**が検討されています。

次のパラグラフが判示事項に関する部分です。

まず，違法の方向の事情を挙げます。

> 被告人を右のように宿泊させたことについては，被告人の住居は高輪警察署からさほど遠くはなく，深夜であっても帰宅できない特段の事情も見当たらない上，第1日目の夜は，捜査官が同宿し被告人の挙動を直接監視し，第2日目以降も，捜査官らが前記ホテルに同宿こそしなかったもののその周辺に張り込んで被告人の動静を監視しており，高輪警察署との往復には，警察の自動車が使用され，捜査官が同乗して送り迎えがなされているほか，最初の3晩については警察において宿泊費用を支払っており，しかもこの間午前中から深夜に至るまでの長時間，連日にわたって本件についての追及，取調べが続けられたものであって，これらの諸事情に徴すると，被告人は，捜査官の意向にそうように，右のような宿泊を伴う連日にわたる長時間の取調べに応じざるを得ない状況に置かれていたものとみられる一面もあり，その期間も長く，任意取調べの方法として必ずしも妥当なものであったとはいい難い。

次に、適法の方向の事情を挙げます。

> しかしながら、他面、被告人は、右初日の宿泊については前記のような答申書を差出しており、また、記録上、右の間に被告人が取調べや宿泊を拒否し、調べ室あるいは宿泊施設から退去し帰宅することを申し出たり、そのような行動に出た証拠はなく、捜査官らが、取調べを強行し、被告人の退去、帰宅を拒絶したり制止したというような事実も窺われないのであって、これらの諸事情を総合すると、右取調べにせよ宿泊にせよ、結局、被告人がその意思によりこれを容認し応じていたものと認められるのである。

そして、結論です。

> 被告人に対する右のような取調べは、宿泊の点など任意捜査の方法として必ずしも妥当とはいい難いところがあるものの、被告人が任意に応じていたものと認められるばかりでなく、事案の性質上、速やかに被告人から詳細な事情及び弁解を聴取する必要性があったものと認められることなどの本件における具体的状況を総合すると、結局、社会通念上やむを得なかったものというべく、任意捜査として許容される限界を越えた違法なものであったとまでは断じ難いというべきである。

このように、事例について適法かどうかの判断をする場合、必ず、プラスに働く事実とマイナスに働く事実を全部拾い上げ、それを総合して結論を導き出すというのが大切です（説得のテクニックとしては、適法の結論を導くにはマイナスから、違法の結論を導くならプラスからということになるでしょう）。

この決定は、この結果、自白の任意性を肯定したのですが、「任意性を肯定し、証拠能力があるものとした第一審判決を是認した原判断は、結論において相当である。」という判示をしています。

「結論において正当である。」というのは、どういう意味でしょうか。

最高裁は、原判決に「判決に影響を及ぼすべき法令の違反や事実の誤認があって、原判決を破棄しなければ著しく正義に反する場合」は、上告理由がない場合も判決で原判決を破棄することができます（411条）。つまり、原判決に誤ったところがあっても、結論が変わらないのであれば、破棄することはないのですが、結論に至る法解釈や事実認定が誤っている場合、「結論において正当」と表現するのです。本決定の場合、原判決は、宿泊をさせた状況について、

「警察の庇護ないしはゆるやかな監視のもとに置かれていたものとみることができるけれども、実質上その身柄が拘束されていたものということはでき（ない）」と判示していたのですが、最高裁は、この認定は誤っていると判断したのです。このように、「結論において正当」という判示があった場合には、是非、原審の判文も確認しましょう。理解が深まります。

3 伝聞供述（判示事項〈2〉）

証言中に伝聞が含まれた場合、それは、被告人の供述であれば、322条1項の、被告人以外の者の供述であれば、321条1項3号の要件を満たさなければ証拠能力が認められないというのが原則ですが、その場で異議を申し立てない限り、**黙示の同意**があったものとされ、証拠能力が認められてしまいます。

実は、伝聞供述があった場合に、その場ですぐに異議を申し立てるのは、検察官・弁護人に証人尋問の力がないとなかなか難しいものです。

本件では、どのような伝聞供述が問題となったのでしょうか。

> W警部は、第1審において、ポリグラフ検査の際、被告人に本件被害者の着用していたネグリジェの色等、本件の真犯人でなければ知り得ない事項についての言動があった旨証言し、第1審判決及びこれを是認した原判決は、右証言を採用して右言動を認定し、これをもって被告人を本件の真犯人と断定する一つの情況証拠としていることが明らかである。右証言は伝聞ないし再伝聞を内容とするものであるが、右証言の際、被告人及び弁護人らは、その機会がありながら異議の申立てをすることなく、右証人に対する反対尋問をし、証人尋問を終えていることが認められる。このように、いわゆる伝聞ないし再伝聞証言について、異議の申立てがされることなく当該証人に対する尋問が終了した場合には、直ちに異議の申立てができないなどの特段の事情がない限り、黙示の同意があったものとしてその証拠能力を認めるのが相当である。

この判示には、先例となる判例が引用されています。

　　　最判昭28・5・12刑集7巻5号1023頁
　　　最判昭29・5・11刑集8巻5号664頁
　　　最判昭33・10・24刑集12巻14号3368頁

です。面倒でも、確認してみましょう。昭和28年の判例は、「証人が共同被告

人から伝聞した事項を供述したときに被告人及び弁護人は、証人の供述についてなんら異議を述べず、かえって証人に対し尋ねるところはないと述べているときは、その供述を証拠とすることに同意があったと認めるのを相当とする。」というもの、昭和29年の判例は、「伝聞証言について、被告人がなんら異議も述べず、証人に尋ねることもないと言っている場合には、これを証拠とすることの同意があったものと認められる。」、昭和33年の判例は、「第1審公判における検察官側の証人甲の証言中に乙の供述を内容とするいわゆる伝聞部分があっても、同証言に際し被告人側から異議の申立があった形跡がないばかりでなく、乙はすでに当時の記憶を全く喪失しており、第2審の際は、所在不明になっていることが伺われるときは、第1審公判中の右伝聞部分を証拠とすることができる。」というものです。

これらの判例は、異議の申立がなかったということのほかに、「証人に尋ねることはない」と述べたなどの事情が必要であるかのように読めます。そこで、本決定は、これらの判例を引用した上で、「これらの判決は、伝聞証言の証拠能力を認めるについて、異議の申立てがなかったことのほか、証人に対し尋ねることはない旨述べられた場合であること等の要件を必要とするかのような判示をしているが、後者の点は当該事案に即して判示されたにすぎず、ことに右のような陳述の点は、その有無によって、伝聞証言の証拠能力に特段の差異を来すものではないと解される。」として、伝聞証言の同意の効力について、解釈を明確にしたのです。ここまで、判例を注意深く読めば、判例の趣旨を理解し、記憶するのも容易になりますね。

この決定によれば、伝聞証言であるとの異議は、伝聞供述が始まった瞬間になされなければならないのではなく、その証人の尋問終了までの間に申し立てればよいことが分かります。実際に証人尋問を行わなければならない法律実務家としては心得ておかなければならない重要な判断です。

異議申立とは何か、分かりますね。いつ、どこで、どのような異議を申し立てるべきかを身につけることは法律実務家として最低限の素養といえます。大学で学ぶような「刑事訴訟法学」の体系から見ると、とても細かいことのように見えますが、実際に法廷に立つ実務家に必要な知識という観点で判断すると、とても基礎的な重要な事柄だと分かります。実務で使える技術としての刑事訴

第3章　任意捜査に関する判例

訟法を修得することも大切です。

3-3　最決平元・7・4刑集43巻7号581頁

1　どのような決定か

　高輪グリーンマンション事件は宿泊を伴う取調べの適法性が問題となった事案でしたが，この決定は，長時間の取調べに関する判断で，

> 午後11時過ぎに任意同行の上翌日午後9時25分ころまで続けられた被疑者に対する取調べは，特段の事情のない限り，容易に是認できないが，取調べが本人の積極的な承諾を得て参考人からの事情聴取として開始されていること，一応の自白があつた後も取調べが続けられたのは重大事犯の枢要部分に関する供述に虚偽が含まれていると判断されたためであること，その間本人が帰宅や休息の申出をした形跡はないことなどの特殊な事情のある本件においては，任意捜査として許容される限度を逸脱したものとまではいえない。

というものです。

2　事実経過

　（1）　まず，事実を確認しましょう。決定文が長いと，つい，「要旨」に頼りがちですが，最高裁が決定文にあげた事実経過は，問題の解決に必要な事実といえます。逆に言えば，要旨程度の事実関係で適法か違法かを判断することはできないということですから，しっかり読む必要があります。

> 1　本件捜査は，昭和58年2月1日午後8時48分ころ，当時アパートの被害者方居室が約10日間にわたり施錠されたままで被害者の所在も不明である旨の被害者の妹からの訴え出に基づき，警察官が被害者方に赴き，被害者が殺害されているのを発見したことから開始されたものであるが，警察官は，右妹から被害者が1か月ほど前まで被告人と同棲して親密な関係にあった旨聞き込んだので，事案の重大性と緊急性にかんがみ，速やかに被告人から被害者の生前の生活状況や交遊関係を中心に事情を聴取するため，被告人方に赴いて任意同行を求め，これに応じた被告人を同日午後11時過ぎに平塚警察署に同行した。

2　警察官は，まず，被告人から身上関係，被害者と知り合った経緯などについて事情を聴取した後，1名が主になり，他の1名ないし2名が立ち会って，同日午後11時半過ぎころから本格的な取調べに入り，冒頭被告人に対し本件捜査への協力方を要請したところ，被告人がこれに応じ，「同棲していたので知っていることは何でも申し上げます。何とか早く犯人が捕まるように私もお願いします。」と述べて協力を約したので，夜を徹して取調べを行い，その間，被告人の承諾を得てポリグラフ検査を受けさせたり，被告人が最後に被害者と別れたという日以降の行動について一応の裏付け捜査をしたりしたが，翌2日午前9時半過ぎころに至り，被告人は，被害者方で被害者を殺害しその金品を持ち出した事実について自白を始めた。

3　そこで，警察官は，その後約一時間にわたって取調べを続けたうえ，午前11時過ぎころ被告人に犯行の概要を記載した上申書を作成するよう求め，これに応じた被告人は，途中2，30分の昼休み時間をはさみ，被害者と知り合ってから殺害するまでの経緯，犯行の動機，方法，犯行後の行動等を詳細に記載した全文6枚半に及ぶ上申書を午後2時ころ書き上げた。

4　ところが，右上申書の記載及びこの間の被告人の供述は，被害者名義の郵便貯金の払戻しの時期や被害者殺害の方法につきそれまでに警察に判明していた客観的事実とは異なるものであったほか，被害者を殺害する際に同女の金品を強取する意思があったかどうかがはなはだ曖昧なものであったため，警察官は，右の被告人の供述等には虚偽が含まれているものとみて，被告人に対し，その供述するような殺人と窃盗ではなく，強盗殺人の容疑を抱き，その後も取調べを続けたところ，被告人が犯行直前の被害者の態度に憤慨したほか同女の郵便貯金も欲しかったので殺害した旨強取の意思を有していたことを認める供述をするに至ったことから，更に上申書を作成するよう求め，これに応じた被告人は，午後4時ころから約1時間にわたって，右の旨を具体的に記載した全文1枚余の「私がみどりを殺した本当の気持」と題する上申書を書いた。

5　その後警察官は，逮捕状請求の準備に入り，右2通の上申書をも疎明資料に加え，午後7時50分当時の被告人の自白内容に即した強盗殺人と窃盗の罪名で逮捕状を請求し，逮捕状の発付を得たうえ，午後9時25分被告人を逮捕し，その後間もなく当日の被告人に対する取調べを終えた。そして，同月3日午後2時30分に検察官送致の手続がとられ，同日勾留請求がなされ，同月4日午前11時23分勾留状が執行された。

6　被告人は，勾留質問の際に強盗の意思はなかったと弁解した以外は，その後の取調べにおいても終始強盗の意思を有していたことを認める供述をし，一方，同月

7日の取調べまでは，前記被害者名義の郵便貯金の払戻しの時期や被害者殺害の方法につき虚偽の供述を続けていたが，同日の取調べにおいてこれらの点を訂正し，その後は公訴事実に沿う自白を維持し，同月22日，本件につき強盗致死等の罪名で勾留中起訴された。

（2） 決定要旨を読んだときに，午後11時に取調べを開始するというのは異常ではないかと感じた人もいるでしょう。決定文によると，死体発見当夜のことだったのですね。一刻も早く取り調べる必要があったと思われます。

その後の長時間の取調べはそれにしても長すぎるように思えるでしょう。最高裁はどのように考えたでしょうか。

3 最高裁の判断

①右の事実関係のもとにおいて，昭和58年2月1日午後11時過ぎに被告人を平塚警察署に任意同行した後翌2日午後9時25分に逮捕するまでの間になされた被告人に対する取調べは，刑訴法198条に基づく任意捜査として行われたものと認められるところ，任意捜査の一環としての被疑者に対する取調べは，事案の性質，被疑者に対する容疑の程度，被疑者の態度等諸般の事情を勘案して，社会通念上相当と認められる方法ないし態様及び限度において，許容されるものである。

②右の見地から本件任意取調べの適否について勘案するのに，本件任意取調べは，被告人に一睡もさせずに徹夜で行われ，更に被告人が一応の自白をした後もほぼ半日にわたり継続してなされたものであって，一般的に，このような長時間にわたる被疑者に対する取調べは，たとえ任意捜査としてなされるものであっても，被疑者の心身に多大の苦痛，疲労を与えるものであるから，特段の事情がない限り，容易にこれを是認できるものではなく，ことに本件においては，被告人が被害者を殺害したことを認める自白をした段階で速やかに必要な裏付け捜査をしたうえ逮捕手続をとって取調べを中断するなど他にとりうる方途もあったと考えられるのであるから，その適法性を肯認するには慎重を期さなければならない。そして，もし本件取調べが被告人の供述の任意性に疑いを生じさせるようなものであったときには，その取調べを違法とし，その間になされた自白の証拠能力を否定すべきものである。（①，②筆者）

任意の取調の根拠，その許容限度を明らかにし（①），本件の取調は，「特段

の事情がない限り」是認できない（②）と断じました。このような場合，その間の自白の任意性も疑われると指摘しています。この場合，長時間の違法な取調＝自白の任意性否定というのではなく，特に「任意性に疑いを生じさせるものであったとき」に初めて任意性が否定されるとされていることに留意してください。

では，本件に「特段の事情」があったのでしょうか。最高裁は，以下のように特殊な事情を列挙します。

> そこで本件任意取調べについて更に検討するのに，次のような特殊な事情のあったことはこれを認めなければならない。
> すなわち，前述のとおり，警察官は，被害者の生前の生活状況等をよく知る参考人として被告人から事情を聴取するため本件取調べを始めたものであり，冒頭被告人から進んで取調べを願う旨の承諾を得ていた。
> また，被告人が被害者を殺害した旨の自白を始めたのは，翌朝午前9時半過ぎころであり，その後取調べが長時間に及んだのも，警察官において，逮捕に必要な資料を得る意図のもとに強盗の犯意について自白を強要するため取調べを続け，あるいは逮捕の際の時間制限を免れる意図のもとに任意取調べを装って取調べを続けた結果ではなく，それまでの捜査により既に逮捕に必要な資料はこれを得ていたものの，殺人と窃盗に及んだ旨の被告人の自白が客観的状況と照応せず，虚偽を含んでいると判断されたため，真相は強盗殺人ではないかとの容疑を抱いて取調べを続けた結果であると認められる。
> さらに，本件の任意の取調べを通じて，被告人が取調べを拒否して帰宅しようとしたり，休息させてほしいと申し出た形跡はなく，本件の任意の取調べ及びその後の取調べにおいて，警察官の追及を受けながらなお前記郵便貯金の払戻時期など重要な点につき虚偽の供述や弁解を続けるなどの態度を示しており，所論がいうように当時被告人が風邪や眠気のため意識がもうろうとしていたなどの状態にあったものとは認め難い。

そして結論として本件取調べを認めました。結論を見ましょう。

> 以上の事情に加え，本件事案の性質，重大性を総合勘案すると，本件取調べは，社会通念上任意捜査として許容される限度を逸脱したものであったとまでは断ずることができず，その際になされた被告人の自白の任意性に疑いを生じさせるような

ものであったとも認められない。

具体的事例を前にして，形式的に違法，適法の結論に飛びつかず，事実を丁寧に検討していくことが必要です。

この決定には，坂上裁判官の反対意見があります。これもぜひ読んでください。

3-4　最（大）判昭44・12・24刑集23巻12号1625頁（京都府学連事件）

1　判示事項と判決要旨

最高裁判所が「肖像権」を認め，捜査目的による写真撮影が許される要件を示した判例として有名ですが，判示事項は多岐にわたります。

判示事項は，

〈1〉　昭和29年京都市条例第10号集会，集団行進及び集団示威運動に関する条例の合憲性
〈2〉　みだりにその容ぼう，姿態を撮影されない自由と憲法13条
〈3〉　犯罪捜査のため容ぼう等の写真撮影が許容される限度と憲法13条，35条

です。これに対する判決要旨は，

《1》　昭和29年京都市条例第10号集会，集団行進及び集団示威運動に関する条例は，憲法21条に違反しない。
《2》　何人も，その承諾なしにみだりにその容ぼう，姿態を撮影されない自由を有し，警察官が，正当な理由もないのに，個人の容ぼう等を撮影することは，憲法13条の趣旨に反し許されない。
《3》　警察官による個人の容ぼう等の写真撮影は，現に犯罪が行われもしくは行われて間がないと認められる場合であって，証拠保全の必要性および緊急性があり，その撮影が一般的に許容される限度を超えない相当な方法をもって行われるときは，撮影される本人の同意がなく，また裁判官の令状がなくても，憲法13条，35条に違反しない。

ですね。

では，この事件がなぜ，大法廷で審判されたのでしょうか。事件は，最初は

小法廷で審判されるのですが，大法廷でなければ裁判できない，大法廷で裁判するのが相当であると判断すると事件を大法廷に回すことになるのです（裁判所法10条，最高裁判所裁判事務処理規則9条）。

現在，街で大規模な「デモ行進」が行われることは稀ですから，この判例については，その時代背景を理解しておくことが大切です。本件で問題となった条例は，「公安条例」と通称されるもので，全国の地方自治体にほぼ同様の内容の条例が制定されています。

本件で問題となったのは，デモ行進の規制です。デモはデモストレーションの略であることは分かりますね。戦後から昭和50年代ころまでは，国民が自分たちの主張を表明する手段として，街頭に集まり，行進するという活動が盛んに行われました。特に1960年（昭和35年）の日米安保条約改定を巡っては10万人を超える参加者による国会請願デモが繰り返され，死者も出るに至ったのです。

このようなデモ行進は，時に激しく，ジグザグに行進したり渦巻き状になって道路を占拠したりして交通の妨害になることから，地方自治体の条例によって，公安委員会による許可が必要とされ，デモ行進の方法についても，様々な条件が付されます。

そこで，デモ行進に条件を付し，その条件に違反する行為に罰則を設ける条例は，表現の自由を保障する憲法21条に違反するばかりでなく，罰則が不明確で憲法31条にも違反するのではないかということが，各地の公安条例について争われました。

しかし，この条例の合憲性は，刑法の問題なので省略しましょう。

2 「肖像権」についての判断

判示事項〈2〉は，みだりにその容ぼう，姿態を撮影されない自由を憲法上の権利であると認めました。憲法13条「生命，自由及び幸福追求に対する国民の権利については，公共の福祉に反しない限り，立法その他で，最大の尊重を必要とする。」は，「幸福追求権」と呼ばれ，いわば憲法の人権保障規定のワイルドカードのような存在として，プライバシーの権利，環境権などさまざまな新しい人権の根拠規定であると理解されています。

しかし，憲法が施行された当初は，憲法が明文を以て保障している権利以外

の権利を憲法上の権利として認めることはできないという考え方もありました。この大法廷判決は，人の重要かつ基本的な権利を憲法13条を根拠に認めたものとしてとても重要なのです。もっとも，この点も刑訴法の問題ではなく，憲法の問題といえます。

なお，本判決では，憲法13条を「国民の私生活上の自由が，警察権等の国家権力の行使に対しても保護されるべきことを規定しているものということができる。」とした上で，「個人の私生活上の自由の一つとして，何人も，その承諾なしに，みだりにその容ぼう・姿態（以下「容ぼう等」という。）を撮影されない自由を有するものというべきである。」としているので，これは，私人間の問題ではなく，国家権力が国民の私生活に介入する限界についての判断です。

ちなみに，最高裁は，憲法に明定されていない権利について，「○○権」と呼ぶのにとても慎重です。この判決も，わざわざ「これを肖像権と称するかどうかは別として」として，みだりに容ぼう等を撮影されない自由について，名前をつけることを留保しています。同じことが「プライバシー」に関する権利にもいえます。私たちは，これらの権利を肖像権，プライバシー権などと呼称しますが，単にそのように呼ぶのが便利なので，仮にそう呼んでいるだけです。これらは，憲法で明定されたものでもなく，また判例で定義されたものでもないことを頭に入れておく必要があります。

③ 捜査手段としての写真撮影

判示事項〈3〉「犯罪捜査のため容ぼう等の写真撮影が許容される限度と憲法13条，35条」も憲法判断ですが，令状によらない犯罪捜査，すなわち任意捜査の限界を論じたものですから，ここで判文を参照することにしましょう。これは，本人の意思に反し，かつ裁判官の令状もなくされた本件警察官の写真撮影行為は，令状主義を規定した同法35条にも違反すると主張に対する判断です。まず，最高裁は，**判示事項**〈2〉のとおり，みだりに容ぼう等を撮影されない自由を認めた上で，その自由も公共の福祉によって制約を受けるという原則を掲げた上で，

犯罪を捜査することは，公共の福祉のため警察に与えられた国家作用の一つであ

> り，警察にはこれを遂行すべき責務があるのであるから（警察法2条1項参照），警察官が犯罪捜査の必要上写真を撮影する際，その対象の中に犯人のみならず第三者である個人の容ぼう等が含まれても，これが許容される場合がありうるものといわなければならない。

としました。ここで留意しなければならないのは，犯罪捜査として許容されるかどうかが，犯人以外の第三者である個人の容ぼうが撮影されることについて検討されているということです。

この点は，判決要旨では，必ずしも明らかではないのですが，第三者の容ぼうの撮影が含まれない，犯人の容ぼうのみの撮影の場合はどう考えればよいのか，という本判決の射程を考える際には重要です。

さて，本判決を読み進みましょう。

容ぼう等を撮影されない自由は憲法上保障される→しかし，公共の福祉により制約を受ける→犯罪捜査は公共の福祉のためのものであるから，捜査のための撮影は許される場合がある，判文はこのように論理的に進んできました。そこで，次は，当然，「ではいかなる場合に許容されるのか」についての判示ということになります。

> そこで，その許容される限度について考察すると，身体の拘束を受けている被疑者の写真撮影を規定した刑訴法218条2項のような場合のほか，次のような場合には，撮影される本人の同意がなく，また裁判官の令状がなくても，警察官による個人の容ぼう等の撮影が許容されるものと解すべきである。すなわち，現に犯罪が行なわれもしくは行なわれたのち間がないと認められる場合であつて，しかも証拠保全の必要性および緊急性があり，かつその撮影が一般的に許容される限度をこえない相当な方法をもつて行なわれるときである。このような場合に行なわれる警察官による写真撮影は，その対象の中に，犯人の容ぼう等のほか，犯人の身辺または被写体とされた物件の近くにいたためこれを除外できない状況にある第三者である個人の容ぼう等を含むことになつても，憲法13条，35条に違反しないものと解すべきである。

ここで，捜査のために令状なくして写真撮影が許される場合として挙げられたのは，

① 現に犯罪が行われもしくは行なわれたのち間がないと認められる場合
② 証拠保全の必要性及び緊急性がある場合
③ 撮影方法が相当である場合

です。

繰り返しになりますが，この場合に合憲性が問題になったのは，犯人の容ぼうのほか，第三者である個人の容ぼう等が撮影されることについてです。

もう一つ，注意しなければならないのは，この判決は，上記の①～③の要件を満たす場合にのみ写真撮影が許されるとしているのではなく，「次の**ような場合には許容される**」としている点です。「①～③の要件を満たさない限り捜査機関による承諾のない写真撮影は一切許されない。」と読むべきではないでしょう。このことは，犯罪現場で現に犯罪が行われている（又は行われた後間がない）場合以外の写真撮影の適法性を検討する場合に重要です。

実は，犯人（正確には実刑判決が確定した者ですが）及びそのそばにいた者の容ぼうをひそかに撮影することについては，「警察官が甲に対する収監の必要上，その人物確認の手段として，ひそかに甲と思われる人物の写真を撮影するに当り，これと同道していた乙および丙を分離して撮影することが困難であったため，乙および丙をも同時に撮影したとしても，その撮影行為は違法でなく，被撮影者らにおいて暴行をもって右警察官の反抗を抑圧して自己等の撮影されたフィルムの装填してある写真機を強取することは，刑法上許された行為ではない。」（最判昭38・7・9刑集17巻6号579頁）というものがあり，これが，甲の撮影は当然許されるとの前提での判断であることは明らかでしょう。

4 本件への当てはめ

さて，本判決は，このような写真撮影が許される場合を示した上で，具体的事案にこれを当てはめていきます。

まず，本件デモ行進の先頭集団が許可条件に違反しており，被告人がその最先頭に立って行進していたという事実を認定した上，次のとおり判示しています。

許可条件違反等の違法状況の視察，採証の職務に従事していた京都府山科警察署勤務の巡査秋月潔は，この状況を現認して，許可条件違反の事実ありと判断し，違

法な行進の状態および違反者を確認するため、木屋町通の東側歩道上から前記被告人の属する集団の先頭部分の行進状況を撮影したというのであり、その方法も、行進者に特別な受忍義務を負わせるようなものではなかったというのである。

　この具体的な判断は、本判例の判示事項ではありませんが、事実を摘示して規範を当てはめるという基本に忠実なものです。

5　この後の関連判例

　最近は、判例をデータベースで検索することが多くなりました。データベースには、判例に関する情報として、この判例を引用している裁判例（被引用判例）が挙げられているものがあります。「被引用判例」は、データベースを用いなくても、同様の判示事項のある判例を判例索引などで探すことによっても分かります。

　この被引用判例を調べて読むこともとても重要です。まず、学んだ判例がどのような事例に引用され、判断の基礎となっているかを知ることは、類似の事案を解決する場合の手助けになります。第2に、複数の被引用判例を読んでみると、繰り返し引用されるフレーズがあることに気づくでしょう。これを身につけることは、類似の事案を解決する文書を書くときに役立ちます。

　このような被引用判例を読んでみましょう。

（1）　最判昭61・2・14刑集40巻1号48頁

「速度違反車両の自動撮影を行う本件自動速度監視装置による運転者の容ぼうの写真撮影は、現に犯罪が行われている場合になされ、<u>犯罪の性質、態様からいつて緊急に証拠保全をする必要性があり、その方法も一般的に許容される限度を超えない相当なものである</u>から、憲法13条に違反せず、また、右写真撮影の際、運転者の近くにいるため除外できない状況にある同乗者の容ぼうを撮影することになっても、憲法13条、21条に違反しないことは、当裁判所昭和44年12月24日大法廷判決（刑集23巻12号1625頁）の趣旨に徴して明らかであるから、所論は理由がな（い）

（下線筆者）

　この判決も、昭和44年大法廷判決と同様に、被疑者以外の者の容ぼうが撮影されることが問題となっています。昭和44年大法廷判決がそのままあてはまる

（2） 最決平20・4・15判時2006号159頁

次のこの判例は，昭和44年大法廷判決の効力が及ぶ範囲（射程）を考えるのに重要です。

> 所論引用の各判例（最高裁昭和40年（あ）第1187号同44年12月24日大法廷判決・刑集23巻12号1625頁，最高裁昭和59年（あ）第1025号同61年2月14日第二小法廷判決・刑集40巻1号48頁）は，所論のいうように，警察官による人の容ぼう等の撮影が，現に犯罪が行われ又は行われた後間がないと認められる場合のほかは許されないという趣旨まで判示したものではない

昭和44年大法廷判決は，写真撮影が「許容される限度」として上記の要件を挙げていますから，素直に読むとこれ以外の写真撮影は許されないと解されるように思われ，そのような理解が多かったのです。しかし，昭和44年大法廷判決や昭和61年判決は犯人だけではなく，第三者の容ぼうが含まれる場合であり，「犯人の顔」だけの撮影は，これまでも，犯行現場以外における撮影であっても適法であると認めた裁判例がありました。

この決定は，昭和44年大法廷判決の趣旨を限定的にとらえています（「次のような場合には許される」という書き方の意味は前に述べたとおりです。**最決平16・7・12刑集58巻5号333頁**（おとり捜査）（3-5）で「少なくとも……の場合は適法である」と判示されているのと同様の趣旨ですね）。この点を明確にした本判例の影響は大きそうですね。

具体的にどのような写真（本件ではビデオ）撮影が行われ，どのような判断がなされたのでしょうか。事実関係は，是非，決定文を読んでほしいと思います。

> 捜査機関において被告人が犯人である疑いを持つ合理的な理由が存在していたものと認められ，かつ，前記各ビデオ撮影は，強盗殺人等事件の捜査に関し，防犯ビデオに写っていた人物の容ぼう，体型等と被告人の容ぼう，体型等との同一性の有無という犯人の特定のための重要な判断に必要な証拠資料を入手するため，これに必要な限度において，公道上を歩いている被告人の容ぼう等を撮影し，あるいは不特定多数の客が集まるパチンコ店内において被告人の容ぼう等を撮影したものであり，いずれも，通常，人が他人から容ぼう等を観察されること自体は受忍せざるを

> 得ない場所におけるものである。以上からすれば，これらのビデオ撮影は，<u>捜査目的を達成するため，必要な範囲において，かつ，相当な方法によって行われたもの</u>といえ，捜査活動として適法なものというべきである。(下線筆者)

　事件は，昭和44年大法廷判決の事件に比べて遙かに重大です。撮影されるのは犯人（の疑いのある者）の容ぼうに限られます。このような事実関係の違いを拾い上げて考えてみるとよいでしょう。
　必要性，相当性を判断するところは同じですね。この決定では，「通常，人が他人から容ぼう等を観察されること自体は受忍せざるを得ない場所」という撮影場所が適法性を判断するのに大きな要素になっているようです。昭和44年大法廷判決の事件当時（昭和37年）には想定できなかった程，街中に防犯ビデオカメラが設置されており，私たちは，それを安全な市民生活を維持するために必要やむを得ないものであると認めているでしょう。このような社会の変化も見逃せません。
　この判例では，「事案の重大性」が適法性の判断基準として挙げられていないところも注目すべきでしょう。通常，任意捜査の適法性を考えるときに，事案が重大かどうかはおおきな要素となっていますね。この事件も，極めて凶悪，重大な事件であったのに，最高裁は，これについて何も触れていません。敢えて触れていないのではないでしょうか。
　もっとも，判示された撮影方法を見ると，必ずしも，上の説明だけで十分なのか，やや引っかかるところがあります。
　この事件の写真（ビデオ）撮影は，「同年12月ころ，被告人宅近くに停車した捜査車両の中から，あるいは付近に借りたマンションの部屋から，公道上を歩いている被告人をビデオカメラで撮影した。」ものと，被告人が遊技していたパチンコ店において，店長に依頼し，店内の防犯カメラによって遊戯中の被告人を撮影した。」ものと，「同店内で警察官が小型カメラが仕込んである眼鏡をかけ，店内の被告人を撮影した。」ものがあります。通常の撮影であれば，特に問題はないでしょう。防犯カメラの倍率を上げて被告人を撮影するのも，パチンコ店という場所の性質を考えれば，客が受忍あるいは認容する範囲内であるといえるでしょう。しかし，一般に防犯カメラの倍率を上げて撮影したり，

第3章　任意捜査に関する判例

隠しカメラで撮影したりするのまで当然に許されると考えるのにはややためらいを覚えないでもありません。フェアでない印象がありますし，スパイもどきの高性能の小型カメラでの撮影が許されるのであれば，赤外線カメラなど，肉眼では確認できないデータを撮影することも認められることにならないでしょうか。「容ぼう等を他人に見られることを受忍せざるを得ない場所での撮影だ」ということが適法性を認める大きな要素になるのであれば，カメラの性能なども考えなければならないように思えます。

3-5　最決平16・7・12刑集58巻5号333頁

1　判示事項と決定要旨

おとり捜査に関する重要な判例です。

判示事項は，

〈1〉　おとり捜査の許容性
〈2〉　大麻の有償譲渡を企図していたと疑われる者を対象として行われたおとり捜査が適法とされた事例

です。

この判示事項について，決定要旨として掲げられたものは，

《1》　直接の被害者のいない薬物犯罪等の捜査において，通常の捜査方法のみでは当該犯罪の摘発が困難である場合に，機会があれば犯罪を行う意思があると疑われる者を対象におとり捜査を行うことは，刑訴法197条1項に基づく任意捜査として許容される。
《2》　大麻の有償譲渡を企図していたと疑われる者を対象として行われた本件おとり捜査（判文参照）は，麻薬取締官が取引の場所を準備し，大麻を買い受ける意向を示し，取引の場に大麻を持参するように仕向けたとしても，適法である。

です。実は，最高裁がおとり捜査について判断をするのはこれが初めてです。

したがって，この**判示事項〈1〉**はとても大切だということになります。

第 3 章　任意捜査に関する判例

2　おとり捜査の許容性

　判示事項として掲げられたのは，「おとり捜査の許容性」というかなり大きなものですが，実際の決定要旨は，薬物犯罪についてのものでした。
　要旨をまとめると，
　おとり捜査が許される場合は，
　　① 　対象犯罪が「直接の被害者のいない」ものであること
　　② 　通常の捜査方法のみでは摘発が困難であること
　　③ 　おとり捜査の対象者は「機会があれば犯罪を行う意思があると疑われる者」であること
であり，その法的性質は，刑訴法197条1項に基づく任意捜査であるということになります。
　特に，この決定は，「刑訴法197条1項に基づく任意捜査」ということを明言しています。このような判断のやりかたは，実は（1）の昭和51年決定以後であるといえますから，古い判例を読むときは注意しましょう。
　以上の決定要旨から読み取れる「おとり捜査の許容性」については，特に正確に理解しておく必要がありますが，判文を確認するともう少し理解が深まります。

3　決定文を確認する

　要旨と比べてもそれほど長文ではありません。
　まず，裁判所は，**おとり捜査の意義**を明確にします。この定義は正確に把握しましょう。正確な定義を理解しないで，その適法性の判断ができるはずはありません。

> おとり捜査は，捜査機関又はその依頼を受けた捜査協力者が，その身分や意図を相手方に秘して犯罪を実行するように働き掛け，相手方がこれに応じて犯罪の実行に出たところで現行犯逮捕等により検挙するものである

　それでは，このように定義されたおとり捜査が許される場合というのはどのような場合でしょうか。本決定は，次のように判示します。

> <u>少なくとも</u>，直接の被害者がいない薬物犯罪等の捜査において，通常の捜査方法のみでは当該犯罪の摘発が困難である場合に，機会があれば犯罪を行う意思があると疑われる者を対象におとり捜査を行うことは，刑訴法197条1項に基づく任意捜査として許容されるものと解すべきである。（下線筆者）

　要旨では省略されていましたが，判文には「少なくとも」という言葉があります。つまり，おとり捜査が許される場合は，上の①〜③の要件を満たす場合に限らないという含みがあります。この決定の事件は「大麻の有償譲渡」ですから，最高裁はその限度でおとり捜査の許容性を考えています。

　おとり捜査については，従来，「機会提供型」と「犯意誘発型」という区別をして，機会提供型のおとり捜査は許容されるが，犯意誘発型のおとり捜査は許されないとするのが通説的な見解でした。その旨を明言した下級審裁判例もありました。

　最高裁は，「機会があれば犯罪を行う意思があると疑われる」者に対するおとり捜査を認めたわけですから，「機会提供型」のおとり捜査を認めたものだと考えることもできるでしょう。しかし，最高裁があえて，従来のおとり捜査を2つのタイプにわけて検討するという考え方をとらず，「犯意を誘発したものではないから適法」という判断をしなかったことに注目すべきでしょう。判示事項2の事例判断で分かるように，この事件の捜査官は相当執拗な働きかけをしています。単に犯意を誘発したか否かという割り切り方が難しいのは，本件によってもわかります。

4 あてはめ（判示事項〈2〉）

　本件は，大麻の有償譲渡事件ですから，**判示事項〈1〉**に示された要件を満たすように見えます。しかし，裁判所は，おとり捜査の内容を詳細に認定します。

　まず，おとり捜査に至る経緯です。イラン人の被告人に恨みを抱いた捜査協力者が，麻薬取締事務所に被告人から大麻樹脂の買い手を紹介してくれるように依頼したことから，捜査が始まります。（(1)，(2) 省略）

(3) 被告人は，平成12年2月26日ころ，捜査協力者に対し，大麻樹脂の買手を紹介してくれるよう電話で依頼したところ，捜査協力者は，大阪であれば紹介できると答えた。被告人の上記電話があるまで，捜査協力者から被告人に対しては，大麻樹脂の取引に関する働き掛けはなかった。捜査協力者は，同月28日，近畿地区麻薬取締官事務所に対し，上記電話の内容を連絡した。同事務所では，捜査協力者の情報によっても，被告人の住居や立ち回り先，大麻樹脂の隠匿場所等を把握することができず，他の捜査手法によって証拠を収集し，被告人を検挙することが困難であったことから，おとり捜査を行うことを決めた。同月29日，同事務所の麻薬取締官と捜査協力者とで打合せを行い，翌3月1日に新大阪駅付近のホテルで捜査協力者が被告人に対し麻薬取締官を買手として紹介することを決め，同ホテルの一室を予約し，捜査協力者から被告人に対し同ホテルに来て買手に会うよう連絡した。

(4) 同年3月1日，麻薬取締官は，上記ホテルの一室で捜査協力者から紹介された被告人に対し，何が売買できるかを尋ねたところ，被告人は，今日は持参していないが，東京に来れば大麻樹脂を売ることができると答えた。麻薬取締官は，自分が東京に出向くことは断り，被告人の方で大阪に持って来れば大麻樹脂2kgを買い受ける意向を示した。そこで，被告人がいったん東京に戻って翌日に大麻樹脂を上記室内に持参し，改めて取引を行うことになった。その際，麻薬取締官は，東京・大阪間の交通費の負担を申し出たが，被告人は，ビジネスであるから自分の負担で東京から持参すると答えた。

(5) 同月2日，被告人は，東京から大麻樹脂約2kgを運び役に持たせて上記室内にこれを運び入れたところ，あらかじめ捜索差押許可状の発付を受けていた麻薬取締官の捜索を受け，現行犯逮捕された。

麻薬取締事務所の麻薬取締官が「特別司法警察職員」であることは分かりますね。ここでは，

① まず，捜査協力者が先に働きかけたのではなく，被告人からの働きかけによっておとり捜査が始まったことが指摘されています。「機会があれば犯罪を行う意思があると疑われる者」であることが明らかです。

② 次に，「通常の捜査方法にみでは当該犯罪の摘発が困難である」という事情があったことが認定されています。

これで，**判示事項**〈1〉に対する事実は摘示されたことになります。

第3章　任意捜査に関する判例

> 麻薬取締官において，捜査協力者からの情報によっても，被告人の住居や大麻樹脂の隠匿場所等を把握することができず，他の捜査手法によって証拠を収集し，被告人を検挙することが困難な状況にあり，一方，被告人は既に大麻樹脂の有償譲渡を企図して買手を求めていたのであるから（おとり捜査は適法である）。

　もっとも，最初の働きかけは被告人からなされたとはいえ，その後の麻薬取締官の働きかけはかなり強力です。東京で取引したいという被告人に対して，大阪で取引するように働きかけて決意させ，取引のための旅費の負担を申し出，取引場所であるホテルを準備しているのです。被告人にすれば，「だまされた」「はめられた」と思うに違いない展開です。被告人側は，上告審において，本件大麻樹脂の取引は麻薬取締官やその意を受けた捜査協力者から被告人に対し執ように働き掛けてきたもので，被告人は大麻樹脂の取引にかかわりたくないと考えていたものの，捜査協力者から大麻樹脂が用意できなければ自分の立場が危ないと懇請され，同人の頼みを断り切れずに大麻樹脂を調達したものであって，かかるおとり捜査は憲法13条及び31条に違反する旨主張しています。これについて，裁判所は，あっさりと次のように判示しています。

> 麻薬取締官が，取引の場所を準備し，被告人に対し大麻樹脂2kgを買受ける意向を示し，被告人が取引の場に大麻樹脂を持参するよう仕向けたとしても，おとり捜査として適法というべきである。

　外国から持ち込んだキログラム単位の大麻樹脂を売りさばこうとするのを防いだ事案です。犯罪の重大性，捜査によって未然に防止できた害悪の大きさを考えれば，この程度の積極的な働きかけが捜査機関からなされたとしても，許されないとは考えられないでしょう。この程度の積極的な働きかけ，関与があっても違法ではないという最高裁の判断は，今後類似のおとり捜査の適法性を判断する場合に，上手に利用する必要があります。

　この事例に比べて，それ以下，あるいは同じ程度の働きかけしかないと論じることができれば，適法性であるとの主張ができますし，この事例を超える働きかけがあることを指摘すれば，たとえ薬物犯罪等であって，通常の捜査方法で摘発が困難な事情があったとしても，違法なおとり捜査であるという主張も

検討に値することになります。事例をどのように判断していくかという問題の解決に当たっては，同様の問題について判断した最高裁の事実関係を理解しておき，それと比べて論じていけばよいのです。

3-6　最判昭53・6・20刑集32巻4号670頁（米子銀行強盗事件）

任意捜査ではありませんが，任意捜査の問題と同じ考え方ができる警職法上の**行政警察活動**についての判例も検討しておきましょう。

1　判示事項

所持品検査の根拠，要件（限界）を示した重要判例であるといわれています。

何を判示したのかは，「判例百選」のタイトルや教科書の記載に頼らず，面倒でも判例集の**判示事項**を確認しましょう。

この判決の判事事項は，

> 〈1〉　職務質問に付随して行う所持品検査の許容限度
> 〈2〉　職務質問に付随して行う所持品検査において許容される限度内の行為と認められた事例

とされています。

そこで，〈1〉は，「職務質問に付随して行う所持品検査」の適法性を考えるときに一般に用いることのできる基準であること，〈2〉は，それを具体的事実に当てはめたときにどう判断するのか（いわゆる「事例判断」）ということになります。

そうすると，〈1〉については，内容を正確に理解しておく必要があります。どのような事例を解決する場合にも，まずこの判例の理論が出発点になります。

〈2〉については，法的な命題をたてたときにこれを具体的事実にどのように当てはめていけばよいのか，を知る手がかりとなります。これは，他の事例問題に応用できますから，しっかり読みこなしていきましょう。

2　事実を読んでみよう

そこで，まず最高裁が摘示する事実関係を読みながら考えることにしましょ

第3章　任意捜査に関する判例

う。

> （1）岡山県総社警察署巡査部長大石益雄は，昭和46年7月23日午後2時過ぎ，同県警察本部指令室からの無線により，米子市内において猟銃とナイフを所持した4人組による銀行強盗事件が発生し，犯人は銀行から600万円余を強奪して逃走中であることを知った
> （2）同日午後10時30分ころ，2人の学生風の男が同県吉備郡昭和町日羽附近をうろついていたという情報がもたらされ，これを受けた大石巡査部長は，同日午後11時ころから，同署員の赤沢勇巡査長ら4名を指揮して，総社市門田のマツダオート総社営業所前の国道三叉路において緊急配備につき検問を行った

　古い判例なので，人名や地名も省略されていませんから，地図を見て地理的な関係を把握することもできますね。
　ここまでの事実関係で，刑訴法・警職法の復習をしてみましょう。
　　★自動車検問とは何か。どのような種類があるか。それぞれの法的根拠はどこにあるか。
　　★本件緊急配備検問は適法か。
などが考えられますね。
　さて，事実を続けて読んでいきましょう。

> （3）翌24日午前零時ころ，タクシーの運転手から，「伯備線広瀬駅附近で若い2人連れの男から乗車を求められたが乗せなかった。後続の白い車に乗ったかもしれない。」という通報があり，間もなく同日午前零時10分ころ，その方向から来た白い乗用車に運転者のほか手配人相のうちの2人に似た若い男が2人（被告人と近藤有司）乗っていたので，職務質問を始めたが，その乗用車の後部座席にアタッシュケースとボーリングバッグがあった

　職務質問が開始されています。被告人と近藤については分かりますが，白い車の運転手はどのような対応をしたのでしょうね。ちょっと気になったら，1審判決や原審判決の該当部分を確認してみましょう。1審判決も原判決も長いのですが，必要な部分だけ拾い読みするというのも判例を学ぶのに有効です。

> （事実関係の補充：白い乗用車の運転者は停止を求められて任意に停止し，免許

証を提示し，質問に答えた）

さてここまでの事実関係による復習は，
　　★本件車両停止措置は適法か
　　★運転者及び同乗者への職務質問は適法か
　　★車内にアタッシュケースとボーリングバッグを発見したのに問題はないか。
などが考えられます。

（4）右運転者の供述から被告人と近藤とを前記広瀬駅附近で乗せ倉敷に向う途中であることがわかったが，被告人と近藤とは職務質問に対し黙秘したので容疑を深めた警察官らは，前記営業所内の事務所を借り受け，両名を強く促して下車させ事務所内に連れて行き，住所，氏名を質問したが返答を拒まれたので，持っていたアタッシュケースとボーリングバッグの開披を求めたが，両名にこれを拒否され，その後30分くらい，警察官らは両名に対し繰り返し右バッグとケースの開披を要求し，両名はこれを拒み続けるという状況が続いた

さて，職務質問が続き，その後「営業所」に不審な2人を同行しています。

最高裁が示したこの事実は，その後の所持品検査についての判断の前提としての「いきさつ」に過ぎないので，あっさり記載されていますが，「事務所に連れて行った」のがどのような状況だったのかは，1審・原審判決によって少し補充してみた方がわかりやすいでしょう。

（事実関係の補充：両名は乗用車から降りることを拒否したが，警察官らに強く促されて，まず被告人がボーリングバッグとアタッシュケースを抱え3人位の警察官に囲まれるようにして右事務所にはいり，やや遅れて近藤が数人の警察官に引張られるようにして右事務所にはいった。）

このように具体的な事実を補充すると少しリアルに感じられるでしょう。車から降りるのを拒む被告人らが「強く促され」，数人の警察官に「囲まれるように」あるいは「引っ張られるようにして」事務所に連れて行かれているのです。

補充した事実関係を踏まえて，
　　★　営業所に同行を求めた根拠はどこにあるか。この同行は適法か。
　　★　所持品の開披を要求することはできるか。その根拠はどこにあるか。

第3章　任意捜査に関する判例

を検討してください。

> （5）同日午前零時45分ころ，容疑を一層深めた警察官らは，継続して質問を続ける必要があると判断し，被告人については3人くらいの警察官が取り囲み，近藤については数人の警察官が引張るようにして右事務所を連れ出し，警察用自動車に乗車させて総社警察署に同行したうえ，同署において，引き続いて，大石巡査部長らが被告人を質問し，赤沢巡査長らが近藤を質問したが，両名は依然として黙秘を続けた

　この「同行」の態様は，自動車から事務所までの同行の態様として1審・原審が認定した態様に等しいですね。念のため1審・原審をみるとこの部分は事実認定に争いのあったところであることが分かります。

> （事実関係の補充：1審認定事実～警察官は，両名に対し総社署への同行を求めた。両名はこれを拒否した。警察官らは，被告人の両腕を持って事務所から出し，無理やり警察の車に乗せ，ボーリングバッグとアタッシュケースを抱え，ふん張るようにして抵抗している近藤も数人で持ち上げるようにして事務所から出し，無理やり別の警察の車に乗せ，総社署に同行した。）

　そこで，1審はこの同行は違法だとしています。これに対して，原審は，

> （事実関係の補充：2審認定事実～被告人ら両名を右事務所から連れ出す際に加えられた実力は，同人らが右事務所内に同行を求められた際に加えられた実力行使の態様として原判決が認定したのと同じ程度の，すなわち，被告人については3人位の警察官が取り囲み，近藤については数人の警察官が引張るようにして連れ出したという程度のものであったと認めるのが相当である。）

と認定し，したがって，同行の違法性を否定したのです。

　事務所への同行と異なり，警察車両に同乗させての同行ですから，同じ有形力の行使の程度であったとしても，実質的には逮捕により近づくと考えられますが，高裁・最高裁は，数人がかりで取り囲んだり引っ張るようにして警察車両に同乗させての連行を特に問題にしませんでした。このような形態の同行の適法性が問題となる事例は，よくありますから，参考になるところです。ただし，この判決の判断は猟銃を用いた銀行強盗事件の犯人であることが強く疑わ

れる場合の判断であることに留意しましょう。

ここでは，任意同行の適法性の判断について復習しておきましょう。

さて，つづいて総社警察署での職務質問と所持品検査です。

> （6）赤沢巡査長は，右質問の過程で，近藤に対してボーリングバッグとアタッシュケースを開けるよう何回も求めたが，近藤がこれを拒み続けたので，同日午前1時40分ころ，近藤の承諾のないまま，その場にあったボーリングバッグのチャックを開けると大量の紙幣が無造作にはいっているのが見え，引き続いてアタッシュケースを開けようとしたが鍵の部分が開かず，ドライバーを差し込んで右部分をこじ開けると中に大量の紙幣がはいっており，被害銀行の帯封のしてある札束も見えた

ここが本判決の判示事項に関する部分です。ボーリングバッグの開披とアタッシュケースの開披は少し態様が違うことに気づきますね。

このような事実の違いには，是非注目してください。もし開披の態様が異ならず，開披の適法性の判断も変わらないのであれば，単純に「ボーリングバッグ及びアタッシュケースを開けた」と書くはずです。いろいろな事例問題や具体的事件に直面したときに気をつけるべきところです。

さて，この開披の適法性の判断は，最高裁の判決を読むことにして，その先の事実を確認しておきましょう。

> （7）そこで，赤沢巡査長は近藤を強盗被疑事件で緊急逮捕し，その場でボーリングバッグ，アタッシュケース，帯封一枚，現金等を差し押えた
> （8）大石巡査部長は，大量の札束が発見されたことの連絡を受け，職務質問中の被告人を同じく強盗被疑事件で緊急逮捕した

緊急逮捕と逮捕に伴う捜索差押えですね。

これも，根拠条文，要件を確認しておきましょう。

3　弁護人の主張

このような一連の事実を前提にして1審弁護人はどのように主張を組み立てたのでしょうか。1審弁護人は，まず，被告人及び近藤は警察官によりマツダ

オート総社営業所事務所内で身柄を拘束され総社署に強制連行されたものであって，これは実質的には違法な逮捕であると主張しました。そして，仮りに被告人及び近藤の身柄拘束が違法でないとしても，承諾なしに所持品であるボーリングバッグ及びアタッシュケースを開披した行為は違法である，したがって，差し押さえは違法であって差し押さえられた物に証拠能力は認められないと主張したのです。最高裁は，この判決後まもなく，違法収集証拠に証拠能力が認められない場合があることを認めています（**最判昭53・9・7刑集32巻6号1672頁**）。1審裁判所は，総社警察署への連行や所持品検査の一部が違法だとしましたが，証拠能力を否定することなく被告人らを有罪としています。

4　最高裁の結論

どのような事件だったのかは，1審・原審判決に現れた事実をも補充して理解できたと思います。そこで，最高裁がどのように判示しているのかを順次読みながら理解していきましょう。

（1）判示事項　1

法律論の展開の道筋のよく分かる判決です。

① まず，**所持品検査**の根拠が述べられます。

> 警職法は，その2条1項において同項所定の者を停止させて質問することができると規定するのみで，所持品の検査については明文の規定を設けていないが，所持品の検査は，口頭による質問と密接に関連し，かつ，職務質問の効果をあげるうえで必要性，有効性の認められる行為であるから，同条項による職務質問に附随してこれを行うことができる場合があると解するのが，相当である。

「何らかの犯罪を犯した……」などと疑われる本人の挙動や周囲の状況（警職法2条1項）には，当然被質問者の所持品が含まれますし，「何を持っているのか」と質問するのも当然です。質問できるなら，「見せてくれ」というのもまた当然といえましょう。したがって，職務質問に付随して所持品を検査できるというのは，当たり前のことをいっているように見えます。

実は，警職法に明文の規定がない以上，所持品検査は許されないという解釈があったのです。警職法は，昭和23年に制定されたのですが，一度大きな改正

案が国会に上程されたことがあります。この改正案には，所持品検査を認める規定が盛り込まれていました。ところが，この改正案が警察官の権限を拡大することを懸念する野党の反対にあって成立しなかったことから，改正案の反対解釈として「所持品検査を認めるためには明文の規定が必要である」という考えが有力に存在したのです。本判決は，そのような見解を否定して，所持品検査の法的な根拠を明らかにしたのです。

② 続いて，最高裁は，所持品検査の方法についての原則を述べます。

> 所持品検査は，任意手段である職務質問の附随行為として許容されるのであるから，所持人の承諾を得て，その限定においてこれを行うのが原則であることはいうまでもない。

内容は，当然のことですね。しかし，この事案を解決するには，きちんと原則を述べて確認する必要があるのです。まず，原則を述べる，続いて，例外を考えるという論述の組み立て方を身につけましょう。

人間の行動は千差万別です。したがって例外はあるものです。

③ そこで，承諾を得ないで行う所持品検査という「例外」を考えます。

> しかしながら，職務質問ないし所持品検査は，犯罪の予防，鎮圧等を目的とする行政警察上の作用であって，流動する各般の警察事象に対応して迅速適正にこれを処理すべき行政警察の責務にかんがみるときは，所持人の承諾のない限り所持品検査は一切許容されないと解するのは相当でなく，捜索に至らない程度の行為は，強制にわたらない限り，所持品検査においても許容される場合があると解すべきである。

「捜索に至らない程度の行為」は「強制にわたらない限り」というのは，ちょっと同義語の反復のように見えます。捜索に至れば，強制であることは当然ですし，わざわざ「捜索に至らない」と考えながら，それが強制にわたっているというのも考えられないように思えます。要は，「捜索」と評価されるものは所持品検査としては許される余地はないということなのでしょう。「刑事訴訟に関する法律の規定によらない限り，身柄を拘束され，又はその意に反して警察署，派出所若しくは駐在所に連行され，若しくは答弁を強要されることは

ない。」という警職法2条3項を捜索にあてはめた判示といえます。

④　このように、承諾を得ないで行う所持品検査が許される場合があることを示しながら、その許容限度を示したのが最後のパラグラフです。

> もっとも、所持品検査には種々の態様のものがあるので、その許容限度を一般的に定めることは困難であるが、所持品について捜索及び押収を受けることのない権利は憲法35条の保障するところであり、捜索に至らない程度の行為であってもこれを受ける者の権利を害するものであるから、状況のいかんを問わず常にかかる行為が許容されるものと解すべきでないことはもちろんであって、かかる行為は、限定的な場合において、所持品検査の必要性、緊急性、これによって害される個人の法益と保護されるべき公共の利益との権衡などを考慮し、具体的状況のもとで相当と認められる限度においてのみ、許容されるものと解すべきである。

これも公権力の行使が謙抑的でなければならないという**警察比例の原則**から当然のことをいっているといえます。

「任意か強制か」という境界線を考え、次に、任意の枠内でも、必要性・緊急性を考慮して相当な限度でなければ認めないという論理は、「任意捜査における有形力の行使の限度」を判示した昭和51年3月26日決定と同じ構造ですね。

このような論述の組み立てが自然にできるようになるのが目標です。

（2）判示事項 2

この①～④をきちんと理解できれば、①～④の枠組みに具体的な事実を当てはめていけばよいことになります。これが、判示事項2です。ですから、判示事項2は、これから、私たちが具体的な事案に直面したときの解決の手引きのようなものといえますね。

判決は、まず、ボーリングバッグの開披について検討します。

> 所論の赤沢巡査長の行為は、猟銃及び登山用ナイフを使用しての銀行強盗という重大な犯罪が発生し犯人の検挙が緊急の警察責務とされていた状況の下において、深夜に検問の現場を通りかかった近藤及び被告人の両名が、右犯人としての濃厚な容疑が存在し、かつ、兇器を所持している疑いもあったのに、警察官の職務質問に対し黙秘したうえ再三にわたる所持品の開披要求を拒否するなどの不審な挙動をとり続けたため、右両名の容疑を確める緊急の必要上されたものであって、所持品検

査の緊急性，必要性が強かつた反面，所持品検査の態様は携行中の所持品であるバッグの施錠されていないチャックを開披し内部を一べつしたにすぎないものであるから，これによる法益の侵害はさほど大きいものではなく，上述の経過に照らせば相当と認めうる行為であるから，これを警職法2条1項の職務質問に附随する行為として許容される

（1）の④にそのまま事実を当てはめていることが分かります。
　次は，アタッシュケースの開披です。原判決は，アタッシュケースをこじ開けたことについて，

職務質問に附随する所持品検査としての許容限度を逸脱し，刑訴法上の捜索と目すべき態様の行為により発見されたものであり，それが令状なくして行われた点に問題があることは否み難い

と判示しました。そこで，上告審では，原審が，アタッシュケースのこじ開けを違法としながら，アタッシュケース及び在中品の証拠能力を認めたのが憲法31条，35条に反すると主張されたのです。最高裁は，

しかし，前記ボーリングバッグの適法な開披によりすでに近藤有司を緊急逮捕することができるだけの要件が整い，しかも極めて接着した時間内にその現場で緊急逮捕手続が行われている本件においては，所論アタッシュケースをこじ開けた警察官の行為は，近藤を逮捕する目的で緊急逮捕手続に先行して逮捕の現場で時間的に接着してされた捜索手続と同一視しうるものであるから，アタッシュケース及び在中していた帯封の証拠能力はこれを排除すべきものとは認められ（ない）（下線筆者）

と判示しました。
　つまり，アタッシュケースのこじ開けは，所持品検査としては，「捜索」に至っていて違法だという原審の判断を認容した上，その違法が証拠能力に影響するかどうかを考えているのです。
　確かに，アタッシュケースをこじ開けたのは，所持品検査としては違法でしょう。強制処分である捜索であれば，捜索に必要な処分（112条）として認められます。この場合は，令状もないし，「被疑者を逮捕するに当たって」とい

う無令状捜索の要件もないようです。

　しかし，アタッシュケースの開披前，ボーリングバッグを開披した時点で，既に緊急逮捕の要件が備わったと考えられます。その時点で逮捕手続きがとられていれば，アタッシュケースの開披は，逮捕に伴う捜索として当然認められるのです。そこで，最高裁は，開披（捜索のため必要な処分）前に逮捕の要件が備わり，しかも，開披直後，同じ場所で逮捕手続きが行われているという前後の事情をみて逮捕の現場の捜索と「同一視」できるとしました。

　机上で考えると，逮捕に伴う捜索が逮捕に先立って行われるというのはおかしい，逮捕と同時か逮捕後に行うべきだということになりそうです。しかし，本件の捜査官は，念を入れてアタッシュケースを開披して確かめようとしたのでしょう。また，猟銃銀行強盗という大事件の犯人を目の前にして，ボーリングバッグを開けてようやく「動かぬ証拠」を見つけた捜査官が「やっぱり犯人に間違いなかった」として，引き続きもう一つの所持品もあけようとするのも，また自然な動きといえるでしょう。ボーリングバッグを開けた時点で，捜査官が冷静に逮捕手続きをとればアタッシュケースの開披は適法，アタッシュケースを開けてしまったら違法というのも，あまりに形式的で不自然です。

　この判決のように，一連の手続きを分解せず全体として考察するというのは，とても大切なことです。「同一視」という考え方もいろいろな事例に応用できそうですね。

　こうして判決文を注意深く読んでいくと，この判例は，単に所持品検査に関する判例というだけではなく，令状によらない捜索差押えの問題を解決するのに参考になる判例だということが分かります。

　この判決が引用する昭和36年6月7日の大法廷判決は，逮捕に伴う捜索の問題を考えるのには重要な判例なので，改めて読むことにしましょう。

3-7　最判昭61・4・25刑集40巻3号215頁

1　判示事項と判決要旨

尿の提出及び押収手続きは違法性を帯びるが尿についての鑑定書の証拠能力は

否定されないとした事例

という判示事項です。違法収集証拠の排除を巡る事例（11-8参照）ということになりますが，このような事例では，むしろ，捜査手続の適法性についての判断が重要です。

判決要旨は，

> 覚せい剤使用事犯の捜査に当たり，警察官が被疑者宅診室内に承諾なしに立ち入り，また明確な承諾のないまま同人を警察署に任意同行した上，退去の申し出にも応ぜず，同署に留め置くなど，任意捜査の遺棄を逸脱した一連の手続きに引き続いて尿の提出，押収が行われた場合には，その採尿手続きは違法性を帯びるものと評価せざるを得ないが，被疑者に対し警察署にとどまることを強要するような警察官の言動はなく，また，尿の提出自体はなんらの強制も加えられることなく，任意の承諾に基づいて行われているなどの本件事情の下では（判文参照），その違法の程度はいまだ重大であるとはいえず，右尿についての鑑定書の証拠能力は否定されない。

というものですから，任意捜査のうち，任意同行の限界に関する重要な事例判断であることが分かります。

主文は「破棄差戻し」です。原判決は，任意同行を違法とした上，尿の鑑定書の証拠能力を否定し，被告人を無罪としたのです。

このような判例では，摘示された事実を丁寧に読むことが大切です。「事例問題」を解いたり，実際の事件に直面したときに役立ちます。

2 事実の経過

この判決では，事実関係がまとめて示されていますから，これを読んで，自分ならどのように判断するか，どのように判決理由を書くか，を考えてみるとよい勉強になるでしょう。

> 奈良県生駒警察署防犯係の係長巡査部長中嶋忠彦，巡査部長小出雅康，巡査内浦俊雄の3名は，複数の協力者から覚せい剤事犯の前科のある被告人が再び覚せい剤を使用しているとの情報を得たため，昭和59年4月11日午前9時30分ころ，いずれも私服で警察用自動車（ライトバン）を使つて，生駒市内の被告人宅に赴き，門扉

を開けて玄関先に行き，引戸を開けずに「吉川さん，警察の者です」と呼びかけ，更に引戸を半開きにして「生駒署の者ですが，一寸尋ねたいことがあるので，上ってもよろしいか」と声をかけ，それに対し被告人の明確な承諾があったとは認められないにもかかわらず，屋内に上がり，被告人のいた奥八畳の間に入った。右警察官3名は，ベッドで目を閉じて横になっていた被告人の枕許に立ち，中嶋巡査部長が「吉川さん」と声をかけて左肩を軽く叩くと，被告人が目を開けたので，同巡査部長は同行を求めたところ，金融屋の取立てだろうと認識したと窺える被告人は，「わしも大阪に行く用事があるから一緒に行こう」と言い，着替えを始めたので，警察官3名は，玄関先で待ち，出てきた被告人を停めていた前記自動車の運転席後方の後部座席に乗車させ，その隣席及び助手席にそれぞれ小出，中嶋両巡査部長が乗車し，内浦巡査が運転して，午前9時40分ころ被告人宅を出発した。被告人は，車中で同行しているのは警察官達ではないかと考えたが，反抗することもなく，一行は，午前9時50分ころ生駒警察署に着いた。午前10時ころから右警察署2階防犯係室内の補導室において，小出巡査部長は被告人から事情聴取を行つたが，被告人は，午前11時ころ本件覚せい剤使用の事実を認め，午前11時30分ころ右巡査部長の求めに応じて採尿してそれを提出し，腕の注射痕も見せた。被告人は，警察署に着いてから右採尿の前と後の少なくとも2回，小出巡査部長に対し，持参の受験票を示すなどして，午後1時半までに大阪市鶴見区のタクシー近代化センターに行ってタクシー乗務員になるための地理試験を受けることになっている旨申し出たが，同巡査部長は，最初の申し出については返事をせず，尿提出後の申し出に対しては，「尿検の結果が出るまでおったらどうや」と言って応じなかった。午後2時30分ころ尿の鑑定結果について電話回答があったことから，逮捕状請求の手続がとられ，逮捕状の発付を得て，小出巡査部長が午後5時2分被告人を逮捕した。

　判決は，続いて原判決の判断を示していますが，これは省略します。余裕があったら，原判決も読んでおきましょう。

３　裁判所の判断

　さて最高裁は，この一連の手続についてどのように判断したのでしょうか。
　まず，この一連の捜査手続とその結果得られた鑑定書の証拠能力について，どのように考えるべきかという原則を述べます。

第3章　任意捜査に関する判例

> 　本件においては，①被告人宅への立ち入り，同所からの任意同行及び警察署への留め置きの一連の手続と採尿手続は，被告人に対する覚せい剤事犯の捜査という<u>同一目的に向けられたものであるうえ，採尿手続は右一連の手続によりもたらされた状態を直接利用してなされている</u>ことにかんがみると，右採尿手続の適法違法については，採尿手続前の右一連の手続における違法の有無，程度をも十分考慮してこれを判断するのが相当である。②そして，そのような判断の結果，採尿手続が違法であると認められる場合でも，それをもって直ちに採取された尿の鑑定書の証拠能力が否定されると解すべきではなく，その違法の程度が令状主義の精神を没却するような重大なものであり，右鑑定書を証拠として許容することが，将来における違法な捜査の抑制の見地からして相当でないと認められるときに，右鑑定書の証拠能力が否定されるというべきである。(①，②及び下線は筆者)

　まず，①です。本件では採尿自体は任意になされたようですから，それだけを切り離せば，問題はないように見えます。しかし，採尿手続きだけが独立に行われたわけではなく，当日朝警察官が被告人宅に赴いてから採尿までは一連の手続きであることから，その全体を考えて適法・違法の判断をすべきだというのですね。この点は，とても大切です。

　そして，そのように一連の手続きとして違法であると判断された場合に，その結果得られた証拠を排除すべきかどうかについては，昭和53年９月７日判決を引用しています。

　ここに引用された「令状主義の……」という証拠排除の基準はたくさんの判例に繰り返し引用されていますね。このような部分はきちんと覚えておきましょう。

　さて，そこで，これを本件に当てはめる判断に入ります。

> 　以上の見地から本件をみると，①採尿手続前に行われた前記一連の手続には，被告人宅の寝室まで承諾なく立ち入っていること，被告人宅からの任意同行に際して明確な承諾を得ていないこと，被告人の退去の申し出に応ぜず警察署に留め置いたことなど，任意捜査の域を逸脱した違法な点が存することを考慮すると，これに引き続いて行われた本件採尿手続も違法性を帯びるものと評価せざるを得ない。②しかし，被告人宅への立ち入りに際し警察官は当初から無断で入る意図はなく，玄関先で声をかけるなど被告人の承諾を求める行為に出ていること，任意同行に際して

111

第3章　任意捜査に関する判例

> 警察官により何ら有形力は行使されておらず，途中で警察官と気付いた後も被告人は異議を述べることなく同行に応じていること，警察官において被告人の受験の申し出に応答しなかったことはあるものの，それ以上に警察署に留まることを強要するような言動はしていないこと，さらに，採尿手続自体は，何らの強制も加えられることなく，被告人の自由な意思での応諾に基づき行われていることなどの事情が認められるのであって，③これらの点に徴すると，本件採尿手続の帯有する違法の程度は，いまだ重大であるとはいえず，本件尿の鑑定書を被告人の罪証に供することが，違法捜査抑制の見地から相当でないとは認められないから，本件尿の鑑定書の証拠能力は否定されるべきではない。(①～③筆者)

　①違法の方向に働く事実，②違法を弱める方向に働く事実をあげて，③これらを総合した評価をする，というものですね。「事実を摘示して論ずる」見本のような判示です。

4 　反対の考え方

　この判決には，島谷裁判官の反対意見があります。
　事実関係を見ると，多数意見にも示されているように，寝ていた被告人の家に警察官が立ち入って被告人を警察署に連行するというもので，かなり違法性が強いように思われます。事実を見て，これは重大な違法であり，得られた証拠の証拠能力も否定すべきだと考えた人も多いでしょう。島谷反対意見は，そのような立場の論述例です。

> 本件では，警察官らの被告人宅への立ち入り，警察署への任意同行及び同所での留め置きの点に違法がある。すなわち，第1に，被告人宅への立ち入りの点は，警察官らが被告人の承諾を得ないままその家に上がり，奥八畳間まで入って寝ていた被告人の枕許に立ち，被告人の肩を叩いて起床させたというのであるから，それは住居の不可侵の権利を侵し，私生活の平穏を害することはなはだしい行為である。第2に，警察署への同行の点は，警察官の身分と要件を明らかにしたうえで被告人の承諾を得たものでなく，起床したばかりの被告人が，枕許に立つ私服の警察官らを見て，取り立てに来た金融屋だと考え，自分も大阪へ行く用があるからと言って，警察官らの車に乗り込んだ疑いが濃いものであって，警察への同行を求められてこれに応じたものではなく，任意同行とは到底評価し得ないものである。第3の警察

署に留め置いた点は，同日午後に行われるタクシー乗務員となるための試験の受験の申し出を無視して取調べを続行したというものであり，任意の取調べにおいては，警察官としては被取調者からの理由ある退去の要求は尊重し，それなりの対応をすべきであって，それを無視してよいものではなく，本件での警察官の所為は，退去の自由を認める任意の取調べの原則に悖るものとの非難を免れることはできない。そして，この留め置きの間に採尿が行われたのである。

多数意見は，このような本件採尿までの手続及び採尿手続を違法であると評価はするのであるが，その結果得られた尿の鑑定書の証拠能力は否定すべきものではないとする。しかし，私はそのようには考えない。採尿に至るまでの経過に徴すると，本件警察官らの行為の違法性はまことに重大であって，それによって得られた証拠の証拠能力を肯定することは，このような違法な捜査を容認する結果になると思料する。

とくに，警察官らが被告人の明確な承諾なしにその住居に立ち入った点は，重大である。警察官らは被告人の任意同行を求めるつもりで被告人宅に赴いたのであろうが，警察官らが赴いた午前9時半ころには，まだ被告人は就床中であった。警察官らははじめは屋外から声をかけたが，これに対する応答がないまま住居に入り，被告人の寝室にまで立ち入ったのである。しかし，一応声はかけてあるのだから，応答がなくとも，私人の住居に立ち入ってよい，というものではない。居住者の明確な承諾を得ることなく，警察官が私人の住居に入り込むことは，許されない。これは憲法35条の明白な違反である。いかに捜査の必要があるといっても，警察官としてはそのような行動をとるべきでなく，被告人に任意同行を求めるのであるならば，それに相応した慎重な行動がなされるべきである。本件における警察官らの行動は，令状なしに私人の住居へ入るという重大な違法性を帯びているものである。しかも，その後の警察署への同行は任意同行といえないものであること，及び警察署への留め置きが違法であることは，前述のとおりである。このような状況においてなされた採尿は，それだけを切り離して評価すべきものではなく，被告人宅への立ち入り以降の一連の手続とともに全体として評価すべきものである。そして，全体として評価するとき，これらの手続には令状主義の精神を没却するような重大な違法があるといわざるを得ず，右の鑑定書を証拠として許容することは，違法な捜査の抑制の見地から相当でなく，その証拠能力は否定されるべきである。

第3章　任意捜査に関する判例

3-8　最決昭55・9・22刑集34巻5巻272頁

1　何が問題となったのか

　いわゆる**交通検問**が認められるかどうかが問題となった事例で，刑訴法の「任意捜査」に関する問題ではありませんが，警察活動の適法性を考えるのに重要な判例であり，捜査の適法性を検討するのにも参考になります。

　自動車に衝突の痕跡があったり，蛇行運転をするなど，外観に不審な状況がある自動車を停止させるのは，警職法2条の職務質問のための停止として認められます。

　しかし，飲酒運転等を検挙するために走行中の自動車を無差別に停止させるいわゆる**一斉検問**はどのような根拠で認められるのでしょうか。

　一斉検問，すなわち，外観に異常のない走行中の自動車に停止を求めることを認める明文の規定はありません。そこで，一斉検問で停止を求められて飲酒運転が発覚した被告人が，一斉検問は法的根拠を欠き違法であると主張したのに対する判断です。

2　裁判所の判断

　最高裁は次のように述べて，一斉検問を認めました。

　なお，所論にかんがみ職権によつて本件自動車検問の適否について判断する。警察法2条1項が「交通の取締」を警察の責務として定めていることに照らすと，交通の安全及び交通秩序の維持などに必要な警察の諸活動は，強制力を伴わない任意手段による限り，一般的に許容されるべきものであるが，それが国民の権利，自由の干渉にわたるおそれのある事項にかかわる場合には，任意手段によるからといつて無制限に許されるべきものでないことも同条2項及び警察官職務執行法1条などの趣旨にかんがみ明らかである。しかしながら，自動車の運転者は，公道において自動車を利用することを許されていることに伴う当然の負担として，合理的に必要な限度で行われる交通の取締に協力すべきものであること，その他現時における交通違反，交通事故の状況などをも考慮すると，警察官が，交通取締の一環として交通違反の多発する地域等の適当な場所において，交通違反の予防，検挙のための自動車検問を実施し，同所を通過する自動車に対して走行の外観上の不審な点の有無

にかかわりなく短時分の停止を求めて，運転者などに対し必要な事項についての質問などをすることは，それが相手方の任意の協力を求める形で行われ，自動車の利用者の自由を不当に制約することにならない方法，態様で行われる限り，適法なものと解すべきである。

　長い文章ですね。このくらい長い文章が正確に書けるというのも法律実務家に求められる文章力といえるでしょうが，内容を理解するには，少し分解して考えてみましょう。
　この判示は，
　　　　交通の取締は警察の責務として定められている
　　　　　　　↓
　　　　したがって，交通の取締のためには任意手段による限り原則として許容される
　　　　　　　↓
　　　　国民の権利，自由の干渉にわたるおそれがある場合には一定の制限を受ける
　　　　　　　↓
　　　　では，一斉検問は許されるか
　　　　　　　↓
　　　　公道の利用に伴う当然の負担として合理的・必要な限度であれば，許される
　　　　　　　↓
　　　　必要性：交通違反，交通事故の状況
　　　　合理性：適当な場所，短時間の停止，自動車利用者の自由を不当に制約する
　　　　　　　　ことにならない方法・態様

という論理の流れですね。一つの文章で書く必要はありませんが，このような論理の流れをはっきり示すことのできる文が書けるとよいですね。
　一斉検問の根拠については，警職法2条や刑訴法197条などを根拠とする考え方もありましたが，最高裁は，ストレートに警察法2条1項から要件を導き出したのです。問題となる処分（もちろんあくまで任意の処分に限られますが）が，警職法や刑訴法に根拠規定が見あたらなくても認められるかどうかを考える場合の一つのヒントになります。

第4章　捜索差押えに関する判例

4-1　最(大)決昭33・7・29刑集12巻12号2776頁

1　どのような裁判なのか

　捜索差押えについての大法廷の判断です。

　なぜ，決定なのでしょうか。これは，捜索差押許可裁判に対する準抗告申立棄却決定に対する特別抗告事件なのです。準抗告，特別抗告についても，条文を確認して復習しておきましょう。どういう場合にどの手続によって争えるかをきちんと理解していなければ，一人前の法律実務家とはいえないでしょう。理解しているつもりでも，繰り返し条文を確認し，「もし，この事件の弁護人だったら，何をするか，何を書くか」を考える，書いてみることが大切です。

　刑事事件が大法廷に回る例は少ないですから，この事件がなぜ，大法廷なのかも復習しましょう。

2　判示事項と決定要旨

　さて，大法廷は何を判断したのでしょうか。判示事項は，とてもシンプルです。

> 憲法35条と捜索押収許可状の記載事項

です。刑訴法の解釈ではなく，憲法35条の「捜索する場所及び押収する物を明示する令状」とは何か，を判示したものなのです。

　この点についての決定要旨は，

> 憲法35条は，捜索，押収については，その令状に捜索する場所および押収すべき物を明示することを要求しているにとどまり，その令状が正当な理由に基づいて発せられたことを明示することまでは要求していないものと解すべく，捜索差押許可状に被疑事件の罪名を，適用法条を示して記載することは憲法の要求するところで

> はない。

です。

　憲法35条が要求しているのは，「正当な理由に基づいて発せられ，且つ捜索する場所及び押収する物を明示する令状」ですから，正当な理由に基づくか否か，被疑事実は何か，罪名・適用法条の記載が憲法の要求とはいえないということは，文言上明らかであるともいえます。

　これは，憲法解釈ですが，この判例を学ぶときには，この憲法の要請を受けて刑訴法が捜索差押許可状の記載事項についてどのように定めているか確認しておきましょう。請求書の記載事項はどうでしょうか。さらに，規則にはこれに関する規定があるでしょうか。

　刑訴法は，法律でなければ定められない重要なことがらだけを法で定め，後はできるだけ規則にゆだねるという方針で作られています。司法権が独立しており，その結果，裁判所に規則制定権を認めるのですから，訴訟のやり方については裁判所に任せるべきなのです。したがって，手続きの詳細については，必ず刑訴規則を確認する癖をつけましょう。

③　この決定が他に判断していることがらはないか

　このような憲法解釈だけなら，この事件の具体的な事実関係まで調べる必要はなさそうです。刑訴法が憲法に反していないことを確認しているだけです。

　もっとも，この決定は，単に捜索差押許可状に適用法条を示す必要がないことについて判断しただけではありません。実は，もう一つとても大事な判断が示されています。捜索すべき場所と差し押さえるべき物の特定に関する判断です。まず，場所の明示です。

> 　本件許可状における捜索すべき場所の記載は，憲法35条の要求する捜索する場所の明示として欠くるところはないと認められ(る)

　憲法35条は令状に捜索する場所を明示することを要求しています。この決定は，問題となっている令状の**捜索すべき場所**の記載が場所を明示しているというのです。

どのような記載かは，決定本文には見あたりませんね。これは，決定が引用した特別抗告申立書にあります。「神田一ツ橋二丁目9番地教育会館内，日本教職員組合本部」，もう一通は「同東京都教職員組合本部」という記載です。特別抗告人は，これは，抽象的に団体名を表示し場所そのものの表示ではないと主張したのです。最高裁は，単に「明示に欠けるところはない」というだけですが，この点については，原決定（**東京地決昭33・5・8刑集12巻12号2781頁**）が丁寧に判示しており，参考になります。

> （捜索すべき場所の）特定を必要とする所以のものは人の住居（管理）権の侵害を保障するためのものであるから住居権を異にする個所と区別する程度に記載される必要がありかつそれで十分であ（るから，本件令状の記載で足りる）

というのです。

「特定が求められている→なぜか→その趣旨に照らせば，特定はどの程度でよいか→本件への当てはめ」という論述の組み立ては基本中の基本ですね。

次に差し押さえるべき物についてです。

> 本件許可状に記載された「本件に関係ありと思料せられる一切の文書及び物件」とは，「会議議事録，闘争日誌，指令，通達類，連絡文書，報告書，メモ」と記載された<u>具体的な例示に附加されたもの</u>であって，同許可状に記載された地方公務員法違反被疑事件に関係があり，且つ<u>右例示の物件に準じられる</u>ような闘争関係の文書，物件を指すことが明らかであるから，同許可状が物の明示に欠けるところがあるということもできない。（下線筆者）

これは，原決定を確かめるまでもないですね。単に「本件に関係ありと思料せられる一切の文書及び物件」と記載することは当然許されません。差し押さえるべき物として具体的な記載があり，それに準ずる物という意味で，「その他本件に関係ある……」と書くのであれば，不特定とはいえないというのです。

もっとも，例示がありさえすればよいというものではないでしょう。例示部分が具体的で詳しくなければ，「その他……」の特定は困難でしょう。

また，「メモ」が差押え対象物である場合に，「メモ」という表題がある物だけが差し押さえられるというわけではなさそうです。「メモ」には「備忘録」

と題されたノートも含まれると解されるでしょう。要は，具体的に記載された物に該当するかどうかについて，合理的に考えればよいのです。そうであれば，「その他……」の記載の必要性はさほど大きくないともいえます。

　いずれにしても，この大法廷決定は，判示事項だけではなく，「捜索すべき場所」及び「差し押さえるべき物」の特定の程度について判示した重要な判例であるといえます。

4　場所の特定についての参考判例～最決昭30・11・22刑集9巻12号2484頁

　場所についての判例をもう一つ読んでおきましょう。
　判示事項は，

> 差押令状または捜索令状における押収または捜索すべき場所を表示する程度

ですから，これは，令状に押収すべき物，捜索すべき場所を記載しなければならない（107条）についての重要な解釈規範を示すものだということが分かります。
　決定要旨は，

> 　差押令状または捜索令状における押収または捜索すべき場所の表示は，合理的に解釈してその場所を特定しうる程度に記載することを必要とするとともに，その程度の記載があれば足ると解すべきである。

というものです。
　「必要であるとともにそれで足りる」，つまり「必要十分」というのはとても大切ですね。「必要条件」とは，それがなければ認められないというもの，「十分条件」というのは，それ以外のものがなくても，それがあれば認められるというものです。論理学の考え方ですが，法律の世界でも大切なのですね。論理的に考えるときに必要な概念です。
　この決定要旨は，令状の記載事項の特定性が問題となったときに，特定に足りるかどうかの判断基準として重要であり，そのまま使えるものです。
　それでは，本件の具体的な事実と上記の基準を当てはめた結果はどのように判文に書かれているのでしょうか。

> 本件について，記録により押収にかかる捜索差押許可状の内容をみると，被疑者の氏名として「不詳，年令30歳位の女」と，捜索すべき場所身体又は物として「京都市下京区三の宮通り七条上る下三の宮町292，通称大家こと矢尾秀之助方家屋内並附属建物全般」と記載してあることは所論のとおりである。しかし記録によって調べてみると矢尾秀之助は被告人の実母金谷かよの内縁の夫であって，秀之助夫婦は二階に，被告人夫婦は階下に居住し，いわゆる同居の関係にあったこと，及び大家というのは，右矢尾秀之助の俗称であって，前記場所によって大家こと矢尾秀之助方家屋といえば，本件令状記載の家屋を指すこと明らかである。
> 　従って被告人が本件家屋の世帯主であり，仮りに所論矢尾秀之助夫婦が，本件の捜索差押の日から1ケ月前に他に転居していたとしても，本件令状記載の差押又は捜索すべき場所は特定していると認めるのを相当とする。

　捜索差押許可状に記載すべき「被疑者の氏名」は，「不詳」であってもよいのでしたね。

　令状によって守るべき権利は，捜索差押えという強制処分を受ける者の権利であり，被疑者が特定できない段階でも，犯罪の証拠物を捜す必要がある場合があることは，例えば，他殺死体が発見され，犯人が分からない場合を考えれば分かるでしょう。

　捜索すべき場所の特定という点を考えれば，所番地も居住者氏名も必ず必要だというわけではありません。

　この建物は，捜索時には，被告人（金谷駒吉）の住居だったようです。

　本件では令状は，被疑者以外の者の住居に対する令状でした。もし，この「大家こと矢尾」を被疑者とする令状であった場合はどうでしょうか。矢尾が既に転居しており，被疑者以外の者である金谷の住居であった場合は，どうなるか，これは応用問題です。

4-2　最決平14・10・4刑集56巻8号507頁

1　どのような判例か

> 捜索差押許可状の呈示に先立ってホテル客室のドアをマスターキーで開けて入

第4章 捜索差押えに関する判例
室した措置が適法とされた事例

です。事例判断ですね。
　決定要旨は，

> 　被疑者が宿泊しているホテル客室に対する捜索差押え許可状の執行に当たり，捜索差押許可状の呈示に先立って警察官らがホテル客室のドアをマスターキーで開けて入室した措置は，差押対象物件である覚せい剤を短時間に破棄隠匿するおそれがあったことなど判示の事情の下では適法である。

というものです。
　またもや「判示の事情」ですね。決定文を確認しましょう。

> 　原判決及びその是認する第1審判決の認定並びに記録によれば，警察官らは，被疑者に対する覚せい剤取締法違反被疑事件につき，被疑者が宿泊しているホテル客室に対する捜索差押許可状を被疑者在室時に執行することとしたが，<u>捜索差押許可状執行の動きを察知されれば，覚せい剤事犯の前科もある被疑者において，直ちに覚せい剤を洗面所に流すなど短時間のうちに差押対象物件を破棄隠匿するおそれがあったため</u>，ホテルの支配人からマスターキーを借り受けた上，<u>来意を告げることなく</u>，施錠された上記客室のドアをマスターキーで開けて室内に入り，その後直ちに被疑者に捜索差押許可状を呈示して捜索及び差押えを実施したことが認められる。
> （下線筆者）

2 判断の根拠となる事実

　最高裁が判断のために必要な事実関係を摘示する場合，「原判決の認定事実」を要約引用する場合と本決定のように「記録によれば」という最高裁自身が記録によって認定する場合があります。
　1審判決（**京都地判平13・7・16刑集56巻8号513頁**）の挙げる事実を読んでみましょう。

> 1　京都府五条警察署は，かねてから覚せい剤取締法違反罪の被疑者として被告人の所在を捜査していたところ，平成12年7月12日午後1時30分ころ，前記ホテルギンモンドの従業員から被告人らしき者がチェックインしたとの通報があり，午後5

時45分ころ，京都地方裁判所裁判官から，被告人が宿泊しているホテルギンモンド1014号室，使用車両及び着衣携帯品に対する各捜索差押許可状の発付を受け，午後6時ころ，京都府五条警察署生活安全課の村山警部補，京都府警察本部薬物対策課の板倉警部補ら8名の警察官は，これらの捜索差押許可状を執行するため，同ホテルに到着した。

2　警察官らは，ホテルの従業員から，被告人の在室を確認した上で，当初，警察官がホテルの従業員を装い「シーツ交換に来ました」などと声をかけ，被告人にドアを開けさせようとしたが，被告人が「そのようなものは頼んでない」などと言ってドアを開けようとしなかったため，村山警部補らは，ホテルの支配人に1014号室の捜索差押許可状が発付されていることを説明し，マスターキーを借り受け，同日午後6時5分ころ，村山警部補が，マスターキーを用いて同室のドアを開けて入室し，他の警察官も順次室内に入った。そして，村山警部補が，ベッドに横たわっていた被告人に対し，「警察や，朴利雄やろ，ガサや」と声をかけたところ，被告人は「いったい何や，わしは塩貝や」などと答えて興奮してベッドから動こうとしたことから，警察官らが複数で被告人の身体を押さえるなどして制止した。なおも，被告人がその場から移動しようとしたが，村山警部補が，午後6時6分ころ，ベッド上で，被告人に対し，同室の捜索差押許可状を呈示し，さらに被告人が大声を上げて暴れようとしたが，警察手帳を示すとともに着衣携帯品の捜索差押許可状も呈示した。

3　そして，警察官らが捜索を開始したところ，同日午後6時12分ころ，被告人がいたベッドの傍の床に注射器2本が，続いて眼鏡ケースが発見され，さらに眼鏡ケースの中から，白色の結晶粉末が入ったビニール袋1袋及び未開封のビニール袋に入った注射器2本が発見された。そこで，板倉警部補が，被告人に対し，「これは覚せい剤ではないか」などと尋ねたところ，被告人は，「これは覚せい剤ですけど，わしのんと違いまっせ」などと答えた。続いて，板倉警部補が，覚せい剤の簡易予試験を実施する旨告げ，その準備を始めたところ，被告人は，板倉警部補を足蹴りしてきたことから，午後6時18分ころ，警察官らは覚せい剤所持の被疑事実で被告人を現行犯逮捕し，両手錠をかけた。そして，板倉警部補が被告人の面前で覚せい剤の簡易予試験を行ったところ，1回目では覚せい剤の陽性反応を示す青藍色を示さなかったが，2回目の試験では青藍色を示し，板倉警部補が，被告人に対し，覚せい剤で間違いがない旨質したが，被告人は，「そんなん知らん，人から預かった睡眠薬や」なとど言っていた。

　なお，被告人は，板倉警部補から，眼鏡ケース内のビニール袋入りの白色結晶粉

末について，これは何かと尋ねられたが，それは睡眠剤，精神安定剤と答えたにすぎず，覚せい剤であるが自分の物ではないとは言っていない旨供述するが，証人小倉和浩及び証人板倉裕樹の各公判供述には不自然な点はなく，これらの各公判供述に照らして信用できない。
4　その後，同室の捜索により，ゴミ箱から注射器1本及び注射器用の空袋4袋の入った封筒や血痕様のものが付着したティッシュペーパー3枚が，被告人の手提げ鞄から注射器7本などが発見され，前記の注射器2本，眼鏡ケースに在中していた覚せい剤1袋及び注射器2本とともに差し押さえられた。

　リアルですね。覚せい剤をもってホテルにいるところを踏み込まれた被告人が抵抗する様子がよく分かります。自分が捜査官だったらどのように行動するだろうかという目線からも事実を読んでみましょう。
　1審の認定に最高裁が付け加えたのは，「捜索差押許可状執行の動きを察知されれば，覚せい剤事犯の前科もある被疑者において，直ちに覚せい剤を洗面所に流すなど短時間のうちに差押対象物件を破棄隠匿するおそれがあったため」というマスターキーでドアを開けて入室した理由についての認定と，入室の際に「来意を告げなかった」点です。
　1審判決の認める事実経過のうち，①警察官は最初に従業員を装ってドアを開けさせようとした，②入室後，被疑者の身体を押さえてから警察官であることを示して令状を呈示した，という2点が最高裁の取り上げていない点です。
　実は，1審の弁護人は，捜索差押令状の執行に先立って，被告人に令状を呈示していないから違法であるという主張をしました。①の警察官が嘘を言った事実とか，②の被告人の身体を押さえつけた事実については，その適法性を問題としていないのです。もちろん1審裁判所，原審裁判所もこれらの点について違法性が問題となるとは考えていません。この点は，後記の**大阪高判平6・4・20**を参照してください。
　この①，②の事実は，1審で問題となった（最高裁でも主張された）「令状の呈示前にドアを開けて入室してよいか」という判断に必要でしょうか。最高裁は必要がないと考えて摘示しなかったと思われます。
　皆さんが直面する事案（実際の事件でも「事例問題」の場合でも）は，1審が摘示したような実際に起きた事実経過です。最高裁の事実の摘示は，この中か

ら問題点を見つけて，その判断に必要な事実を抽出する作業の参考となりますね。

3 何が問題となったか

　何が問題となったのかは分かりましたね。なぜ，これが問題となるのでしょうか。

　捜索差押許可状の執行（許可状ですから，厳密に言えば「裁判の執行」ではないといえますが，令状によって許可された事項を実現するのですから，「執行」と呼んでいます）について復習しましょう。

　ここで問題となるのは，**令状の呈示**（110条）と**必要な処分**（111条）です。

　令状主義の趣旨を思い出しましょう。裁判官が事前に判断をすることと，その判断を処分を受ける者に了知させるために裁判官の裁判の内容を「令状」に記載するのでしたね。したがって，相手方に令状を呈示（「提示」ではなく「呈示」です）することが必要であることはもちろん，処分開始前に示すことが原則となります。

　しかし，令状を示せば，相手方が恐れ入る……テレビドラマの水戸黄門のように行くわけではありません。相手方，特に被疑者は「塀の中に落ちたくない」のですから命がけで妨害・抵抗するのは当然です。

　逮捕状も同じですね。警察官が来るのを察知して被疑者が「ヤバイ，逃げろ！」と逃げ出したら，「逮捕状を呈示する前に逃げられてしまったので，逮捕できなかった。」というわけにはいきません。

　「必要な処分」も同じです。捜索に必要な処分なのですから，捜索開始後に限るという考え方もあるでしょう。しかし，「錠をはずす」とか，「封を開く」というのは中に差し押さえるべき物があるかどうかを捜すために行う処分ですから，捜索開始前に捜索に必要な処分ができるというのは法の文言からも当然でしょう。

4 どのように判断し，どのようにそれを説明するか

　「それは，分かる。では，それはどのように説明したらよいのだろう。」という書き方の見本がこの決定です。

第4章　捜索差押えに関する判例

> 　以上のような事実関係の下においては，捜索差押許可状の呈示に先立って警察官らがホテル客室のドアをマスターキーで開けて入室した措置は，捜索差押えの実効性を確保するために必要であり，社会通念上相当な態様で行われていると認められるから，刑訴法222条1項，111条1項に基づく処分として許容される。

　裁判所も，捜索の開始前に「錠をはずす」ことは，捜索に必要な処分として認められるのは当然であると考え，必要性と相当性を検討しているようです。

> 　また，同法222条1項，110条による捜索差押許可状の呈示は，<u>手続の公正を担保するとともに，処分を受ける者の人権に配慮する趣旨に出たものであるから</u>，令状の執行に着手する前の呈示を原則とすべきであるが，前記事情の下においては，警察官らが令状の執行に着手して入室した上その直後に呈示を行うことは，法意にもとるものではなく，捜索差押えの実効性を確保するためにやむを得ないところであって，適法というべきである。（下線筆者）

　次が令状の呈示です。ここでは，まず，令状の呈示を必要とする趣旨が述べられています。ここは基本中の基本で大切ですね。判文の表現をそのまま覚えるくらいに読みこなしておきましょう。
　ここでは，①令状呈示を必要とする趣旨→②執行着手前の呈示が原則→③執行着手前の呈示ができない場合に執行着手直後の呈示が許されるか，という順に論じられていますね。このような論理的な書き方を身につけましょう。

5　類似事例～大阪高判平6・4・20高刑集47巻1号1頁

　本決定の前に出た判例ですが，類似の事例です。
　これは，被疑者の住居に対する捜索差押許可状の執行に当たり警察官が宅急便の配達を装って玄関扉を開けさせて住居内に立ち入ったことが違法ではないとされた事例というもので，やはり覚せい剤被疑事件です。判決要旨は，

> 　覚せい剤取締法違反の罪の被疑者の住居に対する捜索差押許可状に基づき捜索するに当たり，玄関扉が施錠され，かつ，警察官が捜索差押えに来たことを知れば，被疑者らにおいて開扉を拒み，直ちに証拠隠滅等の行為に出ることが十分予測される本件の場合（判文参照）においては，警察官が宅急便の配達を装って玄関扉を開

けさせて住居内に立ち入ったことが違法はない。

というものでした。

この事例では，「宅配便です」と嘘を言ってドアを開けさせた点が問題になっています。

同様の問題についての最高裁決定がありますから，判文を読むまでもないかもしれませんが，「事例問題の解答例」として，自分ならどう論じるだろうか，どう書くだろうかと考えながら読み進むとよいでしょう。事実は次のとおりです。

> 渡辺恭一ら警察官7名は，被告人に対する覚せい剤取締法違反被疑事件につき発付された被告人方の捜索差押許可状を所持して，平成4年8月6日午前8時30分ころ被告人方に赴き，その玄関扉が施錠されていたことから，被告人による妨害を避けて被告人方に円滑に入れるよう，チャイムを鳴らし，屋内に向かって「宅急便です」と声を掛けた。これに対し，被告人は，下着姿のまま玄関へ応対に出，扉の覗き穴から外を見ると，私服の警察官の一人が，押収物を入れるための封筒等を入れた段ボール箱を持っていたことから，宅急便の配達人が来たものと信じ，玄関扉の錠をはずして開けたところ，渡辺ら警察官は，直ちに「警察や。切符出とんじゃ」等と言いながら屋内に入った。そして，渡辺は，玄関を入った所にある台所を通り抜け，その次の部屋である四畳半間（被告人方住居のほぼ中央にあたり，全体を見渡せる位置関係にある）まで入り込んでから，同所で，午前8時35分ころ，被告人に右捜索差押許可状を示し，警察官らは，これを待って被告人方の捜索に取り掛かり，六畳間の本箱内に置かれていたカメラの入ったケースの中にビニール袋入り覚せい剤白色結晶1袋，注射筒1本および注射針2本が白色チリ紙に包まれて収納されているのを発見し，右結晶につきマルキース試薬による予備試験をしたところ陽性反応があった。そこで，渡辺らは，同日午前9時2分ころ，被告人を覚せい剤所持の現行犯人として逮捕し，右逮捕に伴う処分として，右覚せい剤等を差し押さえ，更にその後，奥の四畳半間の物入れ内から注射器1本を発見して差し押さえた。

さあ，この事例についてどう論じればよいでしょうか。以下が裁判所の「解答例」です。

> 刑事訴訟法は，捜査官が，捜索差押許可状に基づき捜索差押をする際は，その処

第4章 捜索差押えに関する判例

> 分を受ける者に対し当該令状を示さなければならないと規定しており（222条1項，110条），その趣旨は，捜索差押手続きの公正を保持し，執行を受ける者の利益を尊重することにあるから，捜索差押の開始前に，その執行を受ける者の要求の有無にかかわらず，捜査官が令状を示すのが原則であることはいうまでもない。

　規定の内容→その趣旨（上記の最高裁決定と同じですね）→結論（原則）という論じ方ですね。
　それでは，例外が認められるのでしょうか。

> 他方，法は，捜索を受ける者に対しても，それなりの受忍的協力的態度に出ることを予定し，かつ，捜査官が，処分を受ける者に直接面と向かい令状を提示できる状況があることを前提にしているものと解される。

　まさに，ドラマの水戸黄門ならいいけれど，そういう場合ばかりではないだろう，というわけですね。

> しかし，現実には，相手方が，受忍的協力的態度をとるどころか，捜査官が捜索差押に来たことを知るや，玄関扉に施錠するなどして，令状を提示する暇も与えず，捜査官が内部に入るまでに，証拠を隠滅して捜索を実効のないものにしてしまうという行為に出ることがないではない。ことに薬物犯罪における捜索差押の対象物件である薬物は，撒き散らして捨てたり，洗面所等で流すなどして，ごく短時間で容易に隠滅することができるものであり，この種犯罪は，証拠隠滅の危険性が極めて大きい点に特色があり，かつ，捜索を受ける者が素直に捜索に応じない場合が少なくないという実情にある。

　水戸黄門の印籠に平伏する者だけではないのです。
　このような実情を認識した上で，では，そういう場合にどうすればよいかという法の解釈に入ります。

> ところで，法は，捜索を受ける者が受忍的協力的態度をとらず，令状を提示できる状況にない場合においては，捜査官に対し令状提示を義務付けている法意に照らし，社会通念上相当な手段方法により，令状を提示することができる状況を作出することを認めていると解され，かつ，執行を円滑，適正に行うために，執行に接着した時点において，執行に必要不可欠な事前の行為をすることを許容しており

> （111条），例えば，住居の扉に施錠するなどして令状執行者の立入りを拒む場合には，立ち入るために必要な限度で，錠をはずしたり破壊したり，あるいは扉そのものを破壊して，令状の提示ができる場に立ち入ることも許していると解される。

　つまり，令状の呈示ができる状況を作出するための処分が111条の「必要な処分」として許されるという解釈を示したのです。

　次に，弁護人の主張に対する判断を示します。上の解釈を敷衍したものになっていますね。「事例問題」の解答の場合も同じです。反対の立場ではどう考えるだろうか，このような解釈に対してどのような反論があるだろうか，を考えて，それに対する反論を述べていくことが必要です。

> 　所論は，刑事訴訟法111条の「必要な処分」も，来訪の趣旨と令状発付の事実を告げて開扉を求め，これに対する明らかな拒絶や罪証隠滅の具体的行為が認められた際に初めて可能となるのであって，当初より虚偽を述べて開扉させたのは違法であると主張する。しかし，一般論として，そのような手順で捜索しても証拠を隠滅される危険性がないときは，所論のいうとおりの手順をとるべきであろうことは論を待たないが，ごく短時間で証拠隠滅ができる薬物犯罪において，捜索に拒否的態度をとるおそれのある相手方であって，その住居の玄関扉等に施錠している場合は，そもそも，正直に来意を告げれば，素直に開扉して捜索に受忍的協力的態度をとってくれるであろうと期待することが初めからできない場合であるし，開扉をめぐっての押し問答等をしている間に，容易に証拠を隠滅される危険性があるから，捜査官側に常に必ず所論のいうような手順をとることを要求するのは相当でない。このような場合，捜査官は，令状の執行処分を受ける者らに証拠隠滅工作に出る余地を与えず，かつ，できるだけ妨害を受けずに円滑に捜索予定の住居内に入って捜索に着手でき，かつ捜索処分を受ける者の権利を損なうことがなるべく少ないような社会的に相当な手段方法をとることが要請され，法は，前同条の「必要な処分」としてこれを許容しているものと解される。

　以上で，法の解釈を終わりました。次にこれを本件の事実に当てはめます。

> 　本件は，覚せい剤取締法違反の被疑事実により覚せい剤等の捜索差押を行ったものであるところ，その捜索場所は，当該事件の被疑者である被告人の住居であるうえ，被告人は，覚せい剤事犯の前科2犯を有していることに照らすと，被告人につ

第4章 捜索差押えに関する判例

> いては，警察官が同法違反の疑いで捜索差押に来たことを知れば，直ちに証拠隠滅等の行為に出ることが十分予測される場合であると認められるから，警察官らが，宅急便の配達を装って，玄関扉を開けさせて住居内に立ち入ったという行為は，有形力を行使したものでも，玄関扉の錠ないし扉そのものの破壊のように，住居の所有者や居住者に財産的損害を与えるものでもなく，平和裡に行われた至極穏当なものであって，手段方法において，社会通念上相当性を欠くものとまではいえない。

　錠や扉を破壊することもできるが，これより財産的損害もなく，穏当なものだから社会通念上相当性を欠くものではないという判断ですね。警察官が詐術を弄したという点はあまり重視されないようです。「捜索のために必要かどうか」と相手方の損害を比較するわけですが，何を比較すればよいか，参考になりますね。

　次は令状の呈示時期についての判断です。

> 次に，捜査官は，捜索現場の室内に立ち入る場合，それに先立ち令状を適式に提示する必要があるが，令状の提示にはある程度時間を要するところ，門前や玄関先で捜査官が令状を提示している間でさえも，その隙をみて，奥の室内等捜査官の目の届かぬところで，その処分を受ける者の関係者等が，証拠隠滅行為に出て捜索の目的を達することを困難にすることがあり，そのようなおそれがあるときには，捜索差押の実効を確保するため令状提示前ないしはこれと並行して，処分を受ける者の関係者等の存否および動静の把握等，現場保存的行為や措置を講じることが許されるものと解される。

　令状呈示前に「現場保存的行為や措置」を講じることができるというのです。現場保存という言葉が使えると，このような事例を解決しやすいですね。

　法解釈→具体的事実への当てはめという論旨の進め方は前の部分と同じで，基本的な書き方です。

> 本件の場合，厳密にみれば，警察官らは，令状の提示前に各室内に立ち入っており，渡辺は，玄関を入ったところにある台所の次の部屋で，住居全体を見渡せる位置にある四畳半間まで入ってから，同所で被告人に捜索差押許可状を示したことが認められるが，渡辺ら警察官は，「警察や。切符出とんじゃ」等と言いながら屋内に入っており，令状による捜索差押のために立ち入ることを告げていること，令状

を示した時点では，警察官らは，まだ室内に立ち入ったのみで，具体的な捜索活動は開始していなかったこと，同住居内には，被告人のほか，妻や同居人等複数の者がいて，その動静を把握する必要があったことなどの点をも考えると，これら令状提示前の数分間（被告人は，原審公判廷で1，2分間と供述する）になされた警察官らの室内立入りは，捜索活動というよりは，むしろその準備行為ないし現場保存的行為というべきであり，本来の目的である捜索行為そのものは令状提示後に行われていることが明らかであるから，本件において渡辺ら警察官がとった措置は，社会的に許容される範囲内のものと認められる。

　この判断の進め方は具体的事例の問題点を検討する法律文書の基本的な書き方といえます。内容を理解するのももちろんですが，文章の組み立て方，用語法などを理解しましょう。なお，「切符」というのは，令状の俗語です。

4－3　東京高判平4・10・15高刑集45巻3号101頁

1　何が判断されたのか

判示事項は，

〈1〉　捜索場所としてモーテルの「管理室内」と記載されている捜索差押許可状において付属のプレハブ建物も捜索の対象となるとされた事例
〈2〉　捜索差押許可状の執行場所において警察官のした被疑者に対する有形力の行使が適法とされた事例

であり，判決要旨は，

《1》　捜索場所としてモーテルの「管理室内」と記載されている捜索差押許可状において，付属のプレハブ建物は，その位置関係及び使用状況（判文参照）からみて付属建物として捜索の対象となる。
《2》　差し押さえるべき物として「覚せい剤等」と記載されている捜索差押許可状の執行場所において，警察官が，覚せい剤らしき物を手にしているような言動（判文参照）を示しながら逃走しようとしている被疑者を実力で制止し，その指をこじ開けて握りしめているがま口の在中品を調べることは，捜索差押の目的を達成するため許される。

第4章 捜索差押えに関する判例

です。
　問題点は分かりましたね。

2　どのような事件か

　事例判断ですから，どのような事件だったのかを見て考えましょう。

　1　被告人は，茨城県鹿島郡波崎町字高野場道5948番地の1の肩書住居地において，父の経営するモーテルの管理人室に内妻池田栄子とともに住み込み，右モーテル管理の仕事をしているものであるが，茨城県鹿島警察署勤務の綱川勝一他5名の警察官（石津，梶尾，斎藤，松林，中村らの各警察官）は，平成3年2月28日午後2時35分ころ，被告人に対する覚せい剤取締法違反の嫌疑により発布された本件捜索差押許可状（捜索すべき場所を，「鹿島郡波崎町字高野場道5948番地の1，有限会社菱木商事千鳥管理人室内」，差し押えるべき物を，「本件に関係ある覚せい剤…」とするもの）に基づき，原判示のモーテル千鳥に赴いた。
　2　警察官らが，右モーテル千鳥に至り，本件令状に記載された捜索場所である管理人室から出てきた前記池田栄子に被告人の所在を確かめたところ，同女は，「離れ（プレハブ）にいる。」旨答えた（右プレハブは，管理人室と同じく前記モーテル千鳥の敷地内にあり，管理人室から植込みを挟んで約10メートル離れた場所に所在する。）そこで，警察官らは，被告人の所在を求めて同女の案内でプレハブの方へ移動した。
　3　警察官らは，プレハブのドアをノックし，石津警部補が，「がさだから。」と声をかけたところ，被告人が窓を開けて，顔を出したので，石津警部補は本件捜索差押許可状を示したが，被告人は，「誰が，喋ったんだ。俺は，預かっただけだ。」と興奮した様子で叫び，窓を閉めた。そこで，警察官は，戸外から2，3回ドアを開けるように申し述べたところ，被告人は再び，「誰が，喋ったんだ。俺は，預かっただけだ。」と繰り返して叫び，ドアを開けて右手を頭上に上げ，手に持った黒いものを投げ捨てるような格好をしながら飛び出し，更に，「預かっていただけだ。」などとわめきながら裸足のまま駆け出し，その場から逃走しようとした。
　4　警察官らは，右の状況から，被告人が，覚せい剤を投げ捨てて逃走しようとしているものと判断し，被告人がプレハブの出入口から2，3メートル走ったところで，石津警部補が，被告人の腕を掴むなどして，被告人を制止しようとしたが，被告人が両腕を振り回すなどして激しく抵抗したので，綱川，斎藤，松林ら3名の警察官も応援し，警察官4名で暴れる被告人の体を掴み，取り囲むようにして，数回，

「持っているものを見せてくれ。」と言ったが，被告人はいっそう暴れて，手にしている黒いものを強く握り締め，警察官らの説得に応じようとしなかった。そこで，梶尾巡査が，被告人の指をこじあけて，被告人が握り締めていたものを取上げた。
5　被告人が，手に握り締めていたものは，チャック付きの黒皮製のがま口であったが，梶尾巡査がチャックを開けて，中身を調べたところ，銀紙に包まれ，プラスチック製の袋に入った白色結晶性粉末（本件覚せい剤）1袋，注射筒2本，注射針3本，小鋏，爪楊枝等が在中していた。
6　その場で，梶尾巡査が，覚せい剤検出用試薬で右白色結晶性粉末を検査したところ，陽性反応を呈したので，警察官らは，被告人に対し，覚せい剤所持の現行犯人として逮捕する旨告げたが，被告人は両腕を振り回すようにして激しく抵抗し，被告人を立たせたままでは手錠をかけることが困難であったので，暴れる被告人の両太腿を抱えていた警察官（綱川）がその状態で自分の腕を手前に引き，被告人の上半身を押さえていた警察官ら（石津，斎藤，松林）が被告人を前方に倒し，被告人を俯せの状態にして地面に押さえ付け，中村巡査が手錠を掛け，同日午後2時40分頃被告人を覚せい剤所持の現行犯人として逮捕するとともに，その場で，前記がま口及びその在中品を領置した。

　何が起こったか分かりましたね。「がさ」というのは，捜索の俗語です。「さがす」を倒置したといわれています。覚せい剤の簡易検査を含めてたった5分間くらいの出来事です。あなたが，プレハブにいた被告人の立場だったら，おとなしく捜索を受けるでしょうか，被告人のように何とか逃げようとするでしょうか。あなたが警察官だったら逃げ出す被告人を見てどのように行動するでしょうか。法律実務家が目の前にするのは，このような事実です。長くて無駄なように見えても，ていねいに読んで実際にあった人の行動を理解しましょう。事実をどこか他所においてきたような抽象的な法律論は役に立ちませんから，結論だけ読むのはやめましょう。

③　弁護人の主張

　さて，この事件について弁護人はどのような主張をしたのでしょうか。控訴審ですから，控訴理由が必要ですね。控訴理由には何があったか，ぜひ復習しましょう。裁判官，検察官はともかく，弁護士は，登録するとすぐに控訴事件，上告事件を受任することがあります。大学では，上訴や裁判の執行の部分を詳

第4章 捜索差押えに関する判例

しく学ぶことが少ないのですが，法律実務家にはとても重要です。この事件では，弁護人は訴訟手続の法令違反と量刑不当の主張をしました。訴訟手続の法令違反としてどのような主張をしたでしょうか。これを考えるのは，与えられた事実関係の中から問題点を探し出す訓練にもなります。

> 原判決は，被告人に対する現行犯逮捕手続及びそれに伴う捜索差押手続が違法であるとしながら，その違法性の程度は，「警察官らにおいて，被告人について現行犯逮捕の要件が備っていると即断して判断を誤ったにとどまり，警察官らに令状主義を免れる意図はなかったものと認められる」ので，「その場で押収された覚せい剤等の証拠能力を否定しなければならないほどに重大とは考えられない」旨説示して，右覚せい剤等の証拠能力を認めたが，被告人に対する現行犯逮捕手続は，警察官が，麻生簡易裁判所裁判官発布にかかる捜索差押許可状（以下，「本件令状」または，「本件捜索差押許可状」という。）により直ちに捜索できる原判示モーテル千鳥の被告人方管理人室（以下，「管理人室」という。）の捜索をせず，近くのプレハブ平屋建物（以下，「プレハブ」という。）内にいた被告人に面会を強要し，同所の捜索差押許可状を所持しているかのように被告人を誤信させる等したうえ，被告人が，プレハブ内から一歩踏み出したところを取り押さえ，被告人が所持していた黒皮製がま口を無理やりもぎ取ったもので，警察官に令状主義逸脱の意図があったのは明らかであり，また，警察官ら自身も，被告人を取り押さえてその所持品を検査し，覚せい剤を発見するまでは，自己らが逮捕行為をしていると認識していなかったのであるから，原判決の説示するように，警察官らが，「現行犯逮捕の要件が備っていると即断した」と解する余地もなく，本件現行犯逮捕手続には重大な違法があるというべきである。したがって，右現行犯逮捕手続に伴う捜索差押手続によって得られた本件覚せい剤等には証拠能力がないのに，これを原判示事実認定の証拠として用いた原判決には，判決に影響を及ぼすことが明らかな訴訟手続の法令違反がある

捜索差押許可状によって捜索ができない被告人が所持していた物を取り上げて検査したのは違法→違法な検査によって発見された物に基づく現行犯逮捕は違法→現行犯逮捕に伴う覚せい剤の差押えは違法→したがって覚醒剤に証拠能力はない→これを認めるのは訴訟手続きの法令違反→この違反がなければ，有罪判決はなかった→したがって「判決に影響を及ぼすことが明らかな訴訟手続きの法令違反」（控訴理由）があるというのです。このような事実に即した論

理の進め方を身につけることは大切です。

4　裁判所の判断

（１）　そこで，裁判所は，先に認定した事実をもとに，検討します。

> 前記のように警察官らがプレハブのドアをノックしたうえ，「がさだから。」と声をかけ，窓を開けて顔を出した被告人に対し，本件捜索差押許可状を示し，被告人が窓を閉めたところ，更に戸外から２，３回ドアを開けるように述べた行為は，本件捜索差押許可状の執行の着手に他ならないというべきであり，このことは当審で取り調べた現行犯人逮捕手続書及び捜索差押調書の記載によっても裏付け得るところである。

そうですね。これが，「管理人室」だったら，何も問題がないでしょう。しかし，ノックしたのはプレハブのドアです。

> 確かに右プレハブは，管理人室から植込みを挟んで約10メートル離れた場所に存在する物理的には独立している建物ではあるけれども，モーテル千鳥敷地内では最も管理人室に近く，かつ独立の住居として建てられたものではなく，実際にも不用品の収納，被告人又はその家族の就寝，客との面談等に用いられていたのであって，その実体は管理人室の離れの一部屋に過ぎなかったと解されるから，管理人室と一体をなす付属建物として本件捜索差押許可状の捜索の対象となるものと認めるのが相当である（本件捜索差押許可状が捜索の場所を管理人室内としたのは，客用の各室を除外することに狙いがあると認められ，前述したような状況が存在するプレハブまでをも対象に含めない趣旨とは解されない）。したがって，警察官らが，前記のような経緯からプレハブについて本件捜索差押許可状の執行に着手したことを目して違法とすることはできないというべきである。

これが，最初の問題です。「管理人室」を捜索場所とする令状で「管理人室に隣接するプレハブ」を捜索できるでしょうか？

裁判所は，プレハブの位置，用途を検討し，その実体は管理人室の離れの一部屋に過ぎなかったと解されるから，「管理人室と一体をなす付属建物」であるとしました。

令状に記載された**捜索すべき場所**が令状の執行に当たってどの場所を指すか

については，実際に現場に赴いた捜査官が判断するわけですが，令状に記載する際の特定が「合理的に解釈してその場所を特定しうる程度」（4-1参考判例）であると同様に，令状の記載を合理的に解釈すればよいのです。

つまり，どこを捜索できるかについては，第1に，令状の記載が特定しているか，第2に現実に執行した場所が，令状の記載に含まれるかを考えることになりますが，いずれも，「合理的な解釈」が可能であればよいということになるでしょう。似た事例に，捜索場所が「〇〇中学校内教員某の使用する机」である令状による右机に付属して置かれていると認められる屑篭内の捜索を認めたもの（**東京地決昭49・4・27刑裁月報6巻4号530頁**）があります。

かっこ内の判示も復習には役立ちますね。複数の居住者のいるマンションなどにおいて，1棟全体を1通の令状で捜索できないのは当然ですが，ホテル・旅館等，客が使用するといっても一時的な使用に過ぎない客室であっても，客ごとに別個の令状を必要とします。（　　）内の判示はそれを前提としているわけです。

（2）　ここからは，第2の問題になります。

上記事実4に関する判断です。プレハブ内が令状によって捜索できる場所であることは分かりました。しかし，「捜索場所」から外に飛び出した者を制止したり，その者の所持している物を無理矢理取り上げたりすることはできるのでしょうか。

判決は，次のように説明します。

警察官らは被告人に対する覚せい剤取締法違反の嫌疑で覚せい剤等を差押えるべき物とした本件令状執行のため赴いたものであること，警察官らが，プレハブのドアをノックして被告人を呼び出し，窓を開けた被告人に，「がさだから。」と声を掛け，本件令状を示したところ，被告人は，「誰が，喋ったんだ。俺は，預かっただけだ。」などと叫んで窓を閉めたので，警察官らがドアを開けるように言っているうち，被告人が右手を頭上に上げ所持している黒いものを投げて捨てるような格好をして飛び出し，裸足のまま駆け出して，その場から逃走しようとしたこと，その間，被告人は，繰り返し，「預かっていただけだ。」と覚せい剤所持を自認する言葉を発していること，警察官らは，右の状況から，被告人が，覚せい剤を投げ捨てて逃走しようとしているものと判断したこと，被告人は逃走を制止しようとする警察

> 官らに対し激しく暴れ抵抗したことなどが認められ，かかる状況のもとにおいて，前記警察官らの行為は本件令状に基づく捜索差押の目的を達するため必要やむを得ないものというべきであ（る）

　「令状に基づく捜索差押えの目的を達するため必要やむを得ない行為」であることは，間違いないように思えます。しかし，必要やむを得ないというだけでは，理由になっていません。なぜ，捜索場所の外に飛び出した人間を制止したり，所持している物を握りしめた手指をこじ開けて取り上げることができるのか，判決は根拠を示していないのです。

　どのように考えればよいかは，私たちが考えるべきでしょうね。ヒントはいくつかあります。捜索に立ち会わせるために，捜索場所から出て行こうとする者を留めることはできるでしょうか？捜索中には捜索場所への出入りを禁止できますね。この場合，禁止されたにもかかわらず外に出てしまった者を強制的に中に連れ戻すことができるでしょうか。また，捜索場所にいる人の身体の捜索はできるでしょうか。これらを組み合わせて考えると結論が得られそうです。

　なぜ，裁判所は，この根拠をはっきりと示さなかったのでしょうか。裁判所は，続いてこのように述べます。

> 仮に，原判決のいうようにそれが違法であるとしても，本件においては覚せい剤所持の現行犯逮捕の要件又はこれに準ずる要件が客観的には備わっていたと解する余地があることをも考慮すると，その違法の程度は，これに引き続く現行犯逮捕に伴う捜索差押により得られた本件覚せい剤等の証拠能力を否定するほど重大なものではないというべきである。

　「仮に違法であるとしても」というのですから，裁判所は違法であるとは考えていないのでしょう。しかし，原判決（判例集に登載されていないので本判決によるしかありません）が考えたように違法であるとしても，結論に変わりはないとして，被告人の主張を二重に封じたものといえます。

　控訴審が，1審判決の当否を判断する「事後審」であることを考えると，この事案についての1審の結論が正しいかどうかを判断すれば足りる，という非常に謙抑的な判断といえますね。

　この判決については，被告人から上告があったようですが，上告審の判断は

第4章　捜索差押えに関する判例

判例集に紹介されず，本判決が判例集に登載されているので，おそらく上告審は，適法な上告理由がないとして決定で上告を棄却するにとどまったのでしょう。もっとも，上告審が棄却したというのは，高裁の結論に異論がなかったということですから，高裁判決も重要な先例になります。

4-4　最決平2・6・27刑集44巻4号385頁

1　問題はなにか

捜索差押許可状の発付及び差押処分に対する準抗告棄却決定に対する特別抗告事件です。

判示事項を見ると，

> 司法警察員が捜索差押の際にした写真撮影によって得られたネガ及び写真の廃棄又は引渡を求める準抗告が不適法とされた事例

であり，その結論は，

> 司法警察員が申立者方居室内で捜索差押をするに際し，捜索差押許可状記載の『差し押えるべき物』に該当しない印鑑，ポケット・ティッシュパーパー等について写真を撮影した場合において，右の写真撮影は，『押収に関する処分』には当らず，その撮影によって得られたネガおよび写真の廃棄または引渡を求める準抗告は，不適法である。

というのです。これでは何が問題となっているのか，分かりにくいですね。

捜索差押許可状によって捜索中に差し押さえるべき物以外の重要な犯罪の証拠が見つかった場合にどうすればよいでしょうか。令状によって差し押さえることはできません。もし発見したのが拳銃や薬物などで，所持人が捜索に立ち会っている場合には，その者を現行犯逮捕して逮捕に伴う差押えができます。それ以外では，新たな令状を得るほかありません。請求書と疎明資料を整え，裁判所に赴き，新たな捜索差押許可状の発付を得て現場に戻るには相当の時間を要します。そこで，発見した物の写真を撮っておこうと考えるのは自然の成り行きともいえます。しかし，本当は，別の物を差し押さえるために捜索が認

められたのです。写真撮影が許されるのでしょうか。

これが問題となったのです。

2 裁判所の判断

> 原決定の認定によれば，本件においては，裁判官の発付した捜索差押許可状に基づき，司法警察員が申立人方居室において捜索差押をするに際して，右許可状記載の「差し押えるべき物」に該当しない印鑑，ポケット・ティッシュペーパー，電動ひげそり機，洋服ダンス内の背広について写真を撮影したというのであるが，右の写真撮影は，それ自体としては検証としての性質を有すると解されるから，刑訴法430条2項の準抗告の対象となる「押収に関する処分」には当たらないというべきである。したがって，その撮影によって得られたネガ及び写真の廃棄又は申立人への引渡を求める準抗告を申し立てることは不適法であると解するのが相当であるから，これと同旨の原判断は，正当である。

前段はとても大切ですね。室内の様子や物を写真撮影するのは検証の性質を有するというのです。「捜索」，「検証」の意義を正確に理解していることが前提です。

したがって，写真撮影自体は違法だということになりますね。

後段は，違法な検証が行われたとしても，準抗告の対象は押収に関する処分であるから，ネガや写真の廃棄・引渡しを求める準抗告は不適法だというのです。たしかに，刑訴法の規定に忠実な判断だと言えますが，不法に他人の居室内を撮影した写真のネガやそのプリントについて捜査官が保有している状況を是正できないというのはなんだか割り切れない気持ちになります。この点については，藤島裁判官の補足意見が参考になります。

> 1　検証とは，視覚，聴覚等五感の働きによって物，場所，人等の存在，形状，作用等を認識する作用であり，検証に際して行われる写真撮影は，検証の結果をフィルムに収録する行為といえよう。このような行為を捜査機関が行う場合には原則として令状を必要とする（刑訴法218条1項）。したがって，人の住居に立ち入って捜索差押許可状を執行するに際し，あわせてその現場において写真撮影を行うためには，原則として検証許可状が必要となる。

第4章　捜索差押えに関する判例

> しかし，検証許可状を請求することなく，捜索差押手続の適法性を担保するためその執行状況を写真に撮影し，あるいは，差押物件の証拠価値を保存するため発見された場所，状態においてその物を写真に撮影することが，捜査の実務上一般的に行われている。このような撮影もまた検証と解されるべきものであるが，捜索差押に付随するため，捜索差押許可状により許容されている行為であると考えられる。

1は，検証の意義→捜索場所における写真撮影は検証に当たり，別途検証許可状が必要である→しかし，捜索差押えに付随するものとして許容される写真撮影がある，というものです。許されるのは，執行の適法性を担保する目的の執行状況の撮影，及び，差押物件の証拠価値を保存するための発見された場所，状態における差押物件の撮影です。これは，参考になりますね。

次を読んでみましょう。

> 2　これに対して，本件のように，捜索差押許可状に明記されている物件以外の物を撮影した場合には，捜索差押手続に付随した検証行為とはいえないので，本来は検証許可状を必要とするものであり，その令状なしに写真撮影したことは違法な検証行為といわざるを得ないが，検証について刑訴法430条の準抗告の規定の適用がないことは条文上明らかであって，この点に関する準抗告は現行刑訴法上認められていないものと解するほかない。

これは，法廷意見と同じですね。

> 3　もっとも，物の外形のみの写真撮影に止まらず，例えば，捜索差押が行われている現場で捜索差押許可状に明記された物件以外の日記帳の内容を逐一撮影し，収賄先献金先等を記載したメモを撮影するなど，捜査の帰すうに重大な影響を及ぼす可能性のある，あるいは重大事件の捜査の端緒となるような文書の内容等について，検証許可状なくして写真撮影が行われたような場合を考えると，検証には刑訴法430条の準抗告の規定の適用がないということでこのような行為を容認してしまうことは，適正な刑事手続を確保するという観点から問題があるように思われる。
> 　すなわち，このような場合，実質的にみれば，捜査機関が日記帳又はメモを差し押さえてその内容を自由に検討できる状態に置いているのと同じであるから，写真撮影という手段によって実質的に日記帳又はメモが差し押さえられたものと観念し，これを「押収に関する処分」として刑訴法430条の準抗告の対象とし，同法426条2

> 項によりネガ及び写真の廃棄又は引渡を命ずることができるとする考え方もあり得よう。

　これが、「補足」された部分です。写真撮影であっても、日記帳を全ページ撮影するなど、実質的に物を差し押さえたと同じ状態にあるときは、これを差し押さえられたものと観念する、すなわち、「押収に関する処分」として準抗告の対象とすることができるという解釈の可能性を示しています。

　この解釈の適否はともかくとして、単に形式的に「不服申立の規定がない」という門前払いではなく、問題の処分の実質的な性質を考えて妥当な解決を導くというのは、法解釈のやり方として参考になるでしょう。

> 4　しかしながら、本件の写真撮影は、印鑑等4点の物の外形のみを撮影したものであって、右のような実質上の押収があったか否かを議論するまでもない事案であるから、刑訴法430条の準抗告の対象とならないとした原決定の結論は相当である。

　最後が具体的事実への当てはめです。

　結果として不服申立は認められませんでしたが、内容では「勝ち」に等しい、重要な判断が示されています。

　刑事手続では不服がいえないというのであれば、民事で争うしかありません。

　捜索における写真撮影については、**東京高判平5・4・14判タ859号160頁、徳島地判平10・9・11判時1700号113頁**などがあります。

4-5　最決平19・2・8刑集61巻1号1頁

1　判示事項と決定要旨

　判示事項は、

> 被疑者方居室に対する捜索差押許可状により同居室を捜索中に被疑者あてに配達され同人が受領した荷物について同許可状に基づき捜索することの可否

であり、決定要旨もほぼ同文で、

> 被疑者方居室に対する捜索差押許可状により同居室を捜索中に被疑者あてに配達

第4章　捜索差押えに関する判例

> され同人が受領した荷物について同許可状に基づき捜索することができる

というものです。

簡単な問題ですが，最高裁はどのように考えて，この結論を出したのでしょうか。

2　事　実

まず，事実関係です。
最高裁は，

> 警察官が，被告人に対する覚せい剤取締法違反被疑事件につき，捜索場所を被告人方居室等，差し押さえるべき物を覚せい剤等とする捜索差押許可状に基づき，被告人立会いの下に上記居室を捜索中，宅配便の配達員によって被告人あてに配達され，被告人が受領した荷物について，警察官において，これを開封したところ，中から覚せい剤が発見されたため，被告人を覚せい剤所持罪で現行犯逮捕し，逮捕の現場で上記覚せい剤を差し押さえた。

という原判決の認定した事実を挙げています。

3　裁判所の判断

弁護人の主張は，令状の効力は令状呈示後に搬入された物品には及ばないというものです。

これについて，最高裁は，あっさりと，

> 警察官は，このような荷物についても上記許可状に基づき捜索できるものと解するのが相当である

として弁護人の主張を斥けました。

この決定は，「この点に関する原判断は結論において正当である。」といっています。結論において正当というのは，第3章2で説明しました。それでは，原審はどのように判断したのでしょうか。

原審（仙台高判平18・7・25刑集61巻1号12頁）は，本決定が判示した点について，次のように述べています。

> 　捜索差押許可状に基づく捜索差押えの範囲がその許可状を被疑者に示した時点で捜索場所に存在する物に限定されなければならないとすべき明文上の根拠はない。さらに，実質的にみても，刑訴法219条1項が捜索差押許可状に差し押えるべき物，捜索すべき場所を記載しなければならないとしたのは，人の居住権・管理権を保護するためであると解されるが，執行の途中で被疑者が捜索場所で所持・管理するに至った物について捜索差押えを行ったとしても，新たな居住権・管理権の侵害が生じるわけではないから，そこに令状主義逸脱の問題はないというべきである。したがって，本件令状を被告人に示した時点において本件荷物が被告人宅に届いていなかった点をとらえて，本件令状に基づき本件荷物を捜索することは許されなかったとする所論は理由がない（なお，被告人が被告人宅で配達された本件荷物を受け取った以上，捜索場所である被告人方居室内において被告人が本件荷物を自己の支配下に置き，所持・管理するに至ったとみるべきであって，被告人が心当たりのない荷物であり，開封したくない，C運輸に返却したいなどと発言していたからといって捜索差押えが執行できなくなるわけではないことは明らかである。）。

　令状の趣旨から説き起こして，捜索開始後に捜索場所に存在するに至った物も捜索の対象となると述べており，最高裁も同様に考えていたものと思われます。

　もっとも，原審は，配達された荷物について，警察官が再三にわたり開封して中を見せるように被疑者を説得していた事実を認定し，

> 　被告人は一貫して本件荷物を自ら開封することを拒んでいたところ，警察官らが本件荷物を開封する権限がある旨発言したのに対し，被告人が投げやりな感じで警察官らが権限で開けるのであれば好きにすればいい旨発言したのを契機に，警察官らが職務質問に付随する所持品検査を行うという意識で本件荷物を開封したものと認められるが，このような経過，状況をもって，本件荷物の開封につき，被告人の任意の承諾があったと解するには疑義があり，この点において，実際に行われた警察官らの開封行為には手続的な問題があった可能性は残る。

として，警察官の意識としては，捜索ではなく，所持品検査として開封したものであるから，違法であるとした上で，本来は承諾がなくても，捜索に必要な処分として開封できたのだから，手続きの誤りは軽微な瑕疵にとどまると判断

第4章　捜索差押えに関する判例

したのです。

　また，原審は，配達された荷物に覚せい剤が入っている蓋然性が高かったと認定し，したがって，開封できると判断したのですが，最高裁は，単純にこの荷物が捜索の対象となる旨を判示しています。もちろん，荷物の中に差し押さえるべきものがないことが明白であるのに，これを開封することは許されないでしょうが，差し押さえるべき物が在中する高度の蓋然性がなければ開封できないというのは，明らかに誤っているといえます。最高裁が「結論として正当」としたのは，この点を明確にしようとしたからではないでしょうか。

　なお，原審が，令状に係る被疑事実に関連する物について，「被疑事実に関するものであれば，いわゆる罪体に関する直接証拠だけでなく，状況証拠や犯罪行為の情状に関する証拠であってもよく，また，捜査機関が専ら別罪の証拠に利用する目的で差し押さえるのでない限り，それが同時に他の犯罪の証拠物に当たるものであっても差し支えないと解される」と述べているのは，当然のことを述べているに過ぎませんが，「関連性」の正しい理解に役立つでしょう。

4-6　最決平6・9・8刑集48巻6号262頁

　判示事項は，

> 甲の居住する場所に対する捜索差押許可状によってそこに同居する乙がその場で携帯していたボストンバッグについて捜索することの適否

であり，決定要旨は，

> 甲の居住する場所に対する捜索差押許可状により，そこに同居する乙がその場で携帯していたボストンバッグについても捜索することができる。

という簡単なものです。

　なぜ，このような問題が起きたのでしょうか。
　最高裁の判示は極めて簡単です。
　事実関係として述べるのは，

第4章　捜索差押えに関する判例

> 　京都府中立売警察署の警察官は，被告人の内妻であった中村淳織に対する覚せい剤取締法違反被疑事件につき，同女及び被告人が居住するマンションの居室を捜索場所とする捜索差押許可状の発付を受け，平成3年1月23日，右許可状に基づき右居室の捜索を実施したが，その際，同室に居た被告人が携帯するボストンバッグの中を捜索した

というだけです。

　そして，結論は，

> 　右のような事実関係の下においては，前記捜索差押許可状に基づき被告人が携帯する右ボストンバッグについても捜索できるものと解するのが相当である

というのです。

　最高裁は，このように単に捜索ができるとだけ述べました。「これと同旨に出た1審判決を是認した原判決は正当である。」というので，1審（**京都地判平4・10・22刑集48巻6号278頁**）はどう判断したのか，ちょっと確認してみましょう。

　1審が認定した事実は，次のようなものです。

> 　警察官らは，午後3時40分ころ，501号室付近に赴き，証拠隠滅工作を防ぐため，在室者がその玄関扉を開けたときに入室して捜索を実行すべく同室付近において張り込みを続けていたところ，同日午後6時40分ころ，在室していた被告人が外出しようとして同室の玄関扉を若干開け，顔を出して室外の様子をうかがうような態度を示したので，すかさず走り寄って同扉から次々に室内に入り込み，同室玄関付近において「警察や。ガサや。」と被告人に告げ，続いて同室内各室に立ち入って淳織を捜したが不在であったことから，被告人を立会人として捜索を実行することとし，同室内南東側ダイニングキッチンにおいて被告人に対し前記捜索差押許可状を示して捜索を開始した，その際，警察官らは，被告人が右手に前記ボストンバッグを持っていたので，再三にわたり右バッグを任意提出するように求めたが，被告人がこれを拒否して右バッグを抱え込んだので，やむを得ず抵抗する被告人の身体を制圧して強制的に右バッグを取り上げてその中を捜索し，同日午後6時50分ころ，右バッグの中から本件覚せい剤を発見し，同日午後6時58分，被告人を覚せい剤営利目的所持の現行犯人として逮捕し，次いで逮捕に伴う捜索を実施して本件覚せい

第4章　捜索差押えに関する判例

> 剤，ボストンバッグ等を差し押さえた。

というのです。こんなあやしいボストンバッグは捜索しないわけにはいきませんよね。実際，バッグの中から330グラム余りの覚せい剤が発見されているのです。

　しかし，1審は，バッグがあやしいなどという余計なことはいわずに，

> 右場所に対する捜索差押許可状の効力は，捜索場所に居住し，かつ捜索開始時に同場所に在室している者の携帯するバッグにも及ぶものと解される

として捜索を適法としました（控訴審では，専ら令状呈示の適法性が争われています）。

　あやしい事情がたくさんあると，つい，適法性の判断の根拠としてそれらの事情を挙げたくなりますが，そうすると，それらのあやしい事情がなければ，処分はできない（あやしい事情の存在が要件となる）と受け取られかねません。冷静に必要十分な事実を摘示していくということが大切です。

　なお，本件は，大阪市天王寺区の甲方居室を京都府中立売警察署警察官が捜索していますね。管轄区域外でなぜ捜査ができるのでしょうか。ちょっと調べてみましょう。

4-7　東京高判平6・5・11高刑集47巻2号237頁

1　判示事項は何か

　判示事項は，

> 〈1〉　捜索すべき場所を「甲方居室」とする捜索差押許可状に基づき，その場に現在する者の着衣ないし身体を捜索することが適法であるとされた事例。
> 〈2〉　捜索差押許可状に基づき捜索した結果差し押さえる物以外の覚せい剤と思われる結晶を発見した場合において，その所持者と疑われる者の同意を得ることなくいわゆる予試験を実施したことが違法でないとされた事例。

です。

高裁判例ですが，どちらも大切なところですね。

2 判示事項〈1〉について
（1）　判決要旨は，

> 捜索すべき場所を「甲方居室」とする捜索差押え許可状に基づき捜索した場合において，その場に現在する乙が両手をズボンのポケットに突っ込んだままという挙動を続けていて，そのポケット内に差し押さえるべき物を隠匿している疑いが極めて濃厚であり，かつ，乙が部屋を出て行く素振りを見せ激しく抵抗してその場を逃れようとし，捜査官の目の届かないところでポケット内の物を廃棄するなどの行為に出る危険性が顕著に認められるなど判示の具体的状況があるときは，捜査官が乙の着衣ないし身体を捜索することは適法である。

というものです。「判示の具体的状況」とあるので，やはり要旨にまとめられて事実だけではなく，判断の基礎となった事実関係を把握する必要があります。

事案は覚せい剤取締法違反事件です。東京都多摩地区一帯における暴力団H組の組織的大規模な覚せい剤及びコカインの密輸入，密売事件について捜査中の警察官が，H組幹部YがMに覚せい剤を譲渡したという事実をつかみ，同事実によって甲に対する捜索差押え許可状の発付を受け，甲方に捜索に行ったのです。甲は別の暴力団の幹部で，Yと親しく，Yがしばしば甲方に立ち回っていたのです。同令状の差し押さえるべき物は，上記譲渡事実に関係のある「取引メモ，電話番号控帳，覚せい剤の小分け道具」でした。

被疑者以外の者の住居の捜索ですね。要件はどのようなものだったか，条文を確認しておきましょう。

（2）　さて，捜索について，判決文を読んでみましょう。長いのですが，このような事例では事実を正確に把握するのが第一歩です。

> 1　岡部警部補，早坂巡査部長，米屋巡査部長，池田巡査及び中鉢巡査の計5名は，右許可状に基づく捜索差押を実施するため，午前8時45分ころ，甲方マンションに至り，甲が利用している被告人名義の乗用車が駐車しているのを確認し，甲が在室するものと判断して，管理人と共に甲方玄関に至った。
> 2　午前9時ころ，管理人がチャイムを押したが応答がなかったので，手でドアを，

第4章 捜索差押えに関する判例

3，4回ノックし，「甲さん，甲さん」と大きな声で呼び掛けたところ，中からドアが開けられた。そこで，岡部，池田の順にまず玄関のたたきに入ったところ，乳飲み子を抱えた女性（甲の妻美晴）と，短いパンツをはき，軽くセーターを羽織るという服装の若い女性（被告人の内妻長谷川佳子）が出てきていたので，岡部は警察手帳を示して「立川警察署のものだ。ガサに来た。親父さんいるの」と告げた。

3　長谷川はおろおろした様子で落ち着きがなく，後ろを振り返るような素振りをし，玄関右奥の部屋の方を気にしている様子だった。そこで，池田がその方を見たところ，ドアが少し開いており，人の気配を感じた。池田は，甲がいるのではないかと思いその部屋へ入ったところ，そこに，紺色のトレーナー（スウェットスーツ）上下を着て両手をズボンのポケットに突っ込んで立っている被告人を認めた。

4　池田は，被告人に対して「警察だ。お前何しているんだ。ガサに来た」との趣旨のことを告げ，被告人に名前を聞いたところ鈴木賢次と答えたので，自動車の所有者の名前と一致したことや前示の風体，年格好などから被告人は甲の舎弟であり，甲方に居候しているものと判断した。

5　池田は，被告人がポケットに両手を突っ込んだままであることや被告人の表情などに不審を抱き，ポケットに何が入っているんだと追及したところ，依然として手を出そうとしないので，捜索の目的物などを隠しているものと判断した。もし被告人を同部屋にそのまま残せば，目的物などを発見困難な場所に隠匿したり，投棄したり，飲み込んだりするおそれがあるところから，また，甲方に居合わせた者を一堂に集めて捜索差押許可状の提示等をする必要上，池田は，俺は関係ないとして素直に応じようとしない被告人を，岡部らが甲の妻や長谷川を集めていたリビングルームへ連れ込んだ。

6　9時3分ころ，岡部は，リビングルームに甲の妻，長谷川及び被告人が揃ったところで，甲の妻を捜索の立会人とし，同女に対して前記捜索差押許可状を示して趣旨を説明した。

7　池田らは，その前後を通じて，依然としてポケットに両手を突っ込み，俺は関係ないなどと言いながら捜査員を振り切ってリビングルームを出て行こうとする気配を示していた被告人に対し，「ポケットに手を突っ込んでいるが何が入っているんだ。手を出してみなさい」と再三再四強い口調で説得した。しかし，被告人は，「俺は知らねぇ」，「うるせぇ」などと言って応ずる気配もなく，出て行こうとするので，とにかく落ち着いて座るように説得し，両肩を押さえ付けるなどして床の絨毯の上に座らせ，説得を続けた。

被告人は，なおも，両手をポケットに入れたまま，両肩を揺さぶり，起き上がっ

第4章　捜索差押えに関する判例

て捜査員に体当たりするなど，その場から逃れようと次第に激しく抵抗を続けたので，池田が被告人の背中を膝で押さえ付けるなどして数人がかりで制圧し，もつれ合ううち，被告人は絨毯の上にうつ伏せで押さえ込まれる格好になった。

8　この間，池田は，被告人の抵抗があまり激しいので，甲の妻及び長谷川に対し，「ぼうっと見てないで何か言ったらどうなんだ」と言ったところ，長谷川が，被告人に対しては「賢ちゃん，賢ちゃん，もう騒がないで」，捜査員らに対しては「もうおとなしくするからやめて」という趣旨のことを言った。

9　捜査員らは，うつ伏せ状態の被告人の腕を引っ張って，まず左手，次いで右手を順次ポケットから引き抜いたが，左手を引き抜いた際，左ポケットから茶色の小物入れが飛出したので，池田がこれを拾い上げ，中を確認したところ，何も入っていなかった。また，右手は，右ポケットから引き抜いた後も拳を握ったままであったので，指を一本ずつこじ開けて掌中を確認したが，何も握っていなかった。

10　そうこうするうち，被告人の下半身に覆いかぶさるようにして押さえ付けていた米屋が被告人の股間付近の絨毯の上にピンク色の小物入れが落ちているのを発見し，その中を確認したところ，覚せい剤と思われる白色結晶の入ったビニール袋3袋を発見した。

11　捜査員らは，被告人に対し「これは何だ」と言ったが答はなく，「これは覚せい剤じゃないのか。今から予試験をして確認するから」と告げたところ，被告人は「俺は知らない。俺は見たことはない」と言って応じないので，側にいた甲の妻と長谷川にその物を見せ，「これから予試験をする。これに薬を入れて青い色に変われば覚せい剤だからよく見ていてくれ」と告げ，両名がこれに同意したため，池田が試薬を使って予試験をした。

12　予試験の結果，右結晶は覚せい剤の反応を呈したので，その直後の同日午前9時11分，被告人を覚せい済所持の現行犯人として逮捕し，なおも暴れて抵抗する被告人に対し，うつ伏せのまま後手錠を施し，前記小物入れの中にあった覚せい剤3袋，注射針2本，小型はさみ1本，綿棒3本，爪楊枝1本，大小のビニール袋合計20数枚及び右小物入れを差し押さえた。その後，岡部らは被告人を前手錠にし，立川警察署に派遣を要請した応援の警察官が到着した時点で同人らに甲方の捜索を引き継ぎ，同日午前10時40分，被告人を同署に司法警察員に引致した。

こういう「事例問題」があったらどのように答案を構成するでしょうか。この被告人の弁護人になったらどのような主張をすればよいでしょうか。検察官は弁護人の主張を予想してどう対処すればよいでしょうか。

第4章　捜索差押えに関する判例

（3）　本件の弁護人は，場所に対する捜索差押許可状で人の身体を捜索したのは違法である旨を主張しました（弁護人は，「身体に対する捜索令状」というべきところを「身体検査令状」としており，裁判所から誤りを指摘されています。身体の捜索と身体検査の区別は分かりますね。初歩的なことがらですから，間違えないようにしましょう）。

裁判所は，まず，捜索段階の適法性について検討し，捜索場所に現在する者の身体を捜索できる場合がある旨次のように述べました。

　場所に対する捜索差押許可状の効力は，当該捜索すべき場所に現在する者が当該差し押さえるべき物をその着衣・身体に隠匿所持していると疑うに足りる相当な理由があり，許可状の目的とする差押を有効に実現するためにはその者の着衣・身体を捜索する必要が認められる具体的な状況の下においては，その者の着衣・身体にも及ぶものと解するのが相当である（もとより「捜索」許可状である以上，着衣・身体の捜索に限られ，身体の検査にまで及ばないことはいうまでもない。）。

かっこ書は，弁護人が「身体捜索」と「身体検査」を間違えていたことから念のため述べられたものでしょう。

場所に対する令状でなぜそこに現在する人の身体の捜索が許されるのか，裁判所は特に理由を示していません。そのまま，あてはめに入ってしまいます。

まず，上記の事実の中から，身体の捜索が認められる根拠となる事実を拾い出して評価していきます。

　これを本件についてみるに，まず，前示のとおり，（1）捜査員が甲方玄関内に入った際，応対に出た女性二人のうち，若い方の女性（被告人の内妻長谷川佳子）がおろおろした様子で落ち着きがなく，玄関右奥の部屋の方を気にしていたこと，（2）その部屋で発見された被告人は，真冬であるのにトレーナー上下という服装であり，長谷川も短いパンツをはき，その上に軽くセーターを羽織るという服装であったこと，（3）池田が被告人の氏名を尋ねたところ，鈴木賢次と答えており，甲が使用する乗用車の登録名義人と一致したこと，（4）甲の妻や長谷川は被告人を「賢ちゃん」と呼んでいたことなどの状況から，捜査員は，被告人は一時的な来客ではなく，甲方に継続的に同居している者で，甲の輩下であると判断しており，その判断は客観的事実と一致する。

次に，(5) 本件は，暴力団関係者による組織的かつ大規模な覚せい剤密売事犯の一端をなすものと目され，したがって，関係者による罪証隠滅の虞が高いこと，(6) 本件差押の目的物は「取引メモ，電話番号控帳，覚せい剤の小分け道具」という比較的小さい物で，衣服のポケットなどに容易に隠匿できるものであること，(7) 甲は捜索差押許可状の被疑事実と関係のある暴力団の幹部であることなどの事情からすれば，本件捜索に際し，同人と前示のような関係にある被告人において，甲方に存在する差押の目的物を隠匿・廃棄しようとする虞は十分に考えられるところである。しかも，(8) 被告人は，最初に発見されたときから両手をトレーナーのズボンのポケットに突っ込んだままという異常な挙動を続けていたのであるから，そのポケット内に本件差押の目的物を隠匿している疑いはきわめて濃厚である。したがって，捜査員において，被告人に対し，ポケットから手を出し，中に入っている物を見せるよう説得したことは，適切な措置と認められる。(9) これに対し，被告人は，「関係ない」などと言って説得に従わず，部屋を出ていく素振りを見せ，捜査員において，部屋に留まるよう両肩を押さえ付けて座らせ，説得を続けたにもかかわらず，なおも激しく抵抗してその場から逃げようとしているのであるから，捜査員の目の届かない所でポケットの中の物を廃棄するなどの行為に出る危険性が顕著に認められる。

そうして，結論を述べます。

以上のような本件の具体的状況の下においては，被告人が本件捜索差押許可状の差押の目的物を所持していると疑うに足りる十分な理由があり，かつ，直ちにその物を確保すべき必要性，緊急性が認められるから，右許可状に基づき，強制力を用いて被告人の着衣・身体を捜索することは適法というべきである。前示のとおり，捜査員らが用いた強制力はかなり手荒なものであるが，それは被告人の抵抗が激しかったことに対応するものであり，抵抗排除に必要な限度を超えるものとは認められない。被告人の両手をポケットから引き抜き，ポケットの中から出てきた小物入れの中身を確認するまでの捜査員の行為に所論の違法はない。

2つの判断をしていますね。身体の捜索が許される状況であったかどうかという点と，強制処分が認められるとして，そのために加えられた有形力の行使が過度のものでなかったかどうかという点です。

捜索場所に現在する人の身体に対して捜索ができるかという点についての裁判所の判示は極めてシンプルでした。その者が差押え対象物を所持している疑

いがあること，令状の目的を達するために身体を捜索する必要があることの2点です。これに対して，本件についての結論では，裁判所は，被告人が差押の目的物を所持していると疑うに足りる十分な理由があることと，身体を捜索する必要性，緊急性を認め，身体捜索を適法だとしています。緊急性というのは，いますぐ行わなければならない必要性という意味ですから，身体を捜索する必要があったことを示しているだけで，特に新しい要件を付け加えたものではないでしょう。

具体的に本件において身体捜索が許されたかについての事実認定は極めて詳細です。

まず，被告人の甲との関係（同居の輩下），被疑事実の性質（暴力団による組織的事案で関係者による証拠隠滅が容易であり，そのおそれが大），甲と被疑事実の関係（被疑者と親しい暴力団幹部）という3段論法で，被告人に罪証隠滅の虞が高いことを示します。

その上で，被告人の不審な挙動を挙げ，被告人がポケット内に差押の目的物を隠匿している疑いがきわめて濃厚であったことを認定しました。

そして，被告人はその場を逃走しようとして，制止する警察官に激しく抵抗した事実を以て被告人がポケット内に所持している差押え対象物を破棄する危険があったと認定するのです。

注意すべきなのは，被告人と甲との関係は，差押え対象物を所持する疑いを根拠付け，さらに，身体の捜索の必要性を根拠付ける事実としてあげられているのであって，捜索場所に現在する者が当該場所と特別の結びつきを有していることが，その身体の捜索を認める要件となっているのではないということです。このことは，判決要旨によっても明らかですね。

「要件」とこれを根拠付ける事実とを意識して書き分ける必要があることが分かるでしょう。

3　判示事項〈2〉

判示事項〈2〉は覚せい剤の**予試験**についての判示です。

予試験とは，試薬を用いて，覚せい剤と疑われる微量の資料の変色の有無を確認し，資料が覚せい剤であるかどうかを判断するものです。したがって，そ

の性質は鑑定ということになるでしょう。ごく微量とはいえ，覚せい剤の袋を開封し，そのうちの一部を検査に費消してしまうのですから，所有者の同意を得て行うのが原則です。同意が得られない場合，本来は，鑑定処分許可状によるべき処分でしょう。判決もこれを認めます。

> もとより，ピンク色の小物入れから発見された覚せい剤と思われる結晶は，新たに被告人による覚せい剤所持の犯行を疑わせるものであって，捜査員においてこれを確保し，覚せい剤であることを確認するための予試験を行う必要のあったことが認められる。しかし，それは，明らかに本件捜索差押許可状の差押の対象外の物であるから，これを取得するために右許可状による強制処分を行うことは認められない。そこで，これを発見した段階でその所持者と認められる被告人に任意提出を求め，更に，被告人の同意を得た上で予試験（鑑定処分の一種である。）を行うのが本筋である。

そうはいっても，職務質問等で発見された覚せい剤と思われる粉末について，所持者が検査に同意するとは限りません。検査の結果が陽性であれば，逮捕されるのですから，本事例のように激しく抵抗を続ける者もいます。

覚せい剤は白色の結晶・粉末であり，しかも，ビニール小袋に入れて隠匿されている状況などから，予試験をまつまでもなく「覚せい剤」である疑いは極めて高いものです。しかし，同様の結晶・粉末もありますから，予試験によってそれが覚せい剤であることが確認してはじめて所持者を逮捕し，これを差し押さえるなどの捜査を進めるという慎重な取扱いをしているのが実務です。

そこで，あくまで同意が必要であるとすると，覚せい剤の疑いが強いが同意が得られない→同意が得られなければ覚せい剤であると確認できない→覚せい剤であると確認できなければ所持者を現行犯逮捕できない→逮捕できなければ，覚せい剤を差し押さえられない，という，解決不能の悪循環に陥ることになります。

裁判所はこの点についてどのように判断したのでしょうか。

判決要旨は，

> 捜索差押え許可状に基づき捜索した結果，差し押さえるべき物以外の覚せい剤と思われる結晶を発見した場合において，当該結晶の形状，包装などからいわゆる予

第4章 捜索差押えに関する判例

> 試験の結果をまつまでもなくそれが覚せい剤である蓋然性が極めて高く、かつ、その所持者と疑われる者が所持の事実を否定したため、その場にいた他の者らに予試験の趣旨を説明してその同意を得たなど判示の具体的状況があるときは、所持者と疑われる者の同意を得ることなく予試験を実施したとしても、違法とはいえない。

となっています。

　ここで、わざわざ「差し押さえるべき物以外」と記載されているのはなぜでしょうか。差し押さえるべき物として「覚せい剤」が挙げられていれば、差押えに必要な処分として予試験をすることも可能でしょう。「覚せい剤と疑われる粉末若しくは結晶」という場合には、予試験をするまでもなく差し押さえることができることになります。

　判決文を確認してみましょう。

> 1　右覚せい剤と思われる結晶は、被告人に対する適法な着衣・身体の捜索の結果絨毯の上から取得した右ピンク色の小物入れの中から発見されたもので、捜査員がその占有を取得するために新たに被告人の積極的な行為を必要とするものではないこと、
> 2　被告人は、捜査員の「これは何だ」との問いにも答えていないこと、
> 3　ビニール袋に入った結晶は、その形状、包装などから予試験の結果をまつまでもなく、覚せい剤である蓋然性がきわめて高く、現行犯人逮捕も不可能とはいえない状況であること、
> 4　被告人は、予試験をする旨の捜査員の発言に対しても「俺は知らない。俺は見たことない」などとそれが被告人の所持する物であることすら否定するようなことを言って応じないので、やむなく甲の妻と長谷川に予試験の趣旨を説明して同意を得たこと
> など、一連の経過及び状況を総合すると、捜査員が、右覚せい剤と思われる物の任意提出及びこれに対する予試験の実施について、なお被告人に対する説得を継続し、その明確な同意を得なかったことをもって、直ちに違法な捜査であるとまでは断定し難く、仮に若干の違法が認められるとしても、その違法はこれに引き続く現行犯人逮捕の適法性及びこれに伴う差押によって取得された証拠物の証拠能力を否定するほどの重大なものとは認められない。

　判決要旨より、若干トーンが弱いようですね。どうも、所持者の同意なく覚

せい剤の予試験を行うことを適法と断言することはできないようです。

あくまで予試験を拒むのであれば，予試験を行わずに現行犯逮捕し，逮捕に伴う差押えとして物を差し押さえるというのが法に則ったやり方であるといえるでしょう。覚せい剤であることが化学的に証明できないとしても，発見された粉末（結晶）が覚せい剤である蓋然性は極めて高いのですから，現行犯逮捕はできると考えられます。もっとも，この場合は，現行犯逮捕した者について，弁解を聴く等の所要の手続きが必要となりますから，その後に予試験を行い，覚せい剤でないことが判明すれば直ちに釈放するという手順となってかえって被疑者に不利になります。そうすると，やはり，一連の手続きを考えて，承諾がなくとも予試験を認める理論構成が必要ではないかと思われます。

4-8 最決平2・7・9刑集44巻5号421頁

1 何についての判断か

> 報道機関の取材ビデオテープに対する捜査機関の差押え処分が憲法21条に違反しないとされた事例

です。決定要旨は，

> 報道機関の取材ビデオテープが軽視できない悪質な被疑事件の全容を解明する上で重要な証拠価値をもち，他方，右テープが被疑者らの協力によりその犯行場面等を撮影収録したものであり，右テープを編集したものが放映済みであって，被疑者らにおいてその放映を了承していたなど判示の事実関係の下においては，右テープに対する捜査機関による差押処分は，憲法21条に違反しない。

というものですから，かなり限定的な特殊な事例についての判断だということが窺えます。これから，「判示の事実関係」についても確認しなければなりませんが，単純に取材ビデオテープの差押えが許されるというものではないようです。

第 4 章　捜索差押えに関する判例

2　決定文を読む

まず第 1 段は，報道の自由が何らかの制約を受けるかどうかについてです。

> 報道機関の報道の自由は，表現の自由を規定した憲法21条の保障の下にあり，報道のための取材の自由も，憲法21条の趣旨に照らし十分尊重されるべきものであること，取材の自由も，何らの制約を受けないものではなく，公正な裁判の実現というような憲法上の要請がある場合には，ある程度の制約を受けることがあることは，いずれも博多駅事件決定の判示するところである。

博多事件（**最大決昭44・11・26刑集23巻11号1490頁**）も読みましょう。これは，取材フィルム（放映済み）の提出命令の合憲性が争われた事案です。

この趣旨を今度は捜査機関の差押えに及ぼすのです。

> そして，その趣旨からすると，公正な刑事裁判を実現するために不可欠である適正迅速な捜査の遂行という要請がある場合にも，同様に，取材の自由がある程度の制約を受ける場合があること，また，このような要請から報道機関の取材結果に対して差押をする場合において，差押の可否を決するに当たっては，捜査の対象である犯罪の性質，内容，軽重等及び差し押さえるべき取材結果の証拠としての価値，ひいては適正迅速な捜査を遂げるための必要性と，取材結果を証拠として押収されることによって報道機関の報道の自由が妨げられる程度及び将来の取材の自由が受ける影響その他諸般の事情を比較衡量すべきであることは，明らかである。

ここで引用される**最決平元・1・30刑集43巻 1 号19頁**も大切です。

取材の自由と公正な刑事裁判の実現が衝突する場面で何を比較衡量していけばよいか，具体的に判示しています。

以下は，事実関係を整理して，この比較衡量を行うのです。

この決定は，まず，事実関係をまとめて，その後で「以上の事実に照らせば……」などとして，最初に提示した論理を当てはめていくという書き方をしていません。判断に必要な一つ一つの事実に評価を加えていきます。具体的な事例を論ずる場合の書き方の参考になります。

> 本件差押は，暴力団組長である被疑者が，組員らと共謀の上債権回収を図るため暴力団事務所において被害者に対し加療約 1 箇月間を要する傷害を負わせ，かつ，

被害者方前において団体の威力を示し共同して被害者を脅迫し，暴力団事務所において団体の威力を示して脅迫したという，軽視することのできない悪質な傷害，暴力行為等処罰に関する法律違反被疑事件の捜査として行われたものである。しかも，本件差押は，被疑者，共犯者の供述が不十分で，関係者の供述も一致せず，傷害事件の重要な部分を確定し難かったため，真相を明らかにする必要上，右の犯行状況等を収録したと推認される本件ビデオテープを差し押さえたものであり，右ビデオテープは，事案の全容を解明して犯罪の成否を判断する上で重要な証拠価値を持つものであったと認められる。他方，本件ビデオテープは，すべていわゆるマザーテープであるが，申立人において，差押当時既に放映のための編集を終了し，編集に係るものの放映を済ませていたのであって，本件差押により申立人の受ける不利益は，本件ビデオテープの放映が不可能となって報道の機会が奪われるというものではなかった。また，本件の撮影は，暴力団組長を始め組員の協力を得て行われたものであって，右取材協力者は，本件ビデオテープが放映されることを了承していたのであるから，報道機関たる申立人が右取材協力者のためその身元を秘匿するなど擁護しなければならない利益は，ほとんど存在しない。さらに本件は，撮影開始後複数の組員により暴行が繰り返し行われていることを現認しながら，その撮影を続けたものであって，犯罪者の協力により犯行現場を撮影収録したものといえるが，そのような取材を報道のための取材の自由の一態様として保護しなければならない必要性は疑わしいといわざるを得ない。そうすると，本件差押により，申立人を始め報道機関において，将来本件と同様の方法により取材をすることが仮に困難になるとしても，その不利益はさして考慮に値しない。

　このような事情を総合すると，本件差押は，適正迅速な捜査の遂行のためやむを得ないものであり，申立人の受ける不利益は，受忍すべきものというべきである。

　第1に，犯罪が重大であること，ビデオテープが重要な証拠価値を有するもので，他の証拠との関係上立証に不可欠であったことという差押えによる利益を検討し，次に差押えによる報道機関の被る不利益，すなわち，報道の機会が奪われるか，差押えによって将来の取材の自由が制約されるかを考えます。

　この事件は，単に放映済みだから押収を認めるという単純なものではありません。取材の経緯を検討して「そのような取材を報道のための取材の自由の一態様として保護しなければならない必要性は疑わしい」と言い切っているところは刑訴法とは直接関係ありませんが，報道の自由，取材の自由を尊重する以

上，公正な報道を行うべきであるという報道機関への厳しい姿勢が伺われます。

　刑訴法の解釈上参考になる判例ではありませんが，差押え等についての刑訴法の制限は，それらの制限によって守られる憲法上の権利を優先するという考え方です。実際の刑事事件（事例問題も同じです）を検討するには憲法上の検討が不可欠です。

4-9　最判昭51・11・18裁判集202号379頁（賭博メモの差押え）

1 問題点と原審判決

　判例集に登載されたものではありませんが，とても重要な事項を含んでいます。

　被告人は，賭博場開帳図利罪で起訴され，1審で有罪となりました。証拠の標目の中には，「メモ」があり，このメモは，「いわゆる暴力団である奥島連合奥島組の組員である被告人らが，昭和46年4月24日ころから同年6月17日ころまでの間，連日のように賭博場を開張し，俗にいう手本引博奕をした際，開張日ごとに，寺師や胴師の名前，張り客のうちいわゆる側乗りした者の名前，寺銭その他の計算関係等を記録したもの」だったのです。

　このメモは，実は，別件の恐喝事件の捜索で発見され，差し押さえられたものだったのです。

　原審は，このメモの差押えが違法であるとして無罪を言い渡しました。

　最高裁が示した原審無罪の理由を読みましょう。

　1　第1審判決が証拠として挙示しているメモ写しの原物であるメモは，本件とは別の恐喝被疑事件の捜索差押許可状に基づき差し押えられたものであるが，その差押は，同許可状に差押の目的物として記載されていない物に対してされた違法なものである。すなわち，

　（1）昭和47年2月8日奈良県天理警察署司法警察員は，Aに対する恐喝被疑事件につき，奈良簡易裁判所に対し捜索差押許可状の発付を請求し，その請求書に，被疑事実の要旨として，「暴力団奥島連合奥島組の若者頭補佐であるA及び同組と親交のあるBが共謀のうえ，Aにおいて，昭和47年2月2日午前8時ころ，奈良県天理市（番地略）の県会議員V方に赴き，同人に対し『俺とお前の友達のWとは昔

からの友人や。Wは今金がなくて生きるか死ぬかの境目や。Wを助けるために現金2000万円をすぐ準備せよ。俺は生命をかけて来た。』と申し向けて所携の拳銃を同人の胸元に突きつけ，さらに『金ができるのかどうか2つに1つの返事や。金ができんのならWも死ぬやろう。俺も死ぬ。お前も死んでもらう。』と申し向け，右要求に応じなければ射殺する勢を示して脅迫し，よって同日同所で同人から現金1000万円の交付を受けてこれを喝取した。」旨を記載していた。

（2）同日同簡易裁判所裁判官は，捜索すべき場所を「大阪市南区（番地略）奥島連合奥島組事務所及び附属建物一切」，差し押えるべき物を「本件に関係ある，1，暴力団を標章する状，バッチ，メモ等，2，拳銃，ハトロン紙包みの現金，3，銃砲刀剣類等」と記載した捜索差押許可状を発付した。

（3）天理警察署及び奈良県警察本部の司法警察職員は，右許可状に基づき，同年2月10日前記奥島組事務所において，同組組長奥島徳夫の立会のもとに，奥島連合名入りの腕章，ハッピ及び組員名簿等とともに本件メモ写しの原物であるメモ196枚を差し押えた。

（4）同年4月ころ，奈良県警察本部は，右メモ196枚の写しを作成し，これを奥島組組員による賭博ないし賭博場開張図利の容疑事実の資料として所轄の大阪府警察本部に送付し，同府警及び大阪地方検察庁において右メモ写しに基づいて捜査を遂げ，同年10月18日本件公訴が提起されたものであって，右メモ196枚中に本件公訴事実の賭博場開張及び賭博を記録した8枚が含まれていたのである。これは，賭博の状況ないし寺銭等の計算関係を記録した賭博特有のメモであることが一見して明らかであり，前記許可状請求書記載の被疑事実から窺われるような恐喝被疑事件に関係があるものとはとうてい認められず，また「暴力団を標章する状，バッチ，メモ等」に該当するものとも考えられないから，その差押は，許可状に差押の目的物として記載されていない物に対してされた違法なものといわざるをえない。

2 右の違法の程度は，憲法35条及び刑訴法219条1項所定の令状主義に違反するものであるから，決して軽微なものとはいえない。

3 そのうえ，弁護人は，本件メモ写しの証拠調につき異議を述べていた。

4 このような証拠を罪証に供することは，刑事訴訟における適正手続を保障した憲法31条の趣旨に照らし許されない。

5 第1審判決の挙示する被告人の司法警察員及び検察官に対する各供述調書の記載は，形式的には本件メモ写しとは独立した自白であるが，内容においてはその説明に過ぎないものと認められるので，これもまた証拠として利用することが許されない。

第4章 捜索差押えに関する判例

> 6 第1審判決が挙示し又は第1審において取り調べたその余の証拠によっては本件公訴事実を認定することはできない。

　令状記載の差押目的物に含まれるかどうかの判断だけではなく，違法な差押え→令状主義に反する→証拠能力なし→証拠能力のない物をもとにした自白についても証拠能力なしというとても大胆な判決ですね（**大阪高判昭49・3・29高刑集27巻1号84頁**）。

2 最高裁の判断

　最高裁は，原判決が違法であるとしました。

> ①右捜索差押許可状には，前記恐喝被疑事件に関係のある「暴力団を標章する状，バッチ，メモ等」が，差し押えるべき物のひとつとして記載されている。この記載物件は，右恐喝被疑事件が暴力団である奥島連合奥島組に所属し又はこれと親交のある被疑者らによりその事実を背景として行われたというものであることを考慮するときは，奥島組の性格，被疑者らと同組との関係，事件の組織的背景などを解明するために必要な証拠として掲げられたものであることが，十分に認められる。そして，本件メモ写しの原物であるメモには，奥島組の組員らによる常習的な賭博場開張の模様が克明に記録されており，これにより被疑者であるAと同組との関係を知りうるばかりでなく，奥島組の組織内容と暴力団的性格を知ることができ，右被疑事件の証拠となるものであると認められる。してみれば，右メモは前記許可状記載の差押の目的物にあたると解するのが，相当である。
> ②憲法35条1項及びこれを受けた刑訴法218条1項，219条1項は，差押は差し押えるべき物を明示した令状によらなければすることができない旨を定めているが，その趣旨からすると，<u>令状に明示されていない物の差押が禁止されるばかりでなく，捜査機関が専ら別罪の証拠に利用する目的で差押許可状に明示された物を差し押えることも禁止されるものというべきである</u>。そこで，さらに，この点から本件メモの差押の適法性を検討すると，それは，別罪である賭博被疑事件の直接の証拠となるものではあるが，前記のとおり，同時に恐喝被疑事件の証拠となりうるものであり，奥島連合名入りの腕章・ハッピ，組員名簿等とともに差し押えられているから，同被疑事件に関係のある「暴力団を標章する状，バッチ，メモ等」の一部として差し押えられたものと推認することができ，記録を調査しても，捜査機関が専ら別罪である賭博被疑事件の証拠に利用する目的でこれを差し押えたとみるべき証跡は，

③以上の次第であって，右メモの差押には，原判決の指摘するような違法はないものというべきであるから，これと異なる原判決の判断は法令に違反するものというほかなく，その違反は原判決に影響を及ぼしており，これを破棄しなければ著しく正義に反するものと認められる。(①〜③，下線筆者)

　重要な事項は2つありますね。一つ目は，賭博に関するメモは，暴力団の活動を示すものであり，「暴力団を標章する物に含まれる」というのです。標章というのは，広辞苑によれば，しるしとなる徽章又は記号という意味ですから，ちょっと違うような気もしますが，「暴力団を標章する状，バッチ，メモ等」が差し押さえるべき物として認められたのは，暴力団を背景とする恐喝事件について，その暴力団の実態を明らかにするという趣旨でしょうから，そうであれば，「暴力団を標章するメモ」に含まれるという判断も無理ではないでしょう。この点について，最高裁は，「本件メモ写しの原物であるメモには，奥島組の組員らによる常習的な賭博場開張の模様が克明に記録されており，これにより被疑者であるAと同組との関係を知りうるばかりでなく，奥島組の組織内容と暴力団的性格を知ることができ，右被疑事件の証拠となるものである」と，具体的に示しています。このような具体的な理由の示し方は，別の類似事例に直面したとき，差し押さえた物が目的物に含まれるかどうかの判断の書き方の参考になりますね。

　第2は，いわゆる**別件捜索**についての判断です。たとえ，令状の基礎となった被疑事実と関連性があり，差し押さえるべき物に含まれる物であるとしても，「もっぱら別罪の証拠に利用する目的」で差し押さえることは禁止されるというのです。

　この判決では，「記録を調査」して「もっぱら」かどうかを判断していますが，その中で，特に，「暴力団を標章する物」として本件メモのみが差し押さえられたわけではなく，他の暴力団の名入りの腕章やハッピ，組員名簿などと一緒に差し押さえられていることが重視されていますね。これも参考となるでしょう。

第4章 捜索差押えに関する判例

4-10 最決平10・5・1刑集52巻4号275頁

> フロッピーディスク等につき内容を確認せずに差し押さえることが許されるとされた事例

が判示事項です。フロッピーディスクというのが時代を感じさせますね。

　前の平成2年判決の捜索が実際にどのように行われたを想像してみましょう。暴力団組員が詰めている暴力団事務所における捜索です。組員名簿などを差し押さえていますが、メモの一つ一つを吟味しながら捜索を続けることができるでしょうか。一見して暴力団に関係ありそうであれば差し押さえるという実態であろうことは容易に想像できます。大規模な経済犯罪なども同様ですね。「○○会社で捜索が行われています」と、証拠書類が入れられたらしい段ボール箱がつぎつぎに捜査車両に積み込まれていくニュースをテレビなどで見たことがあるでしょう。大規模な捜索で一つ一つの書類を詳細に検討して差押えの要否を判断しているとは思えませんね。

　捜査の用語で「物（ブツ）読み」というのがあります。押収した膨大な書類を後で一つ一つ検討していくのです。被疑事実の証拠となる記載だけではなく、別罪の証拠となる記載を発見することも少なくありません。脱税容疑で押収した帳簿に不審な支出を認め、調べると贈賄のための支出だったというような例です。

　本件もそのような差押えについての判例です。

　これは、「捜索差押え許可の裁判及び司法警察職員の処分に対する準抗告棄却決定に対する特別抗告事件」です。手続きは分かりますね。

　短い決定文ですから、全文を読みましょう。

> 　本件は、自動車登録ファイルに自動車の使用の本拠地について不実の記録をさせ、これを備付けさせたという電磁的公正証書原本不実記録、同供用被疑事実に関して発付された捜索差押許可状に基づき、司法警察職員が申立人からパソコン1台、フロッピーディスク合計108枚等を差し押さえた処分等の取消しが求められている事案である。原決定の認定及び記録によれば、右許可状には、差し押さえるべき物を「組織的犯行であることを明らかにするための磁気記録テープ、光磁気ディスク、

フロッピーディスク，パソコン一式」等とする旨の記載があるところ，差し押さえられたパソコン，フロッピーディスク等は，本件の組織的背景及び組織的関与を裏付ける情報が記録されている蓋然性が高いと認められた上，申立人らが記録された情報を瞬時に消去するコンピュータソフトを開発しているとの情報もあったことから，捜索差押えの現場で内容を確認することなく差し押さえられたものである。

令状により差し押さえようとするパソコン，フロッピーディスク等の中に被疑事実に関する情報が記録されている蓋然性が認められる場合において，そのような情報が実際に記録されているかをその場で確認していたのでは記録された情報を損壊される危険があるときは，内容を確認することなしに右パソコン，フロッピーディスク等を差し押さえることが許されるものと解される。したがって，前記のような事実関係の認められる本件において，差押え処分を是認した原決定は正当である。

判例集には，特別抗告申立人の主張も引用されています。申立の理由は，差押え許可裁判の取消を差押え処分が終了した後に求めることはできないという原決定は違憲である，令状を発付する正当な理由はなかった，パソコン等磁気記憶媒体を差押え目的物とするのは違憲である，令状の呈示が不十分であるなど，さまざまな主張をしたのですが，最高裁は，このうちフロッピーディスクの包括的差押えについてのみ判断をしたのです。

実は，申立書によれば，差し押さえられた108枚のフロッピーディスクの大半は何も記録されていないものだったようです。

最高裁は，被疑事実に関する情報が記録されている蓋然性が認められること，その場で確認していたのでは記録された情報を損壊される危険があるという2つの事情をあげて内容を確認しないままでパソコン，フロッピーディスク等を差し押さえたことを認めています。

本件は事例判断ですから，この2つの事情が内容を確認しないで差し押さえることの要件であるとまで解することはできないでしょう。とはいえ，記録の存在の蓋然性は当然といえますし，その場で確認すると情報を損壊される危険というのも，記録されている情報の形式は様々で，あやまったファイルの開き方をすることによって情報が損壊される危険があったり，パスワードの設定など他人が容易に確認できないようなセキュリティ措置が講じられているのが常識ですから，その場で安易な確認ができないのがむしろ通常であるといえるで

しょう。

4-11　最決平2・4・20刑集44巻3号283頁

1　判例の内容

検察官がした押収物の還付に関する処分に対する準抗告棄却決定に対する特別抗告事件で，

> 刑訴法123条1項による押収物還付の還付先

を判示したものです。

決定要旨は，

> 刑訴法123条1項による押収物の還付は，被押収者が還付請求権を放棄するなどして原状を回復する必要がない場合又は被押収者に還付することができない場合のほかは，被押収者に対してすべきである。

というものです。なんだか当然のことを判示しているように思えますね。なぜ，あらためてこのような判例が出たのでしょうか。

2　どのような事例だったのか

この決定にはまず事実の経過がまとめられています。

> 原決定の認定によれば，申立会社は，宗教法人大雲寺所有の国宝梵鐘（延暦寺西宝院鐘，以下詳細は略し，「本件梵鐘」という。）を同寺から譲り受けたとして，昭和60年10月1日，これを所在場所から搬出して広隆寺旧霊宝殿に保管し，本件梵鐘が行方不明になったとして新聞紙上等で騒がれるようになってから，蓮華寺，次いで相国寺内承天閣美術館に預けていたが，同年11月29日，文化庁長官が，本件梵鐘の保管に関し，所有者が明らかでなく，また，所有者又は管理責任者による管理が著しく困難又は不適当であると明らかに認められるとして，文化財保護法32条の2第1項の規定により京都府を管理団体に指定し，一方，京都市民有志からの告発に基づき同法107条違反（文化財隠匿罪）被疑事件の捜査を開始した京都府警察下鴨警察署の司法警察員は，同年12月2日，承天閣美術館長有馬頼底が保管中の本件梵

鐘を右被疑事件の証拠物件として差し押さえ，同日，これを管理団体である京都府に仮還付し，その後申立会社代表取締役である西山正彦ほか4名に対する前記被疑事件の送致を受けた京都地方検察庁検察官は，昭和61年12月19日，被疑者5名を不起訴処分にするとともに，管理団体である京都府に対し本件梵鐘を仮還付のまま本還付した。

　本件の判断に入る前に，**仮還付**，**本還付**について復習しましょう。
　押収物については，事件が終結すると留置を説いて還付をしなければなりません。
　事件終結前でも，留置の必要がない場合には**還付**しなければなりませんが（123条1項），還付が相当でない場合にも，**仮還付**することができます。これは，文字どおり「仮」ですから，捜査・公判のために必要がある場合には，提出することを約するのですが，特にその必要がないままに事件が終結した場合，「仮還付のまま本還付」といって，改めて提出させて還付するということをせずに，そのまま還付してしまうことができるのです。事案の経緯を追ってみると，文化財の管理団体の指定から，差押え，仮還付，本還付が実に手際よくなされていて，本件梵鐘を京都府に移すために捜査手続が利用されたのではないかとさえ思えるほどです。

3　裁判所の判断

　さて，このような還付の適法性が争われたのです。原決定は，京都府への還付を認めました。

　原決定は，捜査機関による還付処分の還付先は，原則として被押収者とすべきであるが，被押収者以外にもその押収物について支配管理の権限を有する者があり，かつ，両者の利害を総合的に彼此較量したとき，後者に押収物の占有を得させた方が明らかにその物に関する法益の保護にかなうとみられるような特段の事由が存在する場合には，例外的に被押収者以外の権利者に還付処分を行うことも許されると解した上，本件においては，申立会社が本件梵鐘の所有者であることを確定的に認定することはできず，本件梵鐘を申立会社の管理下に戻した場合，申立会社が果たして文化財保護法所定の各種の制約を遵守し，国宝にふさわしい保存管理を行うかどうか疑念が残り，不当に転売するなどして流出，散逸させるおそれがあるのに対

し，京都府は，文化財保護法に基づく管理団体であり，仮還付を受けた後疎漏なく管理を続けていることなどを総合すると，本件の還付処分に違法はないとした。

　たしかに，貴重な梵鐘ですし，京都府が管理団体としてこれを管理することを認められているのですから，還付は適法であるように見えます。
　これに対して，本決定は，次のとおり判示しました。

　しかしながら，刑訴法222条の準用する同法123条1項にいう還付は，押収物について留置の必要がなくなった場合に，押収を解いて原状を回復することをいうから，被押収者が還付請求権を放棄するなどして原状を回復する必要がない場合又は被押収者に還付することができない場合のほかは，被押収者に対してすべきであると解するのが相当である。そうすると，本件は右の例外に当たる場合ではないので，被押収者でない京都府に対し還付した処分は違法であ(る)

　「123条1項にいう還付は，押収物について留置の必要がなくなった場合に，押収を解いて原状を回復することをいう」というのはとても重要です。還付についての問題は，ここから考えていけばよいのです。

第5章　新しい強制捜査に関する判例

5-1　最決昭55・10・23刑集34巻5号300頁

1　なぜ，強制的な採尿が必要か〜決定の背景

強制採尿を認めたあまりにも有名な判例です。

覚せい剤という違法な薬物については，製造や輸入，譲渡，所持等が禁じられるだけではなく，「使用」も禁止の対象となります。覚せい剤中毒者が精神に変調を来し，凶悪な事件を起こすことも少なくありません。覚せい剤を根絶するには，使用事実を明らかにして，使用した覚せい剤の入手先を辿る（突き上げ捜査といわれます）ことが大切です。

それでは，覚せい剤を使用したというのはどのようにして立証すればよいでしょうか。

使用の痕跡が頭髪に現れるなどの研究成果も得られていますが，現在のところ，ほぼ唯一といってよい検査方法が「尿の検査」です。人間は毒物を摂取したときには，これをできるだけ早く尿として排出しようとします。覚せい剤を摂取した者の尿からは，数日間覚せい剤が検出されます。これが，使用の証拠となるのです。

そこで，捜査官は，覚せい剤使用を疑う者から，何とか尿を得ようとしますし，相手は何とか尿を出すまいとする，という攻防が繰り返されているのです。昭和50年代以降の重要な判例に覚せい剤事案が多いのもこのためといえます。

では，「尿検査」はどのように行われるのでしょうか。

まず，捜査官は被疑者に尿の**任意提出**を求めます。体外に排出した尿が被疑者の「所有，所持，保管」（221条）にかかるものといえるでしょうか？　尿をどうやって採取するかを思い浮かべれば分かりますね。被験者はあらかじめ消毒済みのコップを渡され，トイレでコップに自分の尿を入れます（健康診断の尿検査を考えればよいでしょう）。捜査官の目を盗んで水を入れる者もいます。

そうはいっても排尿行為を徹底的に監視するというのも被験者の名誉を考えると難しいかも知れません（スポーツの「ドーピング検査」では，男女を問わず排尿を厳しく監視するようです）。被験者がコップに入れた尿を任意提出し，捜査官がこれを領置します。尿を領置した捜査官は，これに覚せい剤が含まれているかどうかの鑑定を嘱託します。嘱託先は多くは警察の「科学捜査研究所」の研究吏員（化学の専門家）です。この一連の手続は**任意提出書**，**領置調書**，**鑑定嘱託書**，**鑑定書**によって立証されます。これらの書面の立証趣旨，証拠能力についても復習しておきましょう。

　では，被験者が尿の提出に応じなかった場合にどうすればよいでしょうか。この決定以前は，この事件と同様に，**身体検査令状**と**鑑定処分許可状**を併用して，強制採尿，すなわち，尿道にカテーテルを挿入して膀胱内の尿を採取していました。なぜ，2つの令状が必要なのでしょうか。被験者の任意の排尿を待たずに膀胱内の尿を採取するのは鑑定に必要な処分と解され，鑑定処分許可状では身体に対する直接強制ができないという解釈から身体に対する直接強制を認める身体検査許可状を併用したのです。

　なぜ，鑑定処分許可状では身体に対する直接強制が認められないと解されるのでしょうか。刑訴法は，準用条文が非常に多いですね。鑑定処分許可状に準用される身体検査に関する条文をよく見てください。

2　本決定の原審の判断

　原審（名古屋高判昭54・2・14刑集34巻5号314頁）は，

> 本件におけるように，尿の提出を拒否して抵抗する被疑者の身体を数人の警察官が実力をもって押えつけ，カテーテルを用いてその陰茎から尿を採取するがごときことは，それが，裁判官の発する前記のような令状（鑑定処分許可状及び身体検査令状）に基づき，直接的には医師の手によって行われたものであったとしても，被疑者の人格の尊厳を著しく害し，その令状の執行手続として許される限度を越え，違法であるといわざるを得ない。

としたのです（ただし，証拠能力は認めています）。

　この判断は，名古屋高裁管内の「覚せい剤常用者」に瞬く間にひろまり，本

決定が出るまで，尿の任意提出に応じるのは事情を知らない初犯者だけ，という事態が生じたのです。

強制採尿についてのこの原審の判断は適切だったとは思えませんが，この考え方は重要です。

捜査方法が例え刑事訴訟法の求める要式を満たしていた（この場合には令状があった）としても，「人間の尊厳を著しく害する」ものは認められないというのです。強制捜査がそれに当たるかどうかは問題ですが，やはり，人間の尊厳を否定し，又は著しく害するような捜査方法を認めることは憲法・刑事訴訟法の精神から許されないことだというのは原審のいうとおりです。

原審は，強制採尿が違法であるという判断の根拠の１つとして，「**他の，より人格侵害の少ない方法**で採尿の目的を達することが不可能ではないと思われる」ことを挙げています。この考え方も，憲法などで学んだところだと思いますが，重要な考え方といえます。

もっとも，それにもかかわらず，原審は，この違法は令状主義の精神を没却するような重大なものであるとは認められないとして採取された尿及び鑑定書の証拠能力を認めるのはバランスを欠くように思われます。捜査の適法性も，証拠能力も憲法とこれを受けた刑訴法の基本精神を判断基準としているのですから，両者の結論は同じになるのではないでしょうか。

3 本決定の判示事項と決定要旨

さて，このような背景を理解した上で本決定を読むことにしましょう。

判示事項は３点です。

〈1〉 捜査手続上の強制処分として被疑者の体内から導尿管（カテーテル）を用いて尿を採取することの可否
〈2〉 被疑者からの強制採尿に必要な令状とその形式
〈3〉 尿の強制採取の過程に，適切な条件を付した捜索差押令状によるべきであるのに，他の令状によった不備があっても，採尿検査の適法性がそこなわれないとされた事例

では，これについて最高裁はどのような判断をしたのでしょうか。決定要旨

第5章　新しい強制捜査に関する判例

は次のとおりです。

《1》　被疑者の体内から導尿管（カテーテル）を用いて強制的に尿を採取することは、捜査手続き上の強制処分として絶対に許されないものではなく、被疑事件の重大性、嫌疑の存在、当該証拠の重要性とその取得の必要性、適当な代替手段の不存在等の事情に照らし、捜査上真にやむをえないと認められる場合には、最終的手段として、適切な法律上の手続を経たうえ、被疑者の身体の安全と人格の保護のための十分な配慮の下に行うことが許される。

《2》　捜査機関が強制採尿をするには捜索差押状によるべきであり、右令状に医師をして医学的に相当な方法により行わせる旨の条件を付すことが不可欠である。

《3》　強制採尿の過程に、適切な条件を付した捜索差押令状でなく、身体検査令状及び鑑定処分許可状によってこれを行った不備があっても、それ以外の点では法の要求する要件がすべて充足されているときには（判文参照）、右の不備は、採尿検査の適法性を損なうものではない。

繰り返し説明しているように、〈1〉、〈2〉と〈3〉は位置づけが違いますね。〈3〉は事例判断にとどまります。

4　判示事項〈1〉〜強制採尿は許されるか

決定要旨がかなり詳しいので、本文を読むまでもないといえますが、念のため、読み比べてみましょう。

尿を任意に提出しない被疑者に対し、強制力を用いてその身体から尿を採取することは、①身体に対する侵入行為であるとともに屈辱感等の精神的打撃を与える行為であるが、右採尿につき通常用いられるカテーテルを尿道に挿入して尿を採取する方法は、被採取者に対しある程度の肉体的不快感ないし抵抗感を与えるとはいえ、②医師等これに習熟した技能者によつて適切に行われる限り、身体上ないし健康上格別の障害をもたらす危険性は比較的乏しく、仮に障害を起こすことがあっても軽微なものにすぎないと考えられるし、また、右強制採尿が被疑者に与える屈辱感等の精神的打撃は、検証の方法としての身体検査においても同程度の場合がありうるのであるから、③被疑者に対する右のような方法による強制採尿が捜査手続上の強制処分として絶対に許されないとすべき理由はなく、④被疑事件の重大性、嫌疑の存在、当該証拠の重要性とその取得の必要性、適当な代替手段の不存在等の事情に

照らし，犯罪の捜査上真にやむをえないと認められる場合に，最終的手段として，適切な法律上の手続を経てこれを行うことも許されてしかるべきであり，ただ，その実施にあたっては，被疑者の身体の安全とその人格の保護のため十分な配慮が施されるべきものと解するのが相当である。(①〜④筆者)

①では，強制採尿の弊害を挙げます。
②で，①の弊害がどの程度のものか，を評価します。
③その結果，「許される」という結論を導き出すのです。
ここまでは，普通の論理の組み立て方ですね。
しかし，捜査目的で人の尿道にカテーテルを挿入して尿を採取することについては，最高裁も相当の抵抗感があったのでしょう。通常の捜査手段の評価方法とかなりニュアンスが異なります。④の部分になりますが，事件の重大性，嫌疑の存在，当該証拠の重要性とその取得の必要性を考えて，必要最小限度の相当な方法で行うことができるというのが，普通の考え方でしょう。ところが，この決定では，「代替手段の不存在」を特に要件に挙げた上，強制採尿を「最終的手段」としているのです。代替手段があるかどうかは，原審の判断を併せて読むと原審の判断を否定するためにした判示ともいえますが，それにしても「最終的手段」というのは強烈です。
いわゆる**任意捜査の原則**は，確かに，任意処分で行うことができる場合はできるかで任意処分によるべきであるということですが（犯罪捜査規範99条），任意捜査ができないことを強制捜査の条件とする，すなわち，任意捜査ができる場合に強制捜査を行ってはならないというものではありません。
これに対し，本決定は，採尿については，代替手段もなく，任意処分で行うことがどうしてもできない最終手段でなければ強制処分は許されないとしているのです。
ここは要注意ですね。
実は，この決定後，尿の任意提出を求めるために，被疑者を長時間警察署等にとどめる事例が多く見られるのです。覚せい剤使用の嫌疑がある場合でなければ，任意同行後長い時間警察署にとどめ置けば，実質的な逮捕に当たるということになるでしょう。しかし，覚せい剤使用の嫌疑が相当に高度である場合

であっても，尿の提出を促し，任意提出が全く期待できない状況に至って初めて令状を請求できることになりますから，強制採尿令状を得るためには，相当時間を要することになるのです。この強制採尿令状の効力に関する次の**最決平6・9・16刑集48巻6号420頁**もそのような事例です。

5 判示事項〈2〉～どのようにして強制採尿を行うか

　さて，強制採尿が捜査手段として認められることは分かりました。刑訴法は，同法に規定がなければ強制処分を認めません（197条1項ただし書）。そこで，刑訴法のどの規定によれば強制採尿ができるのかを考えたのが**判示事項〈2〉**です。

> 　そこで，右の適切な法律上の手続について考えるのに，体内に存在する尿を犯罪の証拠物として強制的に採取する行為は捜索・差押の性質を有するものとみるべきであるから，捜査機関がこれを実施するには捜索差押令状を必要とすると解すべきである。

　「体内に存在する尿を採取する行為は捜索・差押の性質を有する」というのは，ちょっと言葉不足のように思えます。これが，「体内に存在する血液を採取する行為」の場合にも当てはまるとは思えないからです。なぜ，捜索・差押えの性質なのだろうか，と考えてみてください。

　おそらく，最高裁は，尿については，膀胱内にある物でも，体外に排出された物でも，その性質は同じ，つまり，既に体外に排出された物であって身体の一部ではないと考えたのでしょう。手に握りしめた物を指を開かせて差し押さえるのと同じことなのですね。

　したがって，身体の一部である血液にはこの決定は妥当しないと考えられています。

> 　ただし，右行為は人権の侵害にわたるおそれがある点では，一般の捜索・差押と異なり，検証の方法としての身体検査と共通の性質を有しているので，身体検査令状に関する刑訴法218条5項が右捜索差押令状に準用されるべきであって，令状の記載要件として，強制採尿は医師をして医学的に相当と認められる方法により行わせなければならない旨の条件の記載が不可欠であると解さなければならない。

この部分は，とても重要です。

強制処分の性質は捜索・差押である→人権侵害の性質は検証としての身体検査に共通する→身体検査令状に関する規定を準用するという論理の運びは特に目新しいものではありません。しかし，最高裁は，この決定よって全く新しい形式の令状を作り出したといっても過言ではありません。

強制処分法定主義（197条1項ただし書）によれば，刑訴法に定められた令状によらなければ強制処分はできません。その令状は，法が厳格な要件を定めているのですから，身体検査令状に関する規定を捜索差押え許可状に準用できるとは考えられていなかったのです。しかし，218条5項は，もっぱら被検査者の人権を守るための規定であるといえますから，他の令状に準用することが強制処分法定主義に反するものでないことはいうまでもないでしょう。

本決定後，裁判所は，本決定によって不可欠とされた「医師をして……」という条件を記載した強制採尿に関する令状（捜索差押許可状）の様式を定めています。

6 判示事項〈3〉

強制採尿令状の形式が実務上確定した以上，**判示事項〈3〉**は，現在ではあまり意味がありませんが，「令状の形式」が違っていても，実質的に令状主義が守られていれば違法といえないという考え方は，とても重要です。

> 令状の種類及び形式の点では，本来は前記の適切な条件を付した捜索差押令状が用いられるべきであるが，本件のように従来の実務の大勢に従い，身体検査令状と鑑定処分許可状の両者を取得している場合には，医師により適当な方法で採尿が実施されている以上，法の実質的な要請は十分充たされており，この点の不一致は技術的な形式的不備であって，本件採尿検査の適法性をそこなうものではない。

「法の実質的要請」という考え方に注目しましょう。そもそも強制処分に，刑訴法の定めが必要とされ，現行犯の場合以外の処分には，令状が求められる趣旨は何か，という点をきちんととらえ，それに「実質的に反していたかどうか」，「記述的・形式的不備に過ぎないか」を考えるのです。条文の文言にそのまま当てはめるだけで解決できない問題については，いったん法の趣旨に立ち

返り，考えるというのは基本中の基本です。何が守らなければならないものなのかを見極めることによって適切な結論を得ることができるでしょう。

5-2 最決平6・9・16刑集48巻6号420頁

1 判示事項と決定要旨

判示事項は2つです。**判示事項〈1〉**は

> いわゆる強制採尿令状により被疑者を採尿場所まで連行することの適否

です。これは，「令状」の効力をどう解するかという判断ですから，今後の実務はこの解釈にしたがって動くことになります。

判示事項〈2〉は事例判断です。

> 任意同行を求めるため被疑者を職務質問の現場に長時間留め置いた措置は違法であるが，その後の強制採尿手続により得られた尿の鑑定書の証拠能力は否定されないとされた事例

です。職務質問の限界を示す一つの判断ですが，強制採尿を巡る事例であるという特殊性に留意する必要がありそうです。

2 判示事項〈1〉について

判示事項〈1〉についての決定要旨を読んでみましょう。

> 身柄を拘束されていない被疑者を採尿場所へ任意に同行することが事実上不可能であると認められる場合には，いわゆる強制採尿令状の効力として，採尿に適する最寄りの場所まで被疑者を連行することができる。

いわゆる**強制採尿令状**とは採尿のための条件を付した捜索差押許可状のことです。強制採尿については，**最決昭55・10・23刑集34巻5号300頁**以来，同決定の示す条件を付した捜索差押許可状による強制採尿が定着しました。逮捕・勾留中の被疑者については，逮捕又は勾留の効力によって採尿場所に連行できますから，問題はありませんが，逮捕・勾留されていない被疑者について，被

疑者があくまで採尿場所への同行を拒否する場合に強制的に連行できるかどうかが問題となりました。

　捜索差押許可状は，あくまで，裁判所が捜索すべき場所（この場合は被疑者の身体）において捜索を行い，差し押さえるべき物（この場合は被疑者の尿）を発見した場合これを差し押さえることを認めたのに過ぎないから，被疑者の身体を拘束することまでは認められない，という考えもありました。確かに，身体の自由は，何にも勝るものですから，捜索差押許可状というより人権侵害の少ない令状で身体の自由を奪うことができないというのも，一理あるようです。

　しかし，裁判所が強制採尿を認め，しかも，被疑者の健康や人権に配慮して医師による相当な方法による採尿を条件としたのですから，そのような採尿ができる場所に被疑者を強制的に連行できないというのでは，令状そのものが無意味になってしまいます。したがって，強制採尿令状には，採尿場所まで被疑者を強制的に連行することの許可までが含まれると考えるのが相当です。

　強制的な連行を認める立場にあってもその根拠を**捜索に必要な処分**（刑訴法112条）に求める見解もありましたが，最高裁は，この考え方をとらず，**令状の効力**として認めることを明らかにしたのです。

　裁判所がどのようにその理由を書いているか，判文を読みましょう。

> 　身柄を拘束されていない被疑者を採尿場所へ任意に同行することが事実上不可能であると認められる場合には，強制採尿令状の効力として，採尿に適する最寄りの場所まで被疑者を連行することができ，その際，必要最小限度の有形力を行使することができるものと解するのが相当である。けだし，そのように解しないと，強制採尿令状の目的を達することができないだけでなく，このような場合に右令状を発付する裁判官は，連行の当否を含めて審査し，右令状を発付したものとみられるからである。その場合，右令状に，被疑者を採尿に適する最寄りの場所まで連行することを許可する旨を記載することができることはもとより，被疑者の所在場所が特定しているため，そこから最も近い特定の採尿場所を指定して，そこまで連行することを許可する旨を記載することができることも，明らかである。

　強制採尿令状というのは，「医師をして医学的に相当と認められる方法により行わせなければならない」という条件を付した捜索差押許可状という変則的な令状です。刑訴法は身体検査令状のみに条件を付すことを認めているのです。

しかし，捜査の実質が「捜索」であるとしても，人の身体に強制力を加える捜査方法ですから，被処分者の保護のために適切な条件を付すことは刑訴法上認めてよいと考えられます。そのような強制採尿の特殊性を考えれば，「採尿場所への連行」は，通常の捜索における「錠を開く」などの必要な処分とは性質を異にするものですから，令状自体の効力として認めるべきであるという最高裁の考え方は妥当だといえるでしょう。

もっとも，通常の捜索も強制力を持って捜索することを認めているわけですから，捜索時に行われる処分が令状自体の効力によるのか，「必要な処分」として認められるのかについては，限界は明らかとはいえない場合も少なくないし，実益も乏しいといえます。

強制採尿を認めた前記昭和55年決定の後，強制採尿令状（捜索差押許可状）には，同決定の求める「医師をして医学的に相当と認められる方法により行わせなければならない」という条件が付されるようになったことは説明しましたが，さらに，本決定後は，決定文にあるように，「強制採尿のために必要があるときは，被疑者を（○○所在○○病院）又は採尿に適する最寄りの場所まで連行することができる。」旨が令状の条件欄に書き加えられるようになっています。

裁判所の認めた処分の内容を令状に記載して被処分者に明らかにするという令状主義の趣旨に合致した取扱いといえます。

3 判示事項〈2〉について

（1）これは，判示事項から明らかなとおり事例判断です。この決定要旨は，とても長いものです。

> 覚せい剤使用の嫌疑のある被疑者に対し，自動車のエンジンキーを取り上げるなどして運転を阻止した上，任意同行を求めて約6時間半以上にわたり職務質問の現場に留め置いた警察官の措置は，任意捜査として許容される範囲を逸脱し違法であるが，被疑者が覚せい剤中毒を伺わせる異常な言動を繰り返していたことなどから運転を阻止する必要性が高く，そのために警察官が行使した有形力も必要最少限度の範囲にとどまり，被疑者が自ら運転することに固執して任意同行をかたくなに拒否し続けたために説得に長時間を要したものであるほか，その後引き続き行われた

強制採尿手続自体に違法がないなどの判示の事情の下においては，右一連の手続を全体としてみてもその違法の程度はいまだ重大であるとはいえず，右強制採尿手続により得られた尿についての鑑定書の証拠能力は否定されない。

その上，「判示の事情の下においては」というのですから，この要旨を単純に考えて，「6時間半の留め置きは違法だ」などと覚えることは意味がないでしょう。

（2） 決定の理由中にまとめられた事実関係はかなり長いのですが，どんな状況だったか，自分がこの被告人に対応した警察官だったら，どの時点でどのように行動するだろうかと考えながら読むことが大切です。

1　福島県会津若松警察署猪狩好雄警部補は，平成4年12月26日午前11時前ころ，被告人から，同警察署八田駐在所に意味のよく分からない内容の電話があった旨の報告を受けたので，被告人が電話をかけた自動車整備工場に行き，被告人の状況及びその運転していた車両の特徴を聞くなどした結果，覚せい剤使用の容疑があると判断し，立ち回り先とみられる同県猪苗代方面に向かった。

2　同警察署から捜査依頼を受けた同県猪苗代警察署の小熊一夫巡査は，午前11時すぎころ，国道49号線を進行中の被告人運転車両を発見し，拡声器で停止を指示したが，被告人運転車両は，2，3度蛇行しながら郡山方面へ進行を続け，午前11時5分ころ，磐越自動車道猪苗代インターチェンジに程近い同県耶麻郡猪苗代町大字堅田字宮西の通称堅田中丸交差点の手前（以下「本件現場」という。）で，小熊巡査の指示に従って停止し，警察車両2台もその前後に停止した。当時，付近の道路は，積雪により滑りやすい状態であった。

被告人を発見し，停止させるまでの経緯です。発見前の被告人の異常な挙動，積雪により滑りやすい高速道路上，被告人の運転状況など，職務質問の要件が備わっているか，停止措置が相当か，チェックしましょう。

3　午前11時10分ころ，本件現場に到着した同警察署桧山仁巡査部長が，被告人に対する職務質問を開始したところ，被告人は，目をキョロキョロさせ，落ち着きのない態度で，素直に質問に応ぜず，エンジンを空ふかししたり，ハンドルを切るような動作をしたため，桧山巡査部長は，被告人運転車両の窓から腕を差し入れ，エンジンキーを引き抜いて取り上げた。

第5章 新しい強制捜査に関する判例

　職務質問の開始です。ますます嫌疑が深まってきましたね。被告人は危険な運転を続けようとしているようです。

　職務質問を継続するためにどの程度の停止措置が認められるか，車両運転者の場合にエンジンキーを引き抜き，取り上げることが許されるか，考えましょう。裁判例もありましたね。

　ここまでの状況について，裁判所は，次のように適法であると判断しました。

> 　職務質問を開始した当時，被告人には覚せい剤使用の嫌疑があったほか，幻覚の存在や周囲の状況を正しく認識する能力の減退など覚せい剤中毒をうかがわせる異常な言動が見受けられ，かつ，道路が積雪により滑りやすい状態にあったのに，被告人が自動車を発進させるおそれがあったから，前記の被告人運転車両のエンジンキーを取り上げた行為は，警察官職務執行法2条1項に基づく職務質問を行うため停止させる方法として必要かつ相当な行為であるのみならず，道路交通法67条3項に基づき交通の危険を防止するため採った必要な応急の措置に当たるということができる。

　道交法になじみがない場合は，面倒でもこの条文を確認しておきましょう。

　事実関係の続きを読みましょう。

> 4　午前11時25分ころ，猪苗代警察署から本件現場の警察官に対し，被告人には覚せい剤取締法違反の前科が四犯あるとの無線連絡が入った。午前11時33分ころ，猪狩警部補らが本件現場に到着して職務質問を引き継いだ後，会津若松警察署の数名の警察官が，午後5時43分ころまでの間，順次，被告人に対し，職務質問を継続するとともに，警察署への任意同行を求めたが，被告人は，自ら運転することに固執して，他の方法による任意同行をかたくなに拒否し続けた。他方，警察官らは，車に鍵をかけさせるためエンジンキーをいったん被告人に手渡したが，被告人が車に乗り込もうとしたので，両脇から抱えてこれを阻止した。そのため，被告人は，エンジンキーを警察官に戻し，以後，警察官らは，被告人にエンジンキーを返還しなかった。
> 5　右4の職務質問の間，被告人は，その場の状況に合わない発言をしたり，通行車両に大声を上げて近づこうとしたり，運転席の外側からハンドルに左腕をからめ，その手首を右手で引っ張って，「痛い，痛い」と騒ぎだした。

第5章　新しい強制捜査に関する判例

　警察官は任意同行を求めています。任意同行の要件を確認しましょう。

　被告人は，自分で運転することに固執しています。警察官は運転を認めることができるでしょうか。

　判文でははっきりしないのですが，エンジンキーを取り上げられた後，被告人は下車しているようですね。下車したいきさつに特に問題はなかったのでしょう。その後，車に乗り込もうとする被告人を両脇から抱えて阻止するという有形力の行使があります。この有形力の行使は問題ないでしょうか。

　また，エンジンキーを返さないままなのですが，これはどうでしょうか。

　この職務質問，職務質問の継続のための制止，エンジンキーの取り上げなどは，その時間が短いものであれば，問題となる程度のものではないと思われます。

　しかし，この事例では，車両の停止が午前11時過ぎころでした。その後，午後5時43分ころまで職務質問が続いているのです。長いですね。

　なぜ，こんなに長くなったのでしょうか。ヒントは次の事実にあります。

> 6　午後3時26分ころ，本件現場で指揮を執っていた会津若松警察署菅野正幹警部が令状請求のため現場を離れ，会津若松簡易裁判所に対し，被告人運転車両及び被告人の身体に対する各捜索差押許可状並びに被告人の尿を医師をして強制採取させるための捜索差押許可状（以下「強制採尿令状」という。）の発付を請求した。午後5時2分ころ，右各令状が発付され，午後5時43分ころから，本件現場において，被告人の身体に対する捜索が被告人の抵抗を排除して執行された。

　これによると，職務質問を開始してから約4時間後，警察官は，強制採尿を行う決意をしてその手続に入りました。その後の約2時間半は，令状請求と発付の手続に要した時間です。警察署に戻って請求書類を整え，裁判所に赴いて令状の発付を得て，その令状を持って現場に戻るのに要する時間としては，合理的といえます。

　(3)　裁判所はどのように判断したのでしょうか。

　まず，時間についてこのように述べています。

> その後（エンジンキーを取り上げた後）被告人の身体に対する捜索差押許可状の執行が開始されるまでの間，警察官が被告人による運転を阻止し，約6時間半以上

第5章　新しい強制捜査に関する判例

> も被告人を本件現場に留め置いた措置は、当初は前記のとおり適法性を有しており、被告人の覚せい剤使用の嫌疑が濃厚になっていたことを考慮しても、被告人に対する任意同行を求めるための説得行為としてはその限度を超え、被告人の移動の自由を長時間にわたり奪った点において、任意捜査として許容される範囲を逸脱したものとして違法といわざるを得ない。

　とにかく長すぎる、だから違法だという判断ですね。では、どの程度だったら許容される範囲なのかについて裁判所は答えていません。先に確認したとおり、2時間半は令状を請求して戻ってくるまでの時間でこれは不合理に長いとはいえません。それでは、強制採尿やむなし、と決意するまでの時間が長すぎたのでしょうか。

　実は、この点については、強制採尿を認めた昭和55年決定が影響しているのです。同決定は、強制採尿を「犯罪の捜査上真にやむをえないと認められる場合に、最終的手段として」許されるとしているため、任意同行あるいは、尿の任意提出を促す説得がぎりぎりまで行われ、どうしても時間が長くなる嫌いがあるのです。

　では、長すぎて違法だということが、その後の手続に影響してくるのでしょうか。

> しかし、右職務質問の過程においては、警察官が行使した有形力は、エンジンキーを取り上げてこれを返還せず、あるいは、エンジンキーを持った被告人が車に乗り込むのを阻止した程度であって、さほど強いものでなく、被告人に運転させないため必要最小限度の範囲にとどまるものといえる。また、路面が積雪により滑りやすく、被告人自身、覚せい剤中毒をうかがわせる異常な言動を繰り返していたのに、被告人があくまで磐越自動車道で宮城方面に向かおうとしていたのであるから、任意捜査の面だけでなく、交通危険の防止という交通警察の面からも、被告人の運転を阻止する必要性が高かったというべきである。しかも、被告人が、自ら運転することに固執して、他の方法による任意同行をかたくなに拒否するという態度を取り続けたことを考慮すると、結果的に警察官による説得が長時間に及んだのもやむを得なかった面があるということができ、右のような状況からみて、警察官に当初から違法な留め置きをする意図があったものとは認められない。

この判示を読むと，どうも裁判所は，「もっと早く見切りをつけて令状請求に踏み切るべきだった」と考えているようですね。あなたならどうするでしょうか。現場で決断することの難しさが分かりますね。「捜査官の意図」というのは，令状主義の精神を没却する重大な違法かどうかという証拠排除の要否を検討するのに重要なメルクマールとなります。

4 手続き全体を見るということ

捜査手続に違法があった場合にそれによって得られた証拠の証拠能力を否定するという考え方（違法収集証拠排除法則）は，**昭和53年9月7日の最高裁判決（刑集32巻6号1672頁）**(11-8)によって認められ，本決定も53年判決の基準に従って証拠能力を判断しています。どのような事実を基準に当てはめて結論を導いているか，同様な問題を解決するときの参考にしましょう。

この決定の結論部分は，捜査手続きの適法性を検討するのに重要です。

> 本件強制採尿手続に先行する職務質問及び被告人の本件現場への留置きという手続には違法があるといわなければならないが，その違法自体は，いまだ重大なものとはいえないし，本件強制採尿手続自体には違法な点はないことからすれば，職務質問開始から強制採尿手続に至る一連の手続を全体としてみた場合に，その手続全体を違法と評価し，これによって得られた証拠を被告人の罪証に供することが，違法捜査抑制の見地から相当でないことも認められない。（下線筆者）

まず，一連の手続の一つに違法があれば，全部違法となるというのではなく，全体を考察するという点が重要です。

また，逆に，「採尿結果」の証拠能力を考えるのに，採尿手続きの適法性だけを考えるのではなく，先行する手続きの適法性も含めて評価しなければならないというのにも留意する必要があります。一つの手続にこだわると全体を見失うことになりますね。

第5章　新しい強制捜査に関する判例

5-3　最決平11・12・16刑集53巻9号1327頁

1　本判例の意義

　通信傍受に関する判例です。この後に通信傍受については，刑訴法の222条の2が新設され，犯罪捜査のための通信傍受に関する法律（通信傍受法）が制定されましたから，判示事項（平成11年法律138号による刑事訴訟法222条の2の追加前において，検証許可状により電話傍受を行うことの適否）自体は今後に役立つものではありません。しかし，刑訴法制定当時に想定できなかった捜査手段についてどう考えたかという点は今後の様々な新しい捜査方法についての解釈の指針となるでしょう。

2　決 定 要 旨

　本決定の要旨は，

> 　平成11年法律138号による刑訴法222条の2の追加前において，捜査機関が電話の通話内容を通話当事者の同意を得ずに傍受することは，重大な犯罪に係る被疑事件について，被疑者が罪を犯したと疑うに足りる十分な理由があり，かつ，当該電話により被疑事実に関連する通話の行われる蓋然性があるとともに，他の方法によってはその罪に関する重要かつ必要な証拠を得ることが著しく困難であるなどの事情が存し，犯罪の捜査上真にやむをえないと認められる場合に，対象の特定に資する適切な記載がある検証許可状によって実施することが許されている。

です。

　これだけを学んでもあまり意味がなさそうですね。電話の傍受が許される要件や手続きは通信傍受法によって立法的に解決されてしまっているからです。
　しかし，通信傍受に関する規定がない場合にどのように考えればよいのか，その筋道を決定文で追ってみることが大切です。

3　電話の傍受は憲法上許されるか

　まず，決定は，電話の傍受は憲法違反であるという主張に答えます。

> 　電話傍受は，通信の秘密を侵害し，ひいては，個人のプライバシーを侵害する強制処分であるが，一定の要件の下では，捜査の手段として憲法上全く許されないものではないと解すべきであって，このことは所論も認めるところである。そして，重大な犯罪に係る被疑事件について，被疑者が罪を犯したと疑うに足りる十分な理由があり，かつ，当該電話により被疑事実に関連する通話の行われる蓋然性があるとともに，電話傍受以外の方法によってはその罪に関する重要かつ必要な証拠を得ることが著しく困難であるなどの事情が存する場合において，電話傍受により侵害される利益の内容，程度を慎重に考慮した上で，なお電話傍受を行うことが犯罪の捜査上真にやむを得ないと認められるときには，法律の定める手続に従ってこれを行うことも憲法上許されると解するのが相当である。

典型的な憲法の論じ方ですね。

　① 電話の傍受が個人のどのような権利を侵害するか
　　（ここでも最高裁は「プライバシー権」という言葉を避けているようです）
　② この権利は制約することが許されるか
　③ 許されるとすればどのような事情を衡量するのか

ここで，刑訴法上重要なのは，電話傍受を**強制処分**であるとしているところです。

　強制処分と任意処分かについては，**最決昭51・3・16刑集30巻2号187頁**（3-1）が有形力の行使を伴う捜査について判断しており，これが有形力の行使を伴わない捜査についても応用できることを学びました。本決定は，電話傍受は，**通信の秘密**や**プライバシー**を侵害するから強制処分であって，法律の定める手続きによることが必要であるとしています。これは，「強制処分か任意処分か」の区別をした一事例といえますね。

4 電話の傍受は刑訴法による手続によって可能か

　電話傍受が強制処分であるとすれば，刑訴法は強制処分は刑訴法の定める所による必要があるのですから，刑訴法に規定がなければできないということになります。

第5章　新しい強制捜査に関する判例

> そこで，本件当時，電話傍受が法律に定められた強制処分の令状により可能であったか否かについて検討すると，電話傍受を直接の目的とした令状は存していなかったけれども，次のような点にかんがみると，前記の一定の要件を満たす場合に，対象の特定に資する適切な記載がある検証許可状により電話傍受を実施することは，本件当時においても法律上許されていたものと解するのが相当である。

もう一度「前記の一定の要件」を確認すると

① 重大な犯罪であること
② 被疑者の嫌疑が十分であること
③ 当該電話によって被疑事実に関連する通話の行われる蓋然性があること
④ 電話傍受以外の方法による証拠収集が著しく困難であること
⑤ 電話傍受がやむを得ないこと（侵害される利益の内容，程度を考慮）

ということになるでしょう。この後，事実をこれらの要件に当てはめて判断していくことになるのです。

次に，裁判所は電話傍受は検証に当たるというのです。裁判所がその根拠としてあげているのは次の点です。

> 1　電話傍受は，通話内容を聴覚により認識し，それを記録するという点で，五官の作用によって対象の存否，性質，状態，内容等を認識，保全する検証としての性質をも有するということができる。

検証の意義を改めて示していますね。検証とは何か，その意義を正確に理解しておくことはとても重要です。

そして，電話傍受は検証の性質を有するとするのです。

単純に「検証に当たる」と判断しなかったのはなぜでしょうか。通常予想されるような検証とかなり形態が異なるので，検証の性質を有するとしても，それが，刑訴法の定める手続によることができなければ刑訴法上の「検証」としては認められないからです。細かい表現になかなか深い意味がありますね。

それでは，この点を裁判所はどう判断したのでしょうか。

> 2　裁判官は，捜査機関から提出される資料により，当該電話傍受が前記の要件を満たすか否かを事前に審査することが可能である。

> 3　検証許可状の「検証すべき場所若しくは物」(刑訴法219条1項)の記載に当たり，傍受すべき通話，傍受の対象となる電話回線，傍受実施の方法及び場所，傍受ができる期間をできる限り限定することにより，傍受対象の特定という要請を相当程度満たすことができる。

　検証許可状の請求手続，検証許可状の記載事項を検討すればよいのです。
　検証許可状の記載事項で大切なのは，「検証すべき場所又は物」です。これが特定されていなければ令状として有効とはいえません。検証許可状を請求するには，被疑者が罪を犯したと思料されるべき資料(規則156条1項)をつけます。請求書には，検証すべき場所又は物，被疑者の氏名，罪名及び犯罪事実の要旨(規則155条)などを記載します。
　特に大切なのは，「検証すべき場所又は物」という検証対象の特定ですが，電話傍受はどのようにすれば，特定できたといえるでしょうか。裁判所は，傍受すべき通話，傍受の対象となる電話回線，傍受実施の方法及び場所，傍受ができる期間を限定することで，特定できると考えます。
　もっとも，本来の検証の対象とは大きく異なる電話傍受について，これで「場所又は物」の特定と同じように特定は十分だとはなかなか言い切れないので，「特定という要請を相当程度満たす」という慎重な認定をしていますね。
　相当程度でよいのか，と疑問に思うでしょう。裁判所は，その他の方法で，検証(電話傍受)による権利侵害を最小限にとどめようとしています。

> 4　身体検査令状に関する同法218条5項は，その規定する条件の付加が強制処分の範囲，程度を減縮させる方向に作用する点において，身体検査令状以外の検証許可状にもその準用を肯定し得ると解されるから，裁判官は，電話傍受の実施に関し適当と認める条件，例えば，捜査機関以外の第三者を立ち会わせて，対象外と思料される通話内容の傍受を速やかに遮断する措置を採らせなければならない旨を検証の条件として付することができる。

　身体検査令状(身体を対象とする検証を許可する令状)には裁判官は適当と認める条件を附することができるのでしたね。身体検査許可状以外の令状に条件を付するという考え方は，強制採尿令状に関する**最判昭55・10・23刑集34巻5号300頁**(5-1)と同じですね。55年決定と異なり，ここでは，なぜ，明文にな

い「条件」を付することができるか，その理由を説明しています。これは貴重ですね。

このように特定しても，実際にかかってくる電話が検証対象かどうかは聞いてみなければ分かりません。これについて，裁判所は次のように判示しています。

> なお，捜査機関において，電話傍受の実施中，傍受すべき通話に該当するかどうかが明らかでない通話について，その判断に必要な限度で，当該通話の傍受をすることは，同法129条所定の「必要な処分」に含まれると解し得る。

検証については，身体の検査，死体の解剖，墳墓の発掘，物の破壊その他必要な処分をすることができるというのが129条です。通話が傍受対象かどうかを判断するために傍受できるというのは，何が入っているか，あけてみなければ分からない物について錠をはずし，封を開く（111条1項）というのと似ていますね。129条も111条も同じ趣旨の規定です。

以下は当てはめになりますので，省略しますが，憲法→刑訴法，電話傍受の性質を考える→通常の検証と電話傍受の違いを考え，令状主義の趣旨から，刑訴法の規定する令状に当てはまるかを検討するという考え方の筋道を理解することは重要ですね。

この決定には反対意見があります。多数意見を鵜呑みにせず，違う立場からの考え方を辿るとさらに理解が深まるでしょう。

5-4　最決平12・7・12刑集54巻6号513頁

1　一方当事者による会話の秘密録音

脅されて金を要求されているという被害者が警察に相談に行ったとします。警察官は，犯人に被害者が喫茶店などに呼び出されたとき（又は，被害者側から金を払うなどと言って犯人を呼び出させて），近くの席にいて犯人の言葉をこっそり聞き，犯人が脅迫して金を要求していると確認できると立ち上がり，犯人の席に行って犯人を現行犯逮捕する……というテレビドラマみたいな場面は実際にもあります。このような場合に「近くで盗み聞いたのは違法だ」とは言え

ないでしょう。それでは，その会話を近くの席にいた警察官が録音するのはどうでしょうか。普通の録音機能であれば，耳で聞くのと変わらないように思えますね。しかし，人間の耳には聞こえないような音を録音できる高性能の録音機による場合は，もう少し考える必要があるかもしれません。それでは，相談に来た被害者に録音機を持たせて相手の会話を録音させた場合はどうでしょうか。相手は「録音されるのであれば，こんなことは言わなかった」と言いたいでしょう。被害者とはいえ民間人を警察の手先にするなんて，という反発もあるかもしれません。それでは，被害者が自分の考えで相手の発言を録音した場合はどうでしょうか。やはり，相手にしてみれば腹立たしいことでしょう。直接相対しての会話の録音の場合と電話の場合とでは違うでしょうか。電話機には，ボタンを押すと会話を録音できる機能がついたものもありますね。録音機には電話の会話を録音できる付属品が用意されています。自分の電話による会話を録音するのは当たり前のように見えますね。

そのような「会話の録音」の録音についての判断です。

2 判示事項と決定要旨

判示事項は，

> 相手方の同意を得ないで相手方との会話を録音したテープの証拠能力が認められた事例

です。

ですから，会話の秘密録音一般についての判断ではなく，あくまで事例判断ということになります。どのような場合に認めるのでしょうか。

決定要旨は，

> 詐欺の被害を受けたと考えた者が，相手方の説明内容に不審を抱き，後日の証拠とするため，被告人との会話を録音することは，たとえそれが相手方の同意を得ないで行われたものであっても，違法ではなく，そのテープの証拠能力は否定されない。

というものです。念のため決定の本文を確認すると，決定要旨とほぼ同じであ

第5章 新しい強制捜査に関する判例

ることが分かります。

1審判決を確認すると，1審では

> 「本件録音テープは，被告人の述べる広告代金が支払われない理由についてAが疑問を持ち，弁護士に相談したところ録音を指示されたため録音したものであって，後日トラブルに至った場合の証拠とすべく自衛行為の一環として行われたものであり，また，会話の内容も，本件で問題となる丙川急便関連の会社に対する債権の回収に関し，裁判や和解，強制執行等の進行等について，従前からの説明内容と同じ説明を繰り返し行っているものにすぎず，新たに犯罪行為を誘発したというものでもないから，電話での会話内容の録音が違法とされるいわれはない。」

とされています。最高裁の決定にくらべて，「自衛行為」だった，とか「新たに犯罪行為を誘発したものでない」などと細かい理由が述べられています。「自衛行為」だから違法ではないというのであれば，秘密録音自体は本来違法であるが，自衛行為だから違法性が阻却されると判断しているように読めます。「新たな犯罪行為を誘発」することは，そもそも秘密録音なのですからあり得ないように思えますね。

最高裁は，1審判決が相手の同意を得ない録音は原則として違法だが自衛のためであれば違法でないというのに対し，比較的あっさりと録音は認められると述べているようです。もっとも，この決定は，「相手方の同意を得ないで会話を録音することはできる」というような原則を述べず，あくまで事例判断にとどまっていることに注意しましょう。

3 会話の録音についての判例

同じ点についてはすでに，**最決昭56・11・20刑集35巻8号797頁**があります。読み比べてみましょう。この決定は，

> 対話者の一方が相手方の同意を得ないで会話等を録音することが違法でないとされた事例

という判示事項で，決定要旨は，

第5章　新しい強制捜査に関する判例

> 新聞記者において，取材の結果を正確に記録しておくため，対話の相手方が新聞紙による報道を目的として同記者に聞かせた録音テープの再生音と同テープに関して右相手方と交わした会話を録音することは，たとえそれが相手の同意を得ないで行わたものであっても違法ではない。

というものです。相手方が公開を予定（承諾）している内容に関する会話であることが特に挙げられていますね。このような決定要旨は「相手方が公開を希望していない，秘密の会話である場合には，録音は許されない」と解釈することも可能であるように見えます。ここでは，この決定が「事例判断」であることが重要ですね。この事例では，こういう事情があったからこういう結論になる，というだけの意味なのです。平成12年決定も事例判断ですね。一つの事例判断を，一般的な基準だと決めつけてしまうことは危険です。できるだけ同じ点が問題となった事例を読み，どこが共通しており，どこが違うのか，裁判所はどの事実を取り上げて判断しているか，を考えることが，また新たな事例に直面したときに適切な判断をする基礎になります。これらの判例を理解しながら，1で考えたいろいろなケースについて考えてみましょう。あなたが最高裁判事だったらどのように書きますか。

第6章　逮捕・勾留に関する判例

6-1　最決昭39・4・9刑集18巻4号127頁

1　どのような判例か

> 被疑者の逮捕引致後における留置場所変更の適否

について判断したものです。決定要旨は，

> 逮捕状の執行によって引致された被疑者を，留置の必要ある場合に，他の警察署の代用監獄に押送拘置することは違法な措置ではない。

です。

　この決定は，脅迫銃砲刀剣類等所持取締法違反公務執行妨害被告事件の上告棄却決定で，脅迫についての興味深い判示もあります。

> 原判決の支持する第1審判決判示第四の脅迫の事実によると，被告人は被害者たるバー経営者鷲山美智子に対し『……どうせ俺も近く刑務所に行くが，行くついでに店をたたきめいでやる，こんな店をめいでも3ヶ月位しか行きやせん。俺達にさからうと河合の店のようにつぶれるぞ』などと怒鳴りつけたというのであるから，被害者の財産または営業の自由が脅迫の対象法益であること判文上自ら明らかである。

というものです。

　1審判決の罪となるべき事実には，上記の脅迫文言を記載して「等と怒鳴りつけ，若しその接待如何によつては同女に危害を加えるような気勢を示して脅迫し（た）」と記載されているのです。脅迫罪の構成要件は何だったでしょうか？「生命，身体，自由，名誉又は財産に対し害を加える旨を告知して人を脅迫した」（刑法222条）ことですね。最高裁は，脅迫文言からこれが，財産又は

営業の自由が脅迫の対象法益であることが明らかとしましたが、本来は起訴状の控訴事実や罪となるべき事実において、「何に対して」危害を加える旨の脅迫かを明示する必要があるのです。刑法の擬律を判断する問題では気をつけたいところですね。

2 裁判所の判断

さて、判示事項についてです。

> 所論は、逮捕状によって逮捕された被疑者は逮捕状に引致すべき官公署として記載されている警察署以外の警察署に押送拘置されることを受認すべき義務はないのであるから、かかる違法な押送拘置の措置に抵抗しても公務執行妨害罪は成立しないと主張するものであるが、刑訴209条によって準用される同75条によると逮捕状の執行によって引致された被疑者を、必要ある場合には、監獄に留置することができ、かつ監獄法1条3項によると警察官署に附属する留置場は監獄に代用できるのであるから、逮捕状の執行によって引致された被疑者を、留置の必要ある場合に、他の警察署の代用監獄に押送拘置することは違法な措置ではない。

監獄法は全面改正されており、**代用監獄**という用語もなくなりました。現在は**留置施設**ですね。しかし、この判示事項に影響を及ぼすものではありません。

逮捕状には「引致すべき場所」が記載されますし、勾留状には「勾留の場所」が書かれます。そこで、「引致すべき場所」＝逮捕中（勾留の裁判があるまでの）の留置場所と勘違いしがちです。

この決定は、刑訴法75条を挙げていますね。同条は、「勾引状の執行を受けた被告人を引致した場合において必要があるときは、これを監獄に留置することができる。」というもので、逮捕状についてこれが準用されるのです（209条）。

さて、勾引状の執行はどうやって行うのでしょうか。令状ですから、被告人に呈示しなければなりませんね。そして、その身体を拘束して、できる限り速やかに且つ直接、指定された裁判所その他の場所に引致しなければならない（73条）のです。勾引状の効力は24時間ですから、どこかで1泊する必要がありそうですね。しかし、裁判所には被告人を留置しておく施設はありません。そこで、75条で留置する場合には、刑事施設が用いられることになるのです。

つまり，勾引状は「引致場所」と「留置場所」は当然異なることが前提となっています。この規定が逮捕状に準用されるのですから，引致場所と留置場所が異なるのは当然認められますね。

当たり前のような判示ですが，実際の事例にあたると間違いやすいところです。

留置場所が引致場所と異なる事例はたくさんあります。逮捕状の引致場所としては，「〇〇警察署又は逮捕地を管轄する警察署」とされることが多いのです。遠隔地で逮捕された場合に，できる限り早く被疑者の権利を保障する逮捕後の手続きを進める趣旨です。このような場合，まず，逮捕地を管轄する警察署に引致して所要の手続きを行った上で，逮捕状を請求した警察官の所属する〇〇警察署，つまり，その事件の捜査を行う警察署に護送することになります。したがって，逮捕地や逮捕時間によっては，〇〇警察署以外の場所に留置する必要が生じることがあるのは当然です。

また，共犯者が逮捕された場合，共犯者同士が話し合って罪証を隠滅するおそれがありますから，同じ警察署の留置施設に留置するのは不適切です。近くの警察署の留置施設に「分散留置」することがあります。

さらに，女子，少年の場合，女子，少年を留置できる施設が限られることから，これらの施設のある留置場所が選ばれることになります。

検察官が逮捕した場合には，検察庁には留置施設がありませんから，引致場所が留置場所となることはあり得ませんね（通常は拘置所に留置します）。

ついでに，209条によって逮捕に準用される規定を確認しておきましょう。75条のほか，74条「勾引状又は勾留状の執行を受けた被告人を護送する場合において必要があるときは，仮に最寄りの刑事施設にこれを留置することができる。」，78条「勾引又は勾留された被告人は，裁判所又は刑事施設の長若しくはその代理者に弁護士，弁護士法人又は弁護士会を指定して弁護人の選任を申し出ることができる。ただし，被告人に弁護人があるときは，この限りでない。前項の申出を受けた裁判所又は刑事施設の長若しくはその代理者は，直ちに被告人の指定した弁護士，弁護士法人又は弁護士会にその旨を通知しなければならない。被告人が2人以上の弁護士又は2以上の弁護士法人若しくは弁護士会を指定して前項の申出をしたときは，そのうちの1人の弁護士又は1の弁護士

法人若しくは弁護士会にこれを通知すれば足りる。」というものです。

逮捕・勾留，勾引など被疑者の身体を拘束する処分が実際にどのように行われるか，思い描いて理解するようにしましょう。

6-2 最決昭57・8・27刑集36巻6号726頁（逮捕についての準抗告）

逮捕状及びそれに基づく処分に対する準抗告棄却決定に対する特別抗告事件です。最高裁は，

> 逮捕に関する裁判及びこれに基づく処分は，刑訴法429条1項各号所定の準抗告の対象となる裁判に含まれないと解するのが相当であるから，本件準抗告棄却決定に対する特別抗告は，不適法である。

として，特別抗告を棄却しました。

準抗告（429条）は，裁判官の裁判についての不服申し立てを認める規定です。どこの裁判所に申し立てるかについても間違えないようにしましょう。

不服申し立てができる裁判は次の5つです。
1　忌避の申立を却下する裁判
2　勾留，保釈，押収又は押収物の還付に関する裁判
3　鑑定のため留置を命ずる裁判
4　証人，鑑定人，通訳人又は翻訳人に対して過料又は費用の賠償を命ずる裁判
5　身体の検査を受ける者に対して過料又は費用の賠償を命ずる裁判

確かに，逮捕に関する裁判というのはありませんね。したがって，文理解釈としては，当然，「逮捕に関する裁判については準抗告は認められない」ということになるでしょう。

しかし，2号は勾留，3号は鑑定留置であって，いずれも被告人・被疑者の身体を拘束する処分です。これらに準抗告が認められるのであれば，逮捕についても2号の類推解釈として準抗告を認めてもよさそうです。それに，最大72時間とはいえ，被疑者の身体の拘束を認める重大な裁判ですから，不服申立ての途がないというのは，憲法に反するのではないかとの疑問も生じます。

この点については，原決定（**広島地決昭57・8・6刑集36巻6号729頁**）が詳細に判示しているのが参考になるでしょう。

> 因に，法が逮捕について準抗告による不服申立の方法を認めていない理由は，逮捕に続く勾留において逮捕前置主義を採用しており，逮捕から勾留請求手続に移るまでの時間が比較的接着していることから，勾留の手続において裁判官の司法審査を受けるうえ，この勾留の裁判に対して準抗告が許されている以上，さらにそれ以前の逮捕段階で準抗告を認める必要性に乏しいからであり，逮捕について準抗告が許されないとしても，憲法に規定する刑事手続上の人権保障の趣旨に反するものではない。

勾留請求がない場合には，逮捕状の発付や逮捕について争う利益がなくなります。逮捕に準抗告を認めた場合，準抗告の申し立てを受けた裁判所（地方裁判所）は，準抗告裁判所（3人の裁判官による）を構成し，捜査機関から記録を取り寄せて審理を行うことになりますから，申立から，準抗告裁判までに相当の時間を要することになり，逮捕の制限時間を考えると準抗告による被疑者の早期解放と勾留の裁判による被疑者の解放との時間的差異はほとんどなくなります。

この結果，勾留請求があった場合には，必ず勾留の裁判において逮捕状の発付及び逮捕状に基づく処分の適法性を審査しなければならないということになります。

6-3 最決平7・4・12刑集49巻4号609頁（移監命令の可否）

1 何を判示したものか

準抗告に関する判例をもう一つ検討しましょう。勾留取消請求却下の裁判に対する準抗告棄却決定に対する特別抗告事件です。

判示事項は，

> 〈1〉 勾留に関する処分を行う裁判官が職権で移監命令を発することの可否
> 〈2〉 移監命令の職権発動を促す趣旨でされた勾留取消し請求を却下した裁判に対する不服申立ての許否

第6章　逮捕・勾留に関する判例

です。

2　判示事項〈1〉についての裁判所の判断

　まず，裁判官が職権で移監命令（監獄法の廃止に伴い，**移送命令**と呼びます）を発することができるかについて，最高裁は，

> 勾留に関する処分を行う裁判官は，職権により，被疑者又は被告人の勾留場所を変更する旨の移監命令を発することができる。

とこれを積極に解しました。

　刑訴規則80条は，「検察官は，裁判長の同意を得て，勾留されている被告人を他の刑事施設に移すことができる。」としているので，勾留場所の変更は検察官が行うもので，裁判長（官）は同意するのにとどまるという考え方があり得ました。しかし，勾留場所を決するのも令状裁判官の裁判ですから，勾留場所の変更の裁判も当然できるのではないかと考えられますね。最高裁は，この考え方をとったのです。最高裁は，

> 勾留に関する処分を行う裁判官は職権により被疑者又は被告人の勾留場所を変更する旨の移監命令を発することができるものと解すべき（である）

とだけ述べており，特に理由を示していません。

　しかし，この**原決定（東京地決平7・3・9刑集49巻3号617頁）**をみると，弁護人が請求したのは勾留取消（勾留場所の裁判の部分の取消）で，原決定は，申立が第1回公判期日後にされたことを理由に準抗告を棄却したのです。準抗告は裁判官の勾留に関する裁判についての不服申立ですから，第1回公判期日後は，勾留について受訴裁判所が判断すべきであるとして，申立が不適法であるとしたのです。

　つまり，裁判官が移監ができるかどうかについての判断を行っていないのです。それにもかかわらず，最高裁はこの点について判断を示しました。決定文の中で，かっこ書で

> なお，第一回公判期日前にした勾留取消し請求却下の裁判に対する準抗告申立て

> について，第一回公判期日後にされたことのみを理由として不適法とした原判断は，是認することができない

という重要な判断を示しています。

その上で，最高裁は，裁判官が職権で移監できる旨の判断を示しているのですが，これは，判示事項2を併せて考えると理解しやすいようです。

3　判示事項〈2〉についての裁判所の判断

判示事項〈2〉について，最高裁は，

> 裁判官に移監命令の職権発動を促す趣旨でされた勾留取消請求を却下した裁判に対する不服申立ては許されない。

としています。

この点についての決定文は，

> 本件勾留取消請求は，その請求の趣旨に照らし，実質は裁判官に右移監命令の職権発動を促すものであることが明らかであり，右請求を却下した原原裁判は右職権を発動しない趣旨でされたものと解されるから，本件勾留取消請求却下の裁判に対する不服申立ては許されない

というものです。移監は職権で行うものであって弁護人には請求権はないということですね。職権発動を促すものか，請求権に基づくものかの違いをよく理解しましょう。請求権があるときは，裁判所は請求について判断をしなければなりませんが，職権発動を促すものであれば，特に判断を示す必要はないのです。

移送（監）が問題となるのは，少年の場合に多く見られます。少年はやむを得ない場合でなければ勾留が認められませんが，勾留場所として少年鑑別所を選択することが可能です。そこで，警察署の留置施設を勾留場所とする裁判に対して少年鑑別所に移送（監）を求めることがあるのです。

なお，検察官が移送（監）を行う場合には，裁判長（官）の同意が必要ですが，この同意は勾留に関する裁判の一つですから，準抗告の対象となることはいうまでもありません。

第6章　逮捕・勾留に関する判例

6-4　最決昭52・8・9刑集31巻5号821頁（狭山事件）

1　どのような裁判か

いわゆる狭山事件の上告審決定（上告棄却）で，50頁に及ぶ長い決定です。この決定は**別件逮捕**について判示したものとして有名ですね。

弁護人の上告趣意は多岐にわたっていますが，判示事項は1つだけです。

> 甲事実について逮捕勾留中の被疑者を乙事実について取調べることが違法ではないとされた事例

というものですから事例判断だったのです。

決定要旨は，

> 甲事実について逮捕・勾留の理由と必要があり，甲事実と乙事実とが社会的事実として一連の密接な関連がある場合（判文参照），甲事実について逮捕・勾留中の被疑者を，同事実について取調べるとともに，これに付随して乙事実について取調べても，違法とはいえない。

です。

別件逮捕という言葉は出てきませんね。

それでは，なぜ，これが別件逮捕についての判例だとされているのでしょうか。

2　どのような事案か

事案は，強盗強姦，強盗殺人等で被告人は無期懲役に処せられています。

どんな事件だったのかが分からないと理解しにくいので，1審判決（**浦和地判昭39・3・11刑集31巻5号980頁**）の罪となるべき事実を確認しておきましょう。

> 被告人は，
> 第1　昭和38年5月1日午前7時30分頃，家人には仕事に行くと称して弁当持参で家を出たが，怠けて西武園の山中や，所沢市内のパチンコ店で遊んで時を過ごした後，同日午後3時頃，西武鉄道新宿線入間川駅に帰着し，同駅前の店で買った牛乳

2本を飲みながら，あてもなく，恰も同日祭礼のあった右入間川駅附近の荒神様の方へ向かって歩き，同所を通り過ぎて通称加佐志街道を狭山市入間川1774番地高橋一男方通称「山の学校」附近まで行ったが，同所から引き返し，再び右荒神様の方へ歩いて来た際，同日午後3時50分頃，同市入間川1750番地先の右加佐志街道のエックス型十字路において，自転車に乗って通りかかった下校途上の埼玉県立川越高等学校入間川分校別科1年生中田善枝（当時16歳）に出会うや，とっさに同女を山中に連れ込み人質にして，家人から身の代金名下に金員を喝取しようと決意し，同女の乗っていた自転車の荷台を押えて下車させたうえ，「ちょっと来い，用があるんだ」と申し向け，同女を南方の同市入間川字東里2963番地の雑木林（通称「四本杉」）に連れ込んだが，その途中で逃げられないため同女の自転車を取り上げて自ら押して歩き，なお，同女からその氏名が中田善枝で，父は中田栄作であること及び住所は同市堀兼方面にある落合ガーデンの手前のたばこ屋附近であることなどを問いただし，右雑木林内では同女の手を掴んで奥の「四本杉」の立木附近まで連れて行き，同所で，同女を附近の松の立木に縛りつけ，そのままにしておいて脅迫状を同女の父中田栄作方にとどけて同人から身の代金を喝取し，かつ善枝所持の金品をも強取しようと企図し，同女に対し「騒ぐと殺すぞ」と申し向けながら，立たせたまま附近の直径約1糎の松の立木を背負わせるようにして，所携の手拭で同女を該立木に後手に縛りつけ，所携のタオルで目隠しを施し，その反抗を抑圧したうえ，まず同女が身につけていた同女所有の腕時計1個及び身分証明書挿入の手帳1冊を強取した際，俄かに劣情を催し，後手に縛った手拭を解いて同女を松の木からはずした後，再び右手拭で後手に縛り直し，次いで数米離れた4本の杉の中の北端にある直径約40糎の杉の立木の根元附近まで歩かせ，同所でいきなり足払いを掛け，仰向けに転倒させて押えつけ，ズロースを引き下げて同女の上に乗りかかり姦淫しようとしたところ，同女が救いを求めて大声を出したため，右手親指と人差し指の間で同女の喉頭部を押えつけたが，なおも大声で騒ぎたてようとしたので，遂に同女を死に致すかも知れないことを認識しつつあえて右手に一層力をこめて同女の喉頭部を強圧しながら強いて姦淫を遂げ，よって同女を窒息させて殺害したすえ，同女が自転車につけていた鞄の中にあった同女所有の万年筆1本など在中の筆入れ1個を強取した。

第2，（詳細は省略）上記中田善枝を穴を掘って埋めて遺棄した事実

第3，前記のように中田善枝を殺害した後前記雑木林内において，かねて用意の前示脅迫状を取り出し，脅迫文中の現金20万円を持って来るように命じた日時「4月28日」を「5月2日」に，場所「前の門」を「さのやの門」に，それぞれ所携のボー

> ルペンで書き直し，もって5月2日夜12時に女の人が佐野屋の門の前に現金20万円を持参すべき旨及び金を持って来れば子供は無事に返すが，もし金を持って来るのが1分でもおくれたり，警察に知らせたりしたら子供は殺す旨の脅迫文に訂正し，なお封筒の宛名「少時様」を斜線で消し，その下方に「中田江さく」と記載して中田善枝の父の名宛にしたうえ，これを中田善枝から強奪した手帳の中に挿入してあった前記身分証明書と共に右封筒に入れ，前記のように善枝の死体を一時芋穴に隠した後，同女の自転車を利用して同日午後7時30分頃狭山市大字上赤坂百番地の中田栄作居宅に赴き，表出入口の2枚の硝子戸の合せ目隙間から右脅迫状を差入れ，間もなく同人をしてこれを閲読するに至らしめてその旨畏怖させ，よって同人から前記金員を喝取しようとしたが，同人において直ちに警察にとどけ出たことから，被告人の指示した翌5月2日午後12時前頃より，同市堀兼793番地の2酒類雑貨商佐野屋こと佐野良二の店舗附近に警察官等が張り込みをなすに至り，翌3日午前零時10分過ぎ頃，同所に金員を受け取るべく出向いた被告人において，前記指示に基いてそこに来た善枝の姉登美恵と問答中，同女以外にも附近に人のいる気配を感じて逃走したため，右金員喝取の目的を遂げなかった
> ものである。

というものです。

「罪となるべき事実」は，最近，もっとわかりやすく書こうという動きがありますが，従来，このように，「被告人は……ものである。」という一つの文で書くのが習わしでした。それぞれの犯罪の構成要件を思い浮かべて，犯罪事実をどのように書けばよいか，確認してください。

罪となるべき事実は，このほか，第4から第8の事実（昭和37年11月〜38年3月ころの窃盗4件，森林窃盗1件・傷害・暴行3件，昭和38年4月，月賦購入した自動二輪車の売却横領1件）がありますが，これは，本題には関係ないので省略しておきます。

第1事実は強盗強姦と強盗殺人，強姦殺人の罪数関係を考える練習問題のような事実ですね。いつどのような犯意を生じるかで異なるところがあります。ついでに復習しておきましょう。

③ 弁護人の主張

この事件については，上告趣意で弁護人はどのような主張をしたのでしょう

か。被告人が犯人ではない，という主張は，「事実誤認」の主張ですから，上告理由とはなりません。上告理由となった主張は3点です。

(1) 弁護人は，まず，これは，いわゆる被差別部落の住民に対する差別・偏見に基づいた捜査である（憲法14条，37条1項違反）との主張をしましたが，裁判所は，

> 記録を調査しても，捜査官が，所論のいう理由により，被告人に対し予断と偏見をもって差別的な捜査を行ったことを窺わせる証跡はなく，また，原判決が所論のいう差別的捜査や第一審の差別的審理，判決を追認，擁護するものでなく，原審の審理及び判決が積極的にも消極的にも部落差別を是認した予断と偏見による差別的なものでないことは，原審の審理の経過及び判決自体に照らし明らかである。

としてこれを斥けました。

(2) 次に，弁護人は，被告人の自白の任意性を否定する主張をしました。

その理由は，約束による自白（「善枝ちゃん殺しを自白すれば10年で出してやる。」と約束され，これを信じて自白した）である，不当に長く勾留された後の自白である，片手錠をかけられたままの自白である，接見拒否がされた間の自白である，捜査官の強要・強制・脅迫・誘導による自白であるというものです。

裁判所は，被告人が片手錠をかけられたまま取調べを受けた事実を認めた上で，「片手錠による場合は両手錠による場合に比して，一般的に心理的圧迫の程度は軽く，記録にあらわれた被告人に対する取調状況を併せ考察しても，自白の任意性を疑わせる状況はみあたらない。」と判断しました。手錠をしたままの取調べにおける自白について任意性を否定した判例と比較してみましょう。

その余の自白の任意性を争う主張については，いずれも弁護人主張の事実が認められないとしています。

(3) さて，最後の主張が，判示事項に関するものです。弁護人は，「違法な別件逮捕・勾留，再逮捕・勾留によって収集された証拠に証拠能力を認めた原判決は，刑訴法の手続規定に違反し，憲法31条，33条，34条，36条，37条1項，38条1項2項に違反する」と主張しました。

第6章　逮捕・勾留に関する判例

4　裁判所の判断

そこで，どのような逮捕・勾留がなされたのかを整理してみましょう。

5月22日　逮捕状発付（窃盗，暴行，恐喝未遂被疑事件）
5月23日　逮捕（第1次逮捕・勾留）
5月25日　勾留
　　　　　第1次逮捕・勾留中に強盗強姦殺人事実の捜査も行った（被告人から唾液の任意提出をさせて血液型を検査，ポリグラフ検査，取調べ）
6月13日　勾留期間満了，公訴提起（第1次逮捕・勾留事実中窃盗及び暴行事実，第1次逮捕・勾留中に発覚した窃盗，森林窃盗，傷害，暴行，横領事実）
6月14日　保釈請求
6月16日　逮捕状発付（強盗強姦殺人，死体遺棄事実）
6月17日　保釈許可決定・釈放，逮捕（第2次逮捕・勾留）
6月20日　勾留
7月9日　勾留期間満了，公訴提起（強盗強姦，強盗殺人，死体遺棄の事実と処分留保のままとなっていた前記恐喝未遂の事実）

　罪となるべき事実を見れば分かるように，7月9日の起訴事実はいずれも中田善枝にかかる一連の事件です。

　そこで，裁判所は，捜査とこれらの逮捕・勾留との関係を考えるために捜査の経過をたどっていきます。

5月1日午後7時30分　中田方に脅迫状（捜査の端緒）
　　　　　　　　身代金受渡しの場所で，犯人は逃走し，逮捕に失敗した
5月1日夕〜翌2日朝　近所でスコップ盗難事件
5月3日　捜査本部設置，足跡採取，被害者の遺留品発見
5月11日　死体発見現場付近でスコップ発見　被告人が有力容疑者として浮上
　　　　　（スコップを盗める者，筆跡，血液型）

　この事実経過をもとにして裁判所は次のように述べます。

　以上の捜査経過でも明らかなように，事件発生以来行われてきた捜査は，強盗強姦殺人，死体遺棄，恐喝未遂という一連の被疑事実についての総合的な捜査であって，第1次逮捕の時点においても，既に捜査官が被告人に対し強盗強姦殺人，死体遺棄の嫌疑を抱き捜査を進めていたことは，否定しえないのであるが，右の証拠収集の経過からみると，脅迫状の筆跡と被告人の筆跡とが同一又は類似すると判明した時点において，恐喝未遂の事実について被害者中田栄作の届書及び供述調書，司

> 法警察員作成の実況見分調書，中田登美恵の供述調書，被告人自筆の上申書，その筆跡鑑定並びに被告人の行動状況報告書を資料とし，右事実に竹内賢に対する暴行及び高橋良平所有の作業衣一着の窃盗の各事実を併せ，これらを被疑事実として逮捕状を請求し，その発付を受けて被告人を逮捕したのが第一次逮捕である。

　つまり，捜査官は初めから被告人に対して強盗強姦殺人の嫌疑を抱いていたこと，一方，恐喝未遂事実については，逮捕に十分な証拠がそろったことを認めます。
　次に，第1次逮捕・勾留中の捜査と第2次逮捕について検討します。

> また，捜査官は，第1次逮捕・勾留中被告人から唾液の任意提出をさせて血液型を検査したことや，ポリグラフ検査及び供述調書の内容から，「本件」（強盗強姦殺人）についても，被告人を取調べたことが窺えるが，その間「別件」（恐喝未遂）の捜査と並行して「本件」に関する客観的証拠の収集，整理により事実を解明し，その結果，スコップ，被告人の血液型，筆跡，足跡，被害者の所持品，タオル及び手拭に関する捜査結果等を資料として「本件」について逮捕状を請求し，その発付を受けて被告人を逮捕したのが第2次逮捕である。

　第1次逮捕勾留中に第2次逮捕の基礎となった証拠収集がなされているのですね。
　これについて，裁判所は，

> してみると，①第1次逮捕・勾留は，その基礎となつた被疑事実について逮捕・勾留の理由と必要性があったことは明らかである。②そして，「別件」中の恐喝未遂と「本件」とは社会的事実として一連の密接な関連があり，「別件」の捜査として事件当時の被告人の行動状況について被告人を取調べることは，他面においては「本件」の捜査ともなるのであるから，③第1次逮捕・勾留中に「別件」のみならず「本件」についても被告人を取調べているとしても，それは，専ら「本件」のためにする取調というべきではなく，「別件」について当然しなければならない取調をしたものにほかならない。（①～③筆者）

　まず，別件について逮捕・勾留の理由・必要があったかどうかを考え，次に，別件逮捕・勾留中に本件について被疑者を取り調べることが許されるかどうか

を考えます。そして，別件と本件に「社会的事実として一連の密接な関連がある」こと，「専ら本件のためにするのではないこと」が判断の基準となっていることが分かります。

続く判示はこれを抽象的に述べたものです。規範→当てはめという論じ方とちょっと異なりますね。

> それ故，第１次逮捕・勾留は，<u>専ら，いまだ証拠の揃っていない「本件」について被告人を取調べる目的で，証拠の揃っている「別件」の逮捕・勾留に名を借り，その身柄の拘束を利用して，「本件」について逮捕・勾留して取調べるのと同様な効果を得ることをねらいとしたものである</u>，とすることはできない。（下線筆者）

この部分は，直接違法な別件逮捕とはどのようなものかを判示したものではないのですが，裏返せば，ここに述べるような逮捕・勾留は違法だと解することができるでしょう。もっとも，裁判所は，このような場合に第１次逮捕・勾留が違法といえるのか，それとも，その間の「本件の取調べ」が違法なのかについては明確に述べてはいません。

さて，本件の取調べが「専ら」ではなく，別件の捜査に必要な関連のあるものであったとしても，そのように関連するものとして別件中に取調べを行い，さらに本件で逮捕するのは２重逮捕にならないか，ということが問題となります。裁判所は，

> 更に，「別件」中の恐喝未遂と「本件」とは，社会的事実として一連の密接な関連があるとはいえ，両者は併合罪の関係にあり，各事件ごとに身柄拘束の理由と必要性について司法審査を受けるべきものであるから，一般に各別の事件として逮捕・勾留の請求が許されるのである。

と判示します。事件単位の原則から当然に導かれるのですね。しかし，いくら別罪とはいえ，事件単位の原則を悪用して，事実を小出しにして必要以上に逮捕・勾留を長引かせることは相当とはいえないでしょう。そこで，裁判所はこの点について考えます。

> しかも，第１次逮捕・勾留当時「本件」について逮捕・勾留するだけの証拠が揃っておらず，その後に発見，収集した証拠を併せて事実を解明することによって，

初めて「本件」について逮捕・勾留の理由と必要性を明らかにして，第2次逮捕・勾留を請求することができるに至ったものと認められるのであるから，「別件」と「本件」とについて同時に逮捕・勾留して捜査することができるのに，<u>専ら，逮捕・勾留の期間の制限を免れるため罪名を小出しにして逮捕・勾留を繰り返す意図</u>のもとに，各別に請求したものとすることはできない。また，「別件」についての第一次逮捕・勾留中の捜査が，<u>専ら「本件」の被疑事実に利用されたものでない</u>ことはすでに述べたとおりであるから，第2次逮捕・勾留が第1次逮捕・勾留の被疑事実と実質的に同一の被疑事実について再逮捕・再勾留をしたものではないことは明らかである。

それ故，「別件」についての第1次逮捕・勾留とこれに続く窃盗，森林窃盗，傷害，暴行，横領被告事件の起訴勾留及び「本件」についての第2次逮捕・勾留は，いずれも適法であり，右一連の身柄の拘束中の被告人に対する「本件」及び「別件」の取調について違法の点はないとした原判決の判断は，正当として是認することができる。（下線筆者）

本文をきちんと読むとわかりやすいですね。論理的に順序を追っているので，単純に「別件逮捕の適否」などという「論点」にまとめないで，理解しましょう。この問題とどこが同じでどこが違うのかを考えて論じていけば，新しい問題も解決できます。

このように，本決定は，「別件逮捕」について判示したものですが，逮捕・勾留事実以外の事実を取り調べることができるか，という点について明確な判断を示したものですから，しっかり理解しておきましょう。

なお，別件勾留が違法であるとされた最近の事例として，**東京地決平12・11・13判タ1067号283頁**があります。ちょっと長いのですが，どのような事実をどのように評価して結論を導き出すのか，考えながら読んでください。

6-5 最大判昭36・6・7刑集15巻6号915頁

1 判示事項は何か

古い判例ですが，大法廷判決ですから，大切ですね。

判示事項は2つです。

第6章 逮捕・勾留に関する判例

> 〈1〉 被疑者の緊急逮捕に着手する以前その不在中になされた捜索差押えは適法か
> 〈2〉 右捜索差押え調書及び捜索差押えにかかる麻薬に対する鑑定書の証拠能力

　1つめは捜査の問題，2つめは証拠法の問題になりますね。まず，第1について検討しましょう。

　緊急逮捕が合憲かどうかについては，**最大判昭30・12・14刑集 9 巻13号2760頁**がありましたね。この判決は，

> 　刑訴210条は，死刑又は無期若しくは長期 3 年以上の懲役若しくは禁錮にあたる罪を犯したことを疑うに足る充分な理由がある場合で，且つ急速を要し，裁判官の逮捕状を求めることができないときは，その理由を告げて被疑者を逮捕することができるとし，そしてこの場合捜査官憲は直ちに裁判官の逮捕状を求める手続を為し，若し逮捕状が発せられないときは直ちに被疑者を釈放すべきことを定めている。かような厳格な制約の下に，罪状の重い一定の犯罪のみについて，緊急已むを得ない場合に限り，逮捕後直ちに裁判官の審査を受けて逮捕状の発行を求めることを条件とし，被疑者の逮捕を認めることは，憲法33条規定の趣旨に反するものではない

というものです。学説には違憲説も根強いのですが，刑訴法施行後60年，制度として定着しており，これから突然判例変更があるとも思えません。この判決も復習しておきましょう。

２ 判示事項〈1〉について

（1）　判決要旨は，

> 　司法警察員の職務を行う麻薬取締官が麻薬不法譲渡罪の被疑者を緊急逮捕すべくその自宅に赴いたところ，被疑者が外出中であったが，帰宅次第逮捕する態勢をもって同人宅の捜索を開始し，麻薬を押収し，捜索の殆ど終る頃帰宅した同人を適法に緊急逮捕した本件の場合の如く（判文参照），捜索差押えが緊急逮捕に先行したとはいえ，時間的にはこれに接着し，場所的にも逮捕の現場でなされたものであるときは，その捜索差押を違憲違法とすべき理由はない。

というものです。

判示事項には「……適法とされた事例」というような「事例判断」であることを明示した記載がありませんが，判決要旨を読んでみると，これが事例判断であることは明らかといえますね。

判決要旨そのものが問題の捜索差押えを許す場合をかなり限定的に示している上に「判文参照」とありますから，ごく特殊な事例判断であるように思われます。

判決を読み進めて見ましょう。検察官上告事件で，原判決が破棄された事例です。これは，原判決も確認する必要がありそうですね。

(2) とりあえず，判文参照とされた事実関係を確認してみましょう。

> 麻薬取締官等4名は，昭和30年10月11日午後8時30分頃路上において職務質問により麻薬を所持していた瀬上ミツヱを現行犯として逮捕し，同人を連行の上麻薬の入手先である被疑者有馬喜市宅に同人を緊急逮捕すべく午後9時30分頃赴いたところ，同人が他出中であつたが，帰宅次第逮捕する態勢にあった麻薬取締官等は，同人宅の捜索を開始し，麻薬の包紙に関係ある雑誌及び麻薬を押収し，捜索の殆ど終る頃同人が帰って来たので，午後9時50分頃同人を適式に緊急逮捕すると共に，直ちに裁判官の逮捕状を求める手続をとり，逮捕状が発せられた。

本件とは離れますが，麻薬取締官（特別司法警察員ですね。条文等を復習しておきましょう。）は，路上で現行犯逮捕した「瀬上」を直ちに麻薬取締事務所に連れて行かず，麻薬の入手先に案内させているのではないかとも思われます。逮捕した被疑者に関係場所を案内させて事案を明らかにするのは，「引き当たり捜査」と呼ばれますが，逮捕後にすぐにしなければならない手続きはどうなったのでしょうか。まあ，逮捕場所，引致すべき麻薬取締官事務所，有馬宅はいずれも距離的に近いようですから，一度引致しているかも知れません。引致せずに譲受け先に案内させた場合，問題はないでしょうか？

さて，問題は，被告人の関係ですね。9時30分に捜索開始，被告人がいないままに麻薬等を発見して差押え，その後の9時50分，帰宅した被告人を逮捕しています。

この状況は，いくら被告人に緊急逮捕できる状況があったとしても少し変だとは思いませんか。すぐ帰宅する見込みなら，捜査官は通常自宅付近で「張り

込み」をして被告人の帰宅を待ちます。それができなかったような状況は見受けられません。

　この点は原審判決（**大阪高判昭31・6・19刑集15巻6号953頁**）を読むと想像がつきます。実は被疑者の自宅には当時17歳の長女がいました。上記の「瀬上」も，1時間前にこの娘から麻薬を受け取っていたのです。そこで，捜査官は娘に尋ねたところ，娘は渡したことを自供したので，任意に捜索したというのです。

　これに対して原審は，調書に「任意に捜索した」との記載があり，捜索差押の立会人は長女とされているが，長女は当時17歳で商業高校2年に在学中のものであり，

> 　本件の捜索差押が何を意味するかさえ十分に理解し難いと思われる少女に麻薬取締官が家の中を見てもよいかと尋ね，どうぞ見て頂戴と答えたからといって，適法に同女の承諾を得て任意捜索差押をしたものと解するようなことは全く恣意的な見解というの外はない。

と断じています。5，6歳の幼児であればともかく，17歳の高校生について余りに能力を低く見ているのではないかと思います。長女は親のいいつけで麻薬を買いに来た者に麻薬を渡しているのですから，現在の捜査官であったら，長女を逮捕し，その逮捕に伴う捜索差押えを行うでしょう。その上で，20分後に親が帰宅したときに，これを緊急逮捕することも全く問題はないはずです。

　（3）　この事実を前提として最高裁の判示を見ましょう。

> 　憲法35条は，同33条の場合には令状によることなくして捜索，押収をすることができるものとしているところ，いわゆる緊急逮捕を認めた刑訴210条の規定が右憲法33条の趣旨に反しないことは，当裁判所の判例とするところである。同35条が右の如く捜索，押収につき令状主義の例外を認めているのは，この場合には，令状によることなくその逮捕に関連して必要な捜索，押収等の強制処分を行なうことを認めても，人権の保障上格別の弊害もなく，且つ，捜査上の便益にも適なうことが考慮されたによるものと解されるのであって，刑訴220条が被疑者を緊急逮捕する場合において必要があるときは，逮捕の現場で捜索，差押等をすることができるものとし，且つ，これらの処分をするには令状を必要としない旨を規定するのは，緊急

逮捕の場合について憲法35条の趣旨を具体的に明確化したものに外ならない。

　2つのことが判示されていますね。1つ目は，緊急逮捕が合憲であるという点で，これは新しい判示ではありません。

　2つ目が重要です。「**逮捕に伴う捜索等**」**が無令状で認められる趣旨**です。最高裁は，人権の保障上格別の弊害がないという点と捜査上の便益を挙げています。つまり，①人身の拘束という重大な処分に付随して行うのだからさらに人権を侵害するものとはいえないという点と，②捜索差押え，検証の必要性が高いという点をいうのです。直接「判示事項」とはなっていませんが，その前提として，220条1項2号の趣旨が明示されていたのですね。判示事項とはなっていませんが，大法廷が判断の前提とした考え方ですから，当然，この後の裁判の考え方はこれによることになります。

　そのうえで，最高裁は**逮捕する場合**と**逮捕の現場**の意義を判示します。

> 　もっとも，右刑訴の規定について解明を要するのは，「逮捕する場合において」と「逮捕の現場で」の意義であるが，前者は，単なる時点よりも幅のある逮捕する際をいうのであり，後者は，場所的同一性を意味するにとどまるものと解するを相当とし，なお，前者の場合は，逮捕との時間的接着を必要とするけれども，逮捕着手時の前後関係は，これを問わないものと解すべきであって，このことは，同条1項1号の規定の趣旨からも窺うことができるのである。

　前段は，わかりやすいですね。場合は時間的関係，現場は場所的関係をいうというのです。

　本件は場所は同一ですから問題になっていません。

　もっとも，本当にそうでしょうか。帰宅した被告人を逮捕した場合，逮捕の現場は自宅である，したがって，自宅は全部捜索できる……のでしょうか。ワンルームマンションであっても，浴室やトイレは「逮捕の現場」なのでしょうか。

　もし，玄関の一歩手前で逮捕したら，自宅は捜索できない……のでしょうか。

　これも，逮捕に伴う捜索差押えについての考え方によって結論が異なってきそうですね。

　さて，この判決の判示事項は，時間的関係についてです。

最高裁はまず，「単なる時点よりも幅のある」関係であると述べ，さらに，この幅は逮捕着手の前後にまたがってもよいというのです。

逮捕に着手する前の捜索差押え検証がなぜ認められるのか，最高裁は，同条1項1号，つまり，逮捕する場合，逮捕の現場でできることとして，「人の住居又は人の看守する邸宅，建造物若しくは船舶内に入り被疑者の捜索をすること。」を認めていることを挙げています。確かに，同項の柱書は1号2号の両方に共通なのですから，同じ意味でなければなりません。したがって，1号が逮捕前の強制処分を認めている以上，2号の強制処分も逮捕前に可能だというわけです。

そこで，2号も同じだということを次のように述べます。

> 従って，例えば，緊急逮捕のため被疑者方に赴いたところ，被疑者がたまたま他出不在であっても，帰宅次第緊急逮捕する態勢の下に捜索，差押がなされ，且つ，これと時間的に接着して逮捕がなされる限り，その捜索，差押は，なお，緊急逮捕する場合その現場でなされたとするのを妨げるものではない。

1号から導き出すこの結論は確かに合理的なように見えますが，「たまたま他出不在」である場合，捜索差押に時間的に接着して逮捕がなされたというのは結果論に過ぎないようにも思えます。

最高裁の判示は論理的ですが，ちょっと騙されたような気がしませんか。1号の場合は，被疑者が目の前にいるのです。本件の場合には，長女は父は直ぐ帰宅すると話したのでしょうが，実際に帰宅したのは20分後でした。捜索にはそれなりの時間がかかりますから，結果として捜索が被告人の逮捕の前後にまたがった形になったとはいえ，5時間，6時間後であったらどうするのでしょうか。やはり，被疑者がごく近くにいて，直ぐにその場で逮捕できることが確実でない限り，逮捕に着手する前の捜索等は難しいように思えます。

なお，最高裁は，220条1項の「必要があるとき」についても判示しています。

> そして緊急逮捕の現場での捜索，差押は，当該逮捕の原由たる被疑事実に関する証拠物件を収集保全するためになされ，且つ，その目的の範囲内と認められるもの

である以上，同条1項後段のいわゆる「被疑者を逮捕する場合において必要があるとき」の要件に適合するものと解すべきである。

　当然のことを述べたまでですが，逮捕に伴う捜索差押の限界が逮捕事実に関する証拠物件の発見保全であることを明示したものとして意味があります。実は原審が，これについて，

　本件の被疑事実たる麻薬の譲渡行為については，既に譲受人である瀬上ミツエが麻薬所持の現行犯として逮捕せられており，且つその現品も押収せられているのであるから，その譲渡行為に関する証拠隠滅を防止するため捜索差押をするということは考えられないことである。従って，本件の捜索差押は別の麻薬の発見，すなわち麻薬譲渡の被疑者について別の麻薬の所持なる余罪の捜査のためになされたものと解するの外はない。

として，本件捜索差押えを「別件捜索差押」だから違法だとしたのに対して最高裁の考え方を示したのです。最高裁は，「逮捕事実に関する証拠」の意義については述べませんでしたが，発見された「雑誌」（譲渡された麻薬を包んだ紙がこの雑誌の一部だと思われました）はもちろんのこと，別罪を構成する「麻薬」についても，差押が必要の限度内のものであるとしているのです。ここから，「事実に関する証拠」の範囲を導き出すことは容易でしょう。

　以上を前提に，本件への当てはめが行われます。まず，先に挙げた事実を述べた上で，

　してみると，本件は緊急逮捕の場合であり，また，捜索，差押は，緊急逮捕に先行したとはいえ，時間的にはこれに接着し，場所的にも逮捕の現場と同一であるから，逮捕する際に逮捕の現場でなされたものというに妨げなく，右麻薬の捜索，差押は，緊急逮捕する場合の必要の限度内のものと認められるのであるから，右いずれの点からみても，違憲違法とする理由はないものといわなければならない。

　違法だとするには，要件の1つが欠ければ，それでよいのですが，適法とするためには，要件全てを満たさなければならないのですから，最高裁も，「右いずれの点から見ても」としていますね。このような言葉づかいにも留意しておきましょう。

（4）　この捜索の適法性に関しては，判決には，補足意見，少数意見が多数あります。

例えば，横田裁判官は，

> 　被疑者を逮捕する場合において」といい，「逮捕の現場で」というのは，被疑者が現場にいて，逮捕と同時に捜索や差押を行なうか，すくなくとも逮捕の直前または直後に捜索や差押を行なうことを意味する。被疑者が不在であって，逮捕ができない場合は，「被疑者を逮捕する場合」とはいえず，まして「逮捕の現場」とはいえない。そのような場合には，第218条にしたがって，裁判官の令状を求め，それによって捜索や差押を行なうべきで，令状なくしてこれらのことを行なうことはできない。」「被疑者が間もなく帰宅し，これを逮捕したことは，予期しない偶然の事実にすぎない。もし被疑者の帰宅がおくれるか，帰宅しなかったならば，時間的と場所的の接着がなく，捜索差押を弁護することは，まったく不可能であったろう。同じ捜索差押の行為でありながら，被疑者が間もなく帰宅したという偶然の事実が起これば，適法なものになり，そうした事実が起こらなければ，違法なものになるというのは，あきらかに不合理である。ある捜索差押の行為が適法であるかいなかは，その行為そのものによって判断すべきで，その後に起こった偶然の事実によって左右されるべきではない。

と述べておられます。

　被疑者が現場にいなくても，直後にその現場に立ち至ることが明白な場合には，逮捕する前に捜索に着手できるのではないかと思われますが，多数意見より説得力があるように思われます。

　原審は

> 　刑事訴訟法第220条の規定によって行う令状によらない捜索差押は緊急逮捕に着手した後に開始されなければならないこというまでもない

旨判示していますが，逮捕着手後でなければ一切の処分ができないと解するのは，現実的ではないでしょう。

3　判示事項〈2〉

　判示事項〈2〉についての判決要旨は，

> 右麻薬取締官作成の捜索差押調書および捜索差押にかかる麻薬に対する鑑定書について被告人および弁護人が証拠とすることに同意し、異議なく適法な証拠調を経たときは、右各書面は、捜索差押手続の違法であったか否かにかかわらず、証拠能力を有する。

というものです。

判決は、すでに捜索差押えを適法としているので、この点は傍論です。判決文にも、

> のみならず、第一審判決の判示第一の（二）の事実（昭和30年10月11日被告人宅における麻薬の所時）に関する被告人の自白の補強証拠に供した麻薬取締官作成の昭和30年10月11日付捜索差押調書及び右麻薬を鑑定した厚生技官中川雄三作成の昭和30年10月17日付鑑定書は、第一審第1回公判廷において、いずれも被告人及び弁護人がこれを証拠とすることに同意し、異議なく適法な証拠調を経たものであることは、右公判調書の記載によって明らかであるから、右各書面は、捜索、差押手続の違法であったかどうかにかかわらず証拠能力を有するものであって、この点から見ても、これを証拠に採用した第一審判決には、何ら違法を認めることができない。

と簡単に述べられているにすぎません。もっとも、これは、大法廷の判示であり、その後変更されていませんから、現在でも判例として効力があるのです。

もっとも、例えば**最判昭61・4・25刑集40巻3号215頁**は、原審が、「1審で同意があったとしても、違法に収集された証拠の証拠能力は否定される」として被告人を無罪としたのについて、検察官が本判例に反するとして上告したのですが、これを「適法な上告理由に当たらない」として斥けた上、証拠収集過程が違法であってもその程度は重大ではなく証拠能力が認められるとして原判決を破棄していますから、本判決判示事項2の射程距離はさほど大きくないように思われます。

この点についても、さまざまな意見が付されていますから、読み比べてみましょう。

第6章　逮捕・勾留に関する判例

4　関連判例～東京高判昭44・6・20高刑集22巻3号352頁

　現行犯逮捕に伴う捜索差押えに関するもので，高裁判例ですが，重要です。
　判決要旨は，

> 　被告人がベトナムから日本に向かう飛行機の中で知り合った同国人たる外人Aと共に横浜市内のホテル7階の一室に宿泊していた際，（イ）捜査官において右ホテル内の外人2名が大麻たばこを吸っていたとの密告を受け，ホテル5階の待合所でAを大麻たばこ1本所持の現行犯として逮捕し，（ロ）Aの申立により外人警官の到着を待って，逮捕から約35分後，ホテル7階の右一室の捜索をし，洗面所で大麻たばこ7本を発見し（ハ）立会人のAは，右たばこは被告人の所持品であると弁解したが，捜査官において（被告人，A両名の共同所持であるとの疑いをもって）これを差し押さえた場合，Aに対する大麻たばこ7本の捜索，差押えは違法でない。

というものです。5階待合所→7階客室，35分後の捜索を当然に認められるものだと考えてよいでしょうか。
　自分が受任した事件，又は事例問題のつもりで，以下の事実関係を読んでください。

> 1　被告人は，アメリカ合衆国（以下地名略）に生れて，在日米陸軍警備隊本部中隊に所属する米陸軍三等特技兵であるが，今次ベトナムから日本に向う際，飛行機の中でルドルフ・ペレスと知り会い，同人と共に，昭和43年2月5日午前4時30分頃，神奈川県横浜市（以下略）のシルクホテル7階714号室に投宿し同室していた
> 2　加賀町警察署司法警察員大室玉樹らは，同日午後1時頃氏名不詳の者より同署に対し，シルクホテルから出て来た外人2人が大麻らしいものを喫っていたという意味の通報があったため，早速，右シルクホテルに赴き，同ホテルで張込みをしていたところ，同日午後3時10分頃，前記ペレスが外出先から帰って来たので，司法警察員今野功らが直ぐ右ペレスを同シルクホテル5階待合所で職務質問し，任意に所持品を検査したところ，同人の所持品の中から大麻たばこ1本を発見したので，直ちに同所で同人を右大麻たばこ1本所持の容疑により現行犯人として逮捕した
> 3　右逮捕後，ペレスより同司法警察員らに対し右シルクホテル7階714号室内にある自己の所持品を携行したいとの申出であったので，同司法警察員らこれを許すと共に，ペレスに対し逮捕の現場においては令状によらずとも捜索差押ができるから右714号室を捜索する旨を告げ，なお同人の要求によりS・Pに連絡し，その

第6章 逮捕・勾留に関する判例

到着を待って，前記 5 階待合所から 7 階714号室に連行した

4　同日午後 3 時45分頃から，同人および S・P 2 名の立会いの下に，同室者である被告人が外出不在中の右714号室の捜索を開始し，同室居間およびベッド・ルーム内の所持品については，ペレスに，その所持品を被告人の所持品から区別させたうえ，ペレスのものとして区別されたもののみを捜索した

5　引続き同室洗面所内の捜索に移ったのであるが，同洗面所における所持品については，ペレスにその所持品を被告人の所持品から区別させないで，捜索をしたものであるところ，同日午後 4 時10分頃同洗面所の棚の上から内容物の入った洗面用具入れバッグを発見し，ペレスからは右洗面用具入れバッグは自分のものではなく被告人の所持品である旨の申し出でがあったけれども，その内容を捜索した結果，被告人の名前の入った書類等のほかに，大麻たばこ 7 本が入った石けん入れケースが認められたため，司法警察員柳下勝美において，直ちに被告人所有の右洗面用具入れをその大麻たばこ 7 本等の内容物と共に差押えて，ペレスに対する捜索を終えた

6　その後，同日午後 5 時30分頃，被告人が外出先から帰って来たところを，同人についても右のような大麻たばこ所持の容疑があったため，司法警察員大室玉樹において，直ちに右714号室で，被告人に対し右洗面用具入れの所有者について職務質問をしたところ，同人がその所有に係るものであることを認めたため，直ぐその場で同人を右の大麻たばこ 7 本を所持したという容疑によって緊急逮捕した

7　さらに捜索を行いその時同人が着用し，左胸ポケットにごみが附着していた半袖シャツ 1 枚（後に鑑定によって大麻草の付着が認められた）を差押えた（下線筆者）

このような客室の捜索と大麻たばこ 7 本の差押えは認められるのでしょうか。これについて，裁判所はこのように判示しています。

　思うに，<u>刑事訴訟法第220条第 1 項第 2 号が，被疑者を逮捕する場合，その現場でなら，令状によらないで，捜索差押をすることができるとしているのは，逮捕の場所には，被疑事実と関連する証拠物が存在する蓋然性が極めて強く，その捜索差押が適法な逮捕に随伴するものである限り，捜索押収令状が発付される要件を殆んど充足しているばかりでなく，逮捕者らの身体の安全を図り，証拠の散逸や破壊を防ぐ急速の必要があるからである。従って，同号にいう「逮捕の現場」の意味は，前示最高裁判所大法廷の判決からも窺われるように，右の如き理由の認められる時</u>

間的・場所的且つ合理的な範囲に限られるものと解するのが相当である。

　これを大麻たばこ7本に関する捜索押収についてみると，成る程，ペレスの逮捕と捜索押収との間には，既に述べたように，時間的には約35分ないし60分の間隔があり場所的には，シルクホテル5階の，なかば公開的な待合所と同ホテル7階の，宿泊客にとっては個人の城塞ともいうべき714号室との差異のほかに若干の隔りもあり，（中略）また若し大麻たばこ7本がペレス独りのものであったとするならば，いくらペレスが大麻取締法違反の現行犯人として逮捕されたとはいえ，否却って逮捕されたればこそ，更に捜索差押が予想されるというのに，わざわざ自ら司法警察員らを自己の投宿している同714号室に案内したということについては種々の見方があり得るであろうし，なおペレスが同室の洗面所で司法警察員らに対し同大麻たばこ7本は自分のものではなくて，被告人のものである旨述べていることなどからすると，同たばこに対する捜索押収が果して適法であったか否かについては疑いの余地が全くないわけではないけれども，既に見て来たような本件捜査の端緒，被告人とペレスとの関係，殊に2人が飛行機の中で知り合い，その後行動を共にし，且つ同室もしていたこと，右のような関係から同たばこについても或るいは2人の共同所持ではないかとの疑いもないわけではないこと，ペレスの逮捕と同たばこ捜索差押との間には時間的，場所的な距りがあるといってもそれはさしたるものではなく，また逮捕後自ら司法警察員らを引続き自己と被告人の投宿している相部屋の右714号室に案内していること，同たばこの捜索差押後被告人も1時間20分ないし1時間45分くらいのうちには同室に帰って来て本件で緊急逮捕されていることおよび本件が検挙が困難で，罪質もよくない大麻取締法違反の事案であることなどからすると，この大麻たばこ7本の捜索差押をもって，<u>直ちに刑事訴訟法第220条第1項第2号にいう「逮捕の現場」から時間的・場所的且つ合理的な範囲を超えた違法なものであると断定し去ることはできない</u>。また，このように考えることが，前示最高裁判所大法廷の判決の趣旨にも副うものであると解する。（下線筆者）

　裁判所も「違法ではないか」と考えながら，ペレスが自分で客室に案内したこと，相被疑者（被告人）もまもなく帰室していることから合理的範囲内であると判断しているようです。ペレスの現行犯逮捕と被告人の緊急逮捕の間にある捜索差押えなのですね。

　時間については，ペレスの要求によってＳ．Ｐ．（米国軍の警察官）に連絡して来て貰っていますから，35分という数字をそのまま一般化できないでしょう。

ホテル客室に赴いたのも，ペレスが警察署に引致される前に所持品を取りに行きたいと希望したもので，これによれば，待合所で着手した逮捕ですが，引致までの一連の手続きを考えると客室も逮捕直後の被告人の周辺ともとらえることができます。

この判決が「適法であつたか否かについては疑いの余地が全くないわけではない」というとおり，まさに限界事例といえるものですから，これらの特別な事情を抜きにして，ホテルの公共部分で逮捕すれば，当然に被疑者の投宿している客室を捜索できると一般化して考えるのは危険です。

6-6 最決平8・1・29刑集50巻1号1頁

1 判示事項

準現行犯及び逮捕にともなう捜索についての重要な判例です。

判示事項は，

〈1〉 刑訴法212条2項にいう「罪を行い終ってから間がないと明らかに認められるとき」に当たるとされた事例
〈2〉 逮捕した被疑者を最寄りの場所に連行した上でその身体又は所持品について行われた捜索及び差押えと刑訴法220条1項2項にいう「逮捕の現場」
〈3〉 逮捕した被疑者を最寄りの場所に連行した上でその装着品及び所持品について行われた差押え手続が刑訴法220条1項2項による差押えとして適法とされた事例

です。

2 準現行犯

準現行犯とはどのようなものをいうのか，212条2項を確認しましょう。重要な条文なので，暗記するくらいのつもりで理解を深める必要があります。

判示事項〈1〉についての**決定要旨**は，次のとおりです。

いわゆる内ゲバ事件が発生したとの無線情報を受けて逃走犯人を警戒，検索中の

> 警察官らが，犯行終了後の約1時間ないし1時間40分後に，犯行場所からいずれも約4キロメートル離れた各地点で，それぞれ被疑者らを発見し，その挙動や着衣の汚れ等を見て職務質問のため停止するよう求めたところ，いずれの被疑者も逃げ出した上，腕に籠手（こて）を装着していたり，顔面に新しい傷跡が認められるなど判示の事実関係の下においては，被疑者らに対して行われた本件各逮捕は，刑訴法212条2項2号ないし4号に当たる者が罪を行い終わってから間がないと明らかに認められるときにされたものであって，適法である。

内ゲバ事件といっても分かりにくいですね。

「ゲバ」とは，「ゲバルト」（Gewalt）の略で，かつて，武力革命をめざす学生を中心とした集団（いわゆる「過激派」）が，幾つかの党派に分裂し，党派間で争うようになり，時には殺し合うまでになり，かなりの数の死傷者を出すに至ったことがあったのです。ゲバルト＝暴力が，国家権力に向かず，党派は異なるとはいえ同じ革命を目指す集団内部に向けられたことから「内ゲバ」と呼ばれます。

この決定の事件はそのような背景で起きたものです。

3 事実の経過

事実関係について最高裁は，単に，「本件兇器準備集合，傷害の犯行現場から直線距離で約4キロメートル離れた派出所で勤務していた警察官が，いわゆる内ゲバ事件が発生し犯人が逃走中であるなど，本件に関する無線情報を受けて逃走犯人を警戒中，」としか述べていません。原審判決（**東京高判平5・4・28高刑集46巻2号44頁**）の「罪となるべき事実」を見るとどんな事件だったかが分かります。

> 被告人3名は，
> 第1　ほか多数の革マル派に所属あるいは同調する者らとともに，中核派に所属あるいは同調する者らの生命・身体に対し共同して危害を加える目的をもって，昭和60年2月5日午後1時50分ころから同2時20分ころまでの間，神奈川県川崎市麻生区岡上1640番地付近路上から東京都町田市金井町2160番地所在和光大学構内に至る間において，多数の竹竿・鉄パイプを所持して集合移動し，もって，他人の生命・身体に対し共同して害を加える目的をもって兇器を準備して集合し，

> 第2　右の者らと共謀のうえ，前同日午後2時すぎころ，前記和光大学構内において，別紙被害者一覧表記載の三宮宏一ら中核派に所属あるいは同調する者7名に対し，竹竿・鉄パイプ等をもってその頭部・顔面・上肢・下肢等を多数回にわたり殴打し，突くなどの暴行を加え，よって右三宮ら7名に対して同一覧表記載のとおりそれぞれ傷害を負わせ
> たものである。

　何故，控訴審判決に「罪となるべき事実」が書かれているのでしょうか。この事件は，控訴審判決を読むと分かるとおり，1審無罪の事件です。高裁は，1審判決を破棄して有罪の認定をしたので，控訴審において「罪となるべき事実」，「証拠の標目」，「法令の適用」が示されるのです。
　さて，これを読むと，要するに革マル派と中核派といういわゆる過激派同士の鉄パイプ等の凶器を持って行われた「内ゲバ」事件で，被告人らは凶器準備集合及び傷害に問われたということが分かります。
　このような事件について，警察官は，「和光大学でけんかという110番通報があった。」旨の無線を傍受し，その後，無線により，「和光大学A号棟付近で内ゲバ発生」，「革マル70名くらいと中核20名位が乱闘」，「けが人が出ている。」，「革マルは玉川学園方向に逃走」等の続報を次々に傍受したというのです。かなり事件の内容について具体的な情報を得ていたということになりますね。
　そこで，このような警察官が警戒中に被告人らを発見したわけですが，発見状況について最高裁が判示するのは次の状況です。
　まず，被告人の1人については，

> 　犯行現場から直線距離で約4キロメートル離れた派出所で勤務していた警察官が警戒中，本件犯行終了後約1時間を経過したころ，被告人濱が通り掛かるのを見付け，その挙動や，小雨の中で傘もささずに着衣をぬらし靴も泥で汚れている様子を見て，職務質問のため停止するよう求めたところ，同被告人が逃げ出したので，約300メートル追跡して追い付き，その際，同被告人が腕に籠手を装着しているのを認めたなどの事情があったため，同被告人を本件犯行の準現行犯人として逮捕した

というものでした。また，残りの被告人2名については，

> 　また，被告人竹内，同久恒については，本件の発生等に関する無線情報を受けて

第6章　逮捕・勾留に関する判例

> 逃走犯人を検索中の警察官らが，本件犯行終了後約1時間40分を経過したころ，犯行現場から直線距離で約4キロメートル離れた路上で着衣等が泥で汚れた右両被告人を発見し，職務質問のため停止するよう求めたところ，同被告人らが小走りに逃げ出したので，数十メートル追跡して追い付き，その際，同被告人らの髪がべっとりぬれて靴は泥まみれであり，被告人久恒は顔面に新しい傷跡があって，血の混じったつばを吐いているなどの事情があったため，同被告人らを本件犯行の準現行犯人として逮捕した

のです。

　表にしてみると，こんな感じです。

	濱	竹内，久恒
犯行後	1時間	1時間40分
犯行現場からの距離	4キロメートル	4キロメートル
被告人らの状況	着衣がぬれている 靴が泥で汚れている 腕に籠手を装着	着衣等が泥で汚れている 髪がべっとりぬれている 靴が泥まみれ 顔面に新しい傷跡（久恒） 血の混じったつばを吐いている（久恒）
停止を求めた際	逃げ出した	小走りに逃げ出した

4　逮捕の適法性

　問題の事件と被告人らの逮捕の時間的・場所的関係や被告人らの様子については分かりました。

　そこで，この逮捕が適法かどうかを考えなければなりません。

> 以上のような本件の事実関係の下では，被告人3名に対する本件各逮捕は，いずれも刑訴法212条2項2号ないし4号に当たる者が罪を行い終わってから間がないと明らかに認められるときにされたものということができるから，本件各逮捕を適法と認めた原判断は，是認することができる。

簡単な判示ですね。2号ないし4号に当たるというのですが，どれがどの要件に該当するのでしょうか。原審はもう少し詳しく説明しています。

　まず，濱については，停止させようとしたところ，制止を振り切って駆け出

していったことは4号に当たり，籠手を装着していたのは，2号に当たるといいます。

　さらに，時間的にも，犯人が現れてよい時分に，被告人濱らが現れたこと，雨が降っているのに，傘もささず，ジャンパーの袖口も濡れ，靴も泥で汚れているなどの状態にあったのであるから，同被告人らと本件内ゲバ事件との結びつき及び右犯行との時間的，場所的接着性も明白に認められ，前同条項にいう**罪を行い終ってから間がないと明らかに認められるとき**に当たるということができるとしました。

　それでは，竹内らについては，どうでしょうか。

　まず，警察官が「待て」と大声をあげながら，被告人らを追いかけたのに対し，被告人らがこれを無視して歩き続け，途中から小走りとなって脇道を進み，警察官らから遠ざかろうとしたことは，4号に当たるとしました。

　次に，

> 被告人久恒の頬や鼻などに，内ゲバ事件の乱闘中に生じたと認められる新しい傷痕が存したことは，同被告人のみならず，これと行動を共にしていた被告人竹内との関係においても，同条項3号にいう「身体に犯罪の顕著な証跡のあるとき」に当たるということができる。

と判示しているのが注目されます。怪我をしていたのは久恒だけです。しかし，仲間の久恒に**犯罪の顕著な証跡**があるということは，竹内についても3号に当たる事由であるというのです。

　最後に**罪を行い終ってから間がないと明らかに認められるとき**の判断は濱の場合とほぼ同じですが，濱の場合よりなお時間が経過しているので，どのように判示しているのか，確認しておきましょう。

> 右被告人らが発見されたのが，時間的には本件犯行終了後約1時間40分を経過した後であり，場所的にも右犯行現場から直線距離にして約4キロメートル離れた前記の奈良谷戸入口バス停付近であったとはいえ，被告人らはいまだ警察の犯人検索網から完全に離脱したわけではなく，本件警察官らは，前記の無線情報や玉川大学職員，他の警察官，タクシーの運転手等から得た情報，あるいは，犯人検索途中の道路脇に内ゲバ事件の犯人の物と思われるマスク，タオル，雨具等が遺棄されてい

> た状況等から，犯人の通りそうな逃走経路を追跡，検索していた最中に，被告人らを発見したのであって，これらの事情にかんがみると，被告人らと本件内ゲバ事件との結びつきや時間的，場所的接着性に関する明白性も十分に認められ，前同条項にいう「罪を行い終ってから間がないと明らかに認められるとき」に当たるということができる。

　単に「1時間40分，4キロメートルは準現行犯にいう『間がない』に当たる」というのではなく，もっと細かく，「間がないと明らかに認められる」根拠となる事実を拾い出しているところに注目してください。

　また，準現行犯に当たるかどうかの当てはめの順序にも留意してください。最高裁は，まず，1号ないし4号に当たる事由があるかどうかを考え，その次に，「罪を行い終わったから間がないと明らかに認められる」かどうかを考えます。ここにいう「明らかに認められる」のは「間がない」ということではなく，犯罪と犯人との結びつきや時間的場所的接着性が明らかに認められるということだということも，判文から理解できますね。

5 逮捕の現場における捜索差押え

　さて，次の判示事項に進みましょう。**判示事項〈2〉**によれば，220条にいう**逮捕の現場**とは何を言うのか，重要な解釈が示されるようです。

　判示事項〈2〉に対応する決定要旨は次のとおりです。

> 　逮捕した被疑者の身体又は所持品の捜索，差押えについては，逮捕現場付近の状況に照らし，被疑者の名誉等を害し，被疑者らの抵抗による混乱を生じ，又は現場付近の交通を妨げるおそれがあるなどの事情のため，その場で直ちに捜索，差押えを実施することが適当でないときは，速やかに，被疑者を捜索，差押えの実施に適する最寄りの場所まで連行した上でこれらの処分を実施することも，刑訴法220条1項2号にいう「逮捕の現場」における捜索，差押えと同視することができる。

というものです。決定本文もほぼ同文です。

　逮捕の現場で被疑者の身体の捜索を行うことは，野次馬がたくさんいるときなどには，被疑者の名誉等を害することになるでしょう。

　本件の被告人のうち濱は，かなり強い抵抗をしたようです。竹内らは無抵抗

第 6 章　逮捕・勾留に関する判例

であったようですが，逮捕現場に多数の警察官がいたので，抵抗する余地がなかったのでしょう。濱の場合は，追い掛けた警察官 1 人では抑えきれず，応援を要請して 2 人がかりでようやく制圧したということですから，その場で濱の着衣や所持品の捜索を行うのは極めて困難であったと思われます。

　また，狭い道路では，複数警察官と被逮捕者が道路をふさぐ状態になることもありますから，一般交通の用に供する場所で長時間を費やすことは，交通の妨げになることも当然です。

　したがって，とりあえず，被疑者の名誉が保たれ，抵抗を排除し，交通の妨げにもならない場所に移動すべきであることは，常識的にいって当然といえるでしょう。

　しかし，220 条 1 項 2 号は，「逮捕に際し，逮捕の現場」であることを要件に無令状による捜索差押え，検証を認めるのですから，移動してしまえば，改めて令状を得て捜索等を行うべきだという考えも成り立ち得ます。

　最高裁は，この点について，現場における捜索に弊害があるときは移動した上での捜索も逮捕の現場における捜索と「同視できる」というのです。移動した先の場所が**逮捕の現場**であるとはいわないのです。

　最高裁は，これを当てはめ，次のように結論づけました。

> 　これを本件の場合についてみると，原判決の認定によれば，被告人濱が腕に装着していた籠手及び被告人竹内，同久恒がそれぞれ持っていた所持品（バッグ等）は，いずれも逮捕の時に警察官らがその存在を現認したものの，逮捕後直ちには差し押さえられず，被告人濱の逮捕場所からは約 500 メートル，被告人竹内，同久恒の逮捕場所からは約 3 キロメートルの直線距離がある警視庁町田警察署に各被告人を連行した後に差し押さえられているが，被告人濱が本件により準現行犯逮捕された場所は店舗裏搬入口付近であって，逮捕直後の興奮さめやらぬ同被告人の抵抗を抑えて籠手を取上げるのに適当な場所でなく，逃走を防止するためにも至急同被告人を警察車両に乗せる必要があった上，警察官らは，逮捕後直ちに右車両で同所を出発した後も，車内において実力で籠手を差し押さえようとすると，同被告人が抵抗して更に混乱を生ずるおそれがあったため，そのまま同被告人を右警察署に連行し，約 5 分を掛けて同署に到着した後間もなくその差押えを実施したというのである。
> また，被告人竹内，同久恒が本件により準現行犯逮捕された場所も，道幅の狭い道

223

第6章 逮捕・勾留に関する判例

> 路上であり，車両が通る危険性等もあった上，警察官らは，右逮捕場所近くの駐在所でいったん同被告人らの前記所持品の差押えに着手し，これを取り上げようとしたが，同被告人らの抵抗を受け，更に実力で差押えを実施しようとすると不測の事態を来すなど，混乱を招くおそれがあるとして，やむなく中止し，その後手配によって来た警察車両に同被告人らを乗せて右警察署に連行し，その後間もなく，逮捕の時点からは約1時間後に，その差押えを実施したというのである。
> 　以上のような本件の事実関係の下では，被告人3名に対する各差押えの手続は，いずれも，逮捕の場で直ちにその実施をすることが適当でなかったため，できる限り速やかに各被告人をその差押えを実施するのに適当な最寄りの場所まで連行した上で行われたものということができ，刑訴法220条1項2号にいう「逮捕の現場」における差押えと同視することができる

　これについて，原審はどのように判断していたのでしょうか。

　原審を見てみましょう。原審は次のように述べて，車で約5分，右逮捕の現場から約500メートルの距離にある町田署において，同被告人の連行後間もなくなされた押収は，「逮捕の現場」における押収とみて差し支えないとしています。

> 　逮捕の現場での差押，捜索等に令状を必要としないとされているのは，逮捕の現場においては，被疑者等が兇器を所持しているおそれがあるという危険性のほか，証拠存在の蓋然性が高く，その場での差押や捜索等を許すべき緊急性，必要性が認められること及び逮捕によってその場所の平穏等の法益は既に侵害されており，更に逮捕の現場での差押や捜索等を認めたとしても，その面での新たな法益侵害はさほど生ずるわけではないこと等を理由とするものと解される。したがって，被疑者の逮捕場所と離れた別の場所を捜索し，同所で差押をする場所とは異なり，被疑者に所持品等を持たせたまま，時間的にも場所的にもそう隔たっていない，差押に適する場所まで連行し，同所で差押をする場合には，所持の状況に特段の変化はなく，逮捕の地点でこれらを差し押えた場合と比べてみても，被疑者に格別の不利益を与えるおそれはなく，証拠存在の蓋然性，押収の緊急性，必要性等は依然として存するのであるから，「逮捕の現場」ということについて，ある程度幅を持たせて，これを肯定的に解してよいというべきである。

　原審は，最高裁と異なり，警察署における差押えは，逮捕の現場における差

押えそのものであると認定しているのですね。もう片方の被告人らについても同様の判示をしています。

　濱は，2名の警察官によって抵抗を封じられた後，警察官らに挟まれるようにしてパトカーに乗車し，警察署に連行されたので，逮捕直後の状況がそのまま続いており，警察署にいたる車の中，警察署は，逮捕の現場と連続した空間であると見ることができますから，原審の判断も誤ってはいないように思えます。

　これに対して最高裁があえて，「逮捕の現場」そのものではなく，「逮捕の現場と同視できる」としたのは，「逮捕の現場」を厳格に解釈したように見えますが，逆に考えると，原審より緩やかだともいえます。本件のように逮捕直後の警察官と被疑者の体勢がそのまま続いているような場合でなくても，「同視」できる状況があればよい，ということになります。その場の捜索が本人に不利だったり，本人の抵抗のために困難であるなどの状況があれば，最寄りの警察署等まで連行した上での捜索が無令状で認められるのです。

　逮捕時の混乱を考えると，被疑者の身体や所持品の捜索は，警察署に連行した後に行う方が適当でしょうから，本件の結論は妥当なものでしょう。

　上記の原審が示した逮捕の現場で捜索等が許される趣旨は，通説的な見解といえますから，参考になると思います。

　また，原審は，濱が逃走の途中で投げ出したナップザックの押収手続についても検討しています。

　これは，同種の事例を考えるときの参考になるでしょう。

　被告人濱が投棄していったナップザック入りの前記買物袋は，伊東巡査部長が右投棄場所付近で氏名不詳のタクシー運転手から受け取り，同所から約90メートル，逮捕現場から約300メートル離れた前記の派出所内で保管中，間もなく犯人逮捕の報を受けて，これを差し押さえたものであるが，このように，犯人が投げ棄てていったものである以上，差押によることなく，領置によってこれを押収することも可能であって，この場合に令状を必要としないことも多言をまたないところである。本件においては，領置手続によることなく，差押手続によっているが，追跡警察官と同一の任務に従事し，その状況を現認していた他の警察官が一時これを保管し，追跡警察官から逮捕の報を受けて，前記場所でこれを差し押さえることは，その現

認状況，逮捕との時間的，場所的接着性からみて，刑事訴訟法220条1項2号にいう「逮捕の現場」でなされたものと認めてよく，犯人がその場におらず，差押に立ち会っていないことも，右差押の妨げとなるものではない。

形式にとらわれず，実質的に考えることが分かりますね。

6-7 最大判昭32・2・20刑集11巻2号802頁

1 判示事項と判決要旨

刑訴法に関連する判示事項は次のとおりです。

〈1〉 憲法第38条第1項の法意
〈2〉 氏名の黙秘権の有無
〈3〉 氏名黙秘の弁護人選任届の却下は憲法第38条第1項第37条第3項に違反するか

判決要旨は，

《1》 憲法38条1項は，何人も自己が刑事上の責任を問われる虞のある事項について供述を強要されないことを保障したものと解すべきである。
《2》 被告人の氏名のごときは，原則として憲法38条1項の不利益な事項ということはできず，それにつき黙秘する権利があるとはいえない。
《3》 被告人が氏名を黙秘し監房番号の自署・拇印等により自己を表示し，弁護人が署名押印した上提出した弁護人選任届を第1審裁判所が適法な弁護人選任届でないとして却下したため，被告人が結局その氏名を開示しなければならなくなったとしても，その訴訟手続及び憲法第38条第1項・第37条第3項に違反しない。

です。どのような事案だったのでしょうか。

記録によれば第1審において被告人等はそれぞれ被疑者又は被告人として監房番号の自署，拇印等により自己を表示し弁護人が署名押印した弁護人選任届を提出した。最難所は，その届出をいずれも不適法として却下し，各被告人のため国選弁護人を選任した。そこで，被告人等はそれぞれその氏名を開示して私選弁護人選任の届出をした。

2 最高裁の判断

まず，最高裁は，憲法37条1項に違反するという主張について判断しました。まず，被告人の審理について確認をします。

> 被告人申を除くその余の被告人等については，いずれも第1審第1回公判期日以降その私選弁護人立会の下に審理が行われているのであり，また被告人申についても第1回公判期日は国選弁護人立会の下に開廷され若干の審理がなされ弁論の続行となつたのであるが，第2回公判期日以降はその私選弁護人立会の下に証拠調をはじめその他すべての弁論が行われているのであり，しかも，所論弁護人選任届却下決定に対して被告人の一部からなされた特別抗告も取下げられ，この点については爾後別段の異議もなく訴訟は進行され第1審の手続を了えた

裁判所はこのように，実際に被告人等が選任した弁護人によって弁護されたかどうかを検討し，「被告人等においてその弁護権の行使を妨げられたとは認められない。それ故憲法37条3項違反の所論は採るを得ない。」と結論しました。

事実は単純ですからわかりやすいですね。実質的に審理の際に弁護人がいたのかどうかを考えています。

判決が引用している**最大判昭24・11・30刑集3巻11号1857頁**も読んでおきましょう。

次が黙秘権との関係です。

> ① いわゆる黙秘権を規定した憲法38条1項の法文では，単に「何人も自己に不利益な供述を強要されない。」とあるに過ぎないけれど，その法意は，何人も自己が刑事上の責任を問われる虞ある事項について供述を強要されないことを保障したものと解すべきであることは，この制度発達の沿革に徴して明らかである。
> ② されば，氏名のごときは，原則としてここにいわゆる不利益な事項に該当するものではない。
> ③ そして，本件では，論旨主張にかかる事実関係によつてもただその氏名を黙秘してなされた弁護人選任届が却下せられたためその選任の必要上その氏名を開示するに至つたというに止まり，その開示が強要されたものであることを認むべき証拠は記録上存在しない。（①～③筆者）

きちんとした論理の運びを学びましょう。①が憲法38条の法意です。②は①の法意に照らして，供述を強要されないことを保障した「不利益な」事項ではないというのです。

これで，もう結論は出たわけですが，裁判所はさらに，③で，氏名を黙秘できなかったことによる不利益が存するかどうかを確認するのです。

単純な問題ですが，最高裁がきちんと論じているところを確認できましたか。

6-8 最大判昭37・5・2刑集16巻5号495頁

1 問題の所在

刑訴法の解釈ではありませんが，黙秘権に関する判例をもう一つ読んでおきましょう。

判示事項は

〈1〉 道路交通取締法施行令67条2項にいう「事故の内容」の意義
〈2〉 同項中事故の内容の報告義務を定めた部分の合憲性

です。

これについて，最高裁は

《1》 道路交通取締法施行令67条2項にいう「事故の内容」とは，その発生した日時，場所，死傷者の数及び負傷の程度並に物の損壊及びその程度等，交通事故の態様に関する事項を指すものと解すべきである。
《2》 同項中事故の内容の報告義務を定めた部分が，憲法第38条第1項に違反しない。

と判断したのです。

「ひき逃げ」事件ですね。

自分が自動車運転過失致死傷（あるいは危険運転致死傷）罪に問われる可能性があるのに，事故の報告をしなけれな処罰される，つまり，供述を強制されることになるのは，憲法38条1項に反するのではないか，が問題になったのです。

憲法論ですが，最高裁の論理を辿ってみましょう。

当時の法律ですから、ちょっと違いますが、現行道路交通法の72条1項と同様の規定です。念のため、当時の条文を確認しておきましょう。古い六法を探すのは大変ですが、最高裁判所の判例集には、【参照】として関係する条文が挙げてあります。古い条文だけではなく、条文を確認するには便利ですね。

道路交通取締法施行令67条2項は「車馬又は軌道車の交通に因り人の殺傷又は物の損壊があった場合においては、当該車馬又は軌道車の操縦者、乗務員その他の従業者は、直ちに被害者の救護又は道路における危険防止その他交通の安全を図るため必要な措置を講じなければならない。この場合において、警察官が現場にいるときは、その指示を受けなければならない。」という「救護義務」を定めた1項を受けて「前項の車馬又は軌道車の操縦者(操縦者に事故があった場合においては、乗務員その他の従業者)は、同項の措置を終えた場合において、警察官が現場にいないときは、直ちに事故の内容及び同項の規定により講じた措置を当該事故の発生地を管轄する警察署の警察官に報告し、且つ、車馬若しくは軌道車の操縦を継続し、又は現場を去ることについて、警察官の指示を受けなければならない。」と定めています。ちょっと時代を感じさせる内容ですね。

2 裁判所の判断

弁護人は、同項が掲げる「事故の内容」には刑事責任を問われる虞のある事項も含まれるから、同項中その報告義務を定める部分は、自己に不利益な供述を強要するものであって、憲法38条1項に違反し無効であると主張しました。

これに対して裁判所は、道路交通取締法24条1項によって委任された同法施行令67条の内容を述べた上で。

> 要するに、交通事故発生の場合において、右操縦者、乗務員その他の従業者の講ずべき応急措置を定めているに過ぎない。
>
> 法の目的に鑑みるときは、令同条は、警察署をして、速に、交通事故の発生を知り、被害者の救護、交通秩序の回復につき適切な措置を執らしめ、以って道路における危険とこれによる被害の増大とを防止し、交通の安全を図る等のため必要かつ合理的な規定として是認せられねばならない。しかも、同条2項掲記の「事故の内容」とは、その発生した日時、場所、死傷者の数及び負傷の程度並に物の損壊及び

第6章　逮捕・勾留に関する判例

> その程度等，交通事故の態様に関する事項を指すものと解すべきである。したがって，右操縦者，乗務員その他の従業者は，警察官が交通事故に対する前叙の処理をなすにつき必要な限度においてのみ，右報告義務を負担するのであって，それ以上，所論の如くに，刑事責任を問われる虞のある事故の原因その他の事項までも右報告義務ある事項中に含まれるものとは，解せられない。また，いわゆる黙秘権を規定した憲法38条1項の法意は，何人も自己が刑事上の責任を問われる虞ある事項について供述を強要されないことを保障したものと解すべきことは，既に当裁判所の判例とするところである。したがって，令67条2項により前叙の報告を命ずることは，憲法38条1項にいう自己に不利益な供述の強要に当らない。

と判示しました。

　この判決で引用された判例（**最大判昭32・2・20刑集11巻2号802頁**）は，前に検討しました（6-7）。

　道路交通法の報告義務の目的→報告義務の内容はその目的に必要な事項に限られる→刑事責任を問われるおそれのある事項までが含まれるものではない→憲法38条1項に違反しないという論理の流れをきちんと把握しましょう。

　この判決には2人の裁判官の補足意見があります。補足意見は，「事故の内容」が，事故発生の日時，場所，死傷者の数及び負傷の程度並びに物の損壊及びその程度等交通事故の態様に関する事項であって，刑事責任を問われる虞のある事故の原因，その他の事項まで含まれるものではないとしても，犯罪構成要件の内の客観的事実を報告させることになるから，憲法38条1項にいう不利益な供述に当たるとしても，公共の福祉のためにこの程度の制限を受けるのはやむを得ないとするものです。考え方を学ぶのによい例ですね。

③　関連判例〜最判平9・1・30刑集51巻1号335頁

　黙秘権に関するもう一つの判例を読んでみましょう。

　呼気検査を拒んだ者を処罰する道路交通法120条1項11号と憲法38条1項という判示事項で，道路交通法67条の規定による警察官の呼気検査を拒んだ者を処罰する同法120条1項11号は，憲法38条1項に違反しないと判示されたものです。

　判決文を読んでみましょう。

> 　憲法38条1項は，刑事上責任を問われるおそれのある事項について供述を強要されないことを保証したものと解すべきところ，右検査は，酒気を帯びて車両等を運転することの防止を目的として運転者らから呼気を採取してアルコール保有の程度を調査するものであって，その供述を得ようとするものではないから，右検査を拒んだ者を処罰する右道路交通法の規定は，憲法38条1項に違反するものではない。

　供述か否かということですね。

　弁護人が上告趣意で「被検査者が任意に応じないのにかかわらず，これを刑罰をもって強制することは，自己の不利益な事実を供述すべきことを強要することと異なるところはない」と主張したのですが，最高裁は，「供述を得ようとするものではない」としてその主張を斥けました。

　1審判決を見るとこの被告人は3回の酒気帯び運転（2回目と3回目は無免許運転も）とその後の呼気検査拒否で起訴されて有罪となっています。4回目の酒気帯びともなれば，重い処罰を免れようと呼気検査を拒否したくなるのも分かりますね。検査を拒否して処罰されるか，酒気帯び運転で処罰されるか，どちらにしても処罰されるような立場に置かれるのは不当だというのでしょう。

　この最高裁の判示は当たり前のようですが，原審はもう少し親切に判示をしています。

> 　道路交通法67条2項の呼気検査の規定は，道路における交通の危険を防止するため，車両等に乗車している者等が酒気帯び運転をするおそれがある場合において，警察官に呼気検査の権限を定めたものであるところ，本件の被告人の場合も右の趣旨で警察官が被告人の呼気検査をしようとしたものであり，被告人がこれを拒否したことが十分認められるから，所論指摘の判決の趣旨からいっても，被告人に呼気検査拒否罪の成立が認められることは明らかである。本件については，確かにその後，所論が指摘する経過によって被告人の酒気帯び運転の行為を立件して刑事手続に移行しているが，だからといってさかのぼって前記警察官の危険防止の措置の性質が変わるものではなく，呼気検査拒否罪の適用が許されなくなるものではない。

　これは，交通事故の報告義務が憲法38条に違反しないとする最大判昭37・5・2刑集16巻5号495頁と同じ趣旨の判示ですね。

　これに対して本件の最高裁は，供述じゃないじゃないか，として何を目的と

するかを問題とせずにあっさり弁護人の主張を斥けています。

　もし，刑事手続の証拠にすることを目的とする検査を強制することが憲法38条に違反するとすれば，強制採尿をはじめとする強制捜査が全部38条１項の問題になりかねませんね。

　最高裁は，前に検討した**昭和32年２月20日の大法廷判決**のほか，**昭和47年11月22日の大法廷判決**（**刑集26巻９号554頁**）を引用しています。昭和47年大法廷判決は所得税法に基づく収税管理の質問調査に関するものです。この判決も憲法，行政法の学習のために必要です。

6-9　最決平18・12・8 刑集60巻10号837頁

1　問題の所在

　供述調書を作成する際に供述者がけがや病気，あるいは，字が書けないために署名できない場合にどうすればよいのでしょうか。

　供述調書の様式はまだ実務についたことがなくても「記録教材」などで見たことがあると思います。

　こんな感じです。

```
    …………
    …………
                              ○野　○夫　（印）
以上のとおり録取して読み聞かせ（閲読させ）たところ，誤りのないことを
申し立て署名押印した。
　前同日
            ○○地方検察庁
                    検察官検事　○山　○郎　（印）
                    検察事務官　△川　△子　（印）
```

　供述者が幼児や病者などの場合，保護者や家族に取り調べに立ち会って貰うことがあります。このような場合には，供述人の署名押印に並んで立会人に署

名押印して貰います。

　押印できない場合には右手示指による指印をして貰います。署名ができなかったり、右手示指による指印ができなかった場合、「署名押印した」部分にその理由を書きます。「本人無筆のため押印した」とか「右手のけがのため左手示指で指印した」などです。

　病気などで、話はできるが、署名も押印もできない場合はどうすればよいでしょうか。

　これが、本判例の問題です。

　本判例の事案は次のとおりです。

（1）本件検察官調書は、野田寛を供述者とするものであるが、末尾には、同調書作成者による「以上のとおり録取して読み聞かせたところ、誤りのないことを申し立てたが、体調不調であると述べ、署名ができない旨申し立てたことから、立会人である供述人の次男の野田勉をして代署させた。」との記載があり、供述者署名欄には、野田勉が代署したと認められる署名と同人が野田寛の印を押なつしたものと認められる印影があり、その後の立会人欄に野田勉の署名及び押印がある
（2）野田寛は、脳こうそくで入院し、退院の約1か月半後の自宅療養中に本件検察官調書の作成に応じたものであって、当時自ら署名押印をすることができない状態にあった
（3）第1審裁判所は、公判段階において野田寛が供述不能であったため、刑訴法321条1項2号前段により本件検察官調書を証拠として採用した

というものです。

　321条1項2号前段の要件は分かりますね。検察官の面前における供述を録取した書面で、供述者（本件では野田寛）の署名又は押印があるものが対象です。このような書面は、公判段階に至って供述者が死亡したり、病気が重篤になって供述できない状況に陥ったりして供述不能であった場合には、証拠能力が認められることになります。

　供述者が署名できない状態にあっても、同号の要件は「署名又は押印」ですから、押印さえあれば問題はありません。供述者が署名はできなくても、押印はできる状態にあることが多いでしょう。

　署名ができない状態にある者の供述を求める場合、立会人に代署して貰うと

いう例はこれまでにもありました。その場合，本判例のように，「以上のとおり……立会人○○をして代署させた」と調書の作成者が記載するやり方が多かったように思います。

2 本決定の判断

これについて，裁判所は，初めて次のように判示しました。

> 供述録取書についての刑訴法321条1項にいう「署名」には，刑訴規則61条の適用があり，代署の場合には，代署した者が代署の理由を記載する必要がある。

刑訴規則61条とは，
① 官吏その他の公務員以外の者が署名押印すべき場合に，署名することができないときは，他人に代署させ，押印することができないときは指印しなければならない。
② 他人に代署させた場合には，代署した者が，その事由を記載して署名押印しなければならない。
というものです。

同条は刑事訴訟規則第1編総則第6章書類及び送達の中にあります。この章は，刑訴法第1編総則第6章書類及び送達に対応し，同章の細則という位置づけになりますが，法の同章の「書類」に関する規定は，公判調書の作成等と訴訟記録の閲覧に関するものですから，この章の規定がそのまま捜査機関の作成する供述調書に適用されるのかどうか，これまで明示的に論じたものはありませんでした。

しかし，供述調書は裁判所の証人尋問調書とならんで取り扱われます（もちろん，証拠能力を認める要件は異なります）。刑訴法321条1項柱書には「供述を録取した書面で供述者の署名又は押印のあるもの」としており，これを作成者別に各号において検討するので，署名の形式は，裁判所の供述調書も捜査機関の供述調書も同様に考えるべきなのでしょう。　そこで，本件において裁判所は，捜査機関の調書についても書類に関する裁判所の規則である刑訴規則が適用されると判断したのです。

そうすると，本件の供述調書は，代署者が代署の事由を記載していないので，

規則の求める要式を満たしていないことになります。それでは，この供述調書は要式不備として証拠能力を認めてはならないものなのでしょうか。

裁判所の判断は次のとおりです。

> しかし，本件検察官調書末尾の上記のような調書作成者による記載を見れば，代署の理由が分かり，また，代署した者は，そのような調書上の記載を見た上で，自己の署名押印をしたものと認められるから，本件検察官調書は，実質上，刑訴規則61条の代署方式を履践したのに等しいということができる。したがって，本件の代署をもって，刑訴法321条1項にいう供述者の「署名」があるのと同視することができるというべきである。

「実質上」，代署方式を「履践したのに等しい」，署名があるのと「同視することができる」などという言い回しは判決によく出てきますね。

要するに形式を要求する趣旨を考え，実質的な中身で考えようというわけです。法律問題を解決するのに大切な考え方ですね。

この事例は，供述者が押印すらできなかったようです。これまでの代書事例では，供述者が幼児であったり，無筆であったりして署名ができない場合にも，押印は可能であった例が多く，その場合には，「署名若しくは押印」のうち，押印の要件を満たすので，代署の方式を問題にする必要がなかったのです。

それでは，「代行して押印する」のは押印に当たらないのでしょうか。「代わりに押しておいてくれ」というのは，社会ではよく見かけることです。最高裁はこの点については判断を避けています。

> そうすると，押印の点については判断するまでもなく，本件検察官調書は刑訴法321条1項にいう「署名若しくは押印」の要件を満たしていることになる。

もちろん，代署なしの押印だけの供述録取書を作成することは考えられませんので，押印の代行の是非は実際には問題にならないでしょう。

このような判例は地味ですが，実務には大きな影響があります。法律実務家は，新しい判例にも常に気を配らなければなりません。

第 6 章　逮捕・勾留に関する判例

6−10　福岡高決昭42・3・24高刑集20巻2号114頁

1　問題の所在

　常習賭博罪や常習暴行罪（暴力行為等処罰に関する法律違反）で逮捕・勾留され，起訴後に保釈を認められる場合があります。

　常習として長期3年以上の懲役又は禁固に当たる罪を犯した被告人については，必要的保釈は認められません（89条3号）が，90条により保釈が認められる場合があります。

　ところが，保釈を認められた被告人がまた，常習として賭博や暴行事件を起こすとどうなるでしょうか。

　「一罪一勾留の原則」によれば，すでに同じ常習罪で勾留（保釈中）されている以上，さらに逮捕・勾留することはできないように見えます。

　常習罪で起訴されたら再度同じ常習罪の一部と解される犯罪を行っても絶対に逮捕・勾留されないというのは，なんだか変ですね。

　この決定は，この問題に答えたものです。

　判示事項は，

> 一罪一勾留の原則と常習犯

です。

　どういう結論を示したのでしょうか。決定要旨は，

> 《1》　常習の一罪一部（甲）につき保釈中の者が更に常習一罪の一部（乙）を犯した場合，右乙の罪につき勾留しても，一罪一勾留の原則に反しない。
> 《2》　右常習一罪の一部（乙）につき訴因変更（ないし追加）の請求がされた場合，これを公訴の提起に準ずるものと解し，右乙の罪につきなされた勾留状の効力は失われない。

　一罪一勾留の原則と常習犯についての問題を2点に分けて判断しています。

　決定要旨によれば，後の事実による逮捕・勾留が認められるようですね。

2 事案の経緯と原決定

どんな事件だったのか，事案の経緯を決定文で読みましょう。少し長いので，事実の経緯を要約します。

　　　昭和41年11月14日　　起訴（常習傷害）
　　　同　　年12月23日　　保釈許可決定，釈放
　　　昭和42年1月31日　　第2傷害事件，現行犯逮捕
　　　同　　年2月3日　　　第2事件勾留
　　　同　　　月10日　　　第2事件訴因追加請求
　　　同　　　月2日（？）第3回公判，訴因追加許可決定
　　　同　　年3月1日　　　弁護人が第2勾留の取消請求
　　　同　　　月2日　　　　第2勾留取消決定

決定文の訴因追加許可日は誤記ではないかと思われるのですが，事件の流れは分かりますね。

原決定（福岡地小倉支決昭42・3・2高刑集20巻2号123頁）の理由は，

> 本件のような包括一罪にあっては，保釈中に犯した罪が最初の起訴にかかる常習傷害罪の一部と認定されるまでは捜査の必要上，保釈中に犯した罪について再逮捕，再勾留することが可能であるとしても，検察官において保釈中に犯した罪を最初の起訴にかかる常習傷害罪の一部であると認定し，訴因の追加を請求した以上は，包括一罪も一罪であることには変りないのであるから一罪一勾留の原則を否定することはできず，本件のように一罪とされた事実についてすでに保釈が許されている以上その一部についてさらに被告人の身柄の拘束を継続することはできないものといわざるを得ない。右の場合に保釈中に犯された罪は別個の全くあらたな行為であると考え，訴因追加の申立を追起訴に準じて考える余地もないではないが，訴因の追加は必ずしも書面によることを要しないのであって，このような不確定な訴訟行為を厳格な要式行為とされる公訴の提起と同視し，これに被告人の身柄の拘束をかからしめることは，刑事訴訟法第60条第2項，第208条第1項の明文の規定に反し許されないものといわざるを得ず，結局検察官において訴因の追加を請求したとき再度の勾留状は失効し，検察官は直ちに被告人を保釈しなければならない。

です。保釈中に犯した罪について逮捕・勾留が認められるとしても，検察官が1罪であると判断した以上第2の勾留は違法だというのですね。

保釈の取消事由に保釈中に罪を犯したことはありません（96条）から，第2

第6章　逮捕・勾留に関する判例

の勾留が違法であるとすれば，第1の勾留についての保釈が取り消されることもなく，被疑者（被告人）は釈放されることになります。そこで，検察官が抗告（執行停止の申立もありました。この点も復習してください）したのです。

3　裁判所の判断〜判示事項〈1〉

抗告を受けた福岡高裁は次のように判示しました。

> そこで，まず原裁判所の標榜する一罪一勾留の原則から検討するに，勾留の対象は逮捕とともに現実に犯された個々の犯罪事実を対象とするものと解するのが相当である。したがって，被告人或いは被疑者が或る犯罪事実についてすでに勾留されていたとしても，さらに他の犯罪事実について同一被告人或いは被疑者を勾留することが可能であって，その場合に右各事実がそれぞれ事件の同一性を欠き刑法第45条前段の併合罪の関係にあることを要しない。それらの<u>各事実が包括的に一罪を構成するに止まる場合であっても，個々の事実自体の間に同一性が認められないときには，刑事訴訟法第60条所定の理由があるかぎり各事実毎に勾留することも許される</u>と解するのが相当である。（下線筆者）

一罪一勾留の原則についての重大な修正ですね。
なぜ，そのように解することができるのでしょうか。

> けだし，勾留は主として被告人或いは被疑者の逃亡，罪証隠滅を防止するために行われるものであって，その理由の存否は現実に犯された個々の犯罪事実毎に検討することが必要であるからである（刑事訴訟法第60条第1項参照）。

もともと，一罪かどうかという罪数判断を捜査段階で行うことは困難です。
しかし，一罪一勾留の原則の趣旨を考えると，そんなに簡単に割り切ってよいのだろうかと思いますね。裁判所は続いてそれについて答えます。

> もっとも，同一被告人或いは被疑者に対し数個の犯罪事実ことに当初から判明している数個の犯罪事実についてことさらに順次勾留をくり返すことは不当に被告人或いは被疑者の権利を侵害するおそれがあり，その運用についてはとくに慎重を期さなければならないことはいうまでもない。

一罪一勾留の原則の趣旨を忘れてはならないというのですね。それでは，本件はどうでしょうか。

> しかし本件においては，すでに説示した経過に徴し，再度勾留にかかる傷害事犯は最初の勾留時は勿論起訴当時においても予測できなかった新たな犯罪行為であるから，たとえそれが最初の勾留又は起訴にかかる傷害事犯とも包括して暴力行為等処罰に関する法律第1条の3の常習傷害罪の一罪を構成するに止まるとしても，これについて再び勾留する理由ないし必要性があるかぎり，本件再度の勾留は必ずしも不当とはいえない。

4 裁判所の判断～判示事項〈2〉

> つぎに勾留期間と公訴提起の関係について検討する。
> 刑事訴訟法第60条第2項は，起訴前に被疑者を逮捕勾留した場合における勾留期間及びその起算点について「勾留期間は公訴の提起があった日から2箇月とする」旨規定し，同法第208条第1項は被疑者に対する勾留期間について「勾留の請求をした日から10日以内に公訴を提起しないときは検察官は直ちに被疑者を釈放しなければならない」旨規定する。その法意は勾留事件についてはなるべく速かに裁判所の審判を請求し，審理の促進をはかり，迅速な裁判を受ける被告人の権利を実質的に保障しようとするにある。

勾留期間が定められている趣旨についての復習のような判示ですね。

> そして，或る犯罪事実について公訴の提起がなされるとその効力は一罪の全部に及ぶと解せられ，例えば一罪の一部を構成する一の犯罪事実（甲）について公訴の提起がなされると，公訴事実の同一性が認められるかぎりその一罪の一部を構成する他の犯罪事実（乙）についてもその効力が及び，乙事実についてさらに公訴を提起することは許されないと解せられる（刑事訴訟法第338条第3号参照。但し甲事実に対する公訴提起後に乙事実が行われた場合には甲事実に対する公訴提起の効力は乙事実に及ばないとする見解もあるがいま直ちに賛同し難い）。したがって，甲事実が裁判所に係属中さらに乙事実について審判を求めるためには検察官は同法第312条に基き訴因の変更（甲，乙両事実が包括的に一罪を構成する場合），追加（甲，乙両事実が科刑上の一罪である場合）の請求をしなければならない。

第6章 逮捕・勾留に関する判例

これも初歩の初歩，というところです。

このように，勾留の問題，公訴提起の問題をまず確認した上で，本件はどう解決すればよいかを考えて行きます。これは，法律問題解決の基本ですね。

> そうすると，右の場合，甲事実について勾留のまま公訴提起がなされ，その後乙事実について逮捕，勾留がなされた（これが許されることはすでに前段説示のとおり）ときには，乙事実については甲事実の係属中もはや公訴の提起は許されないから，勾留期間及びその起算点を公訴提起にかからしめている同法第60条第2項，第208条第1項の規定はそのまま乙事実に対する勾留に適用するわけにはいかない。さればといって，乙事実についても速かに審判の請求を受け，迅速な裁判を受ける被告人の権利（憲法第37条第1項参照）を無視することはできない。このような場合における乙事実に対する勾留の期間及びその起算点については刑事訴訟法はなんら規定するところがない。
> しかしながら，ひるがえって考えてみるに，公訴提起は起訴状に訴因を明示して裁判所に対して審判を請求する訴訟行為であり，訴因の変更，追加は公訴事実の同一性を害しない限度において起訴状に記載された従前の訴因に代えて新たな訴因を掲げ，或いは従前の訴因に新たな訴因を附加し，これに対して裁判所の審判を請求する訴訟行為であり，両者の性質はきわめて類似し，けっして異質のものではない。なるほど原決定が指摘するとおり公訴の提起は要式行為とされ，訴因の変更，追加の請求は要式行為とされていない。公訴の提起が要式行為とされるのは被告人保護のためである。訴因の変更，追加の請求が要式行為とされなかったのは，それが公訴の提起を前提とし，公訴事実として起訴状に明記された訴因に代え或いはこれに附加して新たな訴因の審判を求めるものであるから，その限度においてはあえて要式行為としなくとも被告人の保護に欠けるところがないであろうとの考えに出でたものと解される。したがって，要式行為であるか否かによつて両者を相容れないものとすることには賛成し難い。以上，かれこれ考え合わせると前記設例の場合における乙事実に対する勾留の期間及びその起算点について刑事訴訟法が何ら規定を設けなかつたのは，立法者がかかる事態の生ずることを想起しなかったためとも考えられ，いわば法の不備ともいえるが，それはそれとしてむしろ一歩進んで訴因の変更，追加の請求を公訴の提起に準ずるものと解し，同法第60条第2項，第208条第1項の「公訴提起」とは訴因の変更，追加の請求をも含むものと解するのが相当である。そして右は同法条の精神に合致こそすれ，けっして相反するものではない。

原決定の考え方は間違っていると説明した上で，本件についての結論を示します。

> そこで，本件再勾留並びに勾留継続の当否について判断するに，叙上説示の理由により，昭和42年2月3日福岡地方裁判所小倉支部裁判官の発した勾留状による本件再度の勾留は刑事訴訟法第60条第1項所定の理由が存するかぎり適法なものと認められ，検察官が同勾留にかかる前記保釈中の常習傷害の事実と本件起訴状記載の常習傷害の事実との間に公訴事実の同一性が認められるとして同年2月10日同日付訴因変更追加請求書をもって右保釈中の常習傷害の事実について新たに審判の請求をした（検察官は訴因の追加請求をしているが，訴因の変更請求をなすべきものと考える）本件経過に徴すると，その勾留期間は右審判請求のあった日である同年2月10日から2箇月であると解するのが相当である。したがって，本件再度の勾留期間はいまだ満了せず，現在なお勾留を継続することが可能であるといわなければならない。叙上と相反する見解に出で，検察官において訴因追加（変更）の請求をしたとき本件再度の勾留状が失効し，検察官はそのとき直ちに被告人を釈放しなければならないとしてその勾留を取消した原決定は失当であるといわなければならない。原決定の取消しを求める本件抗告は理由がある。

第2の勾留が違法ではないとしても，検察官が訴因追加請求をすると，その時点で受訴裁判所には，同一犯罪について2通の勾留状があることになります。この場合，やはりどちらかの勾留状を取り消すべきでしょう。これについては，**名古屋地決昭52・3・1判時870号130頁**（甲罪，乙罪で各勾留された後，両罪が包括一罪の関係にあるとして訴因変更手続がなされたとき，裁判所は，裁量によりいずれか一方の勾留を取消すべきであるとして，一方を職権で取り消した事例）があります。

第7章　告訴に関する判例

7-1　最決昭45・12・17刑集24巻13号1765頁

1　何についての判例か

判示事項は

> 刑事訴訟法235条にいう『犯人を知った日』の意義

です。

　このような判示事項の場合，示された「意義」は，具体的事例を解決する場合の前提となるものですから，きっちり覚えておくことが大切です。もっとも，なぜ，そうなるのか，を理解しておかなければならないのは当然ですね。
　それでは，決定要旨を見ましょう。

> 刑事訴訟法235条にいう『犯人を知った日』とは，犯罪行為終了後の日を指すものであり，告訴権者が犯罪の継続中に犯人を知ったとしても，その日を親告罪における告訴の起算日とすることはできない。

　刑訴法235条は，「親告罪の告訴は，犯人を知った日から6箇月を経過したときは，これをすることができない。」というものです。平成12年にただし書が追加されていますが，この判例の問題には関係ありません。

2　裁判所の判断

　刑事事件についての経験がないと，判示事項・決定要旨だけで，どんな場合に判示のような判断が必要となるのか，なかなか想像がつかないかもしれません。判文を確かめてみましょう。
　判示事項にかかる部分はなんとかっこ書きの中です。裁判所は，弁護人の主張について，「親告罪の告訴期間の起算日に関する原判決の判断の不当をいう

ものであって，単なる法令の解釈，適用の誤りをいうに帰し，適法な上告理由にあたらない」といって斥けます。そこで，この判例は判決ではなく，決定です。なぜ，決定なのでしょうか。

　上告審には，控訴審の規定が準用されます（414条）。控訴裁判所は，控訴趣意書に記載された控訴の申立の理由が，明らかに第377条乃至第382条及び第383条に規定する事由（控訴理由）に該当しないときは，決定で控訴を棄却しなければならない（386条1項3号）のです。控訴理由は，かなり幅が広いので，これに該当する事例は必ずしも多くはありませんが，上告理由は憲法違反と判例違反に限られるので，最高裁の刑事判例の多くは決定なのです。

　しかし，決定によって形式的に上告を棄却する場合にも，上告した弁護人又は検察官の主張を検討して，ここでは，最高裁の判断を示した方がよいと考えたときは，職権でこれを判断することをします。今後の実務の統一を図るためにも重要なことです。

　そこで，かっこ書に示された最高裁の判断を読んでみましょう。

> 　刑訴法235条1項にいう「犯人を知った日」とは，犯罪行為終了後の日を指すものであり，告訴権者が犯罪の継続中に犯人を知ったとしても，その日を親告罪における告訴の起算日とすることはできないとした原判決の判断は相当である。

というものです。決定要旨とほぼ同文ですね。

　これでは，どうしてこのような問題が提起されたのか分かりませんから，原判決を確認することにしましょう。原判決は最高裁の判例集に登載されています。

　事案は実用新案法違反です。弁護人の主張は

> 　実用新案法第56条1項違反の罪は親告罪であるところ，告訴権者は，犯人を知った日から6箇月以内に告訴しなければならないから，株式会社岡村製作所による昭和37年10月31日付本件告訴は，告訴期間経過後になされた無効のものである。すなわち，被告人Bについては，同被告人が代表取締役である株式会社アイコが本件椅子を販売している事実を告訴人において知り，犯人を覚知して通告書を作成発送したと認められる昭和36年10月3日から告訴期間を起算すべきであり，被告人Aについては，同被告人が代表社員である合資会社青山鉄工所が本件椅子を製造し，株式

> 会社アイコがこれを販売していることを知り，告訴人と前同会社との間の折衝を経て，犯人を覚知したうえ通告書を作成発送したと認められる昭和36年10月3日（第1回通告書），または遅くとも，昭和37年4月4日（第2回通告書）から起算すべきであるから，本件告訴は，いずれも，明らかに6箇月の告訴期間を徒過した後になされた無効のものである。従って本件公訴は，適法な告訴なくして提起されたものとして棄却されるべきである

というものです。

まず，この主張について考えてみましょう。

実用新案権（商標権，特許権などでも同じです）のある商品のコピー商品を製造販売することは，実用新案法に違反することになりますが，業として，つまり，継続して製造販売する行為が一つの罪になります。コピー商品が製造販売されていると知った権利者はどうするでしょうか。直ちに警察に駆け込むのではなく，相手方に差し止めを求めるなど，民事的に解決を図ろうとするでしょう。実用新案権の侵害の罪が親告罪であるのも，民事的な解決を優先する被害者の意思を尊重しているからです。しかし，民事的に解決を図ろうとしても，6か月以内にすべて解決するとは限りません。違反者が解決を引き延ばし，6か月を過ぎてしまうと，違反行為を続けても，もう決して処罰されることはないというのは，いかにもおかしいでしょう。

裁判所の判示は，これに対する反論のお手本のようなものです。

> 刑訴法235条1項にいう「犯人を知った日」は，犯罪行為終了後の日を指すものであり，告訴権者が，犯罪の継続中に犯人を知ったとしても，その日を親告罪における告訴の起算日とすることはできないものと解するのが相当である

最高裁の判示よりちょっと詳しくわかりやすいですね。

そして，高裁の判決は，この解釈を具体的な事実に当てはめています。

> 本件は，原判示のとおり，原判示第一の犯行は，昭和36年10月12日頃から昭和37年7月31日頃に至るアイコA50型，A80型スチール椅子の製造行為であり，原判示第二の犯行は，昭和36年10月12日頃から昭和37年8月31日頃に至る右椅子の販売行為であり，しかも，これら営業的，継続的製造或は販売行為をそれぞれ包括して本件各実用新案権侵害の所為の対象としてとらえるものである以上，右各所為の終了

第 7 章　告訴に関する判例

> 時点は原判示第一については昭和37年 7 月31日頃原判示第二については昭和37年 8 月31日頃とすべく，本件において，告訴権者である株式会社岡村製作所が，被告人らの前記各所為終了前に犯人を知ったとしても，右所為終了時点から各告訴期間の進行が始まるものといわざるを得ず，従って，昭和37年10月31日付の本件告訴は，適法な告訴期間内になされたものとしてもとより有効な告訴なること明らかである。

　この判例によって，235条は，「親告罪の告訴は，犯罪行為終了後に犯人を知った場合には，犯人を知った日，犯罪行為の継続中に犯人を知った場合は犯罪行為の終わった日から 6 箇月……」と読めばよいことになります。このような解釈は，決して拡張解釈ではなく，あくまで告訴期間を定める法の趣旨に沿った「犯人を知った日」の解釈であることを，最高裁は判示事項で明示しているのです。

　この判例にしたがった類似の事件として，**大阪高判平16・4・22判タ1169号316頁**がありますので，読んでください。

　告訴が可能かどうかの判断は，法律実務家，特に弁護士には大切ですから，告訴期間，「犯人を知った」の意義についての他の裁判例も確認して理解を深めましょう。

7-2　東京高判昭35・2・11高刑集13巻 1 号47頁

　告訴に関する判例をもう一つ検討しておきましょう。告訴の方式に関する判例です。

　判示事項は，

> 電話による親告罪の告訴は，口頭による告訴といえるか。

であり，判決要旨は，

> 電話による親告罪の告訴は，口頭の一形式として当然許容せられるものとはいえない。

というものです。

第 7 章　告訴に関する判例

控訴審判決なので，かなり長いのですが，問題の点は次のとおりです。検察官は，口頭による告訴を受けたときの方式について詳細な規定がないことを理由に電話による告訴が有効で去ると主張したのですが，裁判所は，刑訴法の「口頭」というのは，対話者が直接相対するものを予定しているのであって，告訴についてだけを別の解釈をする根拠はないとした上，さらに，次のように，告訴を直接相対して受理することが必要であると論じます。古い判例で文章が硬いのですが，がんばって読んでみましょう。

> 表意者の弁別並にその意思表示の内容の明確を期するについて面前における対話と電話による場合とは必ずしもこれを同一に論じ難いことは勿論，更に刑事訴訟法が口頭による告訴の場合に調書の作成を必要としているのは，畢竟表意者を特定し，その意思表示の内容を明確ならしめ，後に疑いを残すことのないよう配慮しているものに外ならないのであるが，この点についても，前者の場合には調書に表意者の署名押印を求めることにより，その内容の確実性を保障し得るに反し，後者の場合にはかかる保障を期待し難いのである。従って以上何れの点からしても電話による告訴は口頭形式の一場合として当然許容せられるものとは遽に断じ難いのであって，仮に口頭の一形式として許容せられるとしても，調書により表意者並びにその意思表示の内容が特に明確にせられている場合に限るものと解するのが相当である。

つまり，電話による告訴が認められないのは，告訴の意思表示をした者が本当に告訴権者本人かどうかを確認できず，告訴の意思表示の内容を明確にすることが難しいという理由によるわけです。

「電話ではだめ」と丸暗記するのではなく，裁判所が，なぜ，だめだと判断したのかを理解することが必要です。

ところで，この事件は10歳の少女に対する強姦未遂事件です。なぜ，電話による告訴の有効性が問題となったのでしょうか。実は，最初に「告訴」をしたのが，実の母親ではなく，告訴権がなかったのです。その後，検察官に電話をかけてきた実父に告訴の意思を確認したのですが，実父の告訴状や告訴調書はなかったのです。

このような事態を防ぐために，法定代理人による告訴を行う場合には必ず告訴権を明らかにするために戸籍謄本を提出します。

第7章　告訴に関する判例

　告訴の手続について復習するのによい機会ですから，ちゃんと復習してください。法律実務家にとって絶対に身につけておかなければならない知識の一つです。

7-3　最決昭34・5・14刑集13巻5号706頁

　判示事項は，

> 供述調書の告訴調書としての効力

であり，決定要旨は，

> 　犯罪の被害者又はその法定代理人の検察官又は司法警察員に対する『供述調書』であっても，右被害者らが検察官又は司法警察員に対し犯罪事実を申告し犯人の処罰を求める旨の意思表示を録取したものであれば，刑訴第241条第2項の告訴調書として有効である。(下線筆者)

というものです。
　この決定文を見るとなんと，決定要旨に相当する判示は単に，「原判決の判示は正当であ(る)」とあるだけです。決定要旨は，原審の判示をそのまま引用したものなのです。文書の法的性質は，文書の表題によって決まるのではなく，文書の内容によることは，書証の証拠能力を考えるときに大切ですね。
　この決定は，**告訴の意義**を明示しています（下線部分）。これは大切ですね。

7-4　最大判昭28・12・16刑集7巻12号2550頁

1　判示事項

> 　強姦罪について告訴がない場合に同罪の手段たる共同暴行のみを処罰することができるか

第7章　告訴に関する判例

という問題についてこれを積極に解した大法廷判決ですが，多くの少数意見が付されています。

判決要旨は，

> 数人が，共同して暴行を加え姦淫した事実が認められる場合に，強姦罪についての告訴が適法に取り消されても，同罪の手段たる共同暴行を暴力行為等処罰に関する法律1条違反として処罰することは違法でない。

刑法180条2項ができる前の事件であることに留意しましょう。

暴力行為等処罰に関する法律，特に，1条の罪は，実務では非常に適用例が多いので，この際，その構成要件を理解しておきましょう。

① 団体若は多衆の威力を示し
② 団体若は多衆を仮装して威力を示し
③ 兇器を示し
④ 数人共同し

という4つの態様のいずれかで暴行（刑法208条），脅迫（同222条），器物損壊（同261条）の罪を犯した場合に，3年以下の懲役又は30万円以下の罰金という刑法のそれぞれの罪より少し重く処罰されることになるのです。

2　非 常 上 告

さて，この判決です。事件名を見ましたか。「非常上告事件」です。

非常上告についても復習しましょう。

非常上告というのはとても変わった制度です。判決確定後の手続きなのです。申立ができるのは検事総長だけです。

判決が確定した後，その事件の審判が法令に違反したことを発見したときに申し立てます。この事件では，非常上告は棄却されています。検事総長は何を求めたのでしょうか。

実は，この事件は，実際は強姦事件だったのを暴行（共同暴行）事件として起訴し，有罪判決が確定していたのです。これに対して，検事総長は，「実際は強姦事件だったのだから，告訴がない限り起訴すべきではない。したがって，有罪を言い渡さず，公訴棄却すべきだ」という主張をしたのです。

第7章　告訴に関する判例

　判決文に事実があります。事件は7名による輪姦事件でした。ところが，強姦の告訴は取り消されたのです。検察官は，これを暴力行為処罰に関する法律1条違反（共同暴行）で起訴しましたが，本件2名については，1審では強姦と不可分の事実であるから公訴が取り消された以上訴訟条件を欠くとして公訴棄却判決，2審は有罪（確定），共犯者2名については上告審が1審と同じ理由で公訴棄却判決をした（**最判昭27・7・11刑集6巻7号896頁**）のです。そこで，検事総長は，2審で確定した本件2名についても公訴棄却を求める非常上告をしたのです。

　有罪を求めるのが検察官だと思っていませんか。「検察官は，刑事について，公訴を行い，裁判所に法の正当な適用を請求し，且つ，裁判の執行を監督し，又，裁判所の権限に属するその他の事項についても職務上必要と認めるときは，裁判所に，通知を求め，又は意見を述べ，又，公益の代表者として他の法令がその権限に属させた事務を行う。」（検察庁法4条）です。法の正当な適用を請求するというのは，被告人・有罪を言い渡された者に有利な裁判を求める場合を含むのは当然ですね。

　判例を学ぶときには，できるだけ「寄り道」をして，これを広い視野と知識を身につけるのに利用しましょう。これで，この判決を読む準備ができました。

3　裁判所の判断

　判決文を読みましょう。

> 　暴力行為等処罰に関する法律第1条の違反行為は，同条所定の構成要件を充足するによって成立する非親告罪であって，その内容が数人共同して暴行をした場合でも必ずしも刑法177条前段の強姦罪の構成要素ではなく，まして，これと不可分の一体を為すものではない。従って，検察官が，同法律第1条違反の公訴事実のみを，何等姦淫の点に触れずに，同条違反の罪として起訴した以上，裁判所は，その公訴事実の範囲を逸脱して，職権で親告罪である強姦罪の被害者が姦淫された点にまで審理を為し，その暴力行為は，起訴されていない該強姦罪の一構成要素であると認定し，しかも，当該強姦罪については告訴がないか又は告訴が取消されたとの理由をも明示して，公訴を棄却する旨の判決を為し，これを公表するがごときこと（そして，かくのごときは，却つて被害者の名誉を毀損し，強姦罪を親告罪とした趣旨

> を没却すること勿論である。）の許されないこというまでもない。
>   果して然らば，被告人両名に対する原確定判決の審判は，前記当裁判所第二小法廷の判決とは相反するが，何等法令に違反した点が認められないから，本件非常上告は，その理由がないものといわなければならない。

　訴因が単なる暴行事実である場合に，強姦事実を認定するのは，たとえ公訴棄却判決を言い渡すとしても訴因制度に反しますね。

　しかし，被害者が告訴を取り消したというのは，訴追を求めないという意味ですから，強姦であるといわなくても，事件を起訴するのは許されるのでしょうか。この判決の反対意見は上記の共犯者に対する判決とほぼ同旨で，これは，親告罪の趣旨に反するとしているのです。

7-5　最判平4・9・18刑集46巻6号355頁

> 議院における証人の宣誓及び証言等に関する法律6条1項違反の罪として一罪を構成する数個の陳述の一部分についてされた同法8条（昭和63年法律第89号による改正前のもの）による告発の効力の及び範囲

という判示事項です。議院における証人の宣誓及び証言等に関する法律を確認してください。

　最高裁は，これに先立って同法の6条1項違反罪の罪数について判断をし（判示事項1），同一の証人尋問手続きにおける数個の虚偽の陳述は1個の偽証罪を構成するという罪数判断を前提に，

> 議院における証人の宣誓及び証言等に関する法律8条（昭和63年法律第89号による改正前のもの）による告発が，同法6条1項違反の罪として一罪を構成する数個の陳述の一部分についてされた場合，告発の効力は，他の陳述部分にも及ぶ。

と判示しました。同法の偽証罪は議院の告発が訴訟条件とされます。

　そこで，**告訴の客観的不可分**が問題となったのです。

　最高裁の判断は次のとおりです。

第7章 告訴に関する判例

1　記録によれば、全日本空輸株式会社（以下「全日空」という）代表取締役であった被告人は、昭和51年2月16日及び同年3月1日、衆議院予算委員会において、全日空における航空機採用の経緯等に関して証人として出頭を求められ、同年6月18日、同委員会からその証言尋問の際偽証したとして告発されたこと、同委員会の告発状には、右両日にされた、被告人の前任者である大庭哲夫とマクダネル・ダグラス社との間に航空機の発注に関するオプションがあったことは知らなかった旨の陳述（以下「大庭オプション関係の陳述」という）は摘示されているが、右2月16日にされた、全日空がロッキード・エアクラフト社から正式の契約によらないで現金を受領してこれを簿外資金としたことはない旨の陳述（以下「簿外資金関係の陳述」という）は摘示されていないにもかかわらず、検察官は大庭オプション関係の陳述のほか簿外資金関係の陳述についても公訴を提起したこと、第一審判決は本件告発の効力は簿外資金関係の陳述についても及ぶものとし、原判決もこれを是認したこと、が認められる。

2　所論は、本件偽証罪に関する公訴提起の範囲は告発者の明示の意思に従うのが相当であるところ、本件簿外資金関係の陳述部分については、意識して告発状の記載から除外されたものとみるべきであるから、前記委員会の告発がなく、訴訟条件を欠くものとして公訴を棄却すべきであるのに、これを否定した原判決の見解は、刑訴法上の原則にすぎないいわゆる告発不可分の原則を議院証言法に基づく議院等の告発についてまで適用し、国会の自律権を侵害するものである旨主張する。

3　しかしながら、議院証言法6条1項の偽証罪について同法8条による議院等の告発が訴訟条件とされるのは、議院の自律権能を尊重する趣旨に由来するものであることを考慮に入れても、<u>議院等の告発が右偽証罪の訴訟条件とされることから直ちに告発の効力の及ぶ範囲についてまで議院等の意思に委ねるべきものと解さなければならないものではない。</u>議院証言法が偽証罪を規定した趣旨等に照らせば、偽証罪として一罪を構成すべき事実の一部について告発を受けた場合にも、右一罪を構成すべき事実のうちどの範囲の事実について公訴を提起するかは、検察官の合理的裁量に委ねられ、議院等の告発意思は、その裁量権行使に当たって考慮されるべきものである。そして、議院証言法6条1項の偽証罪については、一個の宣誓に基づき同一の証人尋問の手続においてされた数個の陳述は一罪を構成するものと解されるから、右の数個の陳述の一部分について議院等の告発がされた場合、一罪を構成する他の陳述部分についても当然に告発の効力が及ぶものと解するのが相当である。（下線筆者）

告訴の客観的不可分の原則についてはっきり述べられているので，よく理解しておきましょう。

第8章　公訴に関する判例

8-1　最判昭32・5・24刑集11巻5号1540頁

> 一旦不起訴にした犯罪を起訴することと憲法第39条

という判示事項について，

> 検察官が一旦不起訴にした犯罪を後日起訴しても，憲法39条に違反するものではない。

という判断を示したものです。

最高裁は，**最大判昭26・12・5刑集5巻13号2471頁**を引用し，この判例の趣旨に照らして明らかであるとしました。

それでは，この大法廷判決は何を判示しているのでしょう。この判決は，

> 憲法第39条にいわゆる「既に無罪とされた行為」の意義

を判示事項とするものですから，憲法，刑訴法の解釈として重要ですね。大法廷判決のこの部分は次のとおりです。

> 憲法39条にいわゆる「既に無罪とされた行為」とは，確定裁判により無罪とされた行為を指し，所論のように「犯罪後刑の廃止若しくは大赦，特赦あったとき又は社会の情勢上処罰の必要なきに至った場合等」をいうものではない。

事案は，物価統制令という終戦直後の混乱期にあった勅令（いわゆるポツダム勅令）違反事件ですから，現代ではちょっと実感がわかない事案でしょう。しかし，判示の「憲法39条にいわゆる『既に無罪とされた行為』とは，確定裁判により無罪とされた行為を指（す）」という定義は現在でも生きていますね。

これによれば，不起訴処分があった事件を起訴しても憲法39条の禁止する二

重処罰にならないことは明らかですね。

検察官は，いったん不起訴処分にした事件について，再び捜査をして起訴をすることがあります。再び捜査を始めることを**再起**と呼びます。共犯者が見つかったり，重要な証拠物が発見されたりして，証拠が不十分だとして不起訴処分（嫌疑不十分）としたものを再起して起訴する場合，前科もなく犯情も軽微だして不起訴処分（起訴猶予）としたが，その後同種の犯罪を繰り返したことから，再起してその後の犯罪と併せて起訴する場合などがあります。特殊な例としては，不起訴処分とした事件について検察審査会が不起訴不当・起訴相当の議決をしたのを受けて再起し，再捜査を遂げて起訴する場合があります。

8-2　最決昭55・12・17刑集34巻7号672頁（公訴権濫用〜チッソ川本事件）

1　どのような判例か

公訴権濫用による公訴打切りがあり得ることを認めた有名な判例です。
判示事項は3つです。

〈1〉　検察官の訴追裁量権の逸脱と公訴提起の効力
〈2〉　公訴の提起を無効ならしめるような訴追裁量権の逸脱があるとはいえないとされた事例
〈3〉　刑訴法411条にあたらないとされた事例

実は，**判示事項〈3〉**もかなり重要なのですが，特に大切なのは〈1〉です。

2　事案の経緯

水俣病は知っていますね。「塩化メチル水銀化合物により汚染された魚介類を摂食することによつて起こる中毒性中枢神経系疾患であり，成人水俣病・小児水俣病・胎児性水俣病の三種がある。」と定義されています（刑事事件1審判決）。水俣では，チッソという会社が水銀を含む工場廃液を排出し，これが水俣湾に流れ出したため，同湾に生息する魚に水銀が蓄積され，これを食べた人々が水銀中毒になったのですが，水銀中毒であること，チッソの工場廃液が原

因であることは昭和31年ころから明らかにされ，同43年にはチッソは操業を停止しました。昭和50年4月現在でも死亡者は100名を超えていた（本件2審判決）という未曾有の公害事件でした。

　この事件は，水俣の被害者とチッソとの補償交渉の中で起こりました。チッソは，水俣病の原因がチッソにある旨の政府見解が発表された後も，被害者らに十分な補償を行おうとしなかったことから，被害者と会社の交渉は長年にわたり険悪なものとなっていました。

　この交渉の過程で，昭和47年1月，チッソ本社に座り込み，社長との交渉を求めていた被害者らの1人川本輝夫さんがチッソの社員5名を殴打するなどして加療1週間から2週間程度の傷害を負わせたとして起訴されたのです。この交渉の過程では，チッソ本社に乗り込んだ被害者らや水俣病を告発した「苦界浄土」を発表した作家の石牟礼道子さんらがチッソ側社員によって実力で建物外に排除されるなど双方に実力行使が見られたのです。それまでの交渉において，被害者らや水俣病を告発した写真集を発表した写真家ユージン・スミスさんらが負傷した事件もありましたが，加害者のチッソ側社員が罪に問われることはありませんでした。

　また，これだけの死者を出したチッソの刑事責任が問われるのは，本件事件の後，昭和51年になってからだったのです。（**8-3参照**）

　1審は，被告人を有罪と認め，被告人を罰金5万円に処し，1年間の執行猶予を付しました。罰金刑にも執行猶予を付すことは理論的には可能ですが，実際には滅多にありません。しかも，執行猶予1年というのは極めて異例です。

　裁判所としては，傷害の事実が認められる以上，有罪とせざるを得ないが，刑はできる限り軽いものとするという判断をしたのです。

　これに対して被告人が控訴したところ，控訴審は，

　水俣病患者らが，企業に対し損害の補償を求めたいわゆる自主交渉の過程で警備担当の会社従業員らに傷害を負わせた事件について，その公訴提起の背景に重大且つ広範囲な被害を生ぜしめた企業の責任につき国家機関による追及の懈怠と遅延，チッソ従業員の行為に対する不起訴処分等の事実があり，これら客観的外部的事実（判文参照）に照らし，公訴提起の偏頗性が合理的裁量基準を超え，しかもその程度が，憲法上の平等の原則に抵触する程度に達している場合には，検察官の故意又

> は重大な過失による訴追裁量権の濫用に当たる

として，刑訴法338条5号によって公訴を棄却しました。**控訴審判決（東京高判昭52・6・14高刑集30巻3号314頁）**は，それまでの水俣病の経緯等，事実関係が整理されて判示されている上，公訴権濫用についての判示も詳細で，格調の高いものなので，ぜひ読んでください。裁判長は，狭山事件の控訴審も担当した寺尾正二判事です。

3 公訴権濫用論についての最高裁の判断

控訴審判決を受けて検察官が上告をしました。検察官の上告趣意は判例集41頁にもわたる長いものですが，最高裁はこれを適法な上告理由に当たらないとして簡単に斥けた上，公訴権濫用論について職権で判示をしました。

まず，裁判所は，公訴権濫用による公訴提起の無効があり得ること，それが，どのような場合かを判示します。決定要旨は

> 検察官の訴追裁量権の逸脱が公訴の提起を無効なら閉める場合があり得るが，それは例えば公訴の提起自体が職務犯罪を構成するような極限的な場合に限られる。

というものですが，判決文を確認してみましょう。

> 1 検察官は，現行法制の下では，公訴の提起をするかしないかについて広範な裁量権を認められているのであって，公訴の提起が検察官の裁量権の逸脱によるものであつたからといって直ちに無効となるものでないことは明らかである。たしかに，右裁量権の行使については種々の考慮事項が刑訴法に列挙されていること（刑訴法248条），検察官は公益の代表者として公訴権を行使すべきものとされていること（検察庁法4条），さらに，刑訴法上の権限は公共の福祉の維持と個人の基本的人権の保障とを全うしつつ誠実にこれを行使すべく濫用にわたってはならないものとされていること（刑訴法1条，刑訴規則1条2項）などを総合して考えると，検察官の裁量権の逸脱が公訴の提起を無効ならしめる場合のありうることを否定することはできないが，それはたとえば公訴の提起自体が職務犯罪を構成するような極限的な場合に限られるものというべきである。

行政庁の裁量について，**自由裁量・羈束（法規）裁量**という区別をすること

がありますね。自由裁量といっても全くのフリーハンドというわけではありません。行政事件訴訟法30条は「行政庁の裁量処分については，裁量権の範囲をこえ又はその濫用があつた場合に限り，裁判所は，その処分を取り消すことができる。」としています。

　最高裁は，これと同様に，検察官の訴追裁量権も法の趣旨に照らして裁量権の逸脱によって無効となることがあり得るということを明言したのですから，従来の公訴権濫用に関する議論のうち，公訴権濫用によって公訴が無効となることはないという否定論は，はっきり否定されたことになります。

　公訴権濫用を認める見解にあっても，刑訴法338条4号による公訴棄却判決をすべきだとする見解と免訴判決によるべきだとする見解がありましたが，最高裁は，「公訴の提起を無効ならしめる」といっているので，公訴棄却判決説に軍配を挙げたことになります。

　この意味で，本決定は，画期的な決定であるといえますが，一方で，訴追裁量権の逸脱が公訴提起を無効とするのは「公訴の提起自体が職務犯罪を構成するような極限的な場合に限られる」というのです。職務犯罪というのは，例えば，犯罪がないこと，あるいは，真犯人でないことを知りながら，あえて公訴を提起するという職権濫用のような場合でしょうか。

　このような原則を示して，これを具体的事案に当てはめるというのは，他の判例と同じですね。

> 2　いま本件についてみるのに，原判決の認定によれば，①本件犯罪事実の違法性及び有責性の評価については被告人に有利に参酌されるべき幾多の事情が存することが認められるが，②犯行そのものの態様はかならずしも軽微なものとはいえないのであって，当然に検察官の本件公訴提起を不当とすることはできない。③本件公訴提起の相当性について疑いをさしはさましめるのは，むしろ，水俣病公害を惹起したとされるチッソ株式会社の側と被告人を含む患者側との相互のあいだに発生した種々の違法行為につき，警察・検察当局による捜査権ないし公訴権の発動の状況に不公平があったとされる点にあるであろう。原判決も，また，この点を重視しているものと考えられる。しかし，すくなくとも公訴権の発動については，犯罪の軽重のみならず，犯人の一身上の事情，犯罪の情状及び犯罪後の情況等をも考慮しなければならないことは刑訴法248条の規定の示すとおりであって，起訴又は不起

訴処分の当不当は，犯罪事実の外面だけによっては断定することができないのである。このような見地からするとき，④審判の対象とされていない他の被疑事件についての公訴権の発動の当否を軽々に論定することは許されないのであり，他の被疑事件についての公訴権の発動の状況との対比などを理由にして本件公訴提起が著しく不当であつたとする原審の認定判断は，ただちに肯認することができない。まして，本件の事態が公訴提起の無効を結果するような極限的な場合にあたるものとは，原審の認定及び記録に照らしても，とうてい考えられないのである。したがって，本件公訴を棄却すべきものとした原審の判断は失当であって，その違法が判決に影響を及ぼすことは明らかである。

　確かに，水俣病の問題がどこまで悲惨であっても，「公訴の提起自体が職務犯罪を構成する場合」ではないでしょう。高裁の指摘した事情やその後の水俣病の補償問題や刑事事件をみると，最高裁は実質的には公訴権濫用を認める道を閉じたようにも思えます。

　もっとも，この決定は，検察官の訴追裁量権の逸脱と見るべき要素を丁寧に整理しています。

　まず，当該被告事件だけを考えたときに訴追裁量権の逸脱があるかを考えます。裁判所は，

　① 被告人に参酌すべき幾多の事情がある→犯行の違法性・有責性の評価に影響を与える
　② 「傷害事件」そのものは軽微なものではない

→①＞＞②として当然に起訴を不当とすることはできない。

としています。3名に対する加療1〜2週間の傷害という事件ですから，被告人の事情だけで「起訴することが許されない」とまで言い切ることはできないというのも，論理的には正しいように見えます。

　その次に，裁判所は，それでも残る「不当」という印象はどこからくるのか，を考えます。そして，これは，検察側の訴追の不公平（差別的起訴）が著しいというところにあると分析するのです。

　そうすると，この問題についての結論は明白です。審判の対象とされていない他の犯罪を公訴権濫用の判断の資料とすることは，訴訟の構造からは許されないはずです。もっとも，最高裁は，単に形式的に排除せず，「軽々に論定す

ることは許されない」という慎重な言い方をしていますね。
　このように分析すると、最高裁が、「公訴の提起自体が職務犯罪を構成するような極限的な場合」という意味も分かるような気がします。
　この判断については、反対意見があります。公訴が提起された以上、裁判所は実体判決を回避すべきでないという本山裁判官の意見です。

> 　公訴の提起にあたっての検察官の訴追裁量の当否を、裁判所が審査し、その結果いかんによって公訴を棄却するということを予定した刑事法規は存在しないばかりでなく、刑事事件について公訴を提起するか否かは国の刑事政策の統一的な実現に重要な影響を及ぼすものとして、刑事訴追の権限を検察官一体の原則の下にある個々の検察官の専権に属せしめている刑事司法の基本構造などを考えると、公訴の提起は、それが手続法規に従って適法、適式にされた以上、つねに有効であって、裁判所は、訴訟条件が具備している限り、実体的裁判をすべきであり、これを回避してはならないものと解すべきである。

　これが、基本であることは間違いのないところです。安易に実体裁判を否定するのは、犯罪を容認することにもなりかねず、刑事司法の否定となるでしょう。

4　原判決を破棄すべきかどうか

　この決定は、公訴権濫用についての一つの結論を下した重要な決定ですが、もうひとつ、刑訴法411条の解釈を示したところも重要です。
　最高裁は、公訴権濫用を認め、公訴棄却判決を言い渡した原判決を誤っているとしました。それでは、原判決を破棄すべきなのでしょうか。
　刑訴法411条は、上告理由（憲法違反、判例違反）がない場合でも、原判決が誤っていて、「原判決を破棄しなければ著しく正義に反すると認めるときは、判決で原判決を破棄することができる。」というので、「著しく正義に反するかどうか」を判断することになるのです。
　これは、事例判断ですが、著しく正義に反するかどうかを判断するのにどのような事実を挙げているのかをよく読むことが大切です。
　最高裁はこういいます。

第8章 公訴に関する判例

> 3 しかしながら、本件については第1審が罰金5万円、1年間刑の執行猶予の判決を言い渡し、これに対して検察官からの控訴の申立はなく、被告人からの控訴に基づき原判決が公訴を棄却したものであるところ、記録に現われた本件のきわめて特異な背景事情に加えて、犯行から今日まですでに長期間が経過し、その間、被告人を含む患者らとチッソ株式会社との間に水俣病被害の補償について全面的な協定が成立して双方の間の紛争は終了し、本件の被害者らにおいても今なお処罰を求める意思を有しているとは思われないこと、また、被告人が右公害によって父親を失い自らも健康を損なう結果を被っていることなどをかれこれ考え合わせると、原判決を破棄して第1審判決の執行猶予付きの罰金刑を復活させなければ著しく正義に反することになるとは考えられず、いまだ刑訴法411条を適用すべきものとは認められない。

まず、1審判決は、無罪にも近い、異例の軽微な量刑であったのに、検察官は控訴申立をしなかったという事実が挙げられています。検察官が控訴しなかったのですから公訴棄却判決を破棄して有罪を言い渡すとしても、1審判決より重い量刑はできません。

次に、1，2審で考慮された本件背景事情とさらに、本件後の事情の変化などが検討されています。「かれこれ考え合わせると」という表現は、真似はしにくいですが、なかなか味わい深いですね。

もっとも、公訴棄却判決か有罪判決かの違いは裁判の本質にもかかわるほどの大きな違いのように見えます。そこで、この点については、藤崎裁判官の反対意見があります。

> およそ公訴の提起そのものを訴追裁量の誤りを理由に無効と評価して公訴を棄却することは、軽々に行われるべきことではないから、公訴を棄却すべき理由がないのにこれを棄却するという誤りの重大であることは、いうをまたない。このような原判決の違法は、それだけで当然に、原判決を破棄しなければ著しく正義に反するとすべき十分な理由たりうるものと考える。

正論ですね。多数意見も本件の特殊性、とくに、1審判決の量刑がなければ、原判決破棄という結論になったのではないかと思われます。411条の適否が問題になる限界的な事例といえるでしょう。

こうして見てくると，最高裁は，きわめて論理的に事実を分析して1つ1つ結論を出していきながら，最後には，常識的な落としどころ，とでもいえる皆が納得できる結論に落ち着いているのです。裁判の妙といえるでしょう。

8-3 最判昭56・6・26刑集35巻4号426頁

1 公訴権濫用論の類型

「公訴権濫用」は，学説では，①嫌疑無き起訴，②訴追裁量権の逸脱，③違法捜査に基づく起訴の3類型に分けて論じられます。

このうち①は，およそ刑事裁判の目的が嫌疑があるか無いかを判断するところにあるのですから，その判断の前に「嫌疑がない」として審理に立ち入らない，あるいは審理を打ち切るというのは矛盾しているように見えます。

③の違法捜査については，その後，最高裁が「違法収集証拠排除」を理論的に認めたので，むしろ，証拠収集過程に違法があった場合にはその証拠能力を否定して実体審理を行うべきだという考えが有力であると思われます。

2 何が争われた判例か

このような中で，「不公平な捜査」，「不公平な起訴」が問題となったのがこの判決です。

最高裁は，

> 被告人と対向的な共犯関係に立つ疑いのある者の一部が警察段階の捜査において不当に有利な取扱いを受けた場合と被告人自身に対する捜査手続の合憲性

という判示事項をあげて，

> 被告人自身に対する警察の捜査が刑事訴訟法にのっとり適正に行われており，被告人が，その思想，信条，社会的身分又は門地などを理由に，一般の場合に比べ捜査上不当に不利益に取扱われたものでないときは，かりに，被告人と対向的な共犯関係に立つ疑いのある者の一部が，警察段階の捜査において不当に有利な取扱を受け，事実上刑事訴追を免れるという事実があったとしても，そのために，被告人自身に対する捜査手続が憲法14条に違反することになるものではない。

第8章　公訴に関する判例

と判示しました。

　事実の経過は次のようなものでした。

　被告人は，昭和51年に施行された町長選挙に関して現金の供与を受けるなどしたとして起訴され，有罪判決を受けました。ところが，原審（2審）は，被告人と対抗関係にあった，すなわち，供与側の町長等が警察から不当に有利に取り扱われているとして，このような差別的捜査は憲法14条に違反し，差別的捜査に基づく起訴は，検察官に差別や裁量権の逸脱がなくても，違法であり，刑訴法338条4号を準用ないし類推適用すべきであるとして，公訴棄却の判決をしたのです。これに対して検察官が上告したのが本件です。

3 裁判所の判断

　裁判所の判決をたどって見ましょう。

> 　原判決の認定したところによると，前記赤碕町長選挙の約1月後に，被告人の自首に基づいて本件の捜査を開始した八橋警察署は，捜査の結果，被告人を含む受供与・受饗応者7名及び供与・饗応の実行行為者3名を八橋区検察庁検察官に送致して略式命令の請求を受けるに至らしめたが，供与・饗応の実行行為者らと共謀関係に立つ疑いの強い森進については，捜査を手控えて罪証隠滅を可能ならしめたうえ，事件を検察官に送致せず，結局，町長という社会的身分の高い同人を被告人より有利に取り扱う意図のもとに，偏頗な捜査を行ったというのである。

　町長選挙で現金供与・饗応を行った町長自身が送致さえされなかったということから，被告人は公平な裁判でないと感じたようです。無理もないようにも思えますね。高裁も，やはり「不公平だ！」と考えたのでしょう。

　これについて，最高裁は次のように言います。

> 　しかしながら，原判決も，同警察署が，被告人自身について，その思想，信条，社会的身分又は門地などを理由に，一般の場合に比べ捜査上不当に不利益な取扱いをしたとか，刑訴法に違反する捜査をしたなどとは認定しておらず，記録上も右のような違法・不当な捜査がなされたとの疑いはこれをさしはさむべき余地がない。

　町長と切り離し，被告人だけを考えれば，特に不公平，違法な捜査が行われ

たわけではないというのですね。

> このように，被告人自身に対する警察の捜査が刑訴法にのっとり適正に行われており，被告人が，その思想，信条，社会的身分又は門地などを理由に，一般の場合に比べ捜査上不当に不利益に取り扱われたものでないときは，かりに，原判決の認定するように，当該被疑事実につき被告人と対向的な共犯関係に立つ疑いのある者の一部が，警察段階の捜査において不当に有利な取扱いを受け，事実上刑事訴追を免れるという事実があったとしても，そのために，被告人自身に対する捜査手続が憲法14条に違反することになるものでないことは，当裁判所の判例の趣旨に徴して明らかである。

　この点はとても重要なところです。公平な裁判が重要なのはいうまでもないことですが，公訴事実を離れて，被告人以外の者の捜査経過まで明らかにして「不公平がなかった」ことを立証しなければ，刑事裁判は出来ないというのでは，刑事裁判の自殺です。
　また，被疑者の年齢等いろいろな事情を考慮して起訴するかしないかを決するという検察官の権限（訴追裁量権）を不当に脅かすことにもなるでしょう。
　裁判所は，念のために被告人自身の捜査や起訴に不当なところがなかったかを考えます。

> なお，原判決によると，本件公訴提起を含む検察段階の措置には，被告人に対する不当な差別や裁量権の逸脱等はなかったというのであるから，これと対向的な共犯関係に立つ疑いのある者の一部が，警察段階の捜査において前記のような不当に有利な取扱いを受けたことがあったとしても，被告人に対する公訴提起の効力が否定されるべきいわれはない

　このようにして，最高裁は原審判決を破棄しました。

本章で引用された判例

　引用されている判決も確認しておきましょう。
　1つめは，（8-2）のチッソ川本事件です。
　2以下は次のとおりです。
　2　**最大判昭23・10・6刑集2巻11号1275頁**「事実審裁判所が，犯情の差異により，共同被告人の一人を他の被告人より重く処罰しても，憲法14条に

3 **最大判昭23・5・26刑集2巻5号517頁**「犯情等による刑の執行猶予の言渡の差異は，憲法14条に違反しない。」

4 **最大判昭33・3・5刑集12巻3号384頁**「共犯者の一部が追徴を命じられ，その他の共犯者が追徴を命ぜられないことがあるとしても，これをもって関税法83条3項が憲法14条の法のもとの平等を犯すものであるとは認められ（ない）」

5 **最判昭26・9・14刑集5巻10号1933頁**「多数の同種の違反者が検挙されずあるいは起訴されなかった場合に，被告人らのみが起訴処罰されても，憲法14条に違反しない。」

6 **最判昭30・5・10刑集9巻6号1006頁**「共犯者が選挙権および被選挙権を停止されないのに被告人がこれを停止されたからといって，憲法14条に違反しない。」

7 **最判昭33・10・24刑集12巻14号3385頁**「共同正犯者中一人のみが起訴処罰されたとしても，憲法14条に違反しない。」

8-4 最決昭63・2・29刑集42巻2号314頁（水俣病事件）

1 どのような事件だったのか

最決昭55・12・17刑集34巻7号672頁（8-2 公訴権濫用〜チッソ川本事件）に関連する事件で，水俣病を発生させたチッソの工場の責任者が業務上過失致死傷罪に問われたものです。

判示事項等を検討する前に，まず，どんな事件なのかを確認しておきましょう。

このような大規模な工場の操業によって死傷者がでた事件では，誰がその責任を負うのか，どのような過失を構成するのかはとても難しい問題です。どのような事件だったのか，1審の罪となるべき事実を確認しておきましょう。

まず，被告人はどういう立場の者だったのでしょうか。被告人Xは，チッソの社長として同社水俣工場を指揮監督する者，被告人Yは同社水俣工場長です。

第2でもふれましたが，昭和31年に水俣病について同社の工場排水による疑

いが指摘され，昭和33年7月には，厚生省から，水俣病が同社の工場排水によると推定されるとの見解が示さたのです。そこで，裁判所は，遅くとも昭和33年7月以降，工場排水を水俣川河口海域に排出しない措置を講ずべき業務上の注意義務があるのとしました。そして，被告人らは，いずれも昭和31年以降の水俣病問題の経過を熟知しながら，自己および自社技術陣の化学知識を過信・妄信し，的確な根拠もないのに，同排水は水俣病の原因毒物を含有していないものと軽信して，慢然，昭和33年9月初旬から昭和35年6月末ごろまでの間，継続的に同工場の塩化メチル水銀を含有する排水を，水俣川河口海域に排出したことが過失に当たるとしたのです。

その結果，昭和34年9月ころ，Aを成人水俣病に，昭和35年8月，Bを胎児性水俣病に，それぞれ罹患させ，昭和46年12月16日，Aを，昭和48年6月10日，Bをそれぞれ同病によって死亡させたというのです。1審判決は被告人両名をいずれも禁固2年執行猶予3年に処するというものでした。

過失犯についての理論はいろいろありますが，刑事裁判では，結果予見義務・可能性→結果回避義務・可能性を考えるというのがもっともオーソドックスな考え方であり，この判決もそれに沿っているといえるでしょう。

水俣病問題が明らかになり，チッソの有機水銀を含む工場排水が原因であることもほぼ明らかになった時点で，工場の責任者には，「結果予見」をすべきであったし，可能であったのです。そして，結果を予見した（できた）時点で，結果を回避するための措置を講ずる義務が生じたのですが，本件の被告人は，会社・工場のトップですから，排水をとめる権限と責任を有していた，すなわち，結果回避が可能であったといえます。結果回避が可能かどうかは時として判断が困難な場合があります。例えば，自動車で車道を進行していたときに，突然物陰から人が飛び出したような場合です。商店街のように人が飛び出すことがあり得る状況があれば別ですが，まったく飛び出しを予想できない場所では，人が車道に出てきた時点が結果を予見できる（すべき）時点であるということになります。そのとき，直ちに急ブレーキをかければ，その人にぶつからずにすんだというのであれば，結果回避可能性があることになりますが，急ブレーキをかけても間に合わない近距離に飛び出された場合には，結果回避可能性がないということになります。

本件では，工場排水が疑われているのだから，排出を止めるべきだったし，止めれば，その後の排水によって発病する被害者はなかったということになります。

このような長期間継続的に行われた有機水銀の排出の場合，「被害者」を特定するのはとても困難です。工場排水が原因で水俣病にかかった人は全員被害者であることに間違いありませんが，業務上過失致死傷罪の被害者は，被告人らに結果回避義務が生じた後の工場排水と発病に因果関係がなければならないことになるからです。

判例集の冒頭には，「業務上過失致死，同傷害事件」と書いてありますね。今，罪となるべき事実を読んであれっ？と思いませんでしたか（気がついた人は注意深い人です）。

実は，検察官が起訴したのは，6名についての業務上過失致死及び1名についての業務上過失傷害だったのです（起訴状の公訴事実は一審判決の末尾にあります）。一審裁判所はこのうち死亡した4名及び傷害（発病）の1名については公訴時効が完成しているとしました。一審の判断はこうです。

> （5名に対する業務上過失致死傷については）いずれも公訴時効が完成しているから，刑事訴訟法337条4号により免訴すべきところ，右は船場岩蔵および上村耕作を死に至らしめた判示の各罪と一個の行為にして数個の罪名に触れる関係にあるものとして起訴されたものであるから，主文において特に免訴の言渡をしない。

観念的競合の公訴時効はどのように考えるのでしたか？ちょっと思い出しておいてください。この点は後に最高裁が判断をしています。

2　上告審で何が問題となったのか

さて，上告審決定では何が判示されたのでしょうか。

判示事項は5つあります。

> 〈1〉　迅速な裁判の保障との関係で，公訴提起の遅延がいまだ著しいとまでは認められないとされた事例
> 〈2〉　胎児に病変を発生させ出生後死亡させた場合における業務上過失致死罪の成否

〈3〉 刑訴法253条1項にいう「犯罪行為」の意義
〈4〉 被害者が受傷後期間を経て死亡した場合における業務上過失致死罪の公訴時効
〈5〉 結果の発生時期を異にする各業務上過失致死傷罪が観念的競合の関係にある場合の公訴時効

〈3〉〜〈5〉は公訴時効に関する問題ですから，大きくは3つの問題が判示されたことになります。
〈1〉は，高田事件（1-1）の系列の判例ということになりますね。2は刑法の問題です。

3 判示事項〈1〉について

決定要旨は，

> 公訴提起が事件発生から相当の長年月を経過した後になされたとしても，複雑な過程を経て発生した未曾有の公害事犯であってその解明に格別の困難があったこと等の特殊事情があるときは，迅速な裁判の保障との関係において，いまだ公訴提起の遅延が著しいとまではいえない。

というもので，決定本文もほぼ同じです。

> 本件公訴提起が事件発生から相当の長年月を経過した後になされていることは所論指摘のとおりであるが，本件が複雑な過程を経て発生した未曾有の公害事犯であって，事案の解明に格別の困難があったこと等の特殊事情に照らすと，いまだ公訴提起の遅延が著しいとまでは認められない

高田事件と異なり，起訴さえされないで長期間が経過したという事件です。本件の起訴は，昭和51年5月4日ですから，確かに事件発生から長時間経過しています。もっとも，事件後長時間を経過すると公訴提起ができなくなるというのが公訴時効の制度ですから，逆に言えば，公訴時効が完成していない間は公訴提起することに何も問題はないということになるのではないでしょうか。ここは公訴提起があった以上，「時効」によって事件がなくなることはないという高田事件との違いです。

269

第8章　公訴に関する判例

　しかし，最高裁は，「いまだ公訴提起の遅延が著しいとはいえない」ことを理由に弁護人の憲法37条1項違反の主張を斥けました。これによれば，公訴時効未完成の間であっても，公訴提起の遅延が著しい場合には，憲法37条1項に違反し，訴訟を打ち切るべき事態があり得るということになります。もっとも，これは，事例判断ですから，どの程度の遅延があれば，公訴提起が違法となるのかは明らかにされていません。起訴を違法であると判断する余地を裁判所として残しておきたいとしても，公訴権濫用に関するチッソ川本事件（8-2）の考え方に照らせば，やはり極限的な事例に限られることになるでしょう。

　この点については，伊藤正己裁判官の補足意見が参考になります。

> 　迅速な裁判の憲法上の保障は，単に公判の段階にとどまらず，捜査の段階全般にも及ぶものと解するのが相当である。もとより，公判については法律上時間的な限定がされていないのに反して，捜査については公訴時効が定められているところから，捜査の期間は限られており，それが不当に遷延して，その結果として憲法のいう迅速な裁判が実現できなくなるおそれは少ないかもしれないが，たとえ公訴時効が未完成であっても，公訴の提起が不当に遅延したときは，実質的にみて迅速な裁判を受ける権利が侵害されたものとして違憲の問題を生ずることがありうるというべきである。とくに，本件にもみられるように，公訴時効の起算点に関する刑訴法253条1項にいう「犯罪行為」が刑法各本条所定の結果をも含む趣旨と解されるから，時効の進行の始まる犯罪の終了時までに年月を経過することとなり，したがって時効の完成が遅れることがありうるし，さらに，観念的競合の関係にある各罪の公訴時効の完成がその全体を一体として観察されることによりいっそう遷延することのありうることを考えると，公訴時効が完成していないことをもって直ちに捜査がいかに遅延していても迅速な裁判の保障に欠けるところはないと速断することは適当ではないと思われる。このように考えると，捜査の段階において不当に長い年月を要し，起訴が著しく遅延した場合には，その公訴提起自体が憲法に反するとの判断を受けざるをえないであろう。

4　判示事項〈2〉について

　これは，刑法の問題です。

　弁護人は，被害者Bに病変の発生した時期が出生前の胎児段階であつた点を

とらえ，出生して人となった後の同人に対する関係においては業務上過失致死傷罪は成立しない旨主張しました。

最高裁は，業務上過失致死罪の成立を認め，次のように判示しました。

> 　現行刑法上，胎児は，堕胎の罪において独立の行為客体として特別に規定されている場合を除き，母体の一部を構成するものと取り扱われていると解されるから，業務上過失致死罪の成否を論ずるに当たっては，胎児に病変を発生させることは，人である母体の一部に対するものとして，人に病変を発生させることにほかならない。そして，胎児が出生し人となつた後，右病変に起因して死亡するに至った場合は，結局，人に病変を発生させて人に死の結果をもたらしたことに帰するから，病変の発生時において客体が人であることを要するとの立場を採ると否とにかかわらず，同罪が成立するものと解するのが相当である。

　ちょっと分かりにくいかも知れません。「胎児」は人かという議論は多くあります。

　「胎児は，堕胎の罪において独立の行為客体として特別に規定されている場合を除き，母体の一部を構成するものと取り扱われていると解される」というのが最高裁の見解です。

　さて，それでは，胎児性水俣病によって死亡するのが何故，業務上過失致死罪に当たるのでしょうか。

　最高裁は，
　　①工場排水によって，胎児に病変を発生させた→Bの母に対する業務上過失傷害
　　②その結果，生まれたBが死亡した　　　　　→Bに対する業務上過失致死

というのですね。①と②には因果関係がある。「Bの母」であろうと，「(生きてうまれた)B」であろうと，人に傷害を負わせてその結果人が死亡したのだから，業務上過失致死罪が成立するというわけです。「人」を個別のB母とかBとは見ずに抽象的に「人」として見るのですね。

　同じような事例は交通事故などでも起こりえます。被告人が居眠り運転をして妊娠中のA運転車両に衝突した事案で，胎児に傷害を負わせ，その後出生し

たBに事故時の傷害が憎悪した場合，Bを被害者とする業務上過失傷害（現在は自動車運転過失傷害）罪が成立するとした**鹿児島地判平15・9・2**（判例集未登載）は本件の最高裁の判断に沿ったものといえます。

胎児をどう扱うかについては，長島敦裁判官の補足意見があります。問題点を整理するには良い教材です。

5 　判示事項〈3〉，〈4〉について

本件過失は遅くとも昭和33年7月以降操業停止時までであり，起訴は上述のとおり昭和51年ですから，当然，「もう時効ではないか」という疑問がでてきます。

そこで，判示事項3です。決定要旨も決定文もほぼ同文で簡単です。

> 公訴時効の起算点に関する刑訴法253条1項にいう「犯罪行為」とは，刑法各本条所定の結果をも含む趣旨と解するのが相当である。

刑訴法253条1項は，「時効は，犯罪行為が終った時から進行する」というのでしたね。この「犯罪行為が終わったとき」というのは，犯罪の実行行為の終了時ではなく，結果の発生時が起算点となるというのです。

刑訴法253条の解釈として特に争いはないところですが，このように結果発生まで長い年月を要した事件は稀で，最高裁がこの点を明確にしたのはとても重要です。

最高裁は，特に理由を示していませんから，自分で「なぜか？」を考えてみましょう。時効制度の趣旨から考えてゆけばよいのです。

これを本件に当てはめたのが，**判示事項〈4〉**です。決定要旨では，

> 業務上過失致死罪の公訴時効は，被害者の受傷から死亡までの間に業務上過失傷害罪の公訴時効期間が経過したか否かにかかわらず，その死亡の時点から進行する

というものです。

決定文では，**判示事項〈3〉**と一緒に述べられていますが，この部分だけを見ると次のようになっています。

> 　Bを被害者とする業務上過失致死罪の公訴時効は，当該犯罪の終了時である同人死亡の時点から進行を開始するのであって，出生時に同人を被害者とする業務上過失傷害罪が成立したか否か，そして，その後同罪の公訴時効期間が経過したか否かは，前記業務上過失致死罪の公訴時効完成の有無を判定するに当たっては，格別の意義を有しないものというべきである。

　Bの出生は昭和35年8月28日ですから，その時点で「人」になったBが傷害を負っていれば業務上過失傷害罪が成立すると考えれば，当時の同罪の法定刑によれば，3年で公訴時効が完成することになります。

　一方，Bの死亡は，昭和48年6月10日ですから，この「死亡の結果」発生時を公訴時効の起算点とすれば，昭和51年5月という公訴提起の日は時効完成前ということになります。

　業務上過失傷害の事実と業務上過失致死の事実は一つの犯罪事実ですから，先に業務上過失傷害罪が成立し，その公訴時効が完成していれば，もはや同一事実についての公訴権は消滅しているという考え方がすなおなようにも思えます。しかし，本当にそうでしょうか。犯罪は時と共に少しずつ発展していく場合があります。恐喝目的で脅迫を開始すれば，「恐喝未遂罪」が成立しますね。その後，金員等の交付があれば，既遂に達するわけですが，この場合に，恐喝未遂罪の公訴時効が先に成立すると恐喝既遂罪に問うことができなくなるでしょうか。それでは，「犯罪行為の終わったときから」と公訴時効の起算点を定めた意味がなくなりますね。本件も同様です。業務上過失傷害が発展して業務上過失致死の結果を招いた場合，致死の結果発生時から時効期間を考えるべきだということです。

　妻を殺そうとした夫が長年にわたり，毒薬を与え続けていたが，毒薬が入手できなくなったことから，毒薬投与を辞めていたところ，20年後に妻が毒薬が原因で死亡したような場合とか，もう少し身近な例では，交通事故の被害者が後遺症が原因で10年後に死亡したような場合など，どんな場合があるか，いろいろ考えてみましょう。

　もし，死因と昔の加害行為との間に因果関係があれば，これらの場合の公訴時効も死亡の時から進行することになりそうですが，因果関係を明らかにする

第8章　公訴に関する判例

ことは難しいでしょう。理論はともあれ，事実認定（立証）が難しいという例はたくさんあります（刑法等の事例で「教室設例」といわれるものは実際にはありそうもない事例が多いですね）。本件は，有機水銀の中毒という特殊な事例ですから，理論的な結論がそのまま受け入れられたのです。

決定文の書き方は，とてもオーソドックスです。繰り返しの部分がありますが，流れを確認しておきましょう。

> ①1，2審判決の認定によれば，上村耕作の出生は昭和35年8月28日であり，その死亡は昭和48年6月10日であって，出生から死亡までの間に12年9か月という長年月が経過している。②しかし，公訴時効の起算点に関する刑訴法253条1項にいう「犯罪行為」とは，刑法各本条所定の結果をも含む趣旨と解するのが相当であるから，③上村耕作を被害者とする業務上過失致死罪の公訴時効は，当該犯罪の終了時である同人死亡の時点から進行を開始するのであって，④出生時に同人を被害者とする業務上過失傷害罪が成立したか否か，そして，その後同罪の公訴時効期間が経過したか否かは，前記業務上過失致死罪の公訴時効完成の有無を判定するに当たっては，格別の意義を有しないものというべきである。⑤したがって，同人死亡の時点から起算して公訴時効期間が満了する前の昭和51年5月4日に公訴が提起されている前記業務上過失致死罪につき，その公訴時効の完成を否定した原判断の結論は，正当である。（①～⑤筆者）

① 前提となる事実
② この問題を解決するために必要な刑訴法の解釈
③ ②の本件へのあてはめ
④ 予想される反論への「反論」
⑤ 結論

このような書き方は事例を論ずるときの基本といえるでしょう。

6 判示事項〈5〉について

決定要旨は

> 結果の発生時期を異にする各業務上過失致死傷罪が観念的競合の関係にある場合につき公訴時効完成の有無を判定するに当たっては，その全部を一体として観察す

> べきであり，最終の結果が生じたときから起算して同罪の公訴時効期間が経過していない以上，その全体について公訴時効は未完成である。

というものです。

これは，1審で免訴となった部分についての判断です。本来上告審で判断する必要のないところですが，重要な問題なのでわざわざ判断して解釈の統一を図ったのです。

> 次に，本件公訴事実によれば，本件における各死傷の結果発生の時期は，それぞれ昭和34年7月（C死亡），同年9月（D傷害），同年11月（E，F各死亡），同年12月（G死亡），昭和46年12月（A死亡），昭和48年6月（B死亡）であって，相当の時間的な広がりがあったものとされてはいるが，1，2審判決の認定によれば，これらの結果は，昭和33年9月初旬から昭和35年6月末ころまでの間に行われた継続的な一個の過失行為によって引き起こされたというのである。以上の前提のもとにおいて，原判決は，各罪が観念的競合の関係にある場合において，一つの罪の公訴時効期間内に他の罪の結果が発生するときは，時効的連鎖があるものとし，これらを一体的に観察して公訴時効完成の有無を判定すべきであるが，時効的連鎖が認められないときは，それぞれを分割して各別に公訴時効完成の有無を判定すべきであるとの解釈を示した上，個別的にみて公訴時効が完成していないBを被害者とする業務上過失致死罪との間で時効的連鎖が認められるのは，Aを被害者とする業務上過失致死罪のみであり，右2名を被害者とする各業務上過失致死罪とその余の5名を被害者とする各業務上過失致死傷罪との間には，時効的連鎖が存在しないとし，後者につき公訴時効の完成を肯定する判断を示しているのである。しかし，前記前提のもとにおいても，観念的競合の関係にある各罪の公訴時効完成の有無を判定するに当たっては，その全部を一体として観察すべきものと解するのが相当であるから，Bの死亡時から起算して業務上過失致死罪の公訴時効期間が経過していない以上，本件各業務上過失致死傷罪の全体について，その公訴時効はいまだ完成していないものというべきである。

この解釈は，本決定が引用する**最判昭41・4・21刑集20巻4号275頁**もあり，皆さんには受け入れやすいものだと思います。牽連犯の場合も同じでしたね。

最高裁は，異なる解釈を示した1審判決について，それが間違っているということを明らかにしておきたかったのでしょう。

第 8 章　公訴に関する判例

　実は，この 1 審判決について，検察官は控訴しませんでした。したがって，免訴の部分は 1 審で確定しているのです。

> 　他方，右 2 名以外の 5 名を被害者とする各業務上過失致死傷罪について公訴時効の完成を肯定した点は，法令の解釈適用を誤ったものであるが，その部分については，第一審判決の理由中において公訴時効完成による免訴の判断が示され，同判決に対しては検察官による控訴の申立がなかったものであって，右部分は，原審当時既に当事者間においては攻防の対象からはずされていたものとみることができるから結局，原判決の右誤りは，判決に影響を及ぼさない。

　それにもかかわらず，最高裁が免訴部分についてこのような解釈を示したところに，最高裁の判例の役割があらわれているといえます。
　「攻防対象」ということばもよく出てくる言葉です。刑事訴訟の上訴審で，当事者間の争いが続いているため，それについて裁判所が判断を加えることが可能な犯罪事実をいいます。これを明らかにしたのが，本決定の引用する**最大決昭46・3・24刑集25巻 2 号293頁**です。この決定も是非読んでください。

7　関連判例～最決平18・12・13刑集60巻10号857頁競売妨害と公訴時効

　前決定の応用編です。「犯罪行為が終わったとき」に関する事例判例ですが，新しいものなので，是非，理解しておきましょう。

（1）判示事項

　判示事項は，

> 　現況調査に訪れた執行官に対して虚偽の事実を申し向けるなどした刑法96条の 3 第 1 項該当行為があった時点が刑事訴訟法253条 1 項にいう「犯罪行為が終つた時」とはならないとされた事例

というので，これだけでは，刑法96条の 3 第 1 項の罪の公訴時効の起算点についての事例判断だということしかわかりませんね。
　決定要旨はどうなっているでしょうか。

> 　現況調査に訪れた執行官に対して虚偽の事実を申し向け，内容虚偽の契約書類を提出した行為は，刑法96条の 3 第 1 項の「公の競売又は入札の公正を害すべき行為」

に当たるが，前記虚偽の事実の陳述等に基づく競売手続が進行する限り（判文参照），その行為の時点をもって，刑事訴訟法253条1項にいう「犯罪行為が終つた時」とはならない。

　これで，「虚偽の事実の陳述等に基づく競売手続が進行する限り刑法96条の3第1項所定の罪の犯罪行為が終了したことにはならない」ということが分かりました。前講と同じ考え方ですね。被告人の所為としては，競売手続を開始させるための虚偽の事実の陳述等で終わっているわけです。その結果が生じて初めて公訴時効が進行を始めるというのでしょう。
　決定要旨は「判文参照」とありますから，きちんと決定要旨を読んで理解する必要がありそうです。

(2) 決定の内容

　決定文は，まず，事実関係のまとめから始まります。

(1) 被告人Aは，甲株式会社（平成7年11月24日の商号変更により株式会社乙となる。以下「本件会社」という。）の代表取締役であるとともに，同社関連会社である株式会社丙の実質的経営者として両社の業務全般を統括しているもの，被告人Bは本件会社の財務部長，被告人Cは丙の代表取締役であったものであるが，被告人3名は，共謀の上，平成7年10月31日付けで東京地方裁判所裁判官により競売開始決定がされた本件会社所有に係る土地・建物（以下「本件土地・建物」という。）につき，その売却の公正な実施を阻止しようと企てた。
(2) そこで，上記競売開始決定に基づき，同年12月5日，同裁判所執行官が現況調査のため，本件土地・建物に関する登記内容，占有状況等について説明を求めた際，被告人Bにおいて，同執行官に対し，本件会社が同建物を別会社に賃貸して引渡し，同社から丙に借主の地位を譲渡した旨の虚偽の事実を申し向けるとともに，これに沿った内容虚偽の契約書類を提出して，同執行官をしてその旨誤信させ，現況調査報告書にその旨内容虚偽の事実を記載させた上，同月27日，これを同裁判所裁判官に提出させた。
(3) その後，同裁判所裁判官から本件土地・建物につき評価命令を受けた，情を知らない評価人は，上記内容虚偽の事実が記載された現況調査報告書等に基づき，不動産競売による売却により効力を失わない建物賃貸借の存在を前提とした不当に廉価な不動産評価額を記載した評価書を作成し，平成8年6月5日，同裁判所裁判官に提出した。これを受けて，情を知らない同裁判所裁判官は，同年12月20日ころ，

本件土地・建物につき，上記建物賃借権の存在を前提とした不当に廉価な最低売却価額を決定し，情を知らない同裁判所職員において，平成9年3月5日，上記内容虚偽の事実が記載された本件土地・建物の現況調査報告書等の写しを入札参加希望者が閲覧できるように同裁判所に備え置いた。

　そうすると，被告人らが直接行った妨害は，平成8年6月5日に終了していますね。念のため，1審判決（**東京地判平12・12・21刑集60巻10号874頁**）が認めたこの部分の「罪となるべき事実」を挙げておきましょう。

第七　被告人A，被告人B及び被告人Cは，共謀の上，東京地方裁判所裁判官が不動産競売の開始決定をした甲株式会社所有の土地及び建物について，その売却の公正な実施を阻止しようと企て，甲株式会社所有の東京都渋谷区1×丁目××番×の土地（138.53平方メートル）及び建物（家屋番号××番×の×）について，株式会社O銀行が根抵当権（昭和58年5月18日付設定登記）に基づき平成7年10月27日付けで不動産競売を申し立てたことにより，同年10月31日付けで東京地方裁判所裁判官が発付した競売開始決定に基づき，同年12月5日ころ，同裁判所執行官P1が現況調査のため右土地及び建物に関する登記内容，占有状況等について説明を求めた際，右P1に対し，真実は，甲株式会社が乙株式会社に昭和58年3月7日付けで右建物を賃貸しこれを引き渡した事実などないのに，「建物は昭和58年3月7日に甲株式会社が乙株式会社に賃貸し引き渡したものを，平成4年4月1日に乙株式会社が株式会社平に借主の地位を譲渡した。」旨の虚構の事実を申し向けるとともに，内容虚偽の甲株式会社，乙株式会社間の昭和58年3月7日付け事務所賃貸借契約書及び引渡し確認書並びに甲株式会社，乙2株式会社（旧商号「乙株式会社」），株式会社平間の平成4年4月1日付け借主の地位の譲渡にかかる合意書等を提出し，右P1をしてその旨誤信させて現況調査報告書にその旨内容虚偽の事実を記載させた上，平成7年12月27日ころ，これを同裁判所裁判官に提出させ，同裁判所裁判官から右土地及び建物に関する評価命令を受けた情を知らない評価人P2をして，右内容虚偽の事実が記載された現況調査報告書等に基づき，不動産競売による売却により効力を失わない建物賃借権の存在を前提とした不当に廉価な不動産評価価格を評価書に記載させた上，平成8年6月5日ころ，これを同裁判所裁判官に提出させ，平成8年12月20日ころ，情を知らない同裁判所裁判官をして，不動産競売による売却により効力を失わない建物賃借権の存在を前提とした不当に廉価な最低売却価格を決定させるとともに，平成9年3月5日ころ，前記東京地方裁判所において，情

> を知らない同裁判所職員をして，右内容虚偽の事実が記載された現況調査報告書等を入札参加希望者が閲覧できるように備え付けさせ，もって，偽計を用いて公の入札の公正を害すべき行為をした。

というものです。少し面倒ですが，96条の3第1項の構成要件も確認しましょう。「偽計又は威力を用いて，公の競売又は入札の公正を害すべき行為をした者は，2年以下の懲役又は250万円以下の罰金に処する。」ですね。本件はこのうち，偽計による入札妨害です。

丁度いい機会ですので，この「罪となるべき事実」に沿って競売の申立に始まる手続も復習しましょう。

さて，裁判所の判断は，前講の決定に沿ったもので，簡単です。弁護人は，競売入札妨害罪は，即成犯かつ具体的危険犯であるから，現況調査に際して執行官に対し虚偽の陳述をした時点で犯罪は終了しており，本件が起訴された平成12年1月28日には，すでに公訴時効が完成していたと主張しました。裁判所はこれを斥けてこのように述べています。

> 上記の事実関係の下では，被告人Bにおいて，現況調査に訪れた執行官に対して虚偽の事実を申し向け，内容虚偽の契約書類を提出した行為は，刑法96条の3第1項の偽計を用いた「公の競売又は入札の公正を害すべき行為」に当たるが，その時点をもって刑訴法253条1項にいう「犯罪行為が終つた時」と解すべきものではなく，上記虚偽の事実の陳述等に基づく競売手続が進行する限り，上記「犯罪行為が終つた時」には至らないものと解するのが相当である。

落ち着いて考えれば，偽の書類等により虚偽の手続が進行中なのに，その元となった行為に公訴時効が完成するというのはおかしいことは分かるでしょう。競売入札妨害罪の法定刑は最高懲役2年ですから，公訴時効は3年です。競売手続に時間がかかることも珍しくありませんから，このように解しないと不自然です。前の水俣病の事件と同じ考え方ですね。

第8章　公訴に関する判例

8-5　最決昭50・5・30刑集29巻5号360頁（他人の氏名を冒用して交付を受けた略式命令の効力）

1　問題の所在

　被告人とは誰か？が問題となるシーンがあります。
　甲野一郎と名乗って起訴された者が，実は乙山次郎だったという場合に，起訴の効力は甲野一郎に生ずるのか，乙山次郎に生ずるのかという問題です。刑訴法249条は，「公訴は，検察官の指定した被告人以外の者にその効力を及ぼさない」とし，同256条1項1号は，起訴状に「被告人の氏名その他被告人を特定するに足りる事項」を書くことになっていますから，起訴状の被告人欄に記載された者が被告人だ！というのが基本でしょう。
　しかし，例えば，盗みの現行犯として逮捕された甲野が乙山と名乗った場合に，乙山として逮捕に引き続き勾留され，勾留のまま起訴され，勾留場所から，公判に出頭した場合，乙山と名乗ろうが，甲野と名乗ろうが，検察官が起訴した者は現行犯逮捕されて引き続いて勾留されている者であり，その者が被告人として起訴状の送達を受け，公判期日に召喚され出頭されているのですから，被告人は検察官が起訴した逮捕勾留中の者であると考えた方が良さそうです。
　それでは，略式手続の場合はどうでしょうか。被告人が裁判所に出頭することなく，略式命令が送達されるという通常の略式手続と異なりいわゆる在庁略式の場合です。検察官は出頭してきた者を起訴しているのですし，略式命令を受け取るのもその者ですから，略式命令の効力は出頭し，略式命令を受け取った者に生ずるように見えます。
　しかし，裁判官は，被告人が在庁しているということを承知しているとはいえ，実際に被告人の顔を見て，直接命令を告知するわけではありません。そうすると，裁判官の判断資料はあくまで起訴状の記載ということになりますから，在庁している甲野一郎が別人である乙山次郎を名乗った場合，裁判官が命令を出すのはあくまで乙山次郎に対してだということになります。
　このことを明らかにしたのが本決定です。

第 8 章　公訴に関する判例

2　決定の内容

判示事項は，

> 他人の氏名を冒用して交付を受けた略式命令が冒用者に効力を生じないとされた事例

であり，決定要旨は，

> いわゆる三者即日処理方式による略式手続において，甲が乙の氏名を冒用し，捜査機関に対し被疑者として行動し，かつ，裁判所で被告人として乙名義の略式命令の謄本の交付を受けて即日罰金を仮納付するなどの事実（原判文参照）があったからといって，右略式命令の効力が甲に生じたものとすることはできない。

というのです。

決定文はもっと簡単です。かっこ書で

> なお，原判示の事実関係のもとで被告人が他人の氏名を冒用して交付を受けた略式命令は冒用者である被告人に効力を生じないとした原判決の判断は，正当である。

というだけです。

「原判文参照」というのですから，原判文を見なければなりませんね。

原判決は，東京高判昭49・8・29高刑集27巻4号374頁です。

原判決の認定する事実関係は次のとおりです。

> 本件被告人小川は原判示第二の無免許運転の際，呼気1リットルにつき0.25ミリグラム以上のアルコールを身体に保有するいわゆる酒気帯びの状態であったが，蔵前警察署所属の司法巡査中沢孝平の取調を受けたとき，原判示第一の横領にかかる唯野貢二の自動車運転免許証を所持していたのでこれを呈示して同人の氏名・本籍・居住等を冒用したため，酒気帯び運転の罪についてのみ交通事件原票により立件され，無免許運転の罪は発覚を免れたこと，次いで本件被告人は昭和48年3月27日墨田区検察庁に出頭し，同検察庁検察官事務取扱検察事務官渡辺渡の取調を受けたが，氏名等冒用の事実は発覚しないまま同検察事務官は被告人として「氏名唯野貢二，本籍宮城県加美郡小野田町宇南小路一の43，住居東京都墨田区押上1丁目36

281

番6号山本方，生年月日昭和15年8月21日，職業塗装業」なる表示のもとに道路交通法違反（酒気帯び運転の罪）被告事件につき墨田簡易裁判所に対し略式命令を請求し，同簡易裁判所は右被告事件について即日「被告人を罰金2万円に処する。これを完納することができないときは金1,000円を一日に換算した期間被告人を労役場に留置する。第一項の金額を仮に納付することを命ずる。」との略式命令を発布し，これを本件被告人に交付して送達し，同日本件被告人は右罰金を納付したこと，がそれぞれ明らかである。

「交通事件原票」というのは知っていますね。道路交通違反事件を処理するための定型的な捜査書類で「交通切符」などと俗称されています。

ついでに，「検察官事務取扱検察事務官」というのもチェックしておきましょう。検察事務官は，検察庁に勤務する職員で，刑事訴訟法上の捜査官としての地位を有していますが，検察庁法36条に「法務大臣は，当分の間，検察官が足りないため必要と認めるときは，区検察庁の検察事務官にその庁の検察官の事務を取り扱わせることができる。」という規定が設けられており，これを根拠に区検察庁の取り扱う検察事務（捜査及び簡易裁判所に起訴し，公判に立ち会うこと）を「検察官事務取扱検察事務官」が行うことがあるのです。

略式手続は分かりますね。100万円以下の罰金又は科料を科すことができます。予め検察官が略式手続について説明し，異議がないことを確かめ，公訴提起と同時に略式命令を請求するのです。裁判官は，起訴状（略式手続請求書）と証拠書類を受け取り，間違いがなければ略式命令を発します。この略式命令について正式裁判の申立が無く確定すると，これが判決と同様の効力を持つのです。

なお，仮納付についても条文を確認しましょうね。通常は刑の執行は裁判が確定してから行いますが，罰金の裁判については，確定前に仮に納付することを命ずることができるのです。

さて，この唯野を名乗った被告人は墨田区検察庁に出頭したようですね。これは，いわゆる三者即日処理というもので，司法警察員，区検察庁検察官，簡易裁判所裁判官が1カ所に集まっています。そこで，交通違反によって出頭を求められた被疑者を警察が調べてそのまま検察官に送致し，検察官が取り調べた上，略式手続に意義がないことを確認して，略式起訴（公訴を提起し略式命

令を請求）をします。起訴を受けた裁判官はこれを確認して略式命令を発するのです。上記の「交通事件原票」には，この一連の手続を行うための書類がそろえられています。

　この場合，被疑者（被告人）は出頭後，略式命令を受け取るまで同じ建物にとどまり，略式命令を受け取ると，その場で罰金の仮納付をすることになります。

　したがって，唯野と名乗った被告人が検察官の取り調べを受け，裁判官の略式命令の告知を受け，仮納付もしたわけですから，裁判の効果は唯野と名乗る被告人に生じるのではないかというのが問題になりました。これについて原審判決は，

　①およそ裁判の名宛人となる被告人を定めるについては，起訴状等書面にあらわれた被告人の表示，検察官の意思，被告人としての挙動等を基準として具体的な事例において，当該訴訟手続の段階，形態，経過等にかんがみ合理的に確定すべきものであるが，②右道路交通法違反被告事件のように簡易迅速を旨とする略式手続においては，通常の公判手続ないし交通事件即決裁判手続における人定質問のような被告人選別の機能をもつ慎重な手続はなく，もっぱら書面上で特定された被告人に対し裁判が下されるのであり，裁判形成の過程において現実に被告人として行為する場面は原則として予定されていないのであるから，③たとえ右事件のようにいわゆる三者即日処理方式により本件被告人小川が唯野貢二の氏名を冒用し一日のうちに捜査機関に対し被疑者として行動し，かつ裁判所において被告人として唯野貢二名義の略式命令の交付を受けて即日罰金を納付する等の事実があったからといって，本件被告人小川が外観上被告人として行為し，右略式命令の名宛人となったということはできない。④また，右事件において，検察官は起訴状の表示と本件被告人との同一性を信じて起訴したものではあるが，起訴状における被告人唯野貢二の表示は本件被告人小川の通称ないし単純な偽名ではなく，本件被告人によって住居・氏名等を冒用された実在人であり，しかも本件被告人は当時勾留等の身柄拘束を受けて起訴されたわけでもないことにもかんがみると，右起訴状および略式命令表示の被告人と本件被告人との同一性を認めることはできないから，右の表示を検察官の意思によって本件被告人に訂正ないし変更することは許されない。（①〜④筆者）

　①はとても大事ですね。まず，誰が被告人かは，起訴状等書面にあらわれた被告人の表示，検察官の意思，被告人としての挙動等を基準として判断すべき

だとします。

　そしてその判断は，当該訴訟手続の段階，形態，経過等にかんがみ合理的に確定すべきであるというのです。

　この基準は，誰が被告人であるかが問題となる事案において用いることができるでしょう。

　さて，そのような基準を明らかにした上で裁判所は，三者即日処理について考えます。

　②で，まず，通常の公判手続との違いを述べます。裁判所が人定質問をするなど，被告人が誰であるかを確認する手続はないというのです。

　③は，被告人の挙動について検討します。確かに，被告人は，捜査機関に対して被疑者として行動し略式命令の交付を受けて罰金を納付したのですが，これでは，「被告人として行為した」とはいえないといいます。

　④最後は，検察官の意思です。検察官が被告人が唯野であると信じていたからといって，勾留等の身柄拘束によって同一人が確認できるような場合ではないので，検察官の意思によって表示を訂正・変更することはできないと考えました。

　裁判所がいう，通称であればどうなのか，実在人の名前でない単純な偽名であればどうかについても考えてみましょう。

　要するに，同じ建物内にいたとはいえ，唯野を名乗った被告人が，本当に唯野本人かどうかを裁判官が確認できない以上，起訴状の表示によるほかないということなのですが，この判決が，判断の基準を示し，その一つ一つについて検討しているところは参考になるでしょう。

　そういうわけで，裁判所は，唯野名で受け取った略式命令を効力を認めませんでした。氏名を冒用された唯野に迷惑がかかりそうですが，実は，唯野には略式命令の送達（告知）がないので，結局起訴は効力が無くなってしまうのです。

　では，なぜ，被告人は唯野名義の略式命令が自分に対して有効だと主張したのでしょうか。被告人は無免許だったのです。略式命令が有効であれば，酒気帯び運転と無免許は観点的競合の関係にありますから，無免許では起訴できないことになります。

また，唯野名による略式命令が有効であれば，唯野名で書いた供述書や略式請け書の署名も有効だということになり，これらの文書（有印私文書）の偽造罪にも問われないことになるでしょう。

　この事件は，氏名冒用が明らかになったことから，改めて被告人を遺失物横領（唯野の免許証を拾って横領した），無免許運転，有印私文書偽造同行使（交通事件原票の供述書）で起訴した事案でした。

　なお，原審判決が引用する**東京高決昭36・7・28東高時報12巻7号128頁**は，「人違いを理由に起訴状の被告人表示の訂正を申立てることは，刑事訴訟規則164条1項1号などの趣意に鑑み許されない。」というものです。

8-6　東京高判平2・11・29高刑集43巻3号202頁

1　問題の所在

> 日本語に通じない外国人の被告人に起訴状謄本を送達するに当たって訳文を添付しないことと憲法31条の適正手続の保障

が問題となり，

> 日本語に通じない外国人の被告人に起訴状謄本を送達するに当たり，被告人の理解できる言語による訳文を添付しなくても，公判手続の全体を通じて，被告人が訴追事実を明確に告げられ防御の機会を与えられていると認められるときは，適正手続を保障した憲法31条に違反しない。

とされた事例です。

　問題となった手続の経過は，判決理由に示されています。

> 1　被告人Aは，平成元年11月30日に本邦に入国したイラン回教共和国の国籍を有する者，また，被告人Bも，平成2年4月30日に本邦に入国した同じくイラン回教共和国の国籍を有する者であって，いずれも現在に至るも日本語に通じていない。
> 2　被告人両名はいずれも，同年5月4日，原判示第1の窃盗の事実につき，現行犯人として逮捕されたのち，警視庁上野警察署において，司法警察員から弁解の機

第8章　公訴に関する判例

会が与えられ，更に同日，司法警察員の取調べを受け，次いで同月6日，検察官に送致され，これに伴い東京地方検察庁において検察官から弁解の機会が与えられ，更に検察官からの請求に基づき，同月7日，東京地方裁判所裁判官から勾留質問を受けたのち勾留されたが，いずれの際も，通訳人関喜房を介し，被告人両名の理解できる言語であるペルシャ語で犯罪事実の要旨が告げられて，弁解や陳述が録取され，或いは取調べが行われ，また，供述調書の読み聞けもペルシャ語で行われた。なお，被告人両名の勾留場所は，代用監獄である警視庁上野警察署留置場であった。

3　被告人両名はいずれも，同月11日，本件窃盗の事実に関し検察官の取調べを受けて，各供述調書が作成されたが，その際は，通訳人田村バファイ・アフサネを介し，ペルシャ語で取調べ及び調書の読み聞けが行われた。

4　被告人両名はいずれも，本件窃盗の事実につき，同月15日，東京地方裁判所に公訴が提起された。

5　被告人両名は，起訴後も引き続いて同警察署留置場に在監していたが，同月16日，検察官から代用監獄の長である同警察署長あてに起訴通知書が送られて来た際，通訳人関喜房が被告人両名と各別に電話でペルシャ語で話し，右起訴通知のあったことを知らせた。

6　同月18日，同月15日付け起訴状の謄本が代用監獄の長である同警察署長あてに送達され，看守係からその各1通が被告人両名にそれぞれ交付されたが，右各謄本はいずれも日本語で記載されたものであって，これにペルシャ語の訳文の添付などはされておらず，そのため，被告人両名が起訴状の内容が分からないと申し立てて，文書受発簿に受領の指印をすることを拒否したこともあり，同月20日，通訳人関喜房を介し，ペルシャ語で本件起訴状の内容を告げられ，弁護人の選任に関する照会についてもペルシャ語で説明を受けたこと，なお，その後に文書受発簿に対する受領の指印を行った。

7　被告人Aは，同月30日，原判示第2の不法残留の事実につき，検察官の取調べを受け，同日付け供述調書が作成されたが，同通訳人を介し，ペルシャ語でその取調べ及び調書の読み聞けが行われた。

8　同被告人は，本件不法残留の事実につき，同年6月6日，東京地方裁判所に公訴が提起され，同日付け追起訴状の謄本が同月8日に同警察署長あてに送達され，看守係からこれを交付されたものの，右謄本は日本語で記載されたものであって，これにペルシャ語の訳文の添付などはされていなかったが，同日又は同日から同被告人が東京拘置所に移監された同月12日ころまでの間に通訳人を介し，ペルシャ語で同起訴状の内容を告げられた。

9　被告人両名は，国選弁護人の選任を請求し，これに基づき，同年5月29日，弁護士福田拓が被告人両名の国選弁護人として選任され，同年6月26日，東京拘置所内において，同拘置所に在監中の被告人両名（被告人Aは，同月15日に移監）と通訳人を同席させて各別に接見し，公判における防御方針等について打合せを行った。
10　同月27日に第1回公判期日が開かれ，本件各起訴状の朗読，被告人両名及び福田弁護人の被告事件に対する各陳述，検察官の冒頭陳述，証拠調べ，論告，弁論，被告人両名の各最終陳述など公判手続が通常の過程で進行して，弁論終結に至り，同年7月4日に判決宣告期日が開かれて，原判決が言い渡されたが，両期日とも，ペルシャ語の通訳人八尾師誠が出頭し，同通訳人を介して審理及び判決の言渡しが行われた。

2　裁判所の判断

　控訴審において弁護人は，日本語を解しない被告人に訳文のない起訴状謄本を送達しても，送達がなかったことに帰するから公訴棄却すべきであると主張しました。
　裁判所は次のように判示して弁護人の主張を退けたのです。

　①刑訴法271条1項は，その規定の文言上，送達する起訴状の謄本は被告人の理解できる言語で記載されたものでなければならないなどと定めているものではなく，裁判所法74条が裁判所の用語を日本語と定めていることに照らし，当該謄本が日本語で記載されたものであることを当然の前提としてその送達が定められたものと解される。したがって，本件においても，右6及び8認定のとおり被告人らに送達された同年5月15日付け起訴状の各謄本及び同年6月6日付け追起訴状の謄本はいずれも日本語で記載されたものであったが，右規定の文言に即してみる限り，右規定に従った起訴状の謄本の送達が公訴の提起のあった日から2箇月以内に適法に行われたということができる。
　②ただ，同条が起訴状の謄本を被告人に送達しなければならないと定めているのは，たしかに所論指摘のように，被告人に公訴が提起されたこと及び公訴事実を知らせ，予め防御の準備の機会を与えるためのものであり，したがって，同条も憲法31条で定める適正手続の保障を具体化した規定の一つとみることができる。そして，そのような観点から起訴状の謄本の送達について考えると，被告人が日本語を理解できない者である場合，日本語で記載された起訴状の謄本が送達されたときは，そ

れだけでは直ちにその内容を理解することができないのであるから，右のような刑訴法271条の趣旨を生かすという意味で，起訴状の謄本の送達に伴い被告人に起訴されたことを了知させる措置が取られたり，更には起訴状の謄本に被告人の理解できる言語で記載した訳文が添付されていたり，或いは謄本の送達後間もない時期に通訳人を介し起訴状の内容を知る機会が与えられたりすることが<u>好ましい</u>ことはいうまでもない。③もっとも，憲法31条の趣旨に照らし，こうした訳文の添付等が直ちに同条の要請するところとは考えられない。すなわち，<u>起訴状の謄本が送達された際には，被告人としては自分がいかなる事実について公訴を提起されたのか直ちには理解できていなかったとしても，公判手続全体を通じて，被告人が自己に対する訴追事実を明確に告げられ，これに対する防御の機会を与えられていると認められるならば，適正手続にいう「告知と聴問」の機会は十分に与えられているということができ，ひいては手続全体として憲法31条には違反していない</u>と考えることができるのである。

　④そして，本件における手続の経過は，前記1ないし10認定のとおりであって，前記6及び8認定のとおり送達された各起訴状の謄本は日本語で記載されたものであったとはいえ，送達のあったこと及び起訴状の内容がどのようなものであるかということは，被告人両名とも，その送達の日ないしその後数日内に通訳人を介し，ペルシャ語で告げられているものと認められる。のみならず，被告人両名は，本件窃盗の犯行直後に逮捕されて以後，捜査段階においても弁解録取，取調べ，勾留質問等に際し，常に通訳人が立会い，ペルシャ語による通訳を受けており，犯罪事実についてもその要旨を繰り返しペルシャ語で告げられていたことが明らかであって，とりわけ原判示第1の窃盗の事実については，前記5記載のように起訴されたことを知らされた際には，それだけで自分らがいかなる事実で起訴されたか十分に理解できていたものと窺え，更に，その後第1回公判期日の前日に被告人両名とも通訳人同席で弁護人と接見し，防御方針等について打合せを行い，公判期日にはペルシャ語の通訳人を介して，起訴状の朗読に始まり，証拠調べを経て，論告，弁論，被告人両名の各最終陳述に至るまでの公判審理が正常かつ適正に行われたことが明らかであって，こうした手続全体の流れに照らし，本件において憲法31条の要請は十分に充たされているということができる。(下線，①～④筆者)

　①は訴訟法上の形式的な判断，②は憲法31条から刑訴法271条の趣旨の検討です。ここで起訴状謄本送達の趣旨が明らかにされていますね。
　これを受けて③で，起訴状謄本に訳文を添付することが憲法31条の要求かど

うかを判断しています。これが判決要旨です。

　最後に本件の検討がなされています。1 ないし10の事実からどのような事実を抜き出して評価し，結論を導いているかを学んでください。

　「告知・聴問」というのは分かりますね。国が人の権利を侵害する場合には必ず「告知・聴問・弁解」の機会を与えなければならないというのです。これは，憲法31条のデュープロセスの保障から導き出されます（**最(大)判昭37・11・28刑集16巻11号1593頁**参照）。

第9章　訴因に関する判例

9-1　最大判昭37・11・28刑集16巻11号1633頁（白山丸事件）

1　どのような事案か

訴因の特定について論じたとても重要な判例です。

事案は，「被告人は，昭和27年4月頃から昭和33年6月下旬頃までの間に，有効な旅券に出国の認印を受けないで，本邦から，本邦外の地域たる中国に出国したものである。」という密出国事件（当時の出入国管理令60条2項違反）です。

弁護人は，出入国管理令60条が外国に移住する自由を保障した憲法22条2項に違反する旨を主張しました。

これについて，大法廷は，「憲法22条2項の外国に移住する自由には，外国へ一時旅行する自由をも含むものと解すべきではある」という重要な判断を示した上，「出入国管理令60条は，出国それ自体を法律上制限するものではなく，単に出国の手続に関する措置を定めたに過ぎないのであつて，かかる手続のために，事実上，出国の自由が制限される結果を招来するような場合があるにしても，それは同令1条に規定する本邦に入国し，又は本邦から出国するすべての人の出入国の公正な管理を行なうという目的を達成する公共の福祉のために設けられたものであつて，もとより憲法22条2項に違反するものと解することはできない。」としてこの主張を斥けています。刑訴法には関係ありませんが，憲法判断として典型的な考え方ですから，憲法の学習にも参考になりますね。

さて，問題は**訴因の特定**です。

2　訴因の特定を求める趣旨

判示事項は，

第9章　訴因に関する判例

> 出入国管理令60条2項違反罪における訴因の特定

であり，判決要旨は，

> 密出国の日時を「昭和27年4月頃より同33年6月下旬まで」，その場所を「本邦より本邦外の地域たる中国に」と各表示し，その方法につき具体的に表示していない起訴状であっても，検査官の冒頭陳述により，被告人は昭和27年4月頃までは本邦に在住していたが，その後，日時は詳らかでないが中国に向けて不法に出国し，引き続いて本邦外にあり，同33年7月8日帰国したものであるとして，右不法出国の事実を起訴したものとみるべきばあいには，審判の対象および防禦の対象の範囲はおのずから明らかであって，刑事訴訟法256条3項に違反するものということはできない。

です。

　判決要旨によれば，この判決は，事例についての判断にとどまるように見えますが，本文を読んでみるととても重要な判示を含んでいるのです。

　判決文の該当部分を順に検討していきましょう。裁判所は，まず，弁護人の主張を適法な上告理由に当たらないと斥けた上，「なお，」として以下の判示をします。

> ①なお，本件起訴状記載の公訴事実は，「被告人は，昭和27年4月頃より同33年6月下旬までの間に，有効な旅券に出国の証印を受けないで，本邦より本邦外の地域たる中国に出国したものである」というにあって，犯罪の日時を表示するに6年余の期間内とし，場所を単に本邦よりとし，その方法につき具体的な表示をしていないことは，所論のとおりである。
>
> ②しかし，刑訴256条3項において，公訴事実は訴因を明示してこれを記載しなければならない，訴因を明示するには，できる限り日時，場所及び方法を以て罪となるべき事実を特定してこれをしなければならないと規定する所以のものは，裁判所に対し審判の対象を限定するとともに，被告人に対し防禦の範囲を示すことを目的とするものと解されるところ，犯罪の日時，場所及び方法は，これら事項が，犯罪を構成する要素になっている場合を除き，本来は，罪となるべき事実そのものではなく，ただ訴因を特定する一手段として，できる限り具体的に表示すべきことを要請されているのであるから，犯罪の種類，性質等の如何により，これを詳らかに

することができない特殊事情がある場合には，前記法の目的を害さないかぎりの幅のある表示をしても，その一事のみを以て，罪となるべき事実を特定しない違法があるということはできない。(①，②筆者)

①で何が，何故問題となるのか，という説明をした上で，②で，その問題について，法の趣旨にさかのぼって考え，結論を出していますね。
「所以」（ゆえん）というのは理由，わけという意味です。
訴因の明示は，
　　① 裁判所に対し審判の対象を限定するとともに，
　　② 被告人に対し防禦の範囲を示すことを目的とする
というのです。
審判の対象が限定されなければ，そもそも審判が不可能ですから，①がまず必要であり，その上，さらに②を考慮するということになります。
訴因の特定が争われる事案を検討するときには，この①，②を具体的事情にあてはめて判断していけばよいわけです。
なお，「犯罪の日時，場所及び方法は，これら事項が，犯罪を構成する要素になつている場合を除き，本来は，罪となるべき事実そのものではなく，ただ訴因を特定する一手段」であるというのも，当たり前のことですが，しっかり理解しておく必要がありますね。
「犯罪の種類，性質等の如何により，これを詳らかにすることができない特殊事情がある場合」には日時場所等に幅のある記載が許されるとの本判決を受けて，その後に訴因の特定が問題となった事案では，単に，「検察官において起訴当時の証拠に基づきできる限り特定したものである以上，訴因の特定に欠けるところはないというべきである」（**9-2　最決昭56・4・25刑集35巻3号116頁**）旨の判示がなされることが多いのですが，これも，「検察官ができるだけ特定しさえすればよい」という意味ではなく，上記①，②を当然の前提として認めた上で，「犯罪の種類，性質等によって詳細な日時場所等をあきらかにすることのできない特殊事情があり，検察官は，起訴当時の証拠に基づいてできる限り特定している」と判断しているのです。

3 具体的事案への当てはめ

さて，本判決は，上のように訴因特定の趣旨を述べた上で，これを事実にあてはめていきます。

> これを本件についてみるのに，検察官は，本件第一審第一回公判においての冒頭陳述において，証拠により証明すべき事実として，（1）昭和33年7月8日被告人は中国から白山丸に乗船し，同月13日本法に帰国した事実，（2）同27年4月頃まで被告人は水俣市に居住していたが，その後所在が分らなくなった事実及び（3）被告人は出国の証印を受けていなかった事実を挙げており，これによれば検察官は，被告人が昭和27年4月頃までは本法に在住していたが，その後所在不明となってから，日時はつまびらかでないが中国に向けて不法に出国し，引き続いて本法外にあり，同33年7月8日白山丸に乗船して帰国したものであるとして，右不法出国の事実を起訴したものとみるべきである。そして，本件密出国のように，本邦をひそかに出国してわが国と未だ国交を回復せず，外交関係を維持していない国に赴いた場合は，その出国の具体的顛末についてこれを確認することが極めて困難であって，まさに上述の特殊事情のある場合に当るものというべく，たとえその出国の日時，場所及び方法を詳しく具体的に表示しなくても，起訴状及び右第1審第1回公判の冒頭陳述によって本件公訴が裁判所に対し審判を求めようとする対象は，おのずから明らかであり，被告人の防禦の範囲もおのずから限定されているというべきであるから，被告人の防禦に実質的の障碍を与えるおそれはない。それゆえ，所論刑訴256条3項違反の主張は，採ることを得ない。

冒頭陳述の内容が訴因が特定されていることの根拠として挙げられています。冒頭陳述というのは，立証段階において検察官が証拠によって証明する事実を明らかにするものですから，起訴状に記載した公訴事実が特定されているかどうかを証拠によって判断するというのは，本末転倒のようにも思えます。

しかし，ここで大法廷が冒頭陳述の内容として引用している事実のうち，公訴事実記載の事実に付け加えるべき事実は，昭和27年4月ころから昭和33年7月8日白山丸で帰国するまでの間に不法出国し，帰国までの間引き続き国外に滞在したという事実だけです。

不法出国は，帰国を繰り返せば，何回でも行い得ます。つまり，27年4月から33年7月8日までの間に出入国を繰り返した可能性があれば，起訴状記載の

公訴事実ではどの出国事実を指しているか分からず，特定は不十分であるということになります。しかし，期間は約6年間と長いのですが，その間に1回しか出国していない（あるいは，1回の出国事実だけを起訴している）ことが明らかであれば，審判の対象としては特定していることになります。

それでは，被告人の防御の範囲が示されないことになるでしょうか。これも問題とならないと大法廷は判示していますね。当該期間の1回の出国事実について，被告人がどのように防御をするか，被告人の主張を具体的に想定すると，確かに防御の範囲が曖昧で防御が困難であるとはいえないように思えます。このような事例において，防御に実質的に不利益だと主張するためには，具体的にどのような主張ができるか，それが，訴因の不明確性のためにどのように妨げられるのかを明示することになります。

このような訴因に掲げられた期間内の1回の出国を起訴する趣旨である旨は，現在であれば，公判前整理手続において検察官が明らかにすることになるでしょう。通常手続の場合であれば，立証段階に入る前，冒頭手続の被告人の認否の前に，起訴状に対する釈明としてなされることになります。大法廷が冒頭陳述の内容を引用したのも，訴因の特定は証拠調べ段階において，証拠によってなされればよいという趣旨ではないでしょう。

このような起訴状記載の訴因の趣旨についての「釈明」は，覚せい剤使用事件などでもよく行われます。

9-2 最決昭56・4・25刑集35巻3号116頁

1 どんな判例か

> 覚せい剤使用罪における訴因の特定

という判示事項について，

> 覚せい剤使用の日時を，「昭和54年9月26日ころから同年10月3日までの間」，その場所を「広島県高田郡吉田町内及びその周辺」，その使用量，使用方法を「若干量を自己の身体に注射又は服用して施用し」との程度に表示してある公訴事実の記

第9章 訴因に関する判例

> 載は，検察官において起訴当時の証拠に基づきできる限り特定したものである以上，覚せい剤使用の罪の訴因の特定に欠けるところはない。

と判断した有名な判例です。

　この決定では，最高裁は何も説明せず，単に，職権判断として，決定要旨に同文の判断を示しているだけです。

　1審や原審は，どのように判示しているのでしょうか。論旨はほぼ同じなので，原審（**広島高判昭55・9・4刑集35巻3号129頁**）の判示を引用しておきます。原審（1審も同じですが）は，白山丸事件（9-1）の判示を引用した上，

> 　これを本件についてみると，検察官は原審第一回公判における冒頭陳述として，被告人は公訴事実記載の日時の間は，前記吉田町及び賀茂郡豊栄町内におり，その間に覚せい剤を自己使用し，10月5日尿を警察官に任意提出し，鑑定の結果覚せい剤が検出された事実を立証する旨陳述していること，本件犯行の日時，覚せい剤使用量，使用方法につき具体的表示がされない理由は，被告人が終始否認しているか，供述があいまいであり，目撃者もいないためであることが推認できること，覚せい剤の自己使用は犯行の具体的内容についての捜査が通常極めて困難であることを合わせ考えると，本件はまさに上述の特殊の事情がある場合に当るものというべく，また，本件は，被告人が10月5日に警察官に任意提出した尿から検出された覚せい剤を自己の体内に摂取したその使用行為の有無が争点となるものであるから，本件の審判の対象と被告人の防禦の範囲はおのずから限定されているというべきであり，被告人の防禦に実質的な障害を与えるおそれも存しない。

　「否認している以上これ以上特定しようとしてもできない上に，防御の対象も明らかだ」というのですね。

　先に，白山丸事件を検討したときに，被告人が密出国後，白山丸で帰国するまでの間，引き続き中国にいたという事実を立証する旨検察官が述べたことによって，被告人が起訴状記載の期間に何回も密出国を繰り返したものではないことが明らかになり，1回の密出国に特定されたと説明しました。

　今回の覚せい剤についても同じことが言えます。提出された尿から覚せい剤が検出されたという事実で明らかになるのは，尿を提出した日から「覚せい剤を使用してから，最後にこれが体外に排出されるまでの期間（通常は数日です

が，2週間くらいという検査例があることから，最大の幅を持って2週間程度と考えるようです）」をさかのぼった期間内に少なくとも1回覚せい剤を使用したという事実です。覚せい剤を使用する者は，何回も繰り返して使用することが多いのですが，何回使用したかについては，尿検査で明らかにできませんし，複数回の使用があっても，尿中に検出された覚せい剤は，大半が最後の使用分であるということから，当該期間内の「最終使用」事実が起訴の対象となっているとか，当該期間内の1回のみが起訴の対象となっているなどの考え方をします。

いずれにしても，当該期間内の別の使用（これは，併合罪の関係にありますから，本来は別に起訴ができるはずです）を起訴するすべはないのですから，審判の対象は限定されているといえるでしょう。防御の範囲という点も白山丸事件と同じです。

覚せい剤使用事犯の訴因の特定を考えるにあたっては，このように，立証方法が尿検査しかなく，しかも，その検査方法によって立証できることが限定されているという特殊な事情を理解する必要があります。

この決定で注意しなければならないのは，裁判所は，この特殊性を当然の前提として，「検察官において起訴当時の証拠に基づきできる限り特定したものである以上」と述べていることです。この決定だけ読むと，「検察官が起訴当時の証拠に基づいてできる限り特定しさえすれば，訴因は特定していると認められる」と理解してしまいそうですが，そうではないことは，原審が白山丸事件の判旨を引用していることからも明らかでしょう。

2　関連判例～最決昭63・10・25刑集42巻8号1100頁

覚せい剤使用についての訴因に関する判例をもう一つ読みましょう。

判示事項は，

> 覚せい剤使用罪につき，使用時間，場所，方法に差異のある訴因間において公訴事実の同一性が認められた事例

です。

決定要旨は，

> 　覚せい剤使用罪の当初の訴因と変更後の訴因との間において，使用時間，場所，方法に多少の差異があるとしても，いずれも被告人の提出した尿中から検出した覚せい剤の使用行為に関するものであって事実上の共通性があり，両立しない関係にあると認められる場合には，両訴因は，公訴事実の同一性を失わない。

というものです。吉田町事件が，訴因の「特定」の問題だったのに対し，この決定が判示したのは**公訴事実の同一性**の問題です。

（1）　どのような訴因についての判例か

起訴状記載の訴因は，「被告人は，『Aちゃん』ことB某と共謀の上，法定の除外事由がないのに，昭和60年10月26日午後5時30分ころ，栃木県芳賀郡a町b番地の被告人方において，右Bをして自己の左腕部に覚せい剤であるフエニルメチルアミノプロパン約0.4グラムを含有する水溶液約0.25ミリリツトルを注射させ，もつて，覚せい剤を使用した」です。

公判に至り，公判段階の被告人の供述を踏まえて検察官は，訴因を「被告人は，法定の除外事由がないのに，昭和60年10月26日午後6時30分ころ，茨城県下館市a番地のb所在スナック『C』店舗内において，覚せい剤であるフエニルメチルアミノプロパン約0.04グラムを含有する水溶液約0.25ミリリツトルを自己の左腕部に注射し，もつて，覚せい剤を使用した」と変更する旨の請求をし，許可されました。

（2）　両訴因に公訴事実の同一性はあるか。

公訴事実の同一性については，たくさんの判例があるように，基本的事実関係が同じだろうか，をまず検討し，さらに補充的に「両訴因は両立し得ないか」を考えます。

この判例も，考え方は従来の判例を踏襲しています。

> 　検察官は，昭和60年10月28日に任意提出された被告人の尿中から覚せい剤が検出されたことと捜査段階での被告人の供述に基づき，前記起訴状記載の訴因のとおりに覚せい剤の使用日時，場所，方法等を特定して本件公訴を提起したが，その後被告人がその使用時間，場所，方法に関する供述を変更し，これが信用できると考えたことから，新供述にそって訴因の変更を請求するに至ったというのである。そうすると，両訴因は，その間に覚せい剤の使用時間，場所，方法において多少の差異

があるものの，いずれも被告人の尿中から検出された同一覚せい剤の使用行為に関するものであつて，事実上の共通性があり，両立しない関係にあると認められるから，基本的事実関係において同一であるということができる。したがって，右両訴因間に公訴事実の同一性を認めた原判断は正当である。

　吉田町事件の昭和56年判例について説明したとおり，覚せい剤使用時判の立証は，現在の所，使用者の尿検査によるほかありません。本決定もそれを踏まえて，「被告人の尿中から検出された同一覚せい剤の使用行為に関するもの」というのです。

　尿中に複数回分の覚せい剤が含まれていると疑われるときに，最後の使用を起訴したものであると解すべきであるという考え方（最終行為説）と，少なくとも1回使用したことが明らかであるから，期間中の1回の使用行為を起訴したものであるという考え方がありますが（最低一行為説），本決定の考え方は「最低一行為」になじみやすいように見えます。もっとも，この事件の被告人は，最後の使用（本件）について供述を変遷させていますが，その他の使用は，同年8月末，9月末，10月初めの3回しかない旨述べているので，本事例の解決はいずれの考え方によっても可能であるといえます。

　覚せい剤自己使用の犯行日時，場所等については，本人の供述以外に手がかりがないのが普通ですから，使用日時場所等について供述していても，それが信用できない場合には，検察官は「否認形式」（昭和56年判例の訴因の記載方法）で起訴することがあります。本件のように公判段階にいたって，使用の場所等が変わった場合に訴因変更を要するかどうかは，両供述の信用性の判断次第ということになるでしょう。

　捜査段階で一応日時場所等の詳細を供述していても，公判段階になってから，異なる日時場所等であると供述するに至った場合，両供述ともに信用性が認められなければ，否認形式の訴因への変更もあり得るのです。

第9章 訴因に関する判例

9-3 最決平13・4・11刑集55巻3号127頁

1 判示事項と決定要旨

訴因の問題を考えるのに欠かせない重要な判例です。
判示事項は,

〈1〉 殺害の日時・場所・方法の判示が概括的で実行行為者の判示が択一的であっても殺人罪の罪となるべき事実の判示として不十分なものとはいえないとされた事例

〈2〉 殺人罪の共同正犯の訴因において,実行行為者が被告人と明示された場合に訴因変更手続を経ることなく訴因と異なる実行行為者を認定することの適否

〈3〉 殺人罪の共同正犯の訴因において,実行行為者が被告人と明示された場合に訴因変更手続を経ることなく実行行為者が共犯者又は被告人あるいはその両名であると択一的に認定したことに違法はないとされた事例

であり,各判示事項についての決定要旨は次のとおりです。

《1》 殺害の日時・場所・方法の判示が概括的で実行行為者の判示が「A又は被告人あるいはその両名」という択一的なものであっても,その事件が被告人とAの両名の共謀による犯行であるときは,殺人罪の罪となるべき事実の判示として不十分なものとはいえない。

《2》 殺人罪の共同正犯の訴因において,実行行為者が被告人と明示された場合に,それと実質的に異なる認定をするには,原則として訴因変更手続きを要するが,被告人に不意打ちを与えるものではなく,かつ,認定された事実が訴因に記載された事実に比べて被告人にとってより不利益であるとはいえない場合には,訴因変更手続を経ることなく訴因と異なる実行行為者を認定しても違法ではない。

《3》 殺人罪の共同正犯の訴因において実行行為者が被告人と明示された場合に,訴因変更手続を経ることなく実行行為者がA又は被告人あるいはその両名であると択一的に認定したことは,訴因と認定との間で共犯者の範囲に変わりがなく,被告人が1審の審理においてAとの共謀及び実行行為への関与を否定し,実行行為者は被告人である旨のAの証言に月自己の責任を被告人に転嫁するものであると主張するなどした判示の事情の下においては,違法とはいえない。

《1》は，「訴因の特定」と同じ問題のようですね。
《2》，《3》はいわばセットです。2は，一般的な解釈の問題，3が事案へあてはめです。

2　訴因と認定事実

どのような訴因と認定だったのでしょうか。

第1訴因「被告人は，Aと共謀の上，昭和63年7月24日ころ，青森市大字合子沢所在の産業廃棄物最終処分場付近道路に停車中の普通乗用自動車内において，Vに対し，殺意をもってその頸部をベルト様のもので絞めつけ，そのころ窒息死させて殺害した」

変更後の第2訴因「被告人は，Aと共謀の上，前同日午後8時ころから午後9時30分ころまでの間，青森市安方2丁目所在の共済会館付近から前記最終処分場に至るまでの間の道路に停車中の普通乗用自動車内において，殺意をもって，被告人が，Vの頸部を絞めつけるなどし，同所付近で窒息死させて殺害した」

1審判決「被告人は，Aと共謀の上，前同日午後8時ころから翌25日未明までの間に，青森市内又はその周辺に停車中の自動車内において，A又は被告人あるいはその両名において，扼殺，絞殺又はこれに類する方法でVを殺害した」

です。

3　最高裁の判断

これについての最高裁の判示は一つ一つ段階を追って判断をしており，とても論理的です。文章を組み立てるのに参考になりますね。

第1は，**判示事項〈1〉**についてです。

　まず，以上のような判示が殺人罪に関する罪となるべき事実の判示として十分であるかについて検討する。
　上記判示は，殺害の日時・場所・方法が概括的なものであるほか，実行行為者が「A又は被告人あるいはその両名」という択一的なものであるにとどまるが，その

> 事件が被告人とAの2名の共謀による犯行であるというのであるから，この程度の判示であっても，殺人罪の構成要件に該当すべき具体的事実を，それが構成要件に該当するかどうかを判定するに足りる程度に具体的に明らかにしているものというべきであって，罪となるべき事実の判示として不十分とはいえないものと解される。

「殺人罪の構成要件に該当すべき具体的事実を，それが構成要件に該当するかどうかを判定するに足りる程度に具体的に明らかにしている」というのがポイントですね。

罪となるべき事実の特定については，共謀共同正犯についての「練馬事件」（**最大判昭33・5・28刑集12巻8号1718頁**）の判示を思い出しましょう。同判決は，

> 　共謀共同正犯における「罪となるべき事実」にほかならないから，これを認めるためには厳格な証明によらなければならないこというまでもない。しかし「共謀」の事実が厳格な証明によって認められ，その証拠が判決に挙示されている以上，共謀の判示は，前示の趣旨において成立したことが明らかにされれば足り，さらに進んで，謀議の行われた日時，場所またはその内容の詳細，すなわち実行の方法，各人の行為の分担役割等についていちいち具体的に判示することを要するものではない。

と判示していました。

本決定は，共謀の事実が認定されており，実行行為者は特定されていないものの，共謀者以外の実行行為者はないことが認定されているのですから，「罪となるべき事実」として特定しているといえます。

これで，事実関係のうち，出口にあたる判決の「罪となるべき事実」についての問題に結論が出ました。

そこで，この「罪となるべき事実」と「訴因」とのずれについて検討します。まず，**判示事項〈2〉**，すなわち，「訴因変更」が必要かどうかを考えます。

最高裁は，まず，罪となるべき事実と訴因の違いがどこにあるかを考え，差異は，共謀者2名のうちの誰が実行行為者であるかという点のみが異なっているとした上，

> ①そもそも，殺人罪の共同正犯の訴因としては，その実行行為者がだれであるかが

明示されていないからといって，それだけで直ちに訴因の記載として罪となるべき事実の特定に欠けるものとはいえないと考えられるから，訴因において実行行為者が明示された場合にそれと異なる認定をするとしても，審判対象の画定という見地からは，訴因変更が必要となるとはいえないものと解される。
②とはいえ，実行行為者がだれであるかは，一般的に，被告人の防御にとって重要な事項であるから，当該訴因の成否について争いがある場合等においては，争点の明確化などのため，検察官において実行行為者を明示するのが望ましいということができ，検察官が訴因においてその実行行為者の明示をした以上，判決においてそれと実質的に異なる認定をするには，原則として，訴因変更手続を要するものと解するのが相当である。(①，②筆者)

　訴因特定の趣旨を思い出しましょう。「訴因を明示するには，できる限り日時，場所及び方法を以て罪となるべき事実を特定してこれをしなければならないと規定する所以のものは，①裁判所に対し審判の対象を限定するとともに，②被告人に対し防禦の範囲を示すことを目的とするものと解される」というのでしたね（**9-1　最大判昭37・11・28刑集16巻11号1633頁**）。本決定もこの大法廷判決にしたがって判断しているのが分かります。

　大切な論点については，判例の判断枠組みをきちんと理解して置くことが必要であることが分かるでしょう。

　さて，それでは，本件は違法なのでしょうか。最高裁は次に例外を考えます。

　しかしながら，実行行為者の明示は，前記のとおり訴因の記載として不可欠な事項ではないから，少なくとも，被告人の防御の具体的な状況等の審理の経過に照らし，被告人に不意打ちを与えるものではないと認められ，かつ，判決で認定される事実が訴因に記載された事実と比べて被告人にとってより不利益であるとはいえない場合には，例外的に，訴因変更手続を経ることなく訴因と異なる実行行為者を認定することも違法ではないものと解すべきである。

　審判の対象という見地から問題はないので，もっぱら被告人の防御の観点で考えればよい。そうであれば，訴因と異なる事実を認定することが被告人にとって「不意打ち」かどうかというのが判断の基準となる，というわけです。「不意打ち」というのは文字通りこれまでの防御活動が無駄になるような，し

第9章 訴因に関する判例

かも，それなら「こういう防御ができた」という防御方法があったのに，その機会を奪ったという場合を意味します。漫然と被告人に不利だから「不意打ちだ」という使い方をしないようにしましょう。

この訴因と異なる実行行為者を認定するには「原則として訴因変更が必要である」ことと，「不意打ちにならない場合であって，被告人により不利益でないときには例外的に訴因変更手続きを経なくてもよい」というのは，そのまま他の類似事例に応用できますね。

つぎがあてはめです。まず，当てはめに必要な事実を挙げています。

> ①第1審公判においては，当初から，被告人とAとの間で被害者を殺害する旨の共謀が事前に成立していたか，両名のうち殺害行為を行った者がだれかという点が主要な争点となり，多数回の公判を重ねて証拠調べが行われた。その間，被告人は，Aとの共謀も実行行為への関与も否定したが，Aは，被告人との共謀を認めて被告人が実行行為を担当した旨証言し，被告人とAの両名で実行行為を行った旨の被告人の捜査段階における自白調書も取り調べられた。弁護人は，Aの証言及び被告人の自白調書の信用性等を争い，特に，Aの証言については，自己の責任を被告人に転嫁しようとするものであるなどと主張した。②審理の結果，第1審裁判所は，被告人とAとの間で事前に共謀が成立していたと認め，その点では被告人の主張を排斥したものの，実行行為者については，被告人の主張を一部容れ，検察官の主張した被告人のみが実行行為者である旨を認定するに足りないとし，その結果，実行行為者がAのみである可能性を含む前記のような択一的認定をするにとどめた。①，②筆者

その上で結論を示します。

> 以上によれば，第1審判決の認定は，①被告人に不意打ちを与えるものとはいえず，かつ，②訴因に比べて被告人にとってより不利益なものとはいえないから，実行行為者につき変更後の訴因で特定された者と異なる認定をするに当たって，更に訴因変更手続を経なかったことが違法であるとはいえない。（①，②筆者）

被告人が争っていた共謀や実行行為者は誰かという点は，裁判所の認定事実を争う場合であっても変わるところはありません。むしろ，訴因と異なる事実といっても，半分被告人の言い分を認めたような認定ですね。

このように被告人の具体的な防御の内容に立ち入らないと「不意打ちの違法」があるかどうかは判断できません。

その上で，訴因より被告人に不利益でない事実であることが指摘されています。

判示事項の順は，実は，実際の手続の順ではないですね。このような問題を論ずるときに，どういう構成がよいか，考えるのによい見本といえるでしょう。

9–4　最決平14・7・18刑集56巻6号433頁（択一的認定）

1　どのような判例か

平成13年判例とセットで勉強したい判例です。

事例判例ですが，判示事項は

> 暴行態様，傷害の内容，死因等の表示が概括的であっても傷害致死罪の訴因の特定に欠けるところはないとされた事例

です。

決定要旨は，

> 「被告人は，単独又は甲及び乙と共謀の上，平成9年9月30日午後8時30分ころ，福岡市中央区所在のビジネス旅館A2階7号室において，被害者に対し，その頭部等に手段不明の暴行を加え，頭蓋冠，頭蓋底骨折等の傷害を負わせ，よって，そのころ，同所において，頭蓋冠，頭蓋底骨折に基づく外傷性脳障害又は何らかの傷害により死亡させた。」との傷害致死の訴因は，暴行態様，傷害の内容，死因等の表示が概括的であるが，検察官において，当時の証拠に基づき，できる限り日時，場所，方法等をもって罪となるべき事実を特定して訴因を明示したものである以上，訴因の特定に欠けるところはない。

というものです。

この訴因は，原審において予備的に追加されたものでしたが，決定は，この「予備的訴因」について，

> 単独犯と共同正犯のいずれであるかという点については，択一的に訴因変更請求がされたと解されるものである。

とした上で判断をしています。刑訴法256条5項によれば，択一的な訴因の記載が許されることになっていますね。

予備的訴因は分かりますね。同項によって「予備的」な記載も認められています。起訴状に予備的訴因を掲げることはないのですが，訴因変更の段階では，検察官の主張するもともとの訴因（「**主位的訴因**」といいます）を維持したまま，別の訴因を追加する場合があります。

2 最高裁の判断

さて，裁判所は，予備的訴因について，単独犯・共同正犯のいずれかについて択一的な訴因変更請求であると判断した上で，上記の訴因について，

> 原判決によれば，第1次予備的訴因が追加された当時の証拠関係に照らすと，被害者に致死的な暴行が加えられたことは明らかであるものの，暴行態様や傷害の内容，死因等については十分な供述等が得られず，不明瞭な領域が残っていたというのである。そうすると，第1次予備的訴因は，暴行態様，傷害の内容，死因等の表示が概括的なものであるにとどまるが，検察官において，当時の証拠に基づき，できる限り日時，場所，方法等をもって傷害致死の罪となるべき事実を特定して訴因を明示したものと認められるから，訴因の特定に欠けるところはないというべきである。したがって，これと同旨の原判決の判断は正当である。

第1次予備的訴因というのですから，本位的訴因や第2次予備的訴因があったようですね。このような場合には，1審・原審判決の該当部分を探して確認するようにしましょう。

1審判決（**福岡地判平11・12・21刑集56巻6号353頁**）をみると，公訴事実は

> 被告人は，
> 第1　平成9年9月30日午後8時30分ころ，福岡市中央区所在のビジネス旅館A2階7号室において，被害者に対し，同人の頭部等に手段不明の暴行を加え，同人に頭蓋冠，頭蓋底骨折の傷害を負わせ，よって，そのころ，同所において，同人を右傷害に基づく外傷性脳障害により死亡するに至らしめた。
> 第2　甲及び乙と共謀の上，同年10月1日ころ，福岡県前原市の山林内に，被害者の死体を投棄し，もって死体を遺棄した。

というものでした。第1，第2という事実の書き方は分かりますね。2つの事実は併合罪の関係にある，すなわち，別個の訴因である（関連事件として併合されている）ということです。

第1審裁判所は傷害致死及び死体遺棄の事実を認めず，顔面を殴打するなどして一時失神させる傷害を負わせた事実を認定しました。これに対して検察官が控訴しました。

控訴審において，傷害致死の訴因について，予備的訴因の追加がありました。第1次予備的訴因の追加（上告審に判示されたもの）と第2次予備的訴因の追加があります。

第2次予備的訴因は，

> 被告人は，単独又は甲及び乙と共謀の上，平成9年9月30日午後8時30分ころから同年10月1日未明ころまでの間，福岡市中央区所在ビジネス旅館A2階7号室内から福岡県前原市の山林に至る間において，被害者に対し，同人の頭部等に手段不明の暴行を加え，同人に頭蓋冠，頭蓋底骨折等の傷害を負わせ，よって，そのころ，同所において，同人を頭蓋冠，頭蓋底骨折に基づく外傷性脳障害又は何らかの傷害により死亡するに至らしめたものである。

なぜ，このように1審が傷害致死を認めなかったり，控訴審において2次にわたる予備的訴因の追加があったりしたのでしょうか。

この被害者の死体は，同年12月になってほぼ完全に白骨化した状態で発見されました。このため，被害者に頭蓋冠，頭蓋底骨折があることは分かったものの，正確な死因を明らかにすることができなかったのです。しかも，捜査開始前に乙が死亡していたことから，事件の真相を知るのは被告人と甲だけであったのですが，この両名の供述はそれぞれ矛盾，変遷していたのです。

こういう状況で，原審は，被告人や甲，乙が公訴事実記載のビジネス旅館Aにいたこと，被害者に同所において死に至る暴行が加えられたことを認定し，主位的訴因については，死因を頭蓋冠，頭蓋底骨折の傷害に基づく外傷性脳障害に限定している点などで証明が十分でないとしてこれを認めず，第1次予備的訴因を認めたのです。

控訴審におけるこのような訴因の追加について，原審（**福岡高判平12・12・**

第9章 訴因に関する判例

26刑集56巻6号366頁）は，

> なお，弁護人は，当審における訴因変更について，第1次予備的訴因及び第2次予備的訴因ともに，被害者に対する暴行の実行行為者，被害者に対する暴行行為の態様，暴行行為の場所について，いずれも特定が十分でなく，訴因の範囲が余りに広範囲に及ぶことになり，被告人の防御を実質的に害するものであり，控訴審におけるこのような訴因変更は許されない旨の主張をする。当裁判所は基本的には第1次予備的訴因に基づき有罪の認定をしているので，この点につき検討するに，被告人の防御上実質的利益を害しないと認められるときは，控訴審の段階であっても訴因変更を許すことができる（その訴因変更は原判決が破棄されることを条件とするものである。）と解するのが相当である。本件の場合，検察官並びに弁護人及び被告人の双方から事実誤認の控訴があり，控訴審においても事実の取調べを進めた結果，検察官からその証拠状況を踏まえ予備的訴因の変更請求がなされたものであるところ，訴因は，できる限り，日時，場所及び方法等を特定して明示すべきであるが，原審及び当審において取り調べられた証拠関係に照らして，致死的な暴行が加えられたことは明らかであるものの，その態様等については十分な供述が得られず，不明瞭な領域が残る場合においては，本件予備的訴因のようなある程度幅を持った特定にとどめるのはやむを得ないものであり，また，本件審理の状況に照らし，本件訴因変更を許可しても，所論のいうように被告人の防御を実質的に害するものとも認められないことから，本件訴因変更は許されるものと解するべきである。

と判示しています。①控訴段階で訴因の変更ができること，②致死的な暴行が加えられたことが明らかであること（＝審判対象が限定されていること），③防御を実質的に害するものでないことが順次述べられていますね。

9-5 最（大）判昭40・4・28刑集19巻3号270頁（訴因変更の要否と訴因変更命令）

訴因変更の要否及び訴因変更命令に関する大法廷判決です。
どのような事案でこれらが問題になったのでしょうか。
大法廷が示した事実は，

第9章　訴因に関する判例

> 　職権により調査するに，被告人竹内正に対する関係において，第1審は，衆議院議員総選挙に立候補の決意を有する佐藤洋之助に当選を得しめる目的で八代芳蔵が被告人須釜淳ほか4名に対し金3,000円宛を供与した際，竹内被告人は，その情を知りながら右八代を案内し，受供与者に紹介し，更に受供与を勧める等その犯行を容易ならしめてこれを幇助したとして，公職選挙法221条1項1号違反の幇助罪としての起訴に対し，検察官の訴因変更がないのに，被告人竹内正が右八代と共謀の上，被告人須釜淳ほか4名に対し前同趣旨で現金3,000円宛を供与したという共同正犯の事実を認定し(た)

というものです。

　受供与の幇助という訴因に対して供与の共同正犯を認定することができるのでしょうか。本件の原審は，「右の如き幇助犯としての起訴事実を，第1審判決の如く共同正犯と認定しても，被告人の防禦権の行使に実質的な不利益を与えるものでないから，訴因変更の手続を要しない」旨判示して第1審判決を是認しました。

　これについて，大法廷は次のように判断しました。

> 　しかし右のように共同正犯を認めるためには，幇助の訴因には含まれていない共謀の事実を新たに認定しなければならず，また法定刑も重くなる場合であるから，被告人の防禦権に影響を及ぼすことは明らかであつて，当然訴因変更を要するものといわなければならない。この点に関する原審の法律判断は誤りであるといわざるを得ない。

　訴因の特定の趣旨を思い出しましょう。受供与から供与へ，幇助から共同正犯へ訴因変更せずにこれを認定するのはいかにもおかしいと分かりますね。それでは，この事例でなぜ一審はこのような認定をしたのでしょうか。その事情は次の判示で分かります。

> 　第1審は，第5回公判期日において共同正犯に訴因を変更すべきことを命じ，検察官から訴因変更の請求がないのに，裁判所の命令により訴因が変更されたものとしてその後の手続を進めたことが認められる。しかし検察官が裁判所の訴因変更命令に従わないのに，裁判所の訴因変更命令により訴因が変更されたものとすること

は，裁判所に直接訴因を動かす権限を認めることになり，かくては，訴因の変更を検察官の権限としている刑事訴訟法の基本的構造に反するから，訴因変更命令に右のような効力を認めることは到底できないものといわなければならない。

　1審裁判所は訴因変更命令に形成的効力を認めていたのですね。
　なぜ，訴因変更命令に形成的効力を認めないか，大法廷の判示をしっかり理解しましょう。

9-6　最判昭58・9・6刑集37巻7号930頁（訴因変更命令義務の有無）

1　何が問題になったか

　訴因変更をすれば有罪と認定できるのに検察官がそれをしない場合に裁判所に訴因変更を促したり，命じたりする義務があるのか，これが問題となった事件です。判示事項は，

> 訴因変更を命じ又はこれを積極的に促すべき義務がないとされた事例

ですから，事例判断であることが分かります。
　まず，判決要旨を見ておきましょう。

> 　第1審において被告人らが無罪とされた公訴事実が警察官1名に対する傷害致死を含む重大な罪にかかるものであり，また，同事実に関する現場共謀の訴因を事前共謀の訴因に変更することにより同事実につき被告人らに対し共謀共同正犯としての罪責を問いうる余地がある場合であっても，検察官が，約8年半に及ぶ第1審の審理の全過程を通じ一貫して右公訴事実はいわゆる現場共謀に基づく犯行であって右現場共謀に先立つ事前共謀に基づく犯行とは別個のものであるとの主張をしていたのみならず，審理の最終段階における裁判長の求釈明に対しても従前の主張を変更する意思はない旨明確かつ断定的な釈明をしていたこと，第1審における被告人らの防禦活動は検察官の右主張を前提としてなされたことなど判示の事情があるときは，第1審裁判所としては，検察官に対し右のような求釈明によって事実上訴因変更を促したことによりその訴訟法上の義務を尽くしたものというべきであり，さらに進んで，検察官に対し，訴因変更を命じ又はこれを積極的に促すべき義務を有するものではない。

第9章　訴因に関する判例

判決要旨が相当に長いので，これ以上判決理由を読むまでもないようですが，正確に理解するために，きちんと読みましょう。

2　審理の経過

まず，審理経過がまとめられています。

訴因変更が問題となるのですから，どのような訴因であるかが示されます。

被告人佐村の公訴事実は，

> 1　被告人は，昭和43年9月2日東京地方裁判所民事第九部が債権者学校法人日本大学の申請により行った，債務者たる日本大学全学共闘会議，日本大学経済学部斗争委員会等所属の学生らに占拠されていた東京都千代田区三崎町一丁目3番所在同大学経済学部1号館等につき，債務者らの右建物等に対する占有を解いて債権者の申立をうけた東京地方裁判所執行官にその保管を命じ，執行官は債権者にその使用を許さなければならない等4項目の仮処分決定に基づき，同月4日，同地方裁判所執行官田中利正外3名及び同職務代行者金子和喜が，民事訴訟法第536条第2項の規定により援助を要請した警視庁機動隊所属の警視三沢由之ら約670名の警察官の援助のもとに，補助者都築幸次外7名を使用して前記経済学部1号館に対する右仮処分の執行を行った際，同建物を占拠していたほか数十名の学生らと共謀のうえ，同日午前5時20分ころから同6時15分ころまでの間，右経済学部1号館周辺において前記各職務に従事中の執行官及び警察官らに対し，同建物内2階ベランダ，3・4階窓及び5階屋上等から石塊，コンクリート破片，牛乳空びん，椅子等を投げつけ，あるいは放水するなどして暴行を加え，もって右執行官及び警察官らの前記各職務の執行を妨害した（甲事実）
>
> 2　被告人は，昭和43年9月4日早朝，さきに日本大学の申請により東京地方裁判所民事第九部がなした前記仮処分決定の執行のため同大学経済学部1号館に赴いた同地方裁判所執行官一行のうち，都築幸次らが同館北側1階エレベーターホール窓から右仮処分の執行を開始した際，右執行官よりの援助要請に基づき出動中の警視庁第5機動隊長警視青柳敏夫指揮下の同機動隊第4・3・2中隊所属の警察官約130名が，右執行を援助するため同館北側幅約80糎の路地内から右1階エレベーターホール窓を破壊して同館内に進入しつつあるのを認めるや，同館5階北側窓付近に来合わせたほか数名の学生らと共謀のうえ，前記警察官らの右職務の執行を妨害しようと企て，同日午前5時30分ころから同5時50分過ぎころまでの間，同館5階エレベーターホール北側窓から，かねて同所付近に準備してあった重さ数キログラム

311

第9章 訴因に関する判例

> から10数キログラムに及ぶレンガ・コンクリート塊，コンクリートブロック塊等数十個を，同館内に逐次進入するため右路地内に密集していた前記警察官らめがけて激しく投下し，もって前記警察官らの職務の執行を妨害し，その際，同機動隊巡査森岡康ら18名に対し，加療約1週間乃至10か月間を要する（ただし田北弘道については完治不能）頸椎骨折・同捻挫等の傷害を負わせ，巡査部長西条秀雄（当時34年）に対しては左前頭部頭蓋骨骨折・脳挫傷の傷害を負わせたうえ，同人をして同月29日午前11時ころ同区富士見二丁目10番41号東京警察病院において，右傷害に基づく外傷性脳機能障害により死亡するに至らしめた（乙事実）

であり，他の被告人5名は乙事実のみによって起訴されていました。

乙事実のような共謀による事案は，「被告人は，他数名と共謀の上，……」というように，共謀の日時・場所，現場共謀か事前共謀かについて明示しないことが多いのです。これで共謀の訴因の特定が足りることについては**最大判昭33・5・28刑集12巻8号1718頁**にあります。

しかし，本件では，起訴状に共謀が現場共謀であることが明示されていますね。

そこで，この訴因について，どのような審理経過を辿ったかが示されます。

> ところで，右乙事実に関する訴因がいわゆる現場共謀に基づく犯行の趣旨であることは起訴状における公訴事実の記載から明らかであるうえ，検察官は，第1審審理の冒頭において，右訴因が現場共謀による実行正犯の趣旨である旨及び乙事実は甲事実とは別個の犯罪である旨の釈明をし，その後約8年半に及ぶ審理の全過程を通じて右主張を維持したので，乙事実に関する第1審における当事者の攻撃防禦は，検察官の右主張を前提とし，その犯行の現場に被告人らがいたかどうかの事実問題を中心として行われた。

ところが，第1審裁判所は，次のような心証を形成するに至ったのです。

> 第1審裁判所は，審理の最終段階において，被告人太田，同塙の両名については，乙事実の被害者である警察官19名が負傷した時間帯である昭和43年9月4日午前5時30分ころから5時45分ころまでの間に同事実の犯行現場である五階エレベーターホールにいて犯行に加担したと認めるに足る証拠がなく，また，その余の被告人らについては，同日午前5時40分以前に右現場にいて犯行に加担したと認めるに足る

> 証拠がないとの心証に達し，前記訴因を前提とする限り被告人らを無罪又は一部無罪とするほかないものの，乙事実の訴因を右現場共謀に先立つ事前共謀に基づく犯行の訴因に変更するならばこれらの点についても犯罪の成立を肯定する余地がありうると考え(た)

　このような場合，裁判所はどうすべきなのでしょうか。裁判所は判決宣告までみだりにその心証を明らかにすることはできませんが，訴因変更すれば有罪となる事案について何もせず，検察官が裁判所と同様の心証に達して訴因変更をしない限り無罪を言い渡すというのでは，刑訴法の目的にそぐわないとも考えられます。本件では第1審裁判所は釈明を行っています。

> 裁判長から検察官に対し，第54回公判において，甲・乙両事実の関係及び乙事実の共謀の時期・場所に関する検察官の従前の主張を変更する意思はないかとの求釈明をしたところ，検察官がその意思はない旨明確かつ断定的な釈明をしたので，第1審裁判所は，それ以上進んで検察官に対し訴因変更を命じたり積極的にこれを促したりすることなく，現場共謀に基づく犯行の訴因の範囲内において被告人らの罪責を判断し，被告人太田，同塙に対しては乙事実について無罪の，その余の被告人らに対しては前記5時40分過ぎ以降に生じた傷害，公務執行妨害についてのみ有罪（ただし，被告人佐村に対しては甲事実についても有罪）の各言渡しをした。

　これについて検察官が，「訴因変更命令をすべきであった」として控訴したところ，原判決はこれを認めました。

> 被告人佐村を除くその余の被告人らに対する関係では，乙事実の訴因につき訴因変更の手続を経ることなく事前共謀に基づく犯行を認定してその罪責を問うことは許されないものの，本件においては，右訴因変更をしさえすれば右被告人らに対し第一審において無罪とされた部分についても共謀共同正犯としての罪責を問いうることが証拠上明らかであり，しかも右無罪とされた部分は警察官1名に対する傷害致死を含む重大な犯罪にかかるものであるから，<u>第1審裁判所としては，検察官に対し，訴因変更の意思があるか否かの意向を打診するにとどまらず，進んで訴因変更を命じ，あるいは少なくともこれを積極的に促すべき義務があった</u>とし，右義務を尽くさず，右被告人らについて乙事実又はその一部を無罪とした第1審の訴訟手続には審理を尽くさなかった違法がある（下線筆者）

1審で訴因変更をしないのかと釈明されてしないと明言した検察官が「訴因変更命令を出してくればよかったのに」というのは，ちょっとおかしいと思うでしょう。それでも，高裁は，事案の真相を明らかにし，刑罰法令を適正且つ迅速に適用実現するという刑訴法の目的を重視したのでしょう。

3　最高裁の判断

それでは，最高裁はどのように判断したのでしょうか。

①思うに，まず，被告人佐村を除くその余の被告人らに対する関係では，前記のような審理の経過にかんがみ，乙事実の現場共謀に基づく犯行の訴因につき事前共謀に基づく犯行を認定するには訴因変更の手続が必要であるとした原判断は相当である。②そこで，進んで，第1審裁判所には検察官に対し訴因変更を命ずる等の原判示の義務があったか否かの点につき検討すると，（a）第1審において右被告人らが無罪とされた乙事実又はその一部が警察官1名に対する傷害致死を含む重大な罪にかかるものであり，また，同事実に関する現場共謀の訴因を事前共謀の訴因に変更することにより右被告人らに対し右無罪とされた事実について共謀共同正犯としての罪責を問いうる余地のあることは原判示のとおりであるにしても，（b）記録に現われた前示の経緯，とくに，本件においては，検察官は，約8年半に及ぶ第1審の審理の全過程を通じ一貫して乙事実はいわゆる現場共謀に基づく犯行であつて事前共謀に基づく甲事実の犯行とは別個のものであるとの主張をしていたのみならず，審理の最終段階における裁判長の求釈明に対しても従前の主張を変更する意思はない旨明確かつ断定的な釈明をしていたこと，第1審における右被告人らの防禦活動は右検察官の主張を前提としてなされたことなどのほか，本件においては，乙事実の犯行の現場にいたことの証拠がない者に対しては，甲事実における主謀者と目される者を含め，いずれも乙事実につき公訴を提起されておらず，右被告人らに対してのみ乙事実全部につき共謀共同正犯としての罪責を問うときは右被告人らと他の者との間で著しい処分上の不均衡が生ずることが明らかであること，本件事案の性質・内容及び右被告人らの本件犯行への関与の程度など記録上明らかな諸般の事情に照らして考察すると，（c）第1審裁判所としては，検察官に対し前記のような求釈明によつて事実上訴因変更を促したことによりその訴訟法上の義務を尽くしたものというべきであり，さらに進んで，検察官に対し，訴因変更を命じ又はこれを積極的に促すなどの措置に出るまでの義務を有するものではないと解するの

が相当である。

そうすると、これと異り、第1審裁判所に右のような訴因変更を命じ又はこれを積極的に促す義務があることを前提として第1審の訴訟手続には審理を尽くさなかつた違法があると認めた原判決には、訴因変更命令義務に関する法律の解釈適用を誤つた違法があるというべきであり、右違法は判決に影響を及ぼし、原判決を破棄しなければ著しく正義に反するものと認める。

③次に、被告人佐村に対する関係では、乙事実の訴因は、その余の被告人らの場合と同じく現場共謀に基づく犯行の訴因であり、甲事実の訴因は、右乙事実の訴因とされている犯行部分を除くその余の部分に関する、右現場共謀に先立つ事前共謀に基づく犯行の訴因であるところ（なお、乙事実の訴因とされている犯行部分が右事前共謀に基づくものとして予備的ないし択一的関係において主張されているという事実は認められない。）、右乙事実の訴因につき右事前共謀に基づく犯行を認定する場合に訴因変更の手続を必要とすることはその余の被告人らの場合と同様であって、右訴因変更手続を経ない限り、乙事実の訴因中被告人佐村が同事実の犯行現場である本件5階エレベーターホールにいて犯行に加担したと認めるに足る証拠のない部分について事前共謀に基づく罪責を認めることは許されないと解されるから、右訴因変更手続を経ないまま、同被告人につき事前共謀に基づく一連の抵抗行為のすべてが訴因とされていることを前提として第1審判決には共同正犯に関する刑法60条の解釈ないし適用を誤った違法があると認めた原判決には、訴因の範囲に関する判断を誤つた違法がある（①～③、(a)～(c)筆者）

論述の運び方に注目しましょう。訴因変更命令義務があるかどうかが争点ですが、まず、訴因変更が必要かどうかについて判断をしています（①）。

次に、訴因変更命令が義務であるかどうかについては積極に解すべき事情（a）、と消極に解すべき事情（b）をできる限り洗い出して判断（②）をしていますね。

③は、①と同旨ですが、詳細に論じられているので、どのように考えていけばよいかという事例判断の参考になる判示です。

第 9 章 訴因に関する判例

9-7 最判昭46・6・22刑集25巻 4 号588頁

1 どのような事案か

　訴因変更が必要かどうかについては多くの事例判断が積み重ねられています。そのような事例を丁寧に読んでいくことで，感覚がつかめてくると思います。
　この判決も，訴因変更が必要かどうかについての事例判決です。
　要旨は，

> 　被告人の過失が，訴因においては，濡れた靴をよく拭かずに履いていたため，一時停止の状態から発進するにあたりアクセルとクラッチペダルを踏んだ際足を滑らせてクラッチペダルから左足を踏みはずした過失であるとされているのに対し，交差点前で一時停止中の他車の後に進行接近する際ブレーキをかけるのを遅れた過失であると認定するには，訴因の変更手続を必要とする。

というものです。実際の事故がどのように起きたか想像してみましょう。
　起訴状記載の公訴事実は

> 　被告人は，自動車の運転業務に従事している者であるが，昭和42年10月 2 日午後 3 時35分頃普通乗用自動車を運転し，A方面からB方面に向って進行し，C町○○番地先路上に差掛った際，前方交差点の停止信号で自車前方を同方向に向って一時停止中のV（当34年）運転の普通乗用自動車の後方約0.75米の地点に一時停止中前車の先行車の発進するのを見て自車も発進しようとしたものであるが，かゝる場合自動車運転者としては前車の動静に十分注意し，かつ発進に当ってはハンドル，ブレーキ等を確実に操作し，もって事故の発生を未然に防止すべき業務上の注意義務があるのに，前車の前の車両が発進したのを見て自車を発進させるべくアクセルとクラッチペダルを踏んだ際当時雨天で濡れた靴をよく拭かずに履いていたため足を滑らせてクラッチペダルから左足を踏みはずした過失により自車を暴進させ未だ停止中の前車後部に自車を追突させ，因って前記川名俊子に全治約 2 週間を要する鞭打ち症，同車に同乗していたW男（当44年）に全治約 3 週間を要する鞭打ち症の各傷害を負わせた。

であり， 1 審認定事実は

> 被告人は，自動車の運転業務に従事している者であるが，昭和42年10月2日午後3時35分頃普通乗用自動車を運転し，A方面からB方面に向って進行し，C町〇〇番地先路上に差しかかった際，自車の前に数台の自動車が一列になって一時停止して前方交差点の信号が進行になるのを待っていたのであるが，この様な場合はハンドル，ブレーキ等を確実に操作し事故の発生を未然に防止すべき業務上の注意義務があるのに，これを怠り，ブレーキをかけるのを遅れた過失により自車をその直前に一時停止中のV（当34年）運転の普通乗用自動車に追突させ，よって，右川名俊子に対し全治2週間を要する鞭打ち症の，同車の助手席に同乗していたW（当44年）に対し全治約3週間を要する鞭打ち症の各傷害を負わせた。

でした。

同じ追突事故ですが，過失の態様が違いますね。

なお，このような（業務上）過失傷害の「……（業務上の）注意義務があるのにこれを怠り，……の過失により，……（事故の内容），よって〇〇に対し……の傷害を負わせた」という事実の書き方にも慣れておきましょう。

一審は訴因変更手続きを経ずにこのような事実を認定したのですが，この点について，原審は，

> その差は同一の社会的事実につき同一の業務上注意義務のある場合における被告人の過失の具体的行為の差異に過ぎず，本件においてはこのような事実関係の変更により被告人の防禦に何ら実質的不利益を生じたものとは認められないから，第一審が訴因変更の手続を経ないで訴因と異なる事実を認定したことは何ら不法ではない

という判断を示したのです。

2 最高裁の判断

それでは，最高裁はどのように考えたのでしょうか。

> しかしながら，前述のように，本件起訴状に訴因として明示された被告人の過失は，濡れた靴をよく拭かずに履いていたため，一時停止の状態から発進するにあたりアクセルとクラッチペダルを踏んだ際足を滑らせてクラッチペダルから左足を踏

第9章　訴因に関する判例

> みはずした過失であるとされているのに対し，第一審判決に判示された被告人の過失は，交差点前で一時停止中の他車の後に進行接近する際ブレーキをかけるのを遅れた過失であるとされているのであつて，両者は<u>明らかに過失の態様を異にしており</u>，このように，起訴状に訴因として明示された態様の過失を認めず，それとは別の態様の過失を認定するには，<u>被告人に防禦の機会を与えるため訴因の変更手続を要する</u>ものといわなければならない。(下線筆者)

過失の態様が異なる場合は，防御の機会を与える必要があるというのですね。これも，訴因の機能を考えれば分かるでしょう。

9-8　最決昭53・2・16刑集32巻1号47頁

1　判示事項と公訴事実

起訴状に記載する罪名・罰条についての判例です。刑訴法に関する判示事項は，

> 〈1〉　起訴状に記載されていない罰条の適用
> 〈2〉　起訴状に記載されていない罰条の適用が許されるとされた事例

です。

事案は，暴行事件です。暴行罪には，数人共同して暴行を加えたという特別の類型があり，これは暴力行為等処罰に関する法律1条に当たります。

暴力行為等処罰に関する法律・盗犯等の防止及び処分に関する法律は，「準刑法」といわれるもので，実際の適用例も多いので，刑法の暴行・傷害罪等や窃盗・強盗罪を学ぶときに一緒に学んでおく必要のある法律です。

さて，どのような事案だったのでしょうか。

起訴状に記載された公訴事実は，

> 被告人は，Xらと共謀のうえ，昭和50年2月2日午前1時40分ころ，京都市東山区（以下略）スナック「ようこ」において，A，B，C，Dに対し些細なことに立腹し，こもごも同人らに対し，殴る蹴るなどの暴力を加え，よってAに対し，加療約2週間を要する左胸部打撲，第8肋骨々折の傷害を，Bに対し，加療約3日間を要する顔面，後頭部等挫傷の傷害を，Dに対し，加療約2週間を要する頭部打撲症兼挫傷などの傷害を，それぞれ負わせた

であって，罪名及び罰条は，

> 傷害，暴行　刑法第204条，第208条，第60条

でした。ところが，1審裁判所は，

> 被告人は，昭和50年2月2日午前1時40分頃（所在地略）スナック「ようこ」において，飲酒中些細なことに立腹し，Xらを呼び集め，ここにX，Y，Z，Wと共謀して，A，B，C，Dに対してこもごも同人らの身体各所を殴る蹴るなどの暴行を加え，よってAに対し加療約2週間を要する左胸部打撲傷等の傷害を，Bに対し加療約3日間を要する後頭部挫傷等の傷害を，Dに対し加療約2週間を要する頭部打撲症兼挫傷等の傷害をそれぞれ負わせた

と判示して，刑法60条，204条，罰金等臨時措置法3条1項1号を適用したのです。

　さて，刑法の問題です。4名に対して暴行を加え，うち3名に傷害を負わせた場合，どのような犯罪がいくつ成立するのでしょうか。身体・生命に関する犯罪ですから，被害者1名につき1罪が成立するはずですね。1審判決は傷害を負わなかった被害者の罪についての罰条を挙げていませんから，法令の適用に誤りがあるということになります。訴因や罰条についての検討には罪数の理解が必要です。刑法と刑訴法の接点ですね。

　さて，高裁（原審）はどのように判示したのでしょうか。本決定によれば，次のとおりでした。

> 原判決は，公訴事実にはCに対する暴力行為等処罰に関する法律1条（刑法208条）の罪の事実が含まれているから，1審判決がこれに沿う事実を認定した以上右の法令を適用すべきであり，これを遺脱したのは違法であるが，その違法は明らかに判決に影響を及ぼすものではないと判示しつつ，量刑不当を理由に1審判決を破棄し，自判にあたって右法律1条を適用するとともに，この場合には罰条の変更を要しないとの判断を付加した。

　確かに，「こもごも暴行を加えた」というのですから，刑法208条ではなく暴力行為等処罰に関する法律1条を適用すべきだったのですね。

第9章　訴因に関する判例

2　最高裁の判断

しかし，なぜ，罰条の変更手続きをしないで，起訴状に記載された罰条と異なる法令を適用できるのでしょうか。これについて答えたのがこの決定です。

> 2　本件のように，数人共同して2人以上に対しそれぞれ暴行を加え，一部の者に傷害を負わせた場合には，傷害を受けた者の数だけの傷害罪と暴行を受けるにとどまった者の数だけの暴力行為等処罰に関する法律1条の罪が成立し，以上は併合罪として処断すべきであるから，原判決のこの点の判断は正当である。
> 3　次に，①起訴状における罰条の記載は，訴因をより一層特定させて被告人の防禦に遺憾のないようにするため法律上要請されているものであり，裁判所による法令の適用をその範囲内に拘束するためのものではないと解すべきである。②それ故，裁判所は，訴因により公訴事実が十分に明確にされていて被告人の防禦に実質的な不利益が生じない限りは，罰条変更の手続を経ないで，起訴状に記載されていない罰条であってもこれを適用することができるものというべきである。
> ③本件の場合，暴力行為等処罰に関する法律1条の罪にあたる事実が訴因によって十分に明示されているから，原審が，起訴状に記載された刑法208条の罰条を変更させる手続を経ないで，右法律1条を適用したからといって，被告人の防禦に実質的な不利益が生じたものとはいえない。したがって，原判決の判断は，この点でも正当である。(下線，①～③筆者)

念のため刑法の部分の判示もあげておきました。このような数人対数人のけんか（暴行・傷害）事案の擬律は意外に間違えやすいので整理しておきましょう。

さて，罰条です。最高裁の判示は，①罰条記載の趣旨，②趣旨に照らした変更の要否の基準，③本件の変更の要否という典型的な組み立てになっていますね。

訴因特定の趣旨は，裁判所に対する審判対象の限定と被告人に対する防御の範囲の提示でしたね。罰条については，「裁判所に対する……」の部分が抜けていて，もっぱら被告人の防御のためであるとされています。審判対象が示された以上，どのような法令を適用するかは裁判所が判断するのだ，という裁判所の誇りのようなものを感じさせますね。罪名・罰条の記載を求める256条4項ただし書は，「罰条の記載の誤は，被告人の防禦に実質的な不利益を生ずる虞がない限り，公訴提起の効力に影響を及ぼさない。」というのですから，文理上も①は導かれるところです。この部分は，訴因の特定と一緒によく理解して

おく必要があります。

なお，この点については大塚裁判官の意見が付されています。これも是非読んでください。

9-9 最判平15・10・7刑集57巻9号1002頁（訴因と一事不再理効）

1 問題の所在

訴因と一事不再理効についての判断です。判決要旨は，

> 前訴及び後訴の各訴因が共に単純窃盗罪である場合には，両者が実体的には一つの常習特殊窃盗罪を構成するとしても，前訴の確定判決による一事不再理効は，後訴に及ばない。

というものですが，この判決要旨だけではよく分かりませんね。まず，常習特殊窃盗罪というものを理解しましょう。

1審判決によれば，起訴されて有罪と認定された事実の概要は，被告人両名共謀，被告人両名及びCとの共謀，被告人A単独，被告人B単独，被告人BとCとの共謀による窃盗合計31件（被害合計8300万円余）で，犯行期日は，平成9年から平成11年でした。

ところが，被告人両名はそれぞれ，平成12年4月に立川簡易裁判所で建造物侵入，窃盗罪により懲役1年に処せられ，その裁判が同月確定していたのです。

すると，今回起訴された各事実は，いずれもこの裁判の確定前の余罪ということになります。「確定前の余罪」について復習してください。

弁護人は，確定裁判の窃盗も，今回起訴された窃盗も，常習特殊窃盗の一部であるから，確定裁判によって，その前の常習罪については，一事不再理効が及び，本件は免訴を言い渡すべきであったと主張しました。実際にそのような高裁判例（**高松高判昭59・1・24判時1136号158頁**）があったのです。しかし，単純窃盗で起訴された者が，「自分は検察官が起訴したよりもっと悪いことをしている」と主張すると罪を免れることができるというのは，どうにもおかしい気がします。

2 最高裁の判断

最高裁は，本決定でこの高裁判例を変更しました。

決定理由を読んでいきましょう。

> 常習特殊窃盗罪は，異なる機会に犯された別個の各窃盗行為を常習性の発露という面に着目して一罪としてとらえた上，刑罰を加重する趣旨の罪であって，常習性の発露という面を除けば，その余の面においては，同罪を構成する各窃盗行為相互間に本来的な結び付きはない。したがって，実体的には常習特殊窃盗罪を構成するとみられる窃盗行為についても，検察官は，立証の難易等諸般の事情を考慮し，常習性の発露という面を捨象した上，基本的な犯罪類型である単純窃盗罪として公訴を提起し得ることは，当然である。

これは，問題ないですね。検察官の訴追裁量権の問題です。この点については，**最決昭59・1・27刑集38巻1号136頁**を参照してください。

最高裁は，これを前提として，さきの問題を整理しました。

> そして，実体的には常習特殊窃盗罪を構成するとみられる窃盗行為が単純窃盗罪として起訴され，確定判決があった後，確定判決前に犯された余罪の窃盗行為（実体的には確定判決を経由した窃盗行為と共に一つの常習特殊窃盗罪を構成するとみられるもの）が，前同様に単純窃盗罪として起訴された場合には，当該被告事件が確定判決を経たものとみるべきかどうかが，問題になるのである。
>
> この問題は，確定判決を経由した事件（以下「前訴」という。）の訴因及び確定判決後に起訴された確定判決前の行為に関する事件（以下「後訴」という。）の訴因が共に単純窃盗罪である場合において，両訴因間における公訴事実の単一性の有無を判断するに当たり，〔1〕両訴因に記載された事実のみを基礎として両者は併合罪関係にあり一罪を構成しないから公訴事実の単一性はないとすべきか，それとも，〔2〕いずれの訴因の記載内容にもなっていないところの犯行の常習性という要素について証拠により心証形成をし，両者は常習特殊窃盗として包括的一罪を構成するから公訴事実の単一性を肯定できるとして，前訴の確定判決の一事不再理効が後訴にも及ぶとすべきか，という問題であると考えられる。

次がその問題の検討です。

> 思うに，訴因制度を採用した現行刑訴法の下においては，少なくとも第一次的に

は訴因が審判の対象であると解されること，犯罪の証明なしとする無罪の確定判決も一事不再理効を有することに加え，前記のような常習特殊窃盗罪の性質や一罪を構成する行為の一部起訴も適法になし得ることなどにかんがみると，前訴の訴因と後訴の訴因との間の公訴事実の単一性についての判断は，基本的には，前訴及び後訴の各訴因のみを基準としてこれらを比較対照することにより行うのが相当である。本件においては，前訴及び後訴の訴因が共に単純窃盗罪であって，<u>両訴因を通じて常習性の発露という面は全く訴因として訴訟手続に上程されておらず，両訴因の相互関係を検討するに当たり，常習性の発露という要素を考慮すべき契機は存在しない</u>のであるから，ここに常習特殊窃盗罪による一罪という観点を持ち込むことは，相当でないというべきである。そうすると，別個の機会に犯された単純窃盗罪に係る両訴因が公訴事実の単一性を欠くことは明らかであるから，前訴の確定判決による一事不再理効は，後訴には及ばないものといわざるを得ない。

　以上の点は，各単純窃盗罪と科刑上一罪の関係にある各建造物侵入罪が併せて起訴された場合についても，異なるものではない。(下線筆者)

　審判の対象が訴因なのか，公訴事実なのかというのは，現行刑訴法が施行された当時激しく争われました（旧刑訴には公訴事実という概念しかなかったのです）。しかし，現在では，審判の対象が訴因であることに争いはないでしょう。この決定が「少なくとも第一次的には」というのは，公訴事実の同一性の範囲内で訴因変更ができるという点を踏まえていると思われます。

　確かに，裁判所が訴因外の事実の有無を検討するというのは，刑訴法の構造に反することですから，訴因に現れた事実によって判断すべきだとする本決定の結論は正しいと思われます。

　裁判所が訴因の拘束力されるという問題については，「訴因変更命令」の義務の有無の問題として最判昭58・9・6刑集37巻7号930頁（9-6）で論じられていました。

　本件の裏返しのような事案として，先にあげた最決昭59・1・27刑集38巻1号136頁があります。

　甲が乙に対する金銭等の交付罪で起訴されたときは，たとえ，甲乙間で金銭等を第三者に供与することの共謀があり乙が右共謀の趣旨に従いこれを第三者に供与した疑いがあつたとしても，裁判所は，訴因の制約のもとにおいて，甲についての交

第9章 訴因に関する判例

> 付罪の成否を判断すれば足り，訴因として掲げられていない乙との共謀による供与罪の成否につき審理したり，検察官に対し右供与罪の訴因の追加・変更を促したりする義務を負うものではない。

というのです。

本事案の解決のためには，ここまでの判示で十分であると思われますが，最高裁は，さらに常習窃盗と単純窃盗の関係について論を進めています。

> なお，前訴の訴因が常習特殊窃盗罪又は常習累犯窃盗罪（以下，この両者を併せて「常習窃盗罪」という。）であり，後訴の訴因が余罪の単純窃盗罪である場合や，逆に，前訴の訴因は単純窃盗罪であるが，後訴の訴因が余罪の常習窃盗罪である場合には，両訴因の単純窃盗罪と常習窃盗罪とは一罪を構成するものではないけれども，両訴因の記載の比較のみからでも，両訴因の単純窃盗罪と常習窃盗罪が実体的には常習窃盗罪の一罪ではないかと強くうかがわれるのであるから，訴因自体において一方の単純窃盗罪が他方の常習窃盗罪と実体的に一罪を構成するかどうかにつき検討すべき契機が存在する場合であるとして，単純窃盗罪が常習性の発露として行われたか否かについて付随的に心証形成をし，両訴因間の公訴事実の単一性の有無を判断すべきであるが，本件は，これと異なり，前訴及び後訴の各訴因が共に単純窃盗罪の場合であるから，前記のとおり，常習性の点につき実体に立ち入って判断するのは相当ではないというべきである。

比較すべき両訴因の片方が「常習」であるとされる場合は，もう一方についても常習罪の一部かどうかを検討すべきであるというのですね。

実際にどのような事例があるか考えてみましょう。

9-10 最（大）判平15・4・23刑集57巻4号487頁（不可罰的事後行為と訴因）

1 どのような事案か

大法廷判決ですから重要だと思われますね。

事案を単純化して説明しましょう。

被告人が宗教法人Aの責任役員として業務上占有するA所有の土地を横領し

たという事案です。

　被告人は，昭和55年，自分の借金の担保としてに法人の土地に勝手に根抵当権を設定したのですが，これが返済できなかったため，ついに平成4年に至り，この土地を売却して売却代金によって借金を返済したのです。

　根抵当権を設定していても，土地の占有が移るわけではありませんから，これは発覚しなかったのですが，売却してしまったことから，Aがこれを知り，被告人を業務上横領罪によって告訴したのです。

　さて，被告人にはどのような犯罪が成立するでしょうか。

　検察官が起訴したのは，平成4年の売却横領でした。横領罪における土地の占有，横領の既遂時期などについても復習しておいてください。

　これに対して被告人は，①自分は昭和55年に本件土地を横領した，②平成4年の売却は昭和55年の横領の不可罰的事後行為である，③昭和55年の横領は既に時効が成立していると主張しました。なんだか虫の良い主張ですね。

　不動産について抵当権を設定するのが横領行為であることについては，分かっていますね。

2　最高裁の判断

　これに対する最高裁の判断を読みましょう。

>　①委託を受けて他人の不動産を占有する者が，これにほしいままに抵当権を設定してその旨の登記を了した後においても，その不動産は他人の物であり，受託者がこれを占有していることに変わりはなく，受託者が，その後，その不動産につき，ほしいままに売却等による所有権移転行為を行いその旨の登記を了したときは，委託の任務に背いて，その物につき権限がないのに所有者でなければできないような処分をしたものにほかならない。したがって，売却等による所有権移転行為について，横領罪の成立自体は，これを肯定することができるというべきであり，先行の抵当権設定行為が存在することは，後行の所有権移転行為について犯罪の成立自体を妨げる事情にはならないと解するのが相当である。
>　②このように，所有権移転行為について横領罪が成立する以上，先行する抵当権設定行為について横領罪が成立する場合における同罪と後行の所有権移転による横領罪との罪数評価のいかんにかかわらず，検察官は，事案の軽重，立証の難易等諸

般の事情を考慮し，先行の抵当権設定行為ではなく，後行の所有権移転行為をとらえて公訴を提起することができるものと解される。③また，そのような公訴の提起を受けた裁判所は，所有権移転の点だけを審判の対象とすべきであり，犯罪の成否を決するに当たり，売却に先立って横領罪を構成する抵当権設定行為があったかどうかというような訴因外の事情に立ち入って審理判断すべきものではない。④このような場合に，被告人に対し，訴因外の犯罪事実を主張立証することによって訴因とされている事実について犯罪の成否を争うことを許容することは，訴因外の犯罪事実をめぐって，被告人が犯罪成立の証明を，検察官が犯罪不成立の証明を志向するなど，当事者双方に不自然な訴訟活動を行わせることにもなりかねず，訴因制度を採る訴訟手続の本旨に沿わないものというべきである。 以上の点は，業務上横領罪についても異なるものではない。（①～④筆者）

これまで，不可罰的事後行為と呼ばれていた行為は，単に先の行為があるから「不可罰」なのであって，犯罪が成立しないのではなく，ただ，先の行為を処罰することによって後の行為についても処罰したと同じ評価がされるというだけであるという点については争いはないようです。このため，「不可罰的事後行為」ではなく「共罰的事後行為」と呼ぶのが適当であるといわれていることは周知のとおりです。①はこの点を確認したものといえます（ここまでは刑法の問題です）。そして②が検察官が先の行為ではなく，後の行為について起訴することもまた許される（これは，**最決昭59・1・27刑集38巻1号136頁，最判平15・10・7刑集57巻9号1002頁**と同趣旨ですね）としました。

続く③が重要ですね。裁判所は，訴因に掲げられた事実のみを審判の対象とするというのです。④はその理由です。

このような判例は，結論や要旨を覚えるのではなく，理由をきちんと理解しておくことが重要です。

9-11 最決昭53・3・6刑集32巻2号218頁

枉法収賄と贈賄の各訴因の間に公訴事実の同一性が認められる事例という判示事項の決定です。

公訴事実の同一性についてはたくさんの事例判例が積み重ねられており，そ

れらを通して感覚をつかんでいくほかないのですが，代表的なものを読んでおきましょう。決定文は非常にシンプルです。

> 「被告人甲は，公務員乙と共謀のうえ，乙の職務上の不正行為に対する謝礼の趣旨で，丙から賄賂を収受した」という枉法収賄の訴因と，「被告人甲は，丙と共謀のうえ，右と同じ趣旨で，公務員乙に対して賄賂を供与した」という贈賄の訴因とは，収受したとされる賄賂と供与したとされる賄賂との間に事実上の共通性がある場合には，両立しない関係にあり，かつ，一連の同一事象に対する法的評価を異にするに過ぎないものであって，基本的事実関係においては同一であるということができる。（下線筆者）

　贈賄の訴因が予備的に追加されたもののようです。

　この点については，団藤裁判官の補足意見があります。公訴事実の同一性について「構成要件的共通性」と考えるという立場にたち，同じ結論を導いています。

　事例を解決するためには，なぜその結論を導くのか，という基本の考え方（これは，いわば下から上への積み重ねです）と，その結論が妥当かという見直し（上から下への見直しです）の両方が必要です。導かれた結論があまりにも突飛であるという場合には，その結論を導く過程がどんなに論理的に見えても，どこかが間違っているはずです。

第10章　公判前整理手続・公判手続に関する判例

10-1　最決平18・10・26刑集60巻8号537頁

刑訴法8条の適用事例です。

極めてまれな事例なので，これを手がかりに併合についての規定と実際の手続を理解しましょう。

1　刑訴法8条とはどのような規定か

8条1項は，「数個の関連事件が各別に事物管轄を同じくする数個の裁判所に係属するときは，各裁判所は，検察官又は被告人の請求により，決定でこれを一の裁判所に併合することができる。」というものです。

当事者の請求が必要であることに留意してください。

関連事件は，9条に定めがありますね。本件はその1号「一人が数罪を犯したとき。」に該当します。9条の規定は，文言だけでは分かりにくいので，具体的にどんなケースなのかを考えて理解するようにしましょう。

2　どんな事例だったのか

被告人は，神戸地裁に殺人，殺人未遂，現住建造物等放火，火炎びんの使用等の処罰に関する法律違反によって起訴され，広島地裁に銃砲刀剣類所持等取締法違反，建造物損壊（変更後の訴因・組織的な犯罪の処罰及び犯罪収益の規制等に関する法律違反），建造物損壊，威力業務妨害，覚せい剤取締法違反によって起訴されたのです。

なお，「組織的な犯罪の処罰及び犯罪収益の規制等に関する法律」もどのような法律なのか条文などを確認してください。実際に適用例が極めて多いものです。この事件のように，最初は刑法犯として起訴し，その後の捜査によって組織性が明らかになると組織犯罪処罰法違反に訴因変更するという場合が多く

見られます。又,「訴因変更」ですね。問題のないケースですが,このようなときに訴因変更の要否,可否をきちんと考える癖を付けておくことも大切です。

さて,この被告人の両事件について,検察官が併合請求をしたのです。通常は,A地裁は,「本件とこれと関連するB地方裁判所に係属中の被告人に対する○○事件とをB地方裁判所に併合する。」,B地裁は,「本件とこれと関連するA地方裁判所に係属中の被告人に対する○○事件とを当裁判所に併合する。」という決定を同時に行うのです。先に事件を受理した裁判所に併合する例が多いのですが,被告人の住居,証人予定者の多少など訴訟関係人の負担などを考慮して決定します。併合は,証人など訴訟関係人の負担の軽減という利益もありますが,「併合の利益」は主として被告人にあります。刑法の併合罪の規定を確認して考えましょう。ではなぜ検察官が併合請求をしているのでしょうか。検察官の役割も併せて考えましょう。

ところが,本件では,神戸地裁は「事件を広島地裁に併合する」という決定を,広島地裁は「事件を神戸地裁に併合する」という決定をしてしまいました。両地裁とも審理を避けたかったのでしょうか。

この場合には,8条2項「前項の場合において各裁判所の決定が一致しないときは,各裁判所に共通する直近上級の裁判所は,検察官又は被告人の請求により,決定で事件を一の裁判所に併合することができる。」が登場します。

両裁判所に共通する直近上級の裁判所は最高裁になります。そこで,検察官が最高裁に各被告事件を一の裁判所に審判の併合をされたい旨の請求をしたのです。

3 最高裁の判断

最高裁は,

> 当裁判所は,各事件の内容,関係人の所在その他諸般の事情にかんがみ,上記各被告事件は神戸地方裁判所において併合して審判するのを相当と認めるので,刑訴法8条2項を適用し,裁判官全員一致の意見により,次のとおり決定する。

として,併合決定をしました。主文は,どのように書かれるのでしょうか。

> 神戸地方裁判所平成18年(わ)第213号被告事件と広島地方裁判所平成17年(わ)第180号，同第258号，同第705号被告事件とを神戸地方裁判所に併合する。

　○年(わ)第○号というのが事件番号で，これで事件の特定がされます。各裁判所が訴訟の種類毎に毎年受付順に番号を振っていくのです。(わ)というのが訴訟の種類を表します。裁判所の規則で定められるものですが，カタカナが民事，ひらがなが刑事，通常訴訟では，わ(ワ)が第1審，う(ウ)が控訴審，あ(ア)が上告審だというくらいを知っていれば訴訟手続が身近になるでしょう。

　同様の決定例として，最決昭55・7・17刑集34巻4号329頁があります。これについては，最高裁が，「事件の内容，関係人の住居その他諸般の事情にかんがみ」て併合決定をしています。

10-2　証拠開示に関する4つの判例

1　公判前整理手続における証拠開示

　刑訴法316条の26の証拠開示命令に関しては，平成19年12月から翌20年9月にかけて重要な決定が3件出されました。

　順番に決定を読むと最高裁の考え方がわかります。

2　最決平19・12・25刑集61巻9号895頁

　この決定は，

> 〈1〉　刑訴法316条の26第1項の証拠開示命令の対象となる証拠は，検察官が現に保管している証拠に限られるか
> 〈2〉　取調警察官が犯罪捜査規範13条に基づき作成した備忘録は，刑訴法316条の26第1項の証拠開示命令の対象となり得るか

という判示事項について，

> 《1》　刑訴法316条の26第1項の証拠開示命令の対象となる証拠は，必ずしも検

第10章 公判前整理手続・公判手続に関する判例

察官が現に保管している証拠に限られず，当該事件の捜査の過程で作成され，又は入手した書面等であって，公務員が職務上現に保管し，かつ，検察官において入手が容易なものを含む。
《2》 取調警察官が，犯罪捜査規範13条に基づき作成した備忘録であって，取調べの経過その他参考となるべき事項が記録され，捜査機関において保管されている書面は，当該事件の公判審理において，当該取調べ状況に関する証拠調べが行われる場合には，刑訴法316条の26第1項の証拠開示命令の対象となり得る。

という判断を示したものです。

公判前（期日間）整理手続における証拠開示については，この判例をはじめとして重要な判例が続けて出されました。

どのようなものが，何を根拠に開示されるか，整理しておきましょう。

決定が判示する事実の経過を読みましょう。

被告人が第1回公判期日の罪状認否において犯行を否認したことから，事件が期日間整理手続に付され，検察官は，「犯行動機，犯行に至る経緯等」を立証趣旨として，被告人の供述書，警察官に対する供述調書各1通を証拠請求しました。

弁護人は，この証拠を不同意として任意性を争い，公判期日においてすることを予定している主張として，警察官による自白を強要する威嚇的取調べ，利益提示による自白の誘引等を明示した上，刑訴法316条の20第1項に基づき，「被告人に係る警察官の取調メモ（手控え）・取調小票・調書案・備忘録等」の開示を請求したのです。

これに対して検察官は，請求に係る取調べメモ等は，本件証拠中には存在せず，取調べメモ等は，一般に証拠開示の対象となる証拠に該当しないと回答しました。このようなメモが開示の対象となるかどうかは下級審の判断は分かれていたのですが，最高裁が初めて判断を示したのがこの決定です。原々決定や原決定の内容は省略しましたが，理解を深めるためには是非読んでください。決定文を読みましょう。

1 そこで検討すると，公判前整理手続及び期日間整理手続における証拠開示制度は，争点整理と証拠調べを有効かつ効率的に行うためのものであり，このような証

拠開示制度の趣旨にかんがみれば，刑訴法316条の26第1項の証拠開示命令の対象となる証拠は，必ずしも検察官が現に保管している証拠に限られず，当該事件の捜査の過程で作成され，又は入手した書面等であって，公務員が職務上現に保管し，かつ，検察官において入手が容易なものを含むと解するのが相当である。

2　公務員がその職務の過程で作成するメモについては，専ら自己が使用するために作成したもので，他に見せたり提出することを全く想定していないものがあることは所論のとおりであり，これを証拠開示命令の対象とするのが相当でないことも所論のとおりである。しかしながら，犯罪捜査規範13条は，「警察官は，捜査を行うに当り，当該事件の公判の審理に証人として出頭する場合を考慮し，および将来の捜査に資するため，その経過その他参考となるべき事項を明細に記録しておかなければならない。」と規定しており，警察官が被疑者の取調べを行った場合には，同条により備忘録を作成し，これを保管しておくべきものとしているのであるから，取調警察官が，同条に基づき作成した備忘録であって，取調べの経過その他参考となるべき事項が記録され，捜査機関において保管されている書面は，個人的メモの域を超え，捜査関係の公文書ということができる。これに該当する備忘録については，当該事件の公判審理において，当該取調べ状況に関する証拠調べが行われる場合には，証拠開示の対象となり得るものと解するのが相当である。

3　原決定は，備忘録の証拠開示について，その必要性・相当性について具体的な判断をしていないが，これは，原審が備忘録も開示の対象となり得ることを前提に，検察官にその存否を明らかにし，開示による弊害についても具体的に主張するよう求めたのに対し，検察官が，そもそも備忘録は開示の対象とならないとの見解の下に，その求めに応じなかったことによるものであり，このような経過にかんがみると，原審の措置をもって違法ということはできない。

　なお，原決定は，主文において「被告人の取調べに係るＡ警部補作成の取調べメモ（手控え），備忘録等」の開示を命じているが，これは取調官であるＡが，犯罪捜査規範13条の規定に基づき，被告人の取調べについてその供述内容や取調べの状況等を記録した備忘録であって，捜査機関において保管中のものの開示を命じたものと解することができ，このように解すれば原決定を是認することができる。

　1は，証拠開示の対象となるのが検察官の手元にあるものに限るかどうかを，証拠開示の趣旨に照らして判断したものです。

　2が本件取調メモが証拠開示の対象となるかどうかについての判断ですね。

3 最決平20・6・25刑集62巻6号1886頁

2 決定を一歩進めた決定です。

> 　所論は，原々決定が開示を命じた「本件保護状況ないし採尿状況に関する記載のあるA作成警察官のメモ」（以下「本件メモ」という。）は，同警察官が私費で購入してだれからも指示されることなく心覚えのために使用しているノートに記載されたものであって，個人的メモであり，①決定にいう証拠開示の対象となる備忘録には当たらないから，その開示を命じた原々決定を是認した原決定は違法であると主張する。
> 　しかしながら，<u>犯罪捜査に当たった警察官が犯罪捜査規範13条に基づき作成した備忘録であって，捜査の経過その他参考となるべき事項が記録され，捜査機関において保管されている書面は，当該事件の公判審理において，当該捜査状況に関する証拠調べが行われる場合，証拠開示の対象となり得るものと解するのが相当である。</u>そして，<u>警察官が捜査の過程で作成し保管するメモが証拠開示命令の対象となるものであるか否かの判断は，裁判所が行うべきものであるから，裁判所は，その判断をするために必要があると認めるときは，検察官に対し，同メモの提示を命ずることができるというべきである。</u>これを本件について見るに，本件メモは，本件捜査等の過程で作成されたもので警察官によって保管されているというのであるから，証拠開示命令の対象となる備忘録に該当する可能性があることは否定することができないのであり，原々審が検察官に対し本件メモの提示を命じたことは相当である。検察官がこの提示命令に応じなかった本件事実関係の下においては，本件メモの開示を命じた原々決定は，違法ということはできない。したがって，本件メモの開示を命じた原々決定を是認した原決定は結論において相当である。

　「結論において相当である」という判示は前にも出てきましたね。原決定を確かめてみるとよさそうです。

4 最決平20・9・30刑集62巻8号2753号

　証拠開示についての，一連の決定の3番目です。2，3と読み比べてみましょう。
　主張関連証拠として警察官の私的なノートの開示命令が認められた事例です。まず，本件の経過がまとめられています。

> 1　被告人は，強盗致傷等の罪で起訴されたが，この強盗致傷の行為（以下「本件犯行」という。）に関与したことを否認している。
> 2　上記被告事件の公判前整理手続で，検察官は，被告人の知人であるＡ（以下「Ａ」という。）の証人尋問を請求し，これが採用されたことから，準備のためＡに事実の確認を行ったところ，Ａは，検察官に対し，被告人がＡに対し本件犯行への関与を自認する言動をした旨の供述を行うに至った。
> 　Ａについては，捜査段階でＢ警察官（以下「Ｂ警察官」という。）が取調べを行い，供述調書を作成していたが，上記の供述は，この警察官調書には記載のないもの（以下，Ａの上記の供述を「新規供述」という。）であった。
> 　そこで，検察官は，この新規供述について検察官調書を作成し，その証拠調べを請求し，新規供述に沿う内容を証明予定事実として主張した。
> 3　弁護人は，この新規供述に関する検察官調書あるいはＡの予定証言の信用性を争う旨の主張をし，その主張に関連する証拠として，「Ｂ警察官が，Ａの取調べについて，その供述内容等を記録し，捜査機関において保管中の大学ノートのうち，Ａの取調べに関する記載部分」（以下「本件メモ」という。）の証拠開示命令を請求した。
> 4　本件大学ノートは，Ｂ警察官が私費で購入して仕事に利用していたもので，Ｂ警察官は，自己が担当ないし関与した事件に関する取調べの経過その他の参考事項をその都度メモとしてこれに記載しており，勤務していた新宿警察署の当番編成表をもこれにちょう付するなどしていた。
> 　本件メモは，Ｂ警察官がＡの取調べを行う前ないしは取調べの際に作成したものであり，Ｂ警察官は，記憶喚起のために本件メモを使用して，Ａの警察官調書を作成した。
> 　なお，Ｂ警察官は，本件大学ノートを新宿警察署の自己の机の引き出し内に保管し，練馬警察署に転勤した後は自宅に持ち帰っていたが，本件事件に関連して検察官から問合せがあったことから，これを練馬警察署に持って行き，自己の机の引き出しの中に入れて保管していた。
> 5　原々審である東京地方裁判所は，本件メモの提示を受けた上で，その証拠開示を命じた。

　このノートは取調べ状況の記載もあるもののきわめて私的なノートであったようです。しかし最高裁は，次のように述べて証拠開示命令を是認しました。

> 　以上の経過からすると，本件メモは，B警察官が，警察官としての職務を執行するに際して，その職務の執行のために作成したものであり，その意味で<u>公的な性質を有するものであって，職務上保管しているもの</u>というべきである。したがって，本件メモは，本件犯行の捜査の過程で作成され，公務員が職務上現に保管し，かつ，検察官において入手が容易なものに該当する。また，Aの供述の信用性判断については，当然，同人が従前の取調べで新規供述に係る事項についてどのように述べていたかが問題にされることになるから，Aの新規供述に関する検察官調書あるいは予定証言の信用性を争う旨の弁護人の主張と本件メモの記載の間には，一定の関連性を認めることができ，弁護人が，その主張に関連する証拠として，本件メモの証拠開示を求める必要性もこれを肯認することができないではない。さらに，本件メモの上記のような性質やその記載内容等からすると，これを開示することによって特段の弊害が生ずるおそれがあるものとも認められない。（下線筆者。判例集はこの部分全体に下線がある）

　この決定には，宮川光治の補足意見，甲斐中裁判官の反対意見があります。補足意見は原決定，原々決定が犯罪捜査規範13条による書面かどうかを判断基準としたことは適切でないという補足をしたもの，反対意見は，主張関連証拠の関連性や必要性が明らかでないとしたもので，開示命令ができること自体は認めているのです。

　実は，この「開示」の範囲は，情報公開法（行政機関の保有する情報の公開に関する法律）に定義する開示の対象となる行政文書の定義に非常に近いものです。

　本件ノートのように私的なノートが証拠開示の対象となるとすると，自宅で記入する日記でも取調べ内容に言及があれば，証拠開示の対象となるのでしょうか。それとも，本件ノートは，開示命令当時，勤務先で保管していたことによって証拠開示の対象となったのでしょうか。いろいろ考えさせる決定ですね。

5　従来の通常手続における証拠開示〜最決昭44・4・25刑集23巻4号248頁，同275頁

　従来，証拠開示についてはどのように解されていたかについても確認しておきましょう。

前の決定は，

> 裁判所は，証拠調の段階に入った後，弁護人から，具体的必要性を示して，一定の証拠を弁護人に閲覧させるよう検察官に命ぜられたい旨の申出がなされた場合，事案の性質，審理の状況，閲覧を求める証拠の種類および内容，閲覧の時期，程度および方法，その他諸般の事情を勘案し，その閲覧が被告人の防禦のため特に重要であり，かつこれにより罪証隠滅，証人威迫等の弊害を招来するおそれがなく，相当と認めるときは，その訴訟指揮権に基づき，検察官に対し，その所持する証拠を弁護人に閲覧させることを命ずることができる。

旨を判示したもの，後の決定は，事例判断ですが，

> 裁判所が，検察官申請証人の採用決定前に，同証人の反対尋問のため必要であるとの理由で，検察官に対し，その所持する当該証人の検察官に対する供述調書を弁護人に閲覧させることを命じた場合，特段の事情のないかぎり，その閲覧の時期を主尋問終了後反対尋問前と指定したとしても，その閲覧が被告人の防禦のため特に重要であるということはできず，また右段階で，証人威迫，罪証隠滅の弊害がないとするのは時期尚早であって，右証拠開示命令は違法である。

と判断したものです。

　公判前整理手続における証拠開示の規定が設けられるまでは，この２つの決定に沿って証拠開示が認められてきました。事案に争いがあり，証拠開示が問題となるような場合，期日間整理手続に付せば，新しい証拠開示の規定が適用されるわけですから，今後の証拠開示は，それに基づいて行われることになるでしょうが，通常手続での証拠開示の根拠，方法についてどのように解されているかという枠組みを理解しておくことは重要です。

10-3　最判昭35・3・24刑集14巻4号462頁

1　何を判示したものか

> 証拠物たる録音テープの証拠調の方法

第10章 公判前整理手続・公判手続に関する判例

を判示した判例です。判決要旨は簡単で，

> 本件のような本人不知の間に録音された証拠物たる録音テープの証拠調は，公判廷でこれを展示し，かつ，録音再生器により再生する方法によるべきである

となっています。

　証拠物たる書面の取調は，物の取調（展示）と書証の取調（朗読）の両方を行いますから，証拠物たる録音テープも展示と再生を行うのは当然のように見えますね。

　これを最初に判示した判例なのです。その判断はかっこ書きで示されているだけです。

> 　所論は違憲をいうが，その実質は単なる訴訟法違反であって，刑訴405条の上告理由に当らない。（所論録音についての原判決の説示は結局当裁判所もこれを正当と認める。要するに所論録音は本人不知の間になされ，従って，何等本人の表現の自由を侵害したといえないこというまでもない適法な証拠であって，記録によれば，第1審裁判所はその用法に従って，証拠調をしたことが明らかであるから右録音の存在及びその内容を証拠に採用したことに所論の違法ありというを得ない。なお，本件では，右録音の存在，内容を除外しても判示犯罪事実を肯認することができること明らかであるから，判決に影響を及ぼすべき法令違反ともいえない。

2　原判決の判断

　「原判決の説示は結局当裁判所もこれを正当と認める」というのですから，やはり，原判決（**福岡高判昭34・10・17刑集14巻 4 号475頁**）を確認する必要がありそうです。

> 　原判決が録音テープ1巻の存在及びその録音内容を証拠としていることは所論のとおりである。しかして所論は，「右録音テープには署名押印がないうえ，その内容が被告人の声であるかどうかも明瞭でなく，且つその録音テープの成立について被告人の同意もないから証拠能力がない」旨主張するものであり，右録音テープに被告人の署名押印がなく，その成立につき被告人が明らかに同意したものでもないことは所論のとおりであるけれども，<u>右録音テープは本件犯行現場である道路上に</u>

おいて本件犯行時における被告人の発言を中心に録音されたものであり、録音された発言の内容の真偽とは無関係にその録音内容自体を証拠としているのであるから、右録音テープの成立関係が証拠により認められるかぎり、被告人の署名押印を欠き且つその成立につき被告人の同意がなくともその証拠能力を失うものではない。しかして右録音テープが昭和33年11月21日午前1時頃NHK佐賀放送局、放送記者河原孝美により本件犯行現場道路上において、犯行時における被告人の発言を中心に録音されたものであることは、原審第2回公判調書中の証人河原孝美、及び同第5回公判調書中の被告人の各供述記載に徴し明らかに之を認めることができるのであるから、右録音テープの成立関係については疑問の余地なく、従ってその証拠能力につき何等欠けるところはない。(下線筆者)

どこかで見たような判示だと思いませんか。現場写真についての判断と同じですね。

立証しようとしているのが発言の内容の真偽なのか録音内容自体(そのような発言のあった事実)なのかというのは、伝聞かどうかの判断に大切です。

①尚所論は、「右録音テープ再生の結果も公判調書上あらわれて居らず、之を単なる証拠物として取り調べたのか、その内容意味をも書証に準ずるものとして取り調べたのか証拠調の方法が明確でなく違法である」とも主張するけれども、録音テープ再生の結果を公判調書にあらわすことは、のぞましい場合も考えられるが、必ずしも必要なものではなく、又②録音テープの証拠調の方法としては録音テープの存在自体を証拠とする場合は別として、その内容を証拠とする場合には之を再生してなすものと解するを相当とするものであるところ、③原審第1回公判調書の記載によれば、本件録音テープは同公判廷において証拠調がなされたが、いかなる方法によりなされたかは明らかにされていないためその証拠調の方法に瑕疵があつたかどうかは、にわかに断じがたいけれども、その証拠調の方法については被告人、弁護人より何等の異議申立もなく、且つ原審第5回公判調書の記載によれば同公判廷において右録音テープは再生されその際被告人はその内容につき詳細説明しているのであるから、かりに第1回公判廷における本件録音テープ証拠調の方法に瑕疵があつたとしても右瑕疵は已に治癒されたものと解すべきである。(①〜③筆者)

ここでは3つのことが示されていますね。

① 録音テープを再生したかどうかを公判調書に記載しなければならないか

②　録音テープの内容を証拠とする場合の証拠調べの方法
③　録音テープの再生がなされなかった場合の瑕疵の治癒

②が判示事項であり，これは，刑訴法307条から当然導かれるところです。307条がなぜ，展示と朗読を求めているかを考えれば明らかですね。

実は，法律実務家にとって③も重要です。証拠調べの方法が間違っている場合には，その場で異議申立をする必要があるのです。この事件では，証拠調べ後の公判期日において，再生が行われており，被告人の利益が損なわれたとはいえないという実質的な判断もなされています。このような事例で弁護人がどうすべきかを考えるのによい判例といえます。

10-4　東京高判昭42・6・20高刑集20巻3号386頁（公判手続の更新と証拠調べ）

> 公判手続の更新の際の証拠書類の取り調べ方法

を判示事項とする判例です。

　　結論（判決要旨）は，

> 公判手続更新の際において，刑事訴訟規則第203条の2に定める要旨を告知してなす証拠書類の取り調べは，裁判長が相当と認めるときこれを為し得るのであって，必ずしも刑事訴訟規則第213条の2第4号における如く訴訟関係人の同意を必要としないものと解すべきである。

というだけです。

　　条文を確認すれば当然と思われるような判例ですね。
　　念のため判決文を読んでみましょう。

> 公判手続の更新に際しては，更新前の公判期日において取り調べた書面等は，証拠書類として取り調べなければならないのであるが，その証拠書類としての取り調べの方法は，刑事訴訟法第305条，同規則第203条の2の定める証拠書類の取り調べ方法，すなわち，原則としてこれを朗読し，または，裁判長が相当と認めるときは朗読に代えて，その要旨を告げることによってなすべきものと解する。所論は，刑

事訴訟規則第213条の2題4号によれば，右書面等を取り調べる場合には訴訟関係人が同意した場合に限りその全部若しくは一部の朗読に代えて，相当の方法で取り調べることができるけれども，訴訟関係人の同意がない限り，朗読に代わる相当の方法，すなわち要旨の告知等の簡便な方法をもってその取り調べをすることは許されない，と主張するけれども，<u>右規則により訴訟関係人の同意のある場合になす相当の方法というのは，刑事訴訟法および同規則が定める証拠書類の取り調べ方法，すなわち朗読あるいは要旨の告知以外に，裁判長が相当と認める一層簡易な方法による取り調べを意味するものと解すべき</u>であって，刑事訴訟規則第203条の2の定める要旨を告知してなす証拠書類の取り調べは，裁判長が相当と認めるときこれを為し得るのであって，必ずしも訴訟関係人の同意を必要としないものと解する。原審裁判長が，弁護人らの同意なく，むしろ朗読に代えて要旨を告知してなす証拠調べに異議を申し立てたのに，これを棄却して要旨を告知する方法により右証拠調べを為したとしても，これをもって訴訟手続の法令に違反したものとして非難することはできない。(下線筆者)

　「朗読」又は「要旨の告知」でなくてもよい，というところに実務上重要な点があるようです。実際の公判手続更新の大半は当事者双方が「従前のとおりである。」旨陳述して終わっています。

　判例を読むときは，判示事項を覚えるというより，その判文から何か新しく考えたり，復習できるものはないかと考えながら読むと，思わぬ収穫があります。

第11章　証拠法の原則に関する判例

11-1　最（大）決昭33・2・26刑集12巻2号316頁（累犯前科の証明）

判示事項は，

> 累犯となる前科を認定する証拠書類と刑訴法第305条による取調の要否

です。
　決定理由は，

> 　累犯加重の理由となる前科は，刑訴335条にいわゆる「罪となるべき事実」ではないが，かかる前科の事実は，刑の法定加重の理由となる事実であって，実質において犯罪構成事実に準ずるものであるから，これを認定するには，証拠によらなければならないことは勿論，これが証拠書類は刑訴305条による取調をなすことを要するものと解すべきである。

です。証拠による，305条による取調べを必要とするというのは，要するに「厳格な証明を要する」ということですね。
　累犯加重の理由となる前科事実は**実質において犯罪構成事実に準ずる**というこの決定の示した根拠は，他の事項について厳格な証明を要するか自由な証明で足りるかを判断するときにそのまま当てはめることができますね。

11-2　最決昭58・12・19刑集37巻10号1753頁（訴訟法的事実の証明）

> 訴訟法的事実につき自由な証明で足りるとされた事例

を判示事項とする決定ですが，323条3号に関しても検討できる判例です。

第11章　証拠法の原則に関する判例

1　事案の内容と原審の判断

　事案は，身代金目的拐取，監禁，拐取者身代金要求事件で，被告人は，犯人性を争って無罪を主張したものの有罪判決を受けたのです。

　弁護人は，犯人のかけた電話の録音テープが改ざんされたものであると主張し，さらに，電話の逆探知記録があるはずであり，これを調べれば被告人が犯人でないことが明らかとなると主張しました。原審（**東京高判昭57・6・24刑集37巻10号1753頁**）は，逆探知資料についてこのように判示しています。

> 　検察官は当審で，菅谷方への所論架電に対する逆探知の結果についての証拠は存在しない旨釈明しているところ，これを疑わしめる証拠はなく，かえって，いはらき新聞（2月28日付），当審において取り調べた朝日新聞（3月1日付夕刊），茨城電気通信部長作成の昭和56年11月6日付及び昭和57年3月25日付各捜査関係照会事項回答，水海道電報電話局長作成の昭和57年5月11日付捜査関係事項照会回答によると，その内容は右検察官の主張にそうものであることが窺われ，なお，弁護人はクロスバ方式による逆探知によれば必ず送話場所は判明すると主張するが，本件逆探知が右方式によってなされたとの前提自体想像の域を出ないものであり，結局捜査官・検察官において右逆探知結果を隠匿している形跡はなく，右の点の審理不尽をいう所論は失当といわざるをえない。

2　最高裁の判断

　これについて，最高裁は，

> 　なお，原審が刑訴法323条3号に該当する書面として取り調べた水海道電報電話局長作成にかかる取手警察署長宛昭和57年5月11日付回答書は，弁護人申請にかかる送付嘱託の対象物（守谷局0393番の加入電話へ架電された電話についての逆探知資料）は存在しないという事実を立証趣旨とするものであって，原審が右逆探知資料の送付嘱託を行うことの当否又は右逆探知に関する証人申請の採否等を判断するための資料にすぎないところ，右のような訴訟法的事実については，いわゆる自由な証明で足りるから，右回答書が刑訴法323条3号の書面に該当すると否とにかかわらず，これを取り調べた原審の措置に違法はないというべきである。

と判示したのです。

第11章　証拠法の原則に関する判例

　結局，この回答書が323条3号書面に該当するかどうかについて最高裁は明確な判断を避けました。最高裁は事実調べをしませんから，もし，323条3号該当性について疑問があり，これを明らかにしなければ著しく正義に反するというのであれば，原判決を破棄差戻しするほかないのですが，この場合は，そもそも323条3号該当性を問題にする必要はなかったので，この点について判断しなかったのです。
　もっとも，このような特定の事件についての逆探知記録があるかどうかという照会に対する回答は，公務員がその職務上証明することができる事実についての書面とはいえないでしょうし，それに準ずる3号書面ともいえないような気がします。

11-3　最判昭27・5・6刑集6巻5号736頁

> 証拠書類と書面の意義が証拠となる証拠物との区別

について判示した判決です。
　弁護人は，証拠とされた「司法警察員に対する供述調書」は証拠物たる書面であるのに，朗読はなされたものの展示がなかったのは違法であると主張しました。
　これに対して裁判所は，

> 　証拠となった書面が，証拠書類（刑訴305条）であるか又は証拠物たる書面（306条・307条）であるかの区別は，その書面の内容のみが証拠となるか（前者），又は書面そのものの存在又は，状態等が証拠となるか（後者）によるのであって，その書面の作成された人，場所又は手続等によるのではない。

と判示して弁護人の主張を斥けました。当然のようですが，まだ刑訴法が施行された間もない時期ですから，解釈を徹底させようとしたのでしょう，続いてかっこ書で例示をしています。

> 　（例えば誣告罪において虚偽の事実を記載した申告状の如き，その書面の存在そ

345

のものが証拠となると同時に如何なる事項が記載されてあるかが証拠となるのであって，かかる書面が刑訴307条の書面であり，ただ書面の内容を証明する目的を有する書面は証拠書類である。）

　何を立証するかによるというのは，証拠能力を考えるときの基本中の基本ですね。
　教科書に必ず出ているところですが，こうして判例で読むと改めて理解が深まるでしょう。

11-4　最決昭59・12・21刑集38巻12号3071頁（現場写真の性質）

現場写真の証拠能力

について

　犯行の状況等を撮影したいわゆる現場写真は，非供述証拠に属し，当該写真自体又は他の証拠により事件との関連性を認めうる限り証拠能力を具備する。

と判示した重要かつ基本的な判例です。
　学説には供述証拠説も有力ですが，この決定により写真は非供述証拠であると考える実務が定着したといえます。
　最高裁の判示は実に簡単です。

　なお，犯行の状況等を撮影したいわゆる現場写真は，非供述証拠に属し，当該写真自体又はその他の証拠により事件との関連性を認めうる限り証拠能力を具備するものであつて，これを証拠として採用するためには，必ずしも撮影者らに現場写真の作成過程ないし事件との関連性を証言させることを要するものではない。

　「非供述証拠」であるということと，関連性を立証するのは撮影者の証言によらなくてもよいということしか示されていません。
　1審判決（東京地判昭52・9・13刑集月報9巻9～10号681頁）が，この点について詳細に判示していますから，それを参考にしましょう。

> 写真は，天候，撮影角度，距離，カメラの種類，指能その他の諸条件の下において撮影されたフィルムの現像，焼付という過程を経て作成されるものであり，その決定的主要部分は，光学的，化学的原理による機械的，化学的過程であって，この点人の供述の生成過程が，知覚，記憶，構成，叙述から成立しているのとは本質的に異る。従って現場写真そのものは，科学的，機械的証拠として刑事訴訟手続においては非供述証拠として取扱うのが相当であり，自由な証明により事件との関連性が認められる限り，証拠能力が付与されるものと解する。
>   もっとも，写真が右のように科学的，機械的証拠であるとしても，撮影，現像，焼付等作成過程には人が関与するものであるから，その間において何らかの作為の施される可能性の存在することは否めないが，これはひとり写真のみに限らず，他の証拠においても同様の危険性は存するのであって，このことにより写真の非供述証拠としての性質を否定すべき理由はない。もとより当該写真について，その作成過程において何らかの人為的影響が介在した事実が窺われる場合には，その証明力に重大な影響を蒙らざるを得ないし，影響の内容如何によっては，証拠としての価値を没却するに至ることもあり得ることは勿論であるが，それはあくまでも具体的な状況に応じて検討すべき問題である。

　なお，この決定は，騒擾罪についての重要な判示がありますので，これも必読です。

11-5　最判昭35・3・24刑集14巻4号447頁

　謄本の証拠能力が問題となった事例です。

1　判示事項と判決要旨

　この判決の判示事項は，

> 刑訴法第321条第1項第2号の書面の謄本に証拠能力があるとされた事例

ですから，事例判断であることが明らかです。
　その要旨は，

第11章　証拠法の原則に関する判例

> 刑訴第321条第1項第2号の書面の謄本を証拠とすることにつき，弁護人がその内容に特信性がない旨を述べたに止まり，証拠調が原本によってなされないこと，原本に供述者の署名押印が存することおよび謄本が原本に基づいて真正に作成されたことに異議のあった形跡がなく且つ特信性の存在も肯定される以上，右謄本を証拠としても違法ではない。

です。謄本が証拠として認められる要件を判示したように見えますね。しかし，判示事項によればあくまで事例判断であることに注意しましょう。

2　判決文を理解する

判決文を確認すると，

> 　記録によれば，第1審において弁護人は所論供述調書謄本を証拠とすることにつき，その内容に特信性がない旨を述べたに止まり，その余の点については異議のなかったものと認められ，従って，この点に関する原判示は引用の判例に違反するものとは認められない。

としかありません。原判決は謄本には証拠能力がないという弁護人の主張に対して，判決要旨に掲げられていたような要件は述べられていませんね。そこで，原判決を見ることになります。原判決（仙台高判昭34・10・15刑集14巻4号460頁）は，

> 　原判決が本件事実認定の証拠として飯野利助の検察官に対する所論各供述調書の謄本を挙示していること，原審第2回公判調書によれば検察官が右各供述調書の謄本を刑訴法321条1項2号により証拠調の請求をした際弁護人がこれに対し特信性がない旨の意見を述べたが原審裁判所は右各書面について取調の決定をなしてこれを取り調べたことはいずれも所論のとおりである。右各謄本に供述者の署名押印が存在していないことは謄本の性質上自明の理であるが，その原本に供述者の署名押印が存在していること及び右謄本が原本に基いて真正に作成されたものであることはいずれも肯認されるのであり，且つ前記公判調書の記載によれば右証拠調が原本によってなされないことによって弁護人から異議の申出がなされた形跡がなく，単に特信性がない旨述べているに止まるのである。

第11章　証拠法の原則に関する判例

> されば原審裁判所が右謄本について飯野利助の証言その他の資料に徴しその特信性の存在を肯認し，これが原本と同等の証拠能力を有するものとしてその証拠調をなしたことは何等違法ではなく，これを事実認定の証拠に採用した原審の措置にも所論のような違法は存しない。

とありますから，本判決の判決要旨は，原判決の判断をそのまま是認して要旨としたものであることが分かります。

　現在のように電子コピーがない時代ですから，謄本は，筆写して作成していたため，このような議論になったのです。したがって，現代ではあまり先例としての価値があるものではありません。謄本の証拠能力を認めるのに，法の要件を備えた原本の存在と，正確な謄本であることが認められれば足りるのか，弁護人の異議のないことまでが要件であるのかはここでははっきりしません。事例判断ですから，すべてに当てはまる要件をあげたものではないでしょう。いずれにせよ，証拠調べの時に適格に異議を申し立てないで，後から違法であると主張することができないのは間違いないようです。電子コピーについては，**最決昭61・3・3刑集40巻2号175頁**（12-8）を参照してください。

11-6　最判昭35・9・9刑集14巻11号1477頁

1　何を判示した判決か

　判示事項中刑訴法に関係のあるのは，

> 共同被告人を分離して証人として尋問しその証言を当該被告人の犯罪を認定する証拠とすることと憲法第38条第1項

です。

　判決要旨を見ると，

> 共犯者にして共同被告人たる甲，乙両名のある場合，甲を分離して乙のために甲を証人として尋問した後，更に併合の上，先に右甲が乙の証人としてなした証言を，甲の犯罪を認定する証拠としても，憲法第38条第1項に違反しない。

とあります。

本文もあまり変わりありません。

> 所論は原判決の憲法38条1項違反を主張する。同規定が，何人も自己が刑事上の責任を問われる虞れのある事項について供述を強要されないことを保障したものであることは昭和32年2月20日大法廷判決に示されているとおりであるところ，共同被告人を分離して証人として尋問しても，同証人は自己に不利益な供述を拒むことができ，これを強要されるものでないことおよび共同被告人でも事件が分離された後，他の共同被告人の証人として証言することは差支えなく，また他の事件の証人としての証言が自己の犯罪に対しても証拠となることもまた当裁判所の判例とするところであるから，所論違憲の主張は採用できない。

上記大法廷判決のほか，引用されている**最決昭29・6・3刑8巻6号802頁**は，「共同被告人を分離して証人として尋問しても，同証人は自己に不利益な供述を拒みうるものでこれを強要されないものであるから，憲法38条1項違反の前提を欠くものであるというまでもない。」というもの，**最決昭31・12・13刑集10巻12号1629頁**は，「共同被告人でも事件が分離された後他の共同被告事件の証人として証言することは差支えなく，また，他の事件の証人としての証言が自己の犯罪に対して証拠となることはいうまでもない。」です。

要旨ではまとめられているところを一つ一つ分解して判例を引用しています。つまり，これらの判例の集大成のようなものであることが分かりますね。これは，反対に問題点を分析する例として参考にもなるでしょう。

実際の公判を経験しないと，公判の分離や併合についてイメージがつかみにくいようですが，「共犯者」と「共同被告人」を混同しないように注意して読んでいけば，手続きについての理解も深まるでしょう。

2 関連判例〜最判昭28・10・27刑集7巻10号1971頁

（1） 古い判例ですが，やはり共同被告人の供述について判示したものです。

> 共犯者たる共同被告人の供述であるからといって全く証拠能力を欠くものではないことは当裁判所の判例の趣旨に徴して明らかである。被告人及び弁護人は刑訴311条3項により共同被告人に対し任意の供述を求めうる機会が与えられているの

> であつて，所論は未だ共同被告人の公判廷における供述の証拠能力を当然に否定すべき事由となるものではない。

　なぜ，認めてよいか，その理由も示されていますね。

　応急措置法や刑訴法施行直後には，たくさんの重要な判例があります。60年を経て，今では当然であると考えられているようなことでも，一つ一つ最高裁が解釈を示していったのです。

　それまでとは全く異なる憲法と刑訴法による運用当初の解釈には，とても基本的で新鮮なものがあります。「当たり前」と読み流さずに，初めてこの刑訴法に触れた人がどのように考えたのかを辿るのは，意義深いことです。引用されている判例も必ず確認しましょう。

　(2)　この判決は，判示事項以外にも刑訴法の解釈について判示しています。まず，逮捕が違法であったとの主張に対し，

> 本件取調の当初において仮に所論のごとき憲法34条の違反があったとしても，それがため当然爾後一切の手続が違法であるとはいえないのみならず，元来逮捕の違法そのものは原判決に影響を及ぼさないことが明白である。

　勾留事実と別の事実についての取調べは無効であるとの主張に対し，

> 被告人の検事に対する第1回及び第2回の供述調書が仮に所論のとおり違法勾留中に作成されたものであるとしても，その一事をもって直ちに無効と解すべきではない

と断じています。この判決が引用しているのは，**最大判昭23・6・9刑集2巻7号658頁**「勾留状がなくして，被告人を警察署に留置した違法があったとしても，それがため，爾後の手続がすべて違法となるものではない。」，**最大判昭23・12・1刑集2巻13号1679頁**は「仮りにかかる違法があるとしても，本件では即日適法に勾留状が発せられているばかりでなく，逮捕の違法そのものは原判決に影響を及ぼさざることは，明白である」というもの，**最判昭25・9・21刑集4巻9号1751頁**　「不法勾留中の聴取書であるということだけではこれを無効と解すべき理由がない」，**最判昭27・4・17裁判集刑第63号299頁**，「仮りに勾留が違法であるとしても，その一事だけで直ちにその勾留中に行われた検事

の被告人に対する聴取書を目して強制又は拷問による供述書であるということができないことも論を待たない。」です。

　本判決を含めてこれらの判例は，あまりに単純で，先例としての価値がなくなったかのように見えますが，最高裁はこれらの判例を変更してはいません。つまり，これらの判例に判示された考え方を基礎にしてその後，勾留中の余罪の取調べや違法収集証拠排除法則などの議論を深化させているのです。

　捜査は違法だから，すべて無効であるという議論では，裁判所を説得できないことが分かるでしょう。

　さらに，この判決には，判示事項

> 法令と証拠調手続

があり，要旨は，

> 富山県庁達第52号「土木工事直営施行規程」もまた法令の一種であつて，これを証拠説明の中に雑えて挙示する場合においても，別に証拠調手続をすることを要しない。

とされています。

　判決文は，

> 凡そ法令については証拠調の手続をなすことを要しないのであるから，第一審判決が法令たる所論「規程」につき証拠調手続をせずに証拠説明に雑えてこれを挙示したのは正当というべく，又右規程の写等を記録に編綴しなくても訴訟法上何等違法ではないのである。（下線筆者）

です。通常は，規程集を証拠としたり，規程集の該当部分の写しを添付し，規定の内容を説明した関係者の供述調書によって，立証されるのですが，正面切って証拠調べが必要かと問われれば，このように答えることになるでしょうね。

11-7　最判昭53・9・7刑集32巻6号1672頁

　最高裁が**違法収集証拠排除法則**を理論的に認めた判例として有名です。

第11章 証拠法の原則に関する判例

1 判示事項

判示事項は，4つありますが，大きく分けて2つです。
まず，所持品検査です。

> 〈1〉 職務質問に附随して行う所持品検査の許容限度
> 〈2〉 職務質問に附随する所持品検査において許容される限度を超えた行為と認められた事例

これは，**最判昭53・6・20**（6月判例）（3-6）の応用ですね。所持品検査の許容限度については同判決にあったので，それと比べてみることが大切です。

本判例（9月判例）の判示事項1についての判決要旨は，6月判例とほぼ同文です。

判示事項〈2〉はこれを本件に当てはめた結論です。

> 《2》 警察官が，覚せい剤の使用ないし所持の容疑がかなり濃厚に認められる者に対して職務質問中，その者の承諾がないのに，上衣左側内ポケットに手を差入れて所持品を取り出したうえ検査した行為（判文参照）は，職務質問に附随する所持品検査において許容される限度を超えた行為である。

2 判断の基礎となった事実関係

事実関係について最高裁はどのように判示しているのでしょうか。「判文参照」という判示ですから，事実について読む必要があります。

> （1）昭和49年10月30日午前0時35分ころ，パトカーで警ら中の垣田巡査，椎原巡査長の両名は，原判示ホテルオータニ附近路上に被告人運転の自動車が停車しており，運転席の右横に遊び人風の3，4人の男がいて被告人と話しているのを認めた。
> （2）パトカーが後方から近付くと，被告人の車はすぐ発進右折してホテルオータニの駐車場に入りかけ，遊び人風の男達もこれについて右折して行った。
> （3）垣田巡査らは，被告人の右不審な挙動に加え，同所は連込みホテルの密集地帯で，覚せい剤事犯や売春事犯の検挙例が多く，被告人に売春の客引きの疑いもあったので，職務質問することにし，パトカーを下車して被告人の車を駐車場入口

附近で停止させ，窓ごしに運転免許証の提示を求めたところ，被告人は正木良太郎名義の免許証を提示した（免許証が偽造であることは後に警察署において判明）。

（4）続いて，垣田巡査が車内を見ると，ヤクザの組の名前と紋のはいったふくさ様のものがあり，中に賭博道具の札が10枚位入っているのが見えたので，他にも違法な物が入っているのではないかと思い，かつまた，被告人の落ち着きのない態度，青白い顔色などからして覚せい剤中毒者の疑いもあったので，職務質問を続行するため降車を求めると，被告人は素直に降車した。

（5）降車した被告人に所持品の提示を求めると，被告人は，「見せる必要はない」と言って拒否し，前記遊び人風の男が近付いてきて，「お前らそんなことする権利あるんか」などと罵声を浴びせ，挑戦的態度に出てきたので，垣田巡査らは他のパトカーの応援を要請したが，応援が来るまでの2，3分の間，垣田巡査と応対していた被告人は何となく落ち着かない態度で所持品の提示を拒んでいた。

（6）応援の警官四名くらいが来て後，垣田巡査の所持品提示要求に対して，被告人はぶつぶつ言いながらも右側内ポケットから「目薬とちり紙（覚せい剤でない白色粉末が在中）」を取り出して同巡査に渡した。

（7）垣田巡査は，さらに他のポケットを触らせてもらうと言って，これに対して何も言わなかった被告人の上衣とズボンのポケットを外から触ったところ，上衣左側内ポケットに「刃物ではないが何か堅い物」が入っている感じでふくらんでいたので，その提示を要求した。

（8）右提示要求に対し，被告人は黙ったままであったので，垣田巡査は，「いいかげんに出してくれ」と強く言ったが，それにも答えないので，「それなら出して見るぞ」と言ったところ，被告人は何かぶつぶつ言って不服らしい態度を示していたが，同巡査が被告人の上衣左側内ポケット内に手を入れて取り出してみると，それは「ちり紙の包，プラスチックケース入りの注射針一本」であり，「ちり紙の包」を被告人の面前で開披してみると，本件証拠物である「ビニール袋入り覚せい剤ようの粉末」がはいっていた。さらに応援の中島巡査が，被告人の上衣の内側の脇の下に挟んであった万年筆型ケース入り注射器を発見して取り出した。

（9）そこで，垣田巡査は，被告人をパトカーに乗せ，その面前でマルキース試薬を用いて右「覚せい剤ようの粉末」を検査した結果，覚せい剤であることが判明したので，パトカーの中で被告人を覚せい剤不法所持の現行犯人として逮捕し，本件証拠物を差し押えた。

「以上の事実をもとに，差し押さえた証拠物の証拠能力を検討せよ」という

事例問題が出たらどのように解答していけばよいでしょうか。判例は，それに対する一つの解答例といえます。

3 差押えの適法性についての最高裁の判断

最高裁は，この事実関係をもとに，まず，所持品検査について述べます。

> 警職法2条1項に基づく職務質問に附随して行う所持品検査は，任意手段として許容されるものであるから，所持人の承諾を得てその限度でこれを行うのが原則であるが，職務質問ないし所持品検査の目的，性格及びその作用等にかんがみると，所持人の承諾のない限り所持品検査は一切許容されないと解するのは相当でなく，捜索に至らない程度の行為は，強制にわたらない限り，たとえ所持人の承諾がなくても，所持品検査の必要性，緊急性，これによって侵害される個人の法益と保護されるべき公共の利益との権衡などを考慮し，具体的状況のもとで相当と認められる限度において許容される場合があると解すべきである。

最高裁はこの判示について，6月判例を引用しています。6月判例よりコンパクトにまとまっていて理解しやすいですね。

つぎが本件への当てはめです。事実関係が摘示されていますから，結論は想像がつくところですね。

> これを本件についてみると，原判決の認定した事実によれば，垣田巡査が被告人に対し，被告人の上衣左側内ポケットの所持品の提示を要求した段階においては，被告人に覚せい剤の使用ないし所持の容疑がかなり濃厚に認められ，また，同巡査らの職務質問に妨害が入りかねない状況もあったから，右所持品を検査する必要性ないし緊急性はこれを肯認しうるところであるが，被告人の承諾がないのに，その上衣左側内ポケットに手を差入れて所持品を取り出したうえ検査した同巡査の行為は，一般にプライバシー侵害の程度の高い行為であり，かつ，その態様において捜索に類するものであるから，上記のような本件の具体的な状況のもとにおいては，相当な行為とは認めがたいところであって，職務質問に附随する所持品検査の許容限度を逸脱したものと解するのが相当である。してみると，右違法な所持品検査及びこれに続いて行われた試薬検査によってはじめて覚せい剤所持の事実が明らかになった結果，被告人を覚せい剤取締法違反被疑事実で現行犯逮捕する要件が整った本件事案においては，右逮捕に伴い行われた本件証拠物の差押手続は違法といわざ

第11章　証拠法の原則に関する判例

るをえないものである。」

　かなり長い判示ですが，「適法か違法か」という結論を得るだけであれば，ポケットに手を入れて在中品を探すという態様は捜索に類するというだけで十分であるように思えます。
　それでは，なぜ，最高裁はこのように詳細な判示をしたのでしょうか。
　これについては，2つ考えられます。
　その1は，本件では，その直後に現行犯逮捕がなされていますから，逮捕に伴う捜索として認められるかどうかについても念のため判断をしているのです。実際に逮捕できるだけの要件が整っていれば，逮捕の着手前に捜索に着手したとしても引き続いて逮捕が行われる限りその捜索は逮捕に伴う捜索として適法と考えることができるからです。
　そこで，裁判所は，所持品検査によって覚せい剤らしい粉末の入ったビニール袋が発見され，粉末が覚せい剤であることが確認されて初めて逮捕の要件が備わったと認定し，ポケットに手を入れた行為の際には，まだ逮捕できる状況になかった，したがって，「捜索」はできなかったということを明確にしているのです。
　令状なしの捜索が認められない状況であったのであるから，違法である，例え，必要性ないし緊急性が高くても，「捜索に至る」所持品検査はできないというのは，最初に判示されていますね。逮捕に着手する前に逮捕に伴う捜索が可能である場合があるというのと混同しないようによく理解してください。
　その2は，判示事項3，4に関係します。なぜ，最高裁は，単に本件所持品検査は捜索に至っている，逮捕の要件は備わっていなかった以上，捜索は違法であると述べるだけでなく，わざわざ必要性ないし緊急性が認められると判示したのは，違法な捜索によって得られた証拠の証拠能力の判断に影響するのです。
　なお，所持品検査の点については，最高裁が事実をまとめた部分で，「巡査は，さらに他のポケットを触らせてもらうと言って，これに対して何も言わなかった被告人の上衣とズボンのポケットを外から触ったところ，上衣左側内ポケットに『刃物ではないが何か堅い物』が入っている感じでふくらんでいた」

((7)の部分）と指摘しているところが重要です。

　これは，第1に，着衣の外側から触れる行為は，職務質問に付随する所持品検査として当然認められるということを前提としています。

　第2に，「刃物ではない」としている点は，もし，着衣の外側から触れたときに刃物らしき物があったというのであれば，着衣の中に手を差し入れて所持品を検査することが認められる余地があることを示しています。

　類似の事案が問題となった場合に，何を所持していると疑われる状況にあったのかを考えることが重要です。

4 判示事項〈3〉（押収物の証拠能力についての判断）

　さて，判示事項〈3〉，〈4〉に進みましょう。これが「違法収集証拠排除法則」に関する判断です。

> 〈3〉押収等の手続に違法のある証拠物とその証拠能力
> 〈4〉押収手続きに違法のある証拠物について証拠能力が肯定された事例

〈4〉は〈3〉にしたがった本事例の判断です。

　判示事項〈3〉についての判決要旨は，このようにまとめられています。

> 証拠物の押収等の手続に憲法35条及びこれを受けた刑事訴訟法218条1項等の所期する令状主義の精神を没却するような重大な違法があり，これを証拠として許容することが将来における違法な捜査の抑制の見地からして相当でないと認められる場合においては，その証拠能力は否定されるべきである。

　これは，とても大切な規範で，これ以後の多くの裁判に引用されていますから，きちんと理解し，覚えましょう。なぜ，このような結論が得られるのか，それを理解するには判決文を読む必要があります。

　上記経過で差し押さえられた覚せい剤について，1審及び原審は，証拠収集過程に違法があることを理由に証拠能力を否定しました。これに対して検察官が上告したのが本件なのです。

　最高裁は，判例違反という検察官の主張を斥けた上で職権で次のように判示しました。

第11章　証拠法の原則に関する判例

　最高裁は，まず，憲法との関係をはっきりさせます。

> 　違法に収集された証拠物の証拠能力については，憲法及び刑訴法になんらの規定もおかれていないので，この問題は，刑訴法の解釈に委ねられているものと解するのが相当である

というのです。では，刑訴法に規定のない事項について，どのように解釈すればよいのでしょうか。それが，続く判示です。

> 　刑訴法は，「刑事事件につき，公共の福祉の維持と個人の基本的人権の保障とを全うしつつ，事案の真相を明らかにし，「刑罰法令を適正且つ迅速に適用実現することを目的とする。」（同法1条）ものであるから，違法に収集された証拠物の証拠能力に関しても，かかる見地からの検討を要するものと考えられる。

　法に明文の規定がない問題について考えるときに，まず，その法の目的・趣旨を思い出すことは基本中の基本ですね。それでは，刑訴法1条から違法に収集された証拠の証拠能力をどのように考えればよいのでしょうか。
　まず，刑罰法令の適用実現という刑訴法の目的から考えます。

> 　刑罰法令を適正に適用実現し，公の秩序を維持することは，刑事訴訟の重要な任務であり，そのためには事案の真相をできる限り明らかにすることが必要であることはいうまでもないところ，証拠物は押収手続が違法であっても，物それ自体の性質・形状に変異をきたすことはなく，その存在・形状等に関する価値に変りのないことなど証拠物の証拠としての性格にかんがみると，その押収手続に違法があるとして直ちにその証拠能力を否定することは，事案の真相の究明に資するゆえんではなく，相当でないというべきである。

　しかし，刑訴法1条は，その目的を実現を，個人の基本的人権の保障を全うしつつ行うことを求めていますね。

> 　しかし，他面において，事案の真相の究明も，個人の基本的人権の保障を全うしつつ，適正な手続のもとでされなければならないものであり，ことに憲法35条が，憲法33条の場合及び令状による場合を除き，住所の不可侵，捜索及び押収を受けることのない権利を保障し，これを受けて刑訴法が捜索及び押収等につき厳格な規定

を設けていること，また，憲法31条が法の適正な手続を保障していること

　このように対立する2つの面から物事を考えていき，その調和点を探すというのが，法の基本的な考え方です。
　最高裁の結論はこうです。

　（上記の憲法の保障）等にかんがみると，証拠物の押収等の手続に憲法35条及びこれを受けた刑訴法218条1項等の所期する令状主義の精神を没却するような重大な違法があり，これを証拠として許容することが，将来における違法な捜査の抑制の見地からして相当でないと認められる場合においては，その証拠能力は否定されるものと解すべきである。

　この部分が判決要旨となっているのですね。①令状主義の精神を没却するような重大な違法があること，②違法に押収された物を証拠として許容することが，将来における違法な捜査の抑制の見地からして相当でないと認められること，という2つの判断基準が示されています。この2つは，「いずれか」ではなく，「かつ」と解すべきでしょう。もっとも，①と②は同じ状況を表裏から判断しているのにすぎず，①のみ，又は②のみという事態を考えているのではなく，①が認められれば当然②も認められる，②が認められれば当然①も認められるという関係にあるように思えます。
　ここまでの論理の組み立て方はわかりましたか。憲法問題か→no，刑訴法の問題である→刑訴法の目的を達するためにはどう考えるか→違法即排除とはできない，しかし，個人の人権保障という面からも考える必要がある→結論，という流れですね。問題の考え方として身につけて欲しいところです。

5　判示事項〈4〉～具体的な当てはめ例

　さて，この基準を本件にあてはめましょう。

　これを本件についてみると，原判決の認定した前記事実によれば，被告人の承諾なくその上衣左側内ポケットから本件証拠物を取り出した垣田巡査の行為は，職務質問の要件が存在し，かつ，所持品検査の必要性と緊急性が認められる状況のもとで，必ずしも諾否の態度が明白でなかった被告人に対し，所持品検査として許容さ

れる限度をわずかに超えて行われたに過ぎないのであって、もとより同巡査において令状主義に関する諸規定を潜脱しようとの意図があったものではなく、また、他に右所持品検査に際し強制等のされた事跡も認められないので、本件証拠物の押収手続の違法は必ずしも重大であるとはいえないのであり、これを被告人の罪証に供することが、違法な捜査の抑制の見地に立ってみても相当でないと認めがたいから、本件証拠物の証拠能力はこれを肯定すべきである。

　先に検討した「職務質問の要件の存在」、「所持品検査の必要性と緊急性」が重要な判断を基礎づける事実となっていますね。

　ここで、最高裁は、「令状主義に関する諸規定を潜脱しようとの意図があった」かどうかを問題にしています。「令状主義の精神を没却する」かどうかの判断にあたっては、令状主義を全く無視する、あるいは令状主義に関する規定を潜脱するような捜査官の主観ないし態度が重要視されていることが分かります。これは、本判例後に違法収集証拠の証拠能力が問題となった事案で必ずといってよいほど取り上げられている点です。「お巡りさんに悪気はなかった」＝単純なミスで、令状主義の精神を没却するものでもないし、将来の違法捜査の抑制のために証拠能力を否定すべきものでもないという考え方です。次の**最判平15・2・14刑集57巻2号121頁**でもこの点が明らかになっています。

11-8　最判平15・2・14刑集57巻2号121頁（大津覚せい剤事件）

1　判示事項の検討

　最高裁は、上記判決で捜査の違法を理由に押収された証拠の証拠能力が否定される場合があることを示しましたが、その後の下級審では、証拠排除を認めた事例が見られたものの、最高裁において証拠排除を認めることはありませんでした。本判決は、最高裁がはじめて証拠排除を認めた事例です。

　判示事項は、

〈1〉　逮捕当日に採取された被疑者の尿に関する鑑定書の証拠能力が逮捕手続に重大な違法があるとして否定された事例
〈2〉　捜索差押許可状の発付に当たり疎明資料とされた被疑者の尿に関する鑑定

> 書が違法収集証拠として証拠能力を否定される場合において同許可状に基づく捜索により発見押収された覚せい剤の証拠能力が肯定された事例

ですから，いずれも事例判断ですね。

1と2はどう違うのでしょうか。1はいわゆる違法収集証拠，すなわち，違法な手続きによって直接得られた証拠であり，2は2次証拠，すなわち，違法収集証拠に基づいて得られた証拠（いわゆる毒樹の果実）です。2は，もとになった証拠は違法に収集されたとしても，問題の証拠の収集過程には違法はない場合なのです。

2 問題となった違法な手続

違法な逮捕手続とはどのようなものだったのでしょうか。判決に示された事実関係を読む必要がありますね。

逮捕の経緯は次のとおりです。

> （1）被告人に対しては，かねて窃盗の被疑事実による逮捕状（以下「本件逮捕状」という。）が発付されていたところ，平成10年5月1日朝，滋賀県大津警察署の警部補A外2名の警察官は，被告人の動向を視察し，その身柄を確保するため，本件逮捕状を携行しないで同署から警察車両で三重県上野市内の被告人方に赴いた。
> （2）上記警察官3名は，被告人方前で被告人を発見して，任意同行に応ずるよう説得したところ，被告人は，警察官に逮捕状を見せるよう要求して任意同行に応じず，突然逃走して，隣家の敷地内に逃げ込んだ。
> （3）被告人は，その後，隣家の敷地を出て来たところを上記警察官3名に追いかけられ，更に逃走したが，同日午前8時25分ころ，被告人方付近の路上（以下「本件現場」という。）で上記警察官3名に制圧され，片手錠を掛けられて捕縛用のロープを身体に巻かれ，逮捕された。
> （4）被告人は，被告人方付近の物干し台のポールにしがみついて抵抗したものの，上記警察官3名にポールから引き離されるなどして警察車両まで連れて来られ，同車両で大津警察署に連行され，同日午前11時ころ同署に到着した後，間もなく警察官から本件逮捕状を呈示された。

逮捕状を持たないで被疑者を逮捕する手続は刑訴法にありましたね。逮捕状の緊急執行です。201条が準用する73条3項によれば，逮捕状が出ている旨と

被疑事実の要旨を告げて逮捕し，逮捕後速やかに逮捕状を示せばよいのです。

したがって，ここまでの手続きに瑕疵があるとすれば，被疑者を逮捕する際に被疑事実の要旨と逮捕状が出ている旨を告知しなかったというのにとどまります。「逮捕状を見せろ」という発言があったようですから，おそらく逮捕状が出ている旨は告げられているでしょうし，任意同行を求めているのですから，何の件かが相手に伝わる程度の発言もあったのではないかと思われます。

したがって，これが，逮捕状の緊急執行であったと考えればここまでの違法はそれほど重大なものではないように思われます。

最高裁は，逮捕後の経過についてさらに判示しています。

（5）本件逮捕状には，同日午前8時25分ころ，本件現場において本件逮捕状を呈示して被告人を逮捕した旨のA警察官作成名義の記載があり，さらに，同警察官は，同日付けでこれと同旨の記載のある捜査報告書を作成した。

ここに第2の違法があります。逮捕した場合逮捕状の逮捕の年月日時・場所欄に必要事項を記入し，また，逮捕の状況を記載した逮捕手続書・捜査報告書を作成するのですが，本件の警察官は，逮捕状を示して逮捕したという事実に反する記載をしてしまったのです。「虚偽公文書作成」ですね。

逮捕後行われた手続きは次のようなものです。

（6）被告人は，同日午後7時10分ころ，大津警察署内で任意の採尿に応じたが，その際，被告人に対し強制が加えられることはなかった。被告人の尿について滋賀県警察本部刑事部科学捜査研究所研究員が鑑定したところ，覚せい剤成分が検出された。

（7）同月6日，大津簡易裁判所裁判官から，被告人に対する覚せい剤取締法違反被疑事件について被告人方を捜索すべき場所とする捜索差押許可状が発付され，既に発付されていた被告人に対する窃盗被疑事件についての捜索差押許可状と併せて同日執行され，被告人方の捜索が行われた結果，被告人方からビニール袋入り覚せい剤1袋（以下「本件覚せい剤」という。）が発見されて差し押さえられた。

この結果，被告人は，覚せい剤の使用・所持及び窃盗によって起訴されたのです。

公判において，逮捕手続きの違法性が争われました。

被告人側から，逮捕時に本件現場において逮捕状が呈示されなかった旨の主張がされたのに対し，前記3名の警察官は，証人として，本件逮捕状を本件現場で被告人に示すとともに被疑事実の要旨を読み聞かせた旨の証言をしました。原審は，上記証言を信用せず，警察官は本件逮捕状を本件現場に携行していなかったし，逮捕時に本件逮捕状が呈示されなかったと認定したのです。

この原審認定は最高裁も認めています。そうすると，ここで，第3の違法がありますね。警察官は，逮捕状を携行していなかったのに携行し逮捕時に呈示したと証言したのです。「偽証」ですね。

このように，出だしは，逮捕状の緊急執行の手続中「被疑事実の要旨及び逮捕状が出ている旨の告知」が不十分だったという一つのミスだったのですが，これを糊塗するため次々に違法が重ねられました。

③ 逮捕と採尿の違法性についての判断

最高裁は，まず，逮捕手続きの違法が重大なものであったと断じました。

1　本件逮捕には，逮捕時に逮捕状の呈示がなく，逮捕状の緊急執行もされていない（逮捕状の緊急執行の手続が執られていないことは，本件の経過から明らかである。）という手続的な違法があるが，それにとどまらず，警察官は，その手続的な違法を糊塗するため，前記のとおり，逮捕状へ虚偽事項を記入し，内容虚偽の捜査報告書を作成し，更には，公判廷において事実と反する証言をしているのであって，本件の経緯全体を通して表れたこのような警察官の態度を総合的に考慮すれば，本件逮捕手続の違法の程度は，令状主義の精神を潜脱し，没却するような重大なものであると評価されてもやむを得ないものといわざるを得ない。そして，このような違法な逮捕に密接に関連する証拠を許容することは，将来における違法捜査抑制の見地からも相当でないと認められるから，その証拠能力を否定すべきである。

2　前記のとおり，本件採尿は，本件逮捕の当日にされたものであり，その尿は，上記のとおり重大な違法があると評価される本件逮捕と密接な関連を有する証拠であるというべきである。また，その鑑定書も，同様な評価を与えられるべきものである。

したがって，原判決の判断は，上記鑑定書の証拠能力を否定した点に関する限り，相当である。（下線筆者）

第11章 証拠法の原則に関する判例

「本件の経緯全体を通して表れたこのような警察官の態度を総合的に考慮すれば」とはどういう意味でしょうか。

問題の警察官の重大な違法は，虚偽の書類を作成したり，公判で嘘の証言をしたりしたことです。つまり，逮捕自体の違法ではないですね。先に検討したとおり，逮捕のみを考えれば，その違法が令状主義の精神を没却するような重大な違法だとはいえないように思えます。

それでは，後の違法が前の手続きになぜ影響するのでしょうか。逮捕手続きだけではなく，その後に違法を重ねた「警察官の態度」を考え，令状主義を遵守する逮捕手続きをとらなかったばかりでなく，その違法を隠すためには違法を重ねるという警察官はそもそも，逮捕の際に令状主義の精神を全く無視する態度であったと評価できるというのです。

これまでも，最高裁は，「令状主義の精神を没却する」かどうかについて，警察官の令状主義を潜脱する意図の有無を重要な判断基準としてきましたが，ここでも，その後の警察官の態度を，逮捕当時の警察官の令状主義を潜脱する意図の存在の判断資料としているのです。

この判示部分にはもう一つ大切なところがあります。

本来，証拠物が違法に収集されたかどうかというのは，その証拠物の押収手続きの違法を考えるはずです。しかし，本件では，尿の任意提出そのものに問題はないようです。しかし，違法な逮捕直後の尿の任意提出ですから，逮捕の違法性が尿の採取手続きに直接，強く影響しており，したがって，押収手続きに違法があったと同じように考えるのです。

そこで，最高裁は，「重大な違法があると評価される本件逮捕と密接な関連を有する証拠」として，尿の証拠能力を否定し，尿の鑑定書については，「同様な評価を与えられる」というのです。この場合，尿が1次証拠で，鑑定書を2次証拠と考えているのでないことに留意しましょう。

④ 違法に収集された証拠と派生証拠

何が1次証拠で何が2次証拠かについて，もう少し検討しておきましょう。

昭和53年9月7日判決（11-7）は，ポケットに手を入れるという違法な捜索によって得られた証拠物についての判断でした。本判決の尿（証拠物）は，違

法な逮捕下ではあるものの被告人が任意に提出したものです。違法手続きそのものによって得られた証拠ではありませんね。本判決は,「重大な違法がある逮捕と密接な関連を有する証拠」であるからとしてこの尿を1次証拠として取り扱っています。違法手続きと収集された証拠の関係については,**同一目的,直接利用**という判断基準を**最判昭61・4・25刑集40巻3号215頁**（3-7）が示しています。この言葉は判示事項にはないものの，判決文にあげられています（3-7にこの部分を引用してあります）。

　このような場合には，違法な逮捕→適法な採尿→証拠物の獲得という段階を経た2次証拠としてではなく，一連の手続きとして考えて1次証拠であるとして，その違法が証拠を排除する程度のものかどうかを考えるのです。

　鑑定書も同じですね。違法に収集された尿→適法な鑑定嘱託→鑑定書の獲得という2段階による2次証拠ではないのです。これは，本判決が「同様な評価を与えられる証拠」といっているとおりです。

5　毒樹の果実

　さて,「毒樹の果実」です。

　最高裁の判断は次のとおりです。

> 3　次に，本件覚せい剤は，被告人の覚せい剤使用を被疑事実とし，被告人方を捜索すべき場所として発付された捜索差押許可状に基づいて行われた捜索により発見されて差し押さえられたものであるが，上記捜索差押許可状は上記2の鑑定書を疎明資料として発付されたものであるから，証拠能力のない証拠と関連性を有する証拠というべきである。
>
> しかし，本件覚せい剤の差押えは，司法審査を経て発付された捜索差押許可状によってされたものであること，逮捕前に適法に発付されていた被告人に対する窃盗事件についての捜索差押許可状の執行と併せて行われたものであることなど，本件の諸事情にかんがみると，本件覚せい剤の差押えと上記2の鑑定書との関連性は密接なものではないというべきである。したがって，本件覚せい剤及びこれに関する鑑定書については，その収集手続に重大な違法があるとまではいえず，その他，これらの証拠の重要性等諸般の事情を総合すると，その証拠能力を否定することはできない。

第11章　証拠法の原則に関する判例

　２次証拠である自宅で所持していた覚せい剤については，違法な鑑定書を疎明資料としたとはいえ①司法審査を経て発付された捜索差押許可状によること，②すでに適法に発付された窃盗事件の捜索差押許可状が同時に執行されたことの２点を挙げて，「収集手続に重大な違法があるとまではいえない」と判断していますね。①も，②も２次証拠の証拠能力を肯定する根拠となるものですが，本件は事例判断なので，①又は②のいずれか１つの事情だけで，証拠能力を肯定することになるかどうかまでははっきりしません。

　類似の事例の解決に当たっては，できる限り証拠能力が肯定できる事情を探して取り上げた上で，証拠能力を否定すべきかどうかを検討すればよいでしょう。

　この事件は原審（控訴審）が尿及びその鑑定書だけではなく，覚せい剤の証拠能力も否定し，覚せい剤の使用及び所持について無罪を言い渡したのですが，最高裁は上記のように判断して原判決を破棄して差し戻しました。事件は，使用については無罪が維持されましたが所持について有罪判決が言い渡されて確定しています。

11-9　最大判平7・2・22刑集49巻2号1頁

1　判示事項はなにか

　いわゆるロッキード事件の上告審判決です。

　判示事項は２つあり，１つは内閣総理大臣の職務権限に関するものです。これは，刑法の解釈問題ですから，省略しますが，重要な判例ですし，行政法の勉強にもなるのでぜひよく読んでください。

　ここでは，刑訴法に関する判示事項

> いわゆる刑事免責を付与して得られた供述を録取した嘱託証人尋問調書の証拠能力

について判決を検討することにしましょう。

　判決要旨はとても簡単です。

> 刑訴法はいわゆる刑事免責の制度を採用しておらず，刑事免責を付与して得られた供述を録取した嘱託証人尋問調書を事実認定の証拠とすることは許容されない。

というのです。

2 事案の経緯

　ロッキード事件といってもかなり古い事件なので，知らない人も多いでしょう。日本の航空機の選択を巡って時の内閣総理大臣が賄賂を受け取ったという大事件だったのです。この事件を解明するには，贈賄側のアメリカ合衆国航空会社幹部の供述が不可欠でした。そこで，次のような手続が取られたのです。なお，この当時には「国際捜査共助法」が制定されていなかったことを念頭に置いてください。

> 　東京地方検察庁検察官は，東京地方裁判所裁判官に対し，被告人檜山廣外2名に対する贈賄及び氏名不詳者数名に対する収賄等を被疑事実として，刑訴法226条に基づき，当時アメリカ合衆国に在住したコーチャン，クラッターらに対する証人尋問を，国際司法共助として同国の管轄司法機関に嘱託してされたい旨請求した。右請求に際して，検事総長は，本件証人の証言内容等に仮に日本国法規に抵触するものがあるとしても，証言した事項について右証人らを刑訴法248条により起訴を猶予するよう東京地方検察庁検事正に指示した旨の宣明書を，また，東京地方検察庁検事正は，右指示内容と同じく証人らを同条により起訴を猶予する旨の宣明書を発しており，東京地方裁判所裁判官は，アメリカ合衆国の管轄司法機関に対し，右宣明の趣旨をコーチャンらに告げて証人尋問されたいとの検察官の要請を付記して，コーチャンらに対する証人尋問を嘱託した。これを受けた同国の管轄司法機関であるカリフォルニア州中央地区連邦地方裁判所は，本件証人尋問を主宰する執行官（コミッショナー）を任命し，まず，コーチャンに対する証人尋問が開始されたが，その際，コーチャンが日本国において刑事訴追を受けるおそれがあることを理由に証言を拒否し，クラッターらも同様の意向を表明し，前記検事総長及びその指示に基づく東京地方検察庁検事正の各宣明によって日本国の法規上適法に刑事免責が付与されたか否かが争われたところから，右連邦地方裁判所ファーガソン判事が，コーチャンらに対する証人尋問を命じるとともに，日本国において公訴を提起されることがない旨を明確にした最高裁判所のオーダー又はルールが提出されるまで本件嘱

第11章 証拠法の原則に関する判例

託に基づく証人尋問調書の伝達をしてはならない旨裁定した。そこで，検事総長が改めてコーチャンらに対しては将来にわたり公訴を提起しないことを確約する旨の宣明をし，最高裁判所は検事総長の右確約が将来にわたり我が国の検察官によって遵守される旨の宣明をし，これらが右連邦地方裁判所に伝達された。これによって，以後コーチャンらに対する証人尋問が行われ，既に作成されていたものを含め，同人らの証人尋問調書が順次我が国に送付された。

　検事総長，東京地検検事正のみならず，最高裁判所までを巻き込んだ「不起訴確約」だったのです。
　コーチャンらの供述を得ることが不可欠であったのですが，コーチャンらは刑事免責を得なければ供述をしない旨を明らかにしており，我が国には刑事免責の制度がなかったことからとられた苦肉の策ともいえそうですが，刑訴法248条によって検察官が有する裁量権に基づき，あらかじめ不起訴の方針を明らかにすることも許されると考えたのです。最高裁も検事総長の不起訴確約が将来にわたって遵守される旨の宣明をしたのですから，この考え方を是認していたといえそうですね。

③ 不起訴確約の法的性質

　それでは，この「不起訴確約」とはどのようなものだったのか，大法廷は次のように述べます。

　右のような経緯にかんがみると，前記の検事総長及び東京地方検察庁検事正の各宣明は，コーチャンらの証言を法律上強制する目的の下に，同人らに対し，我が国において，その証言内容等に関し，将来にわたり公訴を提起しない旨を確約したものであって，これによって，いわゆる刑事免責が付与されたものとして，コーチャンらの証言が得られ，本件嘱託証人尋問調書が作成，送付されるに至ったものと解される。

　事実を確認し，その事実に基づいてこれが法的にはどのような意味があるかを考えたわけですね。
　当時わが国ではこれを刑訴法248条の裁量権の行使と考えたのですが，大法廷は，これを「刑事免責の付与」であると断じました。

4 刑事免責は認められるか

それでは，我が国で，刑事免責を付与して得られた証拠の証拠能力をどのように考えればよいのでしょうか。

大法廷は，まず，原則を考えます。

> 「事実の認定は，証拠による」（刑訴法317条）とされているところ，その証拠は，刑訴法の証拠能力に関する諸規定のほか，「刑事事件につき，公共の福祉の維持と個人の基本的人権の保障とを全うしつつ，事案の真相を明らかにし，刑罰法令を適正且つ迅速に適用実現することを目的とする」（同法1条）刑訴法全体の精神に照らし，事実認定の証拠とすることが許容されるものでなければならない。本件嘱託証人尋問調書についても，右の観点から検討する必要がある。（下線筆者）

この部分は，いわば，証拠法総論ともいえる部分です。刑訴法は証拠能力に関する諸規定として，自白法則（319条）と伝聞法則（320条～328条）しか規定しません。それでは，他に証拠能力を制限すべき場合がないのでしょうか。新しい問題に直面したときに，どのように考えればよいかが本判決に示されているのです。すなわち，刑訴法1条の目的を前提に，刑訴法全体の精神に照らして事実認定の証拠とすることが許容できるかどうかを考えればよいのです。

このような原則を明らかにした上で，大法廷は，本件の「刑事免責を付与した」供述について検討を行います。

> 1 刑事免責の制度は，自己負罪拒否特権に基づく証言拒否権の行使により犯罪事実の立証に必要な供述を獲得することができないという事態に対処するため，共犯等の関係にある者のうちの一部の者に対して刑事免責を付与することによって自己負罪拒否特権を失わせて供述を強制し，その供述を他の者の有罪を立証する証拠としようとする制度であって，本件証人尋問が嘱託されたアメリカ合衆国においては，一定の許容範囲，手続要件の下に採用され，制定法上確立した制度として機能しているものである。
> 2 我が国の憲法が，その刑事手続等に関する諸規定に照らし，このような制度の導入を否定しているものとまでは解されないが，刑訴法は，この制度に関する規定を置いていない。この制度は，前記のような合目的的な制度として機能する反面，犯罪に関係のある者の利害に直接関係し，刑事手続上重要な事項に影響を及ぼす制度であるところからすれば，これを採用するかどうかは，これを必要とする事情の

有無，公正な刑事手続の観点からの当否，国民の法感情からみて公正感に合致するかどうかなどの事情を慎重に考慮して決定されるべきものであり，これを採用するのであれば，その対象範囲，手続要件，効果等を明文をもって規定すべきものと解される。しかし，我が国の刑訴法は，この制度に関する規定を置いていないのであるから，結局，この制度を採用していないものというべきであり，刑事免責を付与して得られた供述を事実認定の証拠とすることは，許容されないものといわざるを得ない。

3　このことは，本件のように国際司法共助の過程で右制度を利用して獲得された証拠についても，全く同様であって，これを別異に解すべき理由はない。けだし，国際司法共助によって獲得された証拠であっても，それが我が国の刑事裁判上事実認定の証拠とすることができるかどうかは，我が国の刑訴法等の関係法令にのっとって決せられるべきものであって，我が国の刑訴法が刑事免責制度を採用していない前示のような趣旨にかんがみると，国際司法共助によって獲得された証拠であるからといって，これを事実認定の証拠とすることは許容されないものといわざるを得ないからである。

　1は，刑事免責とは何かについて明らかにしています。先に検事総長の不起訴宣明等について，刑事免責を付与したものと断じているので，1については，若干論旨が前後するようにも見えますね。

　しかし，まず，具体的な調書について，「これは，まさに刑事免責を付与して得た供述ではないか。それは我が国で許容されるのだろうか。」という問題提起を行い，次にこの段落1から3において，抽象的・一般的に刑事免責と我が国における許容性を論じているのですから，自然に読めると思います。

　2はとても大切です。

　まず，刑事免責制度を採用することが憲法上許されるかどうかについて考えます。

　次に，刑事免責制度の採用は，刑訴法に対象範囲，手続要件，効果等を明文をもって規定すべきであるとします。ここで，刑事免責制度のプラス面とマイナス面を考慮していますね。重要な事柄ですから，国権の最高機関である国会において審議し，法律を以て決定すべきであるというのは，強制捜査の定義においても出てきた考え方です。

　法律に明文の規定がないというだけで，直ちに他の法令の規定を運用するこ

とによって刑事免責と同様の効果を与えることが許されないという結論を導くことができるでしょうか。通信傍受法の制定前には，電話傍受を検証令状によって行ったように，現行法の枠内で行うことができるのであれば，それは許されるのではないでしょうか。少なくとも，この嘱託証人尋問当時の検察官，裁判所はそのように考えたのだと思います。

　大法廷は，これについて，「刑事手続上重要な事項に影響を及ぼす制度であるところからすれば，これを採用するかどうかは，これを必要とする事情の有無，公正な刑事手続の観点からの当否，国民の法感情からみて公正感に合致するかどうかなどの事情を慎重に考慮して決定されるべきもの」であり，刑事免責制度を採用していないということは，刑事免責を付与して得た証拠を許容しないということであると説明しています。単に法律に明文の規定がないからというのではありませんね。

　さらに，3では，国内で刑事免責による証拠を許容しない以上，国際司法共助によって得られた証拠についても，刑事免責によって得た証拠であれば，許容できないとしました。

　刑事免責制度のある米国においては，この嘱託尋問調書は適法に得られた証拠ということになります。しかし，「我が国の刑事裁判上事実認定の証拠とすることができるかどうかは，我が国の刑訴法等の関係法令にのっとって決められるべきものであ」るというのです。

　後に検討する大韓民国の公判調書に関する**最決平15・11・26刑集57巻10号1057頁**（12-4），米国の宣誓供述書に関する**最決平12・10・31刑集54巻8号735頁**（同）も，判示事項は全く異なりますが，同様の考え方をしているといえます。両決定ともに，単に，外国で適法に得られた供述であるというだけではなく，その供述のなされた情況を詳しく検討して証拠能力を判断しているのです。

　この1～3の部分の文章の組み立て方は，法律論を書く者として参考にできますね。

　このような検討をした上で，大法廷は次のように結論を述べます。

　以上を要するに，我が国の刑訴法は，刑事免責の制度を採用しておらず，刑事免責を付与して獲得された供述を事実認定の証拠とすることを許容していないものと

解すべきである以上，本件嘱託証人尋問調書については，その証拠能力を否定すべきものと解するのが相当である。

　本件調書は，刑事免責を付与して得た証拠である→証拠として許容できるかについては，刑訴法の精神全体から判断すべきである→わが国では刑事免責制度を採用せず，刑事免責を付与して得た証拠は許容しない→本件調書の証拠能力は否定すべきである，という論法は基本的なものですね。
　わが国の証拠法には自白法則と伝聞法則以外に証拠能力に関する明文の規定がありません。これまで判例が認めた証拠法の原則としては「違法収集証拠排除法則」があります。この判決も判例が認めた新しい証拠法の原則といえるでしょう。
　これらは，刑訴法の精神から導かれるものですから，伝聞法則等を考える前に，そもそも証拠として許容できるかを判断する基準であるといえます。

11－10　最決平12・7・17刑集54巻6号550頁

1　判示事項は何か

　DNA型鑑定に証拠能力が認められた事例として有名な判例です。
　判示事項は，

　いわゆるMCT118DNA型鑑定の証拠としての許容性

です。
　これについての最高裁の判断（決定要旨）は，

　科学的原理が理論的正確性を有するいわゆるMCT118DNA型鑑定は，技術を習得した者により，科学的に信頼される方法で実施された場合には証拠として用いることが許される

というものです。
　事件はわいせつ誘拐，殺人，死体遺棄事件という重大事件で，被告人が無期懲役に処せられた事件です。

2 最高裁の判断

　一審以来被告人は犯人性を争い，犯人性を認定する重要な証拠としてDNA型鑑定が採用されました。

　最高裁は，

> 　なお，本件で証拠の一つとして採用されたいわゆるMCT118DNA型鑑定は，その科学的原理が理論的正確性を有し，具体的な実施の方法も，その技術を習得した者により，科学的に信頼される方法で行われたと認められる。したがって，右鑑定の証拠価値については，その後の科学技術の発展により新たに解明された事項等も加味して慎重に検討されるべきであるが，なお，これを証拠として用いることが許されるとした原判断は相当である。（下線筆者）

と判示しました。下線の部分が決定要旨にはない部分です。

　新しい鑑定技法についての裁判所の慎重な姿勢がうかがえますね。

　整理すると，まず，科学的な鑑定については，

　　1　原理が理論的正確性を有する
　　2　具体的な実施方法が科学的に信頼される方法である
　　3　実施者が技術を習得している

との事情があれば，証拠として用いることができるということになります。

　もちろん，これは，MCT118DNA型鑑定という特定の鑑定方法について判示したものですから，これがそのまま他の鑑定に当てはまるわけではありませんが，他の鑑定についても1ないし3に準じて考えていけばよいでしょう。

　科学的捜査は，どんなに理論的に正確であり，実施の方法が信頼できても，その結果について裁判所の判断が拘束されるわけではありません。

　この決定の判示も2つの段階を追ってなされていることが分かります。すなわち，①上記1～3の事情によれば，「証拠として用いることが許される」という部分は，証拠能力を認めるかどうかの判断です。②裁判所は，証拠能力を認めた証拠について，その証拠を判断する（317条）のですが，この判断に当たっては，「その後の科学技術の発展により新たに解明された事項等も加味して慎重に検討されるべきである」と判示しているのです。この鑑定方法が生まれたてのほやほやのものだったことに留意したのでしょう。

したがって，DNA 型鑑定に限らず，裁判所が新しい鑑定方法を許容したからといってその後無条件で同種の鑑定が「証明力の高い」証拠として認められることにはならないのですから，鑑定を利用しようとする当事者は，証拠能力と認めた裁判例の後の当該鑑定手法に関する理論・技術の発展を明らかにして裁判所の証明力の判断に資する責任があるといえましょう。

この事件の DNA 鑑定結果については，再審請求において，現在の遙かに発達した鑑定技術による再鑑定が行われ，当時の鑑定結果が否定されるに至りました。最高裁が科学的鑑定の証拠価値について慎重に検討されるべきであると判示したとおりの展開になったわけですが，新しい科学捜査技法についての本決定の考え方自体は揺らがないものであると思われます。

3 鑑定についての判例

さて，このような鑑定の証拠能力が争われた先例も確認しておくことにしましょう。

（1） 筆跡鑑定に関する最決昭41・2・21判時450号60頁

所論は，いわゆる伝統的筆跡鑑定によった，E，I，H，T各鑑定人の鑑定が，鑑定人の主観と感を頼りにした客観性，科学性のないものであり，特定の文字について「相同性」のみを強調し，「相異性」「稀少性」「常同性」を無視してなされた信頼度のうすいものである旨，そしてこのことは近代統計学の観点からなされたS鑑定人の鑑定によっても明らかである旨を主張する。

しかしながら，いわゆる伝統的筆跡鑑定方法は，多分に鑑定人の経験と勘に頼るところがあり，ことの性質上，その証明力には自ら限界があるとしても，そのことから直ちに，この鑑定方法が非科学的で，不合理であるということはできないのであって，筆跡鑑定におけるこれまでの経験の集積と，その経験によって裏付けられた判断は，鑑定人の単なる主観にすぎないもの，といえないことはもちろんである。したがって，事実審裁判所の自由心証によって，これを罪証に供すると否とは，その専権に属することがらであるといわなければならない。

（2） 警察犬の臭気鑑別に関する最決昭62・3・3刑集41巻2号60頁

所論にかんがみ，警察犬による本件各臭気選別の結果を有罪認定の用に供した原

判決の当否について検討するに，記録によると，右の各臭気選別は，右選別につき専門的な知識と経験を有する指導手が，臭気選別能力が優れ，選別時において体調等も良好でその能力がよく保持されている警察犬を使用して実施したものであるとともに，臭気の採取，保管の過程や臭気選別の方法に不適切な点のないことが認められるから，本件各臭気選別の結果を有罪認定の用に供しうるとした原判断は正当である

（3） ポリグラフ検査に関する最決昭43・2・8刑集22巻2号55頁

　ポリグラフの検査結果を，被検査者の供述の信用性の有無の判断資料に供することは慎重な考慮を要するけれども，原審が，刑訴法326条1項の同意のあつた警視庁科学検査所長作成の昭和39年4月13日付ポリグラフ検査結果回答についてと題する書面〔鈴木貞夫作成の検査結果回答書添付のもの〕および警視庁科学検査所長作成の昭和39年4月14日付鑑定結果回答についてと題する書面〔鈴木貞夫作成のポリグラフ検査結果報告についてと題する書面添付のもの〕について，その作成されたときの情況等を考慮したうえ，相当と認めて，証拠能力を肯定したのは正当である。

第12章　伝聞法則に関する判例

12-1　最決昭57・12・17刑集36巻12号1022頁（１号書面）

1　判示事項
321条1項1号書面に関する基本的な判示をした判例です。

> 被告人以外の者に対する事件の公判調書中同人の被告人としての供述を録取した部分と刑訴法321条1項1号

という判示事項で，決定要旨は，

> 被告人以外の者に対する事件の公判調書中同人の被告人としての供述を録取した部分は，刑訴法321条1項1号の「裁判官の面前における供述を録取した書面」に含まれる。

です。
　決定文の理由を見ても，決定要旨とほぼ同文の判示があるだけです。

2　何が問題なのか
　弁護人は何が言いたかったのでしょうか。上告趣意を見ましょう。
　弁護人は，他事件における被告人質問調書について，刑事訴訟法321条1項1号書面としての証拠能力を認めるのは憲法37条2項に違反すると主張しました。1号書面が高い証拠能力を有するのは，宣誓した証言であるからであり，これに対し，黙秘権が保障され，偽証罪の制裁もない被告人質問調書には「信用性の状況的保障」がないという理由です。
　最高裁は，これに対して単に被告人質問調書も1号書面に含まれるとのべるだけで，理由を説明していません。この点について，原審（仙台高裁秋田地判昭56・8・25刑集36巻12号1028頁）はどのように判断したのでしょうか。

第12章　伝聞法則に関する判例

原審の判断は次のとおりです。

> ①　1号の「裁判官の面前における供述を録取した書面」とは，当該事件において作成されたものであると他事件において作成されたものであるとを問わない
> ②　裁判官の面前供述には宣誓をしないでなされた供述を録取した書面が多く存するのに，1号は特に宣誓を要件としていない
> ③　2号前段と1項前段が同一要件である。1号にのみ宣誓を要するとすると1号がより厳格となり不合理である
> ④　宣誓を要求するとすると，宣誓のない裁判官面前調書の取り扱いが宣誓のない2号，3号書面に比べて不合理である
> ⑤　我が国では宣誓のもつ効果はあまり期待できないのが実情であるから，宣誓の有無を問題にせず，公正な裁判官の面前供述であることをもって「信用性の状況的保障」を認めてよい（①〜⑤筆者）

「我が国では宣誓のもつ効果はあまり期待できないのが実情であるから」というのは，ちょっと言い過ぎですし，論理的でもないように思えますが，1号〜3号を整理して理解すれば，①〜③のとおりでしょう。裁判官の面前供述であることに信用性の状況的保障を求めているというのも，裁判官の面前供述→検察官の面前供述→その他の者の面前供述・供述書という3段階で信用性の状況的保障を考えている条文の構造によれば，裁判官面前供述にのみ宣誓供述であることを求めるのには無理があるでしょう。

とくに新しい判示でもなく，又異論もないところだと思われますが，321条1項各号の要件を整理するのによい機会でしょう。

12-2　最決平7・6・20刑集49巻6号741頁（退去強制と2号書面）

1　何を判示した判例か

321条1項2号前段書面についての判断です。
判示事項は，

> 〈1〉　退去強制によって出国した者の検察官に対する供述調書について証拠能力
> 〈2〉　退去強制によって出国した者の検察官に対する供述調書について証拠能力

が認められた事例

ですから，判示事項1は単なる事例判断ではなく，大切な判示であることが分かります。

決定要旨は，

《1》 退去強制によって出国した者の検察官に対する供述調書については，検察官において供述者がいずれ国外に退去させられ公判準備又は公判期日に供述することができなくなることを認識しながら殊更そのような事態を利用しようとした場合や，裁判官又は裁判所がその供述者について証人尋問の決定をしているにもかかわらず強制送還が行われた場合など，その供述調書を刑事訴訟法321条1項2号前段書面として証拠請求することが手続的正義の観点から公正さを欠くと認められるときは，これを事実認定の証拠とすることが許容されないこともある。

《2》 検察官において本件供述者が強制送還され将来公判準備又は公判期日に供述することができなくなるような事態を殊更利用しようとしたは認められず，本件に関連して同時期に強制送還された他の供述者については証拠保全としての証人尋問が行われており，本件供述者のうち，証拠保全請求があった1名については請求時に既に強制送還が行われたなどの判示の事実関係の下に置いては，本件供述者の検察官面前調書を証拠請求することが手続的正義の観点から公正さを欠くとは認められず，これを事実認定の証拠とすることは許容される。

です。

2　事実はどのようなものか

まず，事実を確認しておきましょう。

事案は「管理売春」です。なじみがない罪名かも知れませんね。売春防止法12条です。「人を自己の占有し，若しくは管理する場所又は自己の指定する場所に居住させ，これに売春をさせることを業とした者は，10年以下の懲役及び30万円以下の罰金に処する。」というものです。昔の，時代劇に出てくるような売春宿をイメージすればよいでしょう。

この被告人は，タイ人女性15名を自己の管理する場所に居住させて飲食店で売春をさせていたとして検挙されました。売春をしていたタイ人女性（売春防

止法では売春をした者は処罰対象ではありません）は皆不法滞在者でしたから，直ちに入管当局によって収容されました。入管当局は何をするのでしょうか。不法滞在も出入国管理及び難民認定法（入管法）に罰則がありますが，比較的短期の不法滞在者については，刑事手続きに付することなく，退去強制の手続きに入ります。退去強制手続きは，入管法に規定されていますので，読んでください。まず，入国管理局の収容施設に収容した上，手続きを進めるのです。不法滞在の事実があったかどうかを審理し，退去強制の事由があれば，退去強制令書により退去強制とします。多くの不法滞在者はパスポートを所持していませんから，その者の母国の在日大使館の領事に連絡を取り，パスポートの再発行又は帰国のための渡航書の発行を求めたり，帰国便の手配をしたりするのです。収容施設において人身を拘束するのですから，収容期間は必要最小限でなければなりません。

　これは，退去強制の対象者が我が国の刑事事件の重要な証人となる見込みがあっても変わることはありません。証人となる見込みがある，又は証人として採用されたといっても，わが国における滞在を認める方法はないのです。

　そこで，犯罪の立証に欠くことのできない知識を有する不法滞在者の場合，発覚後速やかに検察官がこれを取り調べます。事件が公判に付され，退去強制対象者が証人となることなく送還された場合，検察官調書を刑訴法321条1項2号前段の書面として証拠とすることになるのです。

　しかし，検察官はあらかじめ供述者が退去強制処分を受け帰国することを知りながら，検察官調書を作成するのです。同じ法務省所管の入国管理局において，刑事事件の証人となることがはっきりしている者の退去強制を急ぐとすれば，被告人の反対尋問権を奪うことになるのではないか，これが問題となったのです。

3　「2号前段書面」についての判断

　最高裁は，まず，321条1項2号前段について，次のように述べます。

> 刑訴法321条1項2号前段は，検察官面前調書について，その供述者が国外にいるため公判準備又は公判期日に供述することができないときは，これを証拠とする

ことができると規定し、右規定に該当すれば、証拠能力を付与すべきものとしている。しかし、右規定が同法320条の伝聞証拠禁止の例外を定めたものであり、憲法37条2項が被告人に証人審問権を保障している趣旨にもかんがみると、検察官面前調書が作成され証拠請求されるに至った事情や、供述者が国外にいることになった事由のいかんによっては、その検察官面前調書を常に右規定により証拠能力があるものとして事実認定の証拠とすることができるとすることには疑問の余地がある。

　321条1項2号前段は、供述者が国外にいるなど、供述不能であれば、それだけで検察官面前調書に証拠能力を認めるという規定です。1号と同じ要件で証拠能力を認めるのはおかしい、後段と同様に特に信用すべき状況の存在が要件であるべきだとする考え方もあります（本件1審の弁護人はそのように主張しました）が、後段のように「どちらが信用すべき状況か」を比較する相手がないのですから、文理上、そのような解釈は難しいでしょう。しかし、そうはいっても、国外にいさえすれば、無条件で証拠能力を認めるというのも、検察官の一方当事者としての地位を考えると躊躇があるというのでしょう。
　そこで、退去強制との関係を考えるのです。

　本件の場合、供述者らが国外にいることになった事由は退去強制によるものであるところ、退去強制は、出入国の公正な管理という行政目的を達成するために、入国管理当局が出入国管理及び難民認定法に基づき一定の要件の下に外国人を強制的に国外に退去させる行政処分であるが、同じく国家機関である検察官において当該外国人がいずれ国外に退去させられ公判準備又は公判期日に供述することができなくなることを認識しながら殊更そのような事態を利用しようとした場合はもちろん、裁判官又は裁判所が当該外国人について証人尋問の決定をしているにもかかわらず強制送還が行われた場合など、当該外国人の検察官面前調書を証拠請求することが手続的正義の観点から公正さを欠くと認められるときは、これを事実認定の証拠とすることが許容されないこともあり得るといわなければならない。

　「手続的正義の観点」というのがキーワードですね。
　検察官は、ほとんどの場合、供述者がいずれ退去強制処分を受けることは、分かっています。単に退去強制により公判準備又は公判期日に供述することができなくなることを認識しているだけでは問題ないのです。「殊更」これを利

用するという場合をいうのです。

　どのような場合に殊更利用といえるかについて最高裁は何も述べていませんが，問題になっているのが被告人の憲法の保障する証人審問権（37条2項）ですから，被告人（被疑者）が供述者に尋問を行うことができたのに，これを不当に奪うために退去強制手続きを利用するといったことが考えられるでしょう。もっとも，退去強制には，法定の手続きがありますから，検察官が同じ国家機関であるといってこの手続きを省略したり，とくに急がせたりすることができるとは考えにくく，実際に殊更利用する事態があるとすれば，被告人・被疑者及び弁護人が重要な証人となる可能性のある者の存在を全く知る機会がなく，検察官が証拠開示等によってその者の存在を明らかにすれば，弁護人側で証拠保全等の措置を講ずることができたのに，あえてその者の存在を隠し，公判で不意打ちで検察官面前調書を請求するといった場合が考えられるでしょう。

4　本件への当てはめ

　このように一般論を示した裁判所は次に本件についての判断に移ります。

> 　これを本件についてみるに，検察官において供述者らが強制送還され将来公判準備又は公判期日に供述することができなくなるような事態を殊更利用しようとしたとは認められず，また，本件では，前記13名のタイ国女性と同時期に収容されていた同国女性1名（同じく被告人らの下で就労していた者）について，弁護人の証拠保全請求に基づき裁判官が証人尋問の決定をし，その尋問が行われているのであり，前記13名のタイ国女性のうち弁護人から証拠保全請求があった他1名については，右請求時に既に強制送還されており，他の12名の女性については，証拠保全の請求がないまま強制送還されたというのであるから，本件検察官面前調書を証拠請求することが手続的正義の観点から公正さを欠くとは認められないのであって，これを事実認定の証拠とすることが許容されないものとはいえない。

　この事案は先に述べたように管理売春の事案です。被告人は，自己が管理する売春婦たちが，自己の犯罪の立証に重要であること，これらの者が不法滞在者で，発覚次第退去強制処分を受けることについてはよく理解していたのですから，これらの者を証人として審問したいのであれば，すぐにでも証拠保全の手続きをとることができたはずです。つまり，検察官だけがこれらの者の存在

を知っていたのではないのですから，検察官が退去強制を予想して検察官面前調書を作成する一方，弁護人も退去強制を予想した証拠保全措置を講ずることができた事案です。裁判所は，具体的に弁護人が1人について証拠保全請求をしていること，他の未送還の12名については証拠保全請求ができたにもかかわらず行っていないことを指摘し，「公正さを欠くとは認められない」との結論を下しました。

以下が結論です。

> したがって，本件検察官面前調書を刑訴法321条1項2号前段に該当する書面として，その証拠能力を認め，これを証拠として採用した第一審の措置を是認した原判断は，結論において正当である。

この判決は，一見すると検察官面前調書の証拠能力を認めるについて，検察官に厳しいもののようですが，実は，弁護人に厳しいものです。弁護人が「やればやれたのにやらなかった」という事情があれば，手続き的正義が問題になることはないのです。

この判決では，手続き的正義の観点から公正さを欠くことになる事情としてもう一つ「裁判官又は裁判所が当該外国人について証人尋問の決定をしているにもかかわらず強制送還が行われた場合」があげられています。しかし，不法滞在者が勾留中や受刑中の場合はともかく（この場合は，勾留や刑の執行が我が国にとどまる根拠となります），単に証人として採用されているというだけでは，その者を我が国に滞在を認める根拠とはならず，ましてや身柄の拘束である収容を本来の退去強制手続きに必要な期間を超えて続けることは認められないでしょう。この判示には疑問があります。これを認めるとすれば，証人採用された者について特別に滞在を認めるという立法措置が必要でしょう。

本判決には大野裁判官の補足意見があります。この問題についてわかりやすく整理してあり参考になるでしょう。

> 1　本件の基本的問題は，出入国の公正な管理を目的とする入国管理当局による退去強制の執行と，公共の福祉の維持と個人の基本的人権の保障とを全うしつつ事案の真相を明らかにすべき刑事裁判の要請とを，いかに調整するかにある。

出入国管理の行政上の必要が常に優先することになれば，犯罪の証明に必要な外国人を行政処分によって退去強制した場合でも，「国外にいる」ことを理由として，証拠法上の例外である伝聞供述を採用し，被告人の証人審問権が行使される機会を失わせることになり，手続的正義に反する結果になりかねない。しかし，他方，その外国人が被告人の証人審問権の対象となる可能性があるということを理由に不確定期間その者の収容を続けることも，当該外国人の人権はもとより，適正な出入国管理行政の見地からみても，妥当とはいえない。

入国管理当局による出入国の公正な管理という行政上の義務と刑事裁判における公正の観念及び真相究明の要請との間に調整点を求めることが必要である。

2　法廷意見は，手続的正義，公正の観点から，検察官において当該外国人がいずれ国外に退去させられ公判準備又は公判期日に供述することができなくなることを認識しながら殊更そのような事態を利用した場合はもちろん，裁判官又は裁判所が証人尋問の決定をしているにもかかわらず当該外国人が強制送還されてその証人尋問が不能となったような場合には，原則としてその者の検察官面前調書に証拠能力を認めるべきものでないとすることによって，出入国管理行政上の義務と刑事司法の要請に一つの調整点を示すものである。

3　もとより，被告人の証人尋問権の保障の趣旨からすれば，右調整は必ずしも十分ではない。特に，被疑者に国選弁護人制度が法定されず，現実に被疑者に弁護人がつくのは1，2割にすぎないと推量される今日の現状よりすれば，証拠保全手続に頼ることは至難であろう。また，起訴後といえども，弁護人が速やかに検察官から証拠開示を受け，収容中の外国人につき証拠保全を請求することの要否を早急に判断することも決して容易ではない。

検察官についても，犯罪の証明に欠くことのできない外国人について，その供述の信用性を確保するため，第一回公判期日前に証人尋問を行おうとしても，現行法制上，困難な問題がある。

今日のように外国人の出入国が日常化し，これに伴って外国人の関係する刑事裁判が増加することを刑訴法は予見しておらず，刑訴法と出入国管理及び難民認定法には，これらの問題について調整を図るような規定は置かれていない。このような法の不備は，基本的には速やかに立法により解決されるべきである。

しかしながら，現に生じている刑事司法における困難を放置しておくことは許されず，裁判所，検察官，弁護人ら訴訟関係者の努力と相互の協力により，でき得る限り退去強制される外国人に対する証人尋問の機会をつくるなど，公正の観念に基づく真相究明を尽くしていくほかはないと考えるものである。

第12章　伝聞法則に関する判例

5　関連する裁判例～手続的正義に反するか否かについての判断

　おなじころの下級審の判断を参考にしましょう。2つとも，2号書面として証拠能力を認めた事例です。

（1）　大阪地判平7・9・22判タ901号277頁

　記録及び関係証拠によれば，Eは，本件が発端となって発覚した同人自身の約1年間の不法残留の事実により，国外退去の強制命令を受け，平成6年3月11日に自費でペルーに出国したこと，ところで，これより先の同月7日の本件第1回公判期日において，検察官は前記検察官面前調書を含むEの捜査官に対する供述調書合計9通の取調べを請求したが，弁護人はそのいずれについても証拠とすることに同意しなかったこと，そのため，同期日において，検察官からEの証人申請がなされ，裁判所はこれを採用し，同年4月25日の第2回公判期日にEを喚問することになったこと，これに伴い，検察官においても，直ちに，3月8日から10日にかけ，Eに対し，同人を収容していた東日本入国管理センターを通じて，証人として出廷するよう要請したが，同センターの回答は，「パスポートを所持し既に出国のための航空券も自費で購入済みの者を同センターとして留め置くことはできない。本人も予定どおりの出国を希望している。」というものであったこと，そこで，裁判所は，同月10日，その旨を弁護人に連絡したところ，弁護人も，出国を理由にEを証人として尋問できなくても致し方ないと回答していたことがそれぞれ認められる。これらの事情に照らすと，本件では，検察官においてEが強制送還され将来公判準備又は公判期日に供述することができなくなるような事態を殊更利用しようとしたとは認められないのはもちろん，その後検察官がEの前記検察官面前調書を刑事訴訟法321条1項2号前段の書面として証拠請求したことが手続的正義の観点から公正さを欠くとも認められないから，裁判所が同調書を証拠採用したことは許容されるというべきである。ましてや，本件においては，裁判所がEの再来日の可能性を探り，同人に対する証人尋問の機会を得ようとして，右調書の証拠採用の時期を可能な限り遅らせるという配慮までしているのであって，本件事案の重大性やE供述の重要性を考慮しても，右調書の証拠採用に違法不当な点はなかったということができる。この点に関する弁護人の主張には理由がない。

（2）　東京高判平8・6・20判時1594号150頁

　原審がAの検察官面前調書4通の当該部分を証拠に採用した経緯は，次のとおり

第12章　伝聞法則に関する判例

である。
1　平成6年12月20日（以下「当日」という。）午前中に開かれた原審第1回公判において，検察官がAの検察官面前調書五通の証拠請求をしたのに対して，弁護人がいずれも一部不同意の意見を述べたので，同意部分のみが取り調べられた。検察官は，そのうちの1通（甲58号）の不同意部分の請求は撤回したが，その余の4通の不同意部分に関連してAの証人尋問を請求し，裁判所は，同人が近日中に強制送還される予定であることから，同月26日に東京入国管理局第二庁舎で証人尋問を実施する旨の決定をした。
2　公判終了後の当日午後零時20分ころ，検察官から，裁判所に対し，Aの強制送還の日が同月22日であることが判明したので証人尋問期日の変更を求めるが，東京拘置所側に職員及び車両が不足している事情があるため被告人を東京入国管理局第二庁舎に押送することはできない旨の連絡があった。
3　裁判所は，検察官から連絡を受けた10分後に，弁護人にその旨を伝え，弁護人から，被告人が立ち会わない証人尋問には問題があるが期日変更については異議がない旨の回答を得たので，当日付けで，証人尋問期日を同月21日午後1時30分に変更する旨の決定をした。
4　ところが，当日午後5時20分ころになって，弁護人から，裁判所に対し，被告人が立ち会わない証人尋問にはやはり問題がある旨の意見が出されたので，裁判所が，当日午後5時30分ころ，東京拘置所総務部庶務課あてに押送の能否について照会したところ，年末を控えて東京地方裁判所への押送件数が多く，職員及び車両が不足している状態にあるため東京入国管理局第二庁舎への押送は絶対にできないとの回答があった。
5　当日午後5時50分ころ，再び，弁護人から，裁判所に対し，（1）被告人自身に反対尋問の機会が与えられない，（2）通訳人の都合もあり弁護人が証人尋問期日までに被告人と十分に打合せをする時間がない，（3）弁護人の不十分な尋問により証人尋問を終了させると今後被告人との信頼関係に何らかの影響を与えかねない，との3点を理由に，同月21日証人尋問を行うことには異議がある旨の電話連絡があった。
6　この弁護人の意向を裁判所から伝えられた検察官は，当日午後6時ころ，Aの証人尋問請求を撤回し，裁判所は，当日付けで，さきにした採用決定を取消した（記録中の「証人尋問期日取消決定」には，検察官が証人尋問請求を撤回していることにかんがみ，証人採用決定自体の取消しも含むものと解される。）。
7　なお，Aは，平成6年12月15日，不法残留の罪により懲役1年執行猶予3年の

判決を受けたものであり，翌16日退去強制令書の発付を受け，同月22日，自費によりイラン・イスラム共和国に退去した。

8　検察官は，平成7年3月3日の原審第3回公判において，所論指摘のAの検察官面前調書4通の各不同意部分につき刑訴法321条1項2号前段を根拠にして証拠請求をした。裁判所は，同年5月11日の原審第5回公判において，弁護人の意見を聴いた上採用決定をし，弁護人の異議申立てを棄却してこれらを取り調べ，その後の同年7月18日の原審第8回公判における弁護人の証拠排除の申立ても容れなかった。

　以上の経緯に照らすと，検察官においてAが強制送還され将来公判準備又は公判期日に供述することができなくなるような事態を殊更利用しようとした事情は認められない。また，原審がAの裁判所外の証人尋問を決定した第1回公判の当日の段階では，既に同人に対する退去強制命令が発付され，出入国管理及び難民認定法52条4項による当日から2日後の自費退去が決まっていたこと，この事情を当日の公判終了後に知った検察官は，直ちに証人尋問期日の変更を求め，裁判所も，急ぎ弁護人の期日変更自体には異議がない旨の意見を聴いた上，当日付けで，Aの自費退去の前日に期日変更をしたものであって，検察官及び裁判所としては，できる限りの手段を講じたといえること，一方，翌日の東京入国管理局第二庁舎への被告人の押送を突然求められた東京拘置所が，職員及び車両の不足を理由にこれに応じられないとしたことをもって，一概に不当ということはできないこと，このような状況の下で，あくまでも被告人の立会いを求めると証人尋問の実施は法的に不可能であり，Aの出国により二度と反対尋問ができない結果になるから，被告人の立会いがなくても弁護人による反対尋問を行うことには十分な意味があり，かつ，弁護人及び被告人において，そのような方法を選択する余地がなかったわけではないことを併せ考えると，所論指摘のAの検察官面前調書4通の各不同意部分につき証拠請求をすることが手続的正義の観点から公正さを欠くとは認められないので，これらを刑訴法321条1項2号前段により証拠として採用した原審の措置に違法はない。

12－3　最判昭30・1・11刑集9巻1号14頁（2号後段書面）

1　何の判例か

　刑訴法321条1項2号後段についての判例です。
　判示事項は，

〈1〉 刑訴法第321条第1項第2号後段の調書の取調時期
〈2〉 同号但書にいわゆる「前の供述を信用すべき特別の情況」の判断

です。

2 判示事項〈1〉について

判決要旨は、

刑訴法第321条第1項第2号後段の調書の証拠調をその証人尋問期日の後の期日に行ったところで憲法第37条第2項に違反しない

というものです。

通常、同号後段書面は、証人尋問終了後、検察官が、証言と検察官調書の相反部分を明らかにした（両供述の問題となる部分を左右に並べて、相反性を明らかにします）上、前の供述を信用すべき特別の情況（相対的特信状況）の存在を記載した書面によって裁判所に提出することになりますから、この判示事項にあるとおり、証人尋問期日の後の期日に調べられることになります。なぜ、このような判断が必要だったのでしょうか。ちょっと腑に落ちないのではありませんか。

弁護人は、証人尋問を行ったときには検察官調書の証拠調べがなされていなかったから、反対尋問ができなかったと主張したのです。しかし、証人に十分に反対尋問をすることができるように、検察官調書はあらかじめ開示されているのが普通ですし、開示を請求すれば認められますから、弁護人の主張は失当でしょう。

3 判示事項〈2〉について

本判決が重要なのは、判示事項2です。判決要旨は、

同号但書にいわゆる「前の供述を信用すべき特別の情況」は必ずしも外部的な特別の事情によらなくても、その供述の内容自体によって判断することができる。

です。

判決文を確認すると,

> 刑訴321条1項2号は,伝聞証拠排斥に関する同320条の例外規定の一つであって,このような供述調書を証拠とする必要性とその証拠について反対尋問を経ないでも充分の信用性ある情況の存在をその理由とするものである。そして証人が検察官の面前調書と異った供述をしたことによりその必要性が充されるし,また必ずしも外部的な特別の事情でなくても,その供述の内容自体によってそれが信用性ある情況の存在を推知せしめる事由となると解すべきものである。

として,最判昭26・11・15刑集5巻12号2393頁を引用しています。これは,

> 刑訴第321条第1項第2号但書の規定の趣旨

を判示したもので,判決文は,

> 刑訴321条1項2号但書の規定は,検察官の面前における供述を録取した書面を証拠とするには,先ず公判準備又は公判期日において刑事被告人に対し該書面の供述者を審問する機会を充分に与えたことを前提とするものであり,現に本件においても第一審裁判所は所論検察官の作成した各供述調書の供述人根本三郎,同川上重之介をその公判廷(被告人両名の出頭している)において訊問し,被告人両名にも同証人等をそれぞれ審問する機会を十分に与えていること,記録上明らかであるから,原判決の説示は何等憲法37条2項の法意に反するところがない。
> また該書面の供述が公判準備又は公判期日における供述よりも信用すべき特別の情況存するか否かは結局事実審裁判所の裁量に任かされているものと解するを相当とする

というものです。

本判決が,これを受けて,さらに具体的な場合について判断したものであることが分かりますね。

12-4　最決平15・11・26刑集57巻10号1057頁

外国において得られた供述を記載した書面の証拠能力に関する判例の1つです。

第12章　伝聞法則に関する判例

1　判示事項と決定要旨

判示事項は，

> 大韓民国の裁判所に起訴された共犯者の公判廷における供述を記載した同国の公判調書と刑訴法321条1項3号にいう「特に信用すべき情況」

であり，決定要旨は，

> 大韓民国の裁判所に起訴された共犯者が，自らの意思で任意に供述できるよう手続的保障がされている同国の法令にのっとり，同国の裁判官，検察官及び弁護人が在廷する公開の法廷において，質問に対し陳述を拒否することができる旨告げられた上でした供述を記載した同国の公判調書は，刑訴法321条1項3号にいう「特に信用すべき情況」の下にされた供述を録取した書面に当たる。

です。

　321条1項1号にいう裁判官は，我が国の裁判官を指しますから，韓国の裁判官の面前供述は1号書面とはなりません。3号書面に該当すれば，証拠能力が認められることになりますから，同号の要件である「特に信用すべき情況」があるか否かを判断した事例にすぎないということになりますね。

　決定文も決定要旨とほとんど変わりません。したがって，321条1項の解釈を考えるのであれば，これで十分だということになります。

　しかし，犯罪が国際化している（あるいは，犯人の所在が国境を越える）現在，これがどういう事件でどういういきさつで韓国の公判調書が必要となったのかをフォローしておくことは法律実務家・実務家の卵としては有益でしょう。

2　判断のもととなった事実

　事案は，覚せい剤約100キログラムの密輸入です。中国船籍の貨物船に北朝鮮の港で覚せい剤100キロを「シジミ」入りの袋に隠匿して積み込んで我が国に運んで陸揚げしたのです。

　覚せい剤の密輸入と関税法の密輸入の違いについては，1審判決の「罪となるべき事実」を見て確認してください。3名の共犯者とともに100キロの覚せい剤を密輸入しようとしたのですね。

共犯者のうち「具箕本」は，韓国において，本件の覚せい剤の売買あっせんで有罪判決を受けましたが，韓国における公判において被告人との犯行の詳細を述べたのです。
　それによると，被告人は具に，自分が入手してくる覚せい剤の販売先を捜すように頼み，具は，日本の暴力団員である2名に連絡を取り，覚せい剤の取引を仲立ちしたのです。
　この供述がなぜ必要だったのでしょうか。被告人は，荷物が覚せい剤であることは知らなかったと主張し，共犯者との共謀を否認して争いました。共犯者は3名いたのですが，他の2名は韓国に逃亡し，犯行を否認していました。
　したがって，被告人らの共謀を直接立証する証拠として，具の供述はとても重要だったのです。

3　刑訴法321条1項3号該当性
　321条1項3号によって証拠能力を認めるためには，
　①　供述者が死亡，精神若しくは身体の故障，所在不明又は国外にいるため公判準備又は公判期日において供述することができない
　②　その供述が犯罪事実の存否の証明に欠くことができない
　③　その供述が特に信用すべき情況の下にされたものである
の要件が必要でしたね。
　2に挙げた事情で①，②の要件に該当することは特に問題はないでしょう。
　③の要件は**特信情況**，2号後段の要件と区別して**絶対的特信情況**といわれます。
　この決定が特信情況があると判断した根拠として挙げた事実は，決定要旨に挙げられたとおりです。
　最高裁が，単に韓国の公判手続によるというだけではなく，「自らの意思で任意に供述できる手続的保障」，「同国の裁判官，検察官及び弁護人が在廷する公開の法廷」，「質問に対し陳述を拒否することができる旨告げられた」という事実を挙げていることに注目しましょう。「特に信用すべき情況」とは，このように厳しいものだと考えているのです。3号書面の「特に信用すべき情況」該当性を検討する場合，この厳しい判示は参考にすべきでしょう。

なお，1審判決を見るとよく分かりますが，この具の供述について，裁判所は，まず，具が我が国の公判において供述することができないこと，本件において具供述が不可欠であることを認定した上で，上記のとおり特に信用すべき情況があるとして，証拠能力を認めました。この「特に信用すべき情況」というのは，供述をする情況についての判断であり，供述内容の信用性の判断ではないので，裁判所は，証拠能力を認めた具供述について，さらに信用性（証明力）の判断をしています。

　「証拠能力を認めるのに必要な特信性は認められるが，信用性は高くない」という場合もあります。具体的な事例にそって判断するときは，このような順に論じていく必要があるでしょう。

4　類似の判例～最決平12・10・31刑集54巻8号735頁

　類似の判例も確認しましょう。
　判示事項は

> 　国際捜査共助の要請に基づきアメリカ合衆国において作成された供述書が刑訴法321条1項3号の書面に当たるとされた事例

であり，決定要旨は

> 　日本国からアメリカ合衆国に対する捜査共助の要請に基づき，同国に在住する者が，黙秘権の告知を受け，同国の捜査官及び日本の検察官の質問に対して任意に供述し，公証人の面前において，偽証罪の制裁の下で，記載された供述内容が真実であることを言明する旨を記載するなどして作成した供述書は，刑訴法321条1項3号にいう特に信用すべき情況の下にされた供述に当たる。

　決定本文も，決定要旨とほとんどかわりません。供述者の名前が示されている以外，摘示された事実は全く同じです。
　考え方は15年決定と同じですね。黙秘権の保障のもとでの任意な供述であり，これを公証人の面前で真実である旨を確認する手続を踏んでいるという事実を示しています。この供述書の作成方法はアメリカ合衆国の法律に基づいたものであり，しかも，日米の捜査共助という適法な手続を踏んで行われていること

をもって「特に信用すべき状況」と認定しています。

弁護人は，「偽証罪の制裁」による供述強制ではないかと主張しましたが，供述自体は黙秘権の保障の元に任意になされており，偽証罪の制裁の下で述べたのは，前にした任意の供述が真実かどうかであるのですから，偽証罪の制裁はむしろ信用性を保障する情況ということになるのでしょう。

なお，弁護人は，このような宣誓供述書の証拠能力を認めた原判決は，嘱託尋問調書の証拠能力を否定した最大判平7・2・22刑集49巻2号1頁（ロッキード事件判決，11-10）に反すると主張しましたが，最高裁は事案を異にするとしてこの主張を排斥しています。

12-5 最判昭28・10・15刑集7巻10号1934頁（4項の準用）

判示事項

> 捜査機関の嘱託に基き作成された鑑定書と刑訴第321条第4項の準用

判決要旨

> 捜査機関の嘱託に基き作成された鑑定書には，裁判所が命じた鑑定人の作成した書面に関する刑訴第321条第4項を準用すべきものである。

という誰でも知っている判例ですね。判決理由を読んでも，要旨と変わりありません。

> また捜査機関の嘱託に基く鑑定書（刑訴223条）には，裁判所が命じた鑑定人の作成した書面に関する刑訴321条4項を準用すべきものである。

この原審（**東京高判昭28・3・15刑集7巻10号1937頁**）は，

> 刑事訴訟法第321条第4項に「鑑定の経過及び結果を記載した書面で鑑定人の作成したもの」というのは，裁判所が命じた鑑定人の作成した書面に限ることなく，捜査機関によつて嘱託された者の作成した書面をも包含するものと解するを相当とする。

でした。最高裁は，わざわざ，これを「準用」であるとしたのです。この結果，同項は，3項と異なり，医師の作成した診断書等，専門家の判断を記載した文書に広く準用されることになったのです。

一方，321条3項に関する判例に，**最判昭35・9・8刑集14巻11号1437頁**があります。

> 刑訴321条3項所定の書面には捜査機関が任意処分として行う検証の結果を記載したいわゆる実況見分調書も包含するものと介するを相当とし，かく解したからといつて同条項の規定が憲法37条2項前段に違反するものでない。

4項の判例と異なることが分かりますね。捜査機関が強制処分であると任意処分であると「検証」（検証の意義を思い出しましょう）の結果を記載したものは3項に含まれるというのです。これが，次の平成20年8月27日の判例につながります。

これらの判例は，その結論に達した理由を明らかにしていません。「なぜだろうか」は，自分で考える必要がありそうです。

12－6　最決平20・8・27刑集62巻7号2702頁

1 何を判断した判例か

新しい，とても重要な判例なので，ぜひ熟読しておきましょう。判例集に未登載でも登載が予定されている判例の判示事項や裁判要旨は，裁判所のホームページに載っていますから，日々新しい判例についてチェックする姿勢が必要です。

さて，本決定の判示事項は，

> 火災原因の調査，判定に関し特別の学識経験を有する私人が燃焼実験を行ってその考察結果を報告した書面について，刑訴法321条3項は準用できないが，同条4項の書面に準じて同項により証拠能力が認められるとされた事例

です。

この判示事項は，そのまま覚えるととても危険です。私人作成の実況見分の

結果を記載した書面は3項準用ではなく4項準用で証拠能力が認められるというようになりかねません。これは間違いです。

決定要旨を確認しましょう。この点がもう少しはっきりします。

> 火災原因の調査，判定に関し特別の学識経験を有する私人が燃焼実験を行ってその考察結果を報告した本件書面（判文参照）については，刑訴法321条3項所定の書面の作成主体が「検察官，検察事務官又は司法警察職員」と規定されていること及びその趣旨に照らし同項の準用はできないが，同条4項の書面に準ずるものとして同項により証拠能力を有する。

「3項ではないが4項ならよい」というのではなく，書面（供述）の性質をきちんと考えているらしいですね。したがって，書面の内容を確認しなければ，本決定を十分に理解することは困難です。

2 問題になった書面の内容

どのような書面が問題になったのか，決定文を読みましょう。

> 記録によれば，本件の第1審公判において，本件非現住建造物等放火罪に係る火災の原因に関する「燃焼実験報告書」と題する書面の抄本（第1審甲100号証。以下「本件報告書抄本」という。）が，その作成者の証人尋問の後に，同法321条3項により採用されたところ，上記作成者は，私人であることが明らかである。原判決は，本件報告書抄本が，火災原因の調査を多数行ってきた会社において，福岡県消防学校の依頼を受けて燃焼実験を行い，これに基づく考察の結果を報告したものであり，実際に実験を担当した上記作成者は，消防士として15年間の勤務経験があり，通算約20年にわたって火災原因の調査，判定に携わってきた者であることから，本件報告書抄本は，捜査機関の実況見分に準ずるだけの客観性，業務性が認められ，同項を準用して証拠能力を認めるのが相当である旨判示した。（下線筆者）

原判決の判断の根拠も分かりましたね。原判決も，単に検証と同じ性質だから3項を準用するとしているのではないのです。作成者が捜査機関に準ずる専門家であることが準用の根拠となっているのです。つまり，まったくの素人の実験ではなく，火災の専門家の実験結果だったのですね。

3 私人作成書面についての321条3項の準用の可否

　しかし，なぜ，321条3項の準用が問題となったのでしょうか。

　火災の原因の調査，特に，放火犯人の自白のとおりの方法で実際に起きたとおり火災が起こるかどうかを判断するために，火災の再現実験を行うというのは，ごく基礎的・一般的な捜査方法です。通常は，警察の鑑識係や警察の科学捜査研究所が実験を行います。

　この「実験結果」は検証（実況見分）なのでしょうか，それとも，鑑定なのでしょうか。

　検証（実況見分）と鑑定の意義を考えれば答えは分かりますね。

　検証（実況見分）とは，物，場所又は人について，その存在や状態等を五官の作用により認識する処分，鑑定とは，特別の知識経験に基づく判断をいいますね。そこで，燃焼実験の結果も，単に火災を再現して，その状況を認識したにとどまるのであれば，検証（実況見分），火災に関する専門的知識経験にもとづいて実験を行い，火災原因等についての判断を加えたものであれば，鑑定ということになるでしょう。問題は，「実験」の性質・内容なのです。

　本件の実験は民間人（といっても消防署のOBですが）によるところがちょっと違いますね。この点について，最高裁はどう判断したのでしょうか。

> 　しかしながら，同項所定の書面の作成主体は「検察官，検察事務官又は司法警察職員」とされているのであり，かかる規定の<u>文言及びその趣旨に照らす</u>ならば，本件報告書抄本のような私人作成の書面に同項を準用することはできないと解するのが相当である。（原判断には，この点において法令の解釈適用に誤りがあるといわざるを得ない）（下線筆者）

　これは，とても重要な判断です。

　321条3項は，「検察官，検察事務官又は司法警察職員の検証の結果を記載した書面」についての規定ですが，強制処分である検証だけではなく，同じ性質の任意処分である実況見分の結果を記載した書面も同項の書面に含まれると解されていますね（**最判昭35・9・8刑集14巻11号1437頁**など。「準用」ではなく「包含」です。）。

　後に見るように，同条4項は，専門家である私人による鑑定の結果に準用さ

れますから，同様に，私人が検証の性質の調査を行いその結果を書面に記載した場合，同条3項を準用することができるのではないかという見解も有力でした。同条3項が，物，場所又は人について，その存在や状態等を五官の作用により認識するという処分の性質を重視するのであれば，主体が捜査機関でない場合にも準用できると考えるのです。

これについて最高裁は主体が捜査機関とされている文言及び趣旨によれば，私人に準用の余地はないと，明確な判断を示したのです。

最高裁は，「趣旨」とはどのようなものかは明言しませんでしたが，3項は捜査機関の職責を重視してその作成主体を限定したものだと考えたのでしょう。

まず，この点については，しっかり覚えておくことが必要です。

4　4項準用の可否

第2の点が，同条4項を準用するという判断です。

同項は「鑑定の経過及び結果を記載した書面で鑑定人の作成したもの」という書き方をしていますから，**鑑定人**，すなわち裁判所が鑑定を命じた者の作成した鑑定書が同項の対象であることは文言上明らかです。

しかし，裁判所は，捜査機関の嘱託による鑑定受託者作成の鑑定書（**最判昭28・10・15刑集7巻10号1934頁**），医師作成の診断書（**最判昭32・7・25刑集11巻7号2025頁**）など，専門家の判断の報告については，321条4項を準用してきました。裁判所は，捜査機関だとか，公務員だというその立場によって鑑定を命じるのではなく，あくまでその者の専門性に着目して鑑定を命じるのですから，「専門家が作成した，その専門による判断を記載した書面」の性質自体は，鑑定人が作成しようと，それ以外の専門家が作成しようと変わりがないと考えます。本件の「報告書」についても，その内容を検討して同項の準用が認められるとしているのです。

> 上記証人尋問の結果によれば，上記作成者は，火災原因の調査，判定に関して特別の学識経験を有するものであり，本件報告書抄本は，同人が，かかる学識経験に基づいて燃焼実験を行い，その考察結果を報告したものであって，かつ，その作成の真正についても立証されていると認められるから，結局，本件報告書抄本は，同法321条4項の書面に準ずるものとして同項により証拠能力を有するというべきで

第12章 伝聞法則に関する判例

あり，前記法令違反は，判決に影響を及ぼすものではない。(下線筆者)

「3項準用では認められないが4項準用で認められる」というのではなく，「3項の準用は認めない」と「鑑定の性質を有する書面には4項準用を認める」という独立した2つの判断であったのです。

さて，この最高裁の判断は正確に理解するのが大切ですね。

この決定によって弁護人から3項準用書面を作成提出する道は閉ざされました。では，どうすればよいのでしょうか。純粋に「検証」の性質を有する証拠が必要であれば，裁判所に検証を請求するほかありません。しかし，「検証」というのは，何らかの判断の基礎とするために行うものですから，その判断を専門家が行うという内容であれば，証拠能力が認められることになるのです。効果的な弁護を行うためにも新判例を理解・咀嚼することが必要であることが分かるでしょう。

12-7 最決平17・9・27刑集59巻7号753頁

1 何が問題となったか

いわゆる「再現実況見分調書」の証拠能力についての重要な判断をしたもので，実務に大きな影響を与えた判例です。

事案は，迷惑条例違反（電車内のちかん行為）と器物損壊（ちかん行為によって逮捕されたことに立腹して交番のガラスを蹴って損壊した）というものです。被告人は，捜査段階で自白したものの，公判においては否認に転じました。1審は，証人（被害者）の供述と被告人の供述を詳細に検討し，被告人のちかん行為を認め，罰金刑を言い渡しました。被告人は控訴し，事実誤認と量刑不当の主張をしましたが認められず，控訴は棄却されたのです。

被告人が上告し，最高裁は，適法な上告理由がないとして上告を棄却したのですが，職権で再現実況見分調書の証拠能力について判断を示したのです。

判示事項は，

捜査官が被害者や被疑者に被害・犯行状況を再現させた結果を記録した実況見分調書等で実質上の要証事実が再現されたとおりの犯罪事実の存在であると解さ

れる書証の証拠能力

ですから，単なる事例判断でないことが分かります。
　決定要旨は，

> 捜査官が被害者や被疑者に被害・犯行状況を再現させた結果を記録した実況見分調書等で，実質上の要証事実が再現されたとおりの犯罪事実の存在であると解される書証が刑訴法326条の同意を得ずに証拠能力を具備するためには，同法321条3項所定の要件が満たされるほか，再現者の供述録取部分については，再現者が被告人以外の者である場合には同法321条1項2号ないし3号所定の要件が，再現者が被告人である場合には同法322条1項所定の要件が，写真部分については，署名押印の要件を除き供述録取部分と同様の要件が満たされる必要がある。

というのですが，これだけではよく分かりませんね。決定文をていねいに読んでいくことにしましょう。

2　事 実 関 係

　まず，事実関係です。

> 1　本件の第1審公判において，検察官は，第1審判決判示第1の事実に関し，立証趣旨を「被害再現状況」とする実況見分調書（第1審検第2号証。以下「本件実況見分調書」という。）及び立証趣旨を「犯行再現状況」とする写真撮影報告書（第1審検第13号証。以下「本件写真撮影報告書」という。）の証拠調べを請求した。
> 2　本件実況見分調書は，警察署の通路において，長いすの上に被害者と犯人役の女性警察官が並んで座り，被害者が電車内で隣に座った犯人から痴漢の被害を受けた状況を再現し，これを別の警察官が見分し，写真撮影するなどして記録したものである。同調書には，被害者の説明に沿って被害者と犯人役警察官の姿勢・動作等を順次撮影した写真12葉が，各説明文付きで添付されている。うち写真8葉の説明文には，被害者の被害状況についての供述が録取されている。
> 　本件写真撮影報告書は，警察署の取調室内において，並べて置いた2脚のパイプいすの一方に被告人が，他方に被害者役の男性警察官が座り，被告人が犯行状況を再現し，これを別の警察官が写真撮影するなどして，記録したものである。同調書には，被告人の説明に沿って被告人と被害者役警察官の姿勢・動作等を順次撮影し

第12章　伝聞法則に関する判例

> た写真10葉が，各説明文付きで添付されている。うち写真6葉の説明文には，被告人の犯行状況についての供述が録取されている。

　このような犯行再現，被害再現は，この決定が出るまで，捜査のルーティン・ワークともいえるものでした。

　ここに書かれた実況見分調書等がどのようなものか，想像してください。

　被害者が「私の身長は〇〇センチで座高は〇〇センチ，標準より少しやせています。」と言葉で説明しても，被害者が電車に座っている状況を目に浮かべることは難しく，まして，「電車に座っていたら，隣に犯人が座ったのです。犯人と私の間は拳一つより少し狭いくらいでした。」と言葉で説明しても，その状況を把握するのは困難ですね。被害者が実際に座席と同じ高さのいすに座ってその状況を再現すれば一目瞭然です。でも，立証趣旨にいう「犯行（被害）再現状況」というのは，何を指すのでしょうね。皆さんは，もっと具体的にこの再現調書で何が立証できるか考えてみてください。その上で最高裁の判示を読み進めることにしましょう。

　続く判示は1審におけるこれらの書証の取扱いです。

> 3　弁護人は，本件実況見分調書及び本件写真撮影報告書（以下併せて「本件両書証」という。）について，いずれも証拠とすることに不同意との意見を述べ，両書証の共通の作成者である警察官の証人尋問が実施された。同証人尋問終了後，検察官は，本件両書証につき，いずれも「刑訴法321条3項により取り調べられたい。」旨の意見を述べ，これに対し弁護人はいずれも「異議あり。」と述べたが，裁判所は，これらを証拠として採用して取り調べた。
> 　第1審判決は，本件両書証をいずれも証拠の標目欄に掲げており，これらを有罪認定の証拠にしたと認められる。また，原判決は，事実誤認の控訴趣意に対し，「証拠によれば，1審判決第1の事実を優に認めることができる。」と判示しており，前記控訴趣意に関し本件両書証も含めた証拠を判断の資料にしたと認められる。

　1審が判断の資料としたかどうかは，1審で取り調べられたかだけではなく，1審判決の「証拠の標目」にあげられているかどうかで判断しています。

　このような犯行再現調書の取扱いは，この決定が出るまでは普通に行われていたものです。書証の証拠能力は書証のタイトルによって決するものではなく，

「報告書」というタイトルの書証であっても，内容が単なる供述か，検証，鑑定の性質を有するものかによってそれぞれ321条1項2，3号，3項，4項に該当する書面として要件を検討するということは分かりますね。

3 本決定を理解するための参考判例〜最判昭36・5・26刑集15巻5号893頁

まず，被疑者や被害者等の立会を求めて行う通常の実況見分調書の証拠能力に関する基本的な判例を理解しておく必要があります。

現場指示と**現場供述**の違いを学んだことがあるでしょう。「私が横断歩行者に気づいたのはこの地点です。」という現場指示は単にその地点を特定するという意味しかありません。これに反して「私はこの地点で横断歩行者に気づきました」というのは，「この地点で立会人が横断歩行者に気づいた事実」を立証するもので，まさに供述であるということになります。

実況見分調書には，立会人の指示が「私はこの地点で横断歩行者に気づきました」という形式で記載される例も少なくありません。しかし，立証趣旨が（犯行）現場の状況である以上，供述形式で記載された指示説明も現場指示の限度で実況見分の一部（内容）として321条3項によって証拠能力を認めるという取扱いがされます。もっとも，これは，証拠法に習熟した職業裁判官であればできるとしても，裁判員にこのような判断を求めるのは難しいでしょう。裁判員制度の下での実況見分調書は，供述の形で現場指示の結果を記載することは避けるべきだといえます。

この点については，**最判昭36・5・26刑集15巻5号893頁**の判決理由を参照してください。同判決の判示事項は，

〈1〉 実況見分調書の証拠能力
〈2〉 実況見分調書における立会人の供述記載とその署名押印の要否
〈3〉 立会人の供述を記載した実況見分調書を証拠とすることと立会人喚問の要否

であり，要旨は，

《1》 捜査機関が任意処分として行う検証の結果を記載したいわゆる実況見分調

書は，たとえ被告人側においてこれを証拠とすることに同意しなくても，検証調書について刑訴第321条第3項に規定するところと同一の条件の下に，これを証拠とすることができる。
《2》 実況見分の手段として被疑者，被害者その他の者をこれに立ち会わせ，立会人の指示説明としてそれらの者の供述を聴きこれを記載した実況見分調書には右供述者の署名押印を必要としない。
《3》 右実況見分調書は，あらためてその立会人を公判期日において尋問する機会を被告人に与えなくても，これを証拠とすることができる。(下線筆者)

です。
　これをまず正確に理解しておく必要がありますね。

4　最高裁の判断
(1) 決定文を確認する

さて，本件の「再現実況見分の結果を記載した書面」について最高裁はどのように判断したのでしょうか。

　前記認定事実によれば，①本件両書証は，捜査官が，被害者や被疑者の供述内容を明確にすることを主たる目的にして，これらの者に被害・犯行状況について再現させた結果を記録したものと認められ，立証趣旨が「被害再現状況」，「犯行再現状況」とされていても，実質においては，再現されたとおりの犯罪事実の存在が要証事実になるものと解される。②このような内容の実況見分調書や写真撮影報告書等の証拠能力については，刑訴法326条の同意が得られない場合には，同法321条3項所定の要件を満たす必要があることはもとより，再現者の供述の録取部分及び写真については，再現者が被告人以外の者である場合には同法321条1項2号ないし3号所定の，被告人である場合には同法322条1項所定の要件を満たす必要があるというべきである。③もっとも，写真については，撮影，現像等の記録の過程が機械的操作によってなされることから前記各要件のうち再現者の署名押印は不要と解される。
　④本件両書証は，いずれも刑訴法321条3項所定の要件は満たしているものの，各再現者の供述録取部分については，いずれも再現者の署名押印を欠くため，その余の要件を検討するまでもなく証拠能力を有しない。また，本件写真撮影報告書中の写真は，記録上被告人が任意に犯行再現を行ったと認められるから，証拠能力を

有するが，本件実況見分調書中の写真は，署名押印を除く刑訴法321条1項3号所定の要件を満たしていないから，証拠能力を有しない。(①〜④筆者)

(2) 再現実況見分の要証事実

まず，①です。書証の証拠能力を検討する場合には，まず，「要証事実」を考えなければならないのは基本中の基本ですね。

最初に「犯行（被害）再現状況」というのは，具体的に何を立証しようとしているのか，考えて欲しいと書きました。皆さんはどう考えたでしょうか。これまで，検察官が証拠等関係カードに立証趣旨をこのように記載して再現調書の証拠請求をする例が少なからずありました。

では，犯行現場の状況について被疑者・被害者や目撃者を立会人として実況見分を行った場合の立証趣旨はどのように記載されるでしょうか。この場合，「犯行（被害，犯行目撃）状況」ではなく，「犯行現場の状況」とされるのが普通です。

これに対して，本件の再現調書について検察官は，立証趣旨を単に犯行現場の状況等とせずに，再現状況としていますから，通常の実況見分と異なる内容の立証をしようとしたのではないかと考えられます。

そこで，最高裁は，①において，「実質においては，再現されたとおりの犯罪事実の存在が要証事実になる」と判断しました。「再現状況」というのは，被疑者・被害者が犯行・被害状況を行動によって供述したという意味だというのです。

「実質において」という判断は，具体的事実に法を適用しようとする場合によく見られるものです。文言にとらわれず，法の精神に則って考えようというものです。ただ，法の趣旨や明文を離れて自分の結論を正当化するために使わないように気をつけましょう。

(3) 再現実況見分調書の証拠能力を認めるための要件

①のように立証趣旨を考えれば，その先の②は自動的に出てくるように見えるでしょう。

ここで気をつけなければならないのは，この決定の「321条3項所定の要件を満たす必要があることはもとより」という判示を忘れてはならないことです。

この部分は①から当然に導かれるものではありません。従来のこの種の書証が3項書面として認められていたとおり，犯行（被害）再現には，犯行（被害）時の位置関係などの客観的な状況を把握するという検証（実況見分）としての意義もあるのです。この決定は，最高裁が再現見分を再現者の「供述」であると認めた点に注目が集まりますが，実は，再現見分の検証（実況見分）としての性質をも認めたところにも意義があるのです。

（4）供述写真（ビデオ）への署名押印の要否

　③は，新しい判示です。単に写真（ビデオも同様でしょう）による供述には供述者の署名押印は不要であると丸暗記しないようにしましょう。この決定には，なぜ署名押印が不要なのかという理由が「撮影，現像等の記録の過程が機械的操作によってなされる」からであると説明されています。

　裏返せば，321条1項の供述録取書になぜ供述者の署名押印が求められているかを理解できることになりますね。

　供述ビデオについては，たとえば，**和歌山地決平14・3・22判タ1122号131頁**が

> 　刑事訴訟法が，供述録取書に供述者の署名押印を要求していることに照らせば，このような「供述映像」についても，物としてのビデオテープ自体への署名押印やそれに代わるような代替策が講じられるのが望ましいことはいうまでもない。

と判示するように，署名に代わる代替策が必要であるという考え方が強く，いろいろな方法が提案されてきました。本決定は，この問題を，そもそも署名押印を必要とする趣旨にさかのぼり，機械的な録取については，署名押印は不要であると明言したのです（なお，上記和歌山地裁決定の事案は証拠法を理解するのによい事案といえますので，本決定を踏まえて考えながら検討してください）。

5　本決定の意義

　この決定によって，犯行再現見分というのは，被疑者の再現写真を除いて証拠能力が認められる余地がなくなりました。そこで，現在は，再現見分を行い，これらの写真を供述調書に添付する（あるいは証人尋問において利用する）方法がとられるようです。

もっとも，本件において，検察官は，犯行現場そのものにおける実況見分ではないので，あえて「再現」と記しただけで，再現現場における供述内容を立証しようとする意図はなかったように思えます。もし検察官が立証趣旨において被疑者と被害者の位置関係等，検証の性質の内容のみを立証しようとしていることを明らかにすれば，また結論は異なったかもしれません。

本件は，供述を含む再現見分が安易に3項書面として採用されるそれまでの実務に警鐘を鳴らしたものといえるでしょう。

再現見分自体は犯行方法，犯行態様を確認するために貴重な捜査（立証）方法であり，このような捜査方法をとること自体を否定したものでないことに注意してください。

最後に，この決定は「上告棄却」決定です。原審が認めていた再現見分調書の証拠能力を一部否定したのですから，訴訟手続に法令違反があったということになるのになぜ，上告が認められなかったのか，控訴理由，上告理由を確認しましょう。最高裁は次のように判示しています。

> そうすると，第1審裁判所の訴訟手続には，上記の証拠能力を欠く部分を含む本件両書証の全体を証拠として採用し，これを有罪認定の証拠としたという点に違法があり，原裁判所の訴訟手続には，そのような証拠を事実誤認の控訴趣意についての判断資料にしたという点に違法があることになる。しかし，本件については，前記の証拠能力を欠く部分を除いても，その余の証拠によって第1審判決判示第1の事実を優に認めることができるから，前記違法は，判決の結論に影響を及ぼすものではない。

12-8　最決昭61・3・3刑集40巻2号175頁

1　何を判断した判例か

323条に関する重要な判例です。

判示事項は，

> 〈1〉　刑訴法323条2号にいう「業務の通常の過程において作成された書面」に

第12章　伝聞法則に関する判例

　　　　当たることの判断資料。
　　〈2〉　刑訴法323条2号にいう「業務の通常の過程において作成された書面」に
　　　　当たるとされた事例。

です。
　1はとても重要ですね。
　2はどうでしょうか。一つの事例ですが，一つ一つの事例の判断を積み重ねることで，法の解釈が固まってきますし，また，類似の事例の判断の参考になるのですから，これも法律実務家にとってとても重要だということになります。
　最高裁の判断は，

《1》　刑事訴訟法323条2号にいう「業務の通常の過程において作成された書面」に当たるか否かを判断するについては，当該書面自体の形状，内容だけでなく，その作成者の証言等も資料にすることができる。
《2》　漁船団の取決めに基づき船団所属の各漁船の乗組員から定時に発せられる操業位置等についての無線通信を，漁船所属の一漁船の通信業務担当者がその都度機械的に記録した書面は，前記各漁船の操業位置等を認定するための証拠として，刑訴法323条2号にいう「業務の通常の過程において作成された書面」に当たる。

ですから，あらためて決定本文を読まなくてもよさそうですね。

2　決定文の検討

　しかし，念のため本文を読んでみましょう。このような問題をどのように論じていけばよいか，書き方の参考にもなります。

　なお，所論にかんがみ，本件QRY受信用紙（以下，「本件受信記録」という。）の謄本の証拠能力について検討すると，以下のとおりである。まず，本件受信記録の原本は，それ自体だけからでは刑訴法323条2号にいう「業務の通常の過程において作成された書面」であることが必ずしも明らかではないけれども，その作成者の証言等関係証拠をも併せて検討すると，「北海いかつり船団」所属の各漁船は，同船団の事前の取決めにより，洋上操業中，毎日定時に操業位置，操業状況，漁獲高等を暗号表等を用いて相互に無線電話で通信し合い，その通信内容を所定の受信用紙に記載することになっていたものであるところ，本件受信記録は，右船団所属

の第二一福聚丸の乗組員が，右取決めに従い，洋上操業中の同船内において，通信業務担当者として，他船の乗組員が通常の業務として発する定時通信を受信した都度その内容を所定の受信用紙に機械的に記入したものであることが認められるから，本件受信記録自体は，船団所属の漁船の操業位置等を認定するための証拠として，「業務の通常の過程において作成された書面」に該当すると認めるのが相当である。そして，本件受信記録の謄本は，司法警察員が他の被疑事件の証拠として，本件受信記録を石田鉄雄から押収し，その押収中に電子コピー機を使用して正確にこれを複写し，これに謄本である旨の認証文を付して作成したものであり，その後右原本が石田に還付され同人のもとで滅失したことが認められるから，所論がいうように，たとえ検察官において後に本件で証拠調べを請求するに至るであろうことについての配慮を欠いて，右原本を前記他の事件についての略式命令が確定した後に石田に還付してしまったという事情があったとしても，本件受信記録の謄本の証拠能力が否定されるものではないと解す（る）。

　判示事項〈1〉についての本文は，とてもさらっとした書き方ですね。いつもいつも「法の趣旨→規範→当てはめ」という形式でなくてもいいたいことが正確に表現できればよいのです。

　判示事項〈2〉については，「業務上通常の過程において作成する」ということをどのような事実を取り上げて示しているかをよく読んでください。他の書面についても応用できるでしょう。

　判示事項にないのですが，「謄本」についても重要な判断が示されています。電子コピーという手段のない時代の「謄本」は，手で書き写したものでしたから，謄本に証拠能力を認めるのにいろいろな条件を必要とするという考え方がありました。しかし，電子コピーのように正確な写しが得られる現代では，これが原本の正しいコピーであることさえ明らかであれば，原本と同様の証拠能力を認めてよいと考えられます。本決定はこの点についても明らかにしています。決定本文をきちんと読むことが実務，実務に通じる学習にとって大切であることが分かるでしょう。

第12章　伝聞法則に関する判例

12-9　最判昭32・1・22刑集11巻1号103頁

1　どのような判例か

321条，324条の重要な判例です。

判示事項は多岐にわたります。

〈1〉　証人の証言拒否を理由としてその検察官に対する供述調書を刑訴第321条1項2号により証拠として取り調べた後，右証人が態度を変え真実を述べるといっているからとの理由で再尋問の請求があった場合に，これを取り調べることの要否

〈2〉　被告人甲の検察官に対する供述調書中に共同被告人乙からの伝聞の供述が含まれている場合にこれを刑訴法第321条第1項第2号324条により被告人乙に対する証拠とすることの可否

〈3〉　右の場合にその証拠能力を認めることは憲法第37条第2項に違反するか

〈4〉　犯行の謀議の一過程に属する事実を共同被告人中の1人の自白だけで認定することは憲法第38条第3項に違反するか

4点とも，基本的な重要な問題のようですね。一つ一つ順に検討していきましょう。

2　判示事項〈1〉について

判示事項〈1〉についての判決要旨は，

公判期日に証人が証言を拒否したため刑訴第321条第1項第2号によりその検察官に対する供述調書を証拠として取り調べた後，右証人が公判廷で真実を述べるといっているからとの理由で再度の尋問の請求があっても，裁判所は必ず右尋問請求を許容しなければ違法であるということはできない。

当然のようにも見えますが，念のため判決文の該当箇所を確認しておきましょう。この事件の判決はとても長いのですが，このような場合には，確認したい場所，つまり，判示事項に対応する部分をまず読んでみて，なお詳細を確認した方がわかりやすいと思ったら全文を読んでみるというのも一つの知恵です。特に下級審判決は，証拠の評価が詳しく述べられています。証拠をどのように

第12章　伝聞法則に関する判例

評価して事実を認定していくかという観点で判例を読む場合はこれが大切なのですが，法律解釈だけを確認する場合には，その部分は読み飛ばしてよい場合が多いでしょう。

この判決では，

> 記録によれば，第1審において，弁護人から三浦正也が従来の自白は虚偽であったと告白し，公判廷で真実を述べるといっているからとの理由で，三浦正也の再度の尋問の請求がなされていることが認められる。しかし，右のような理由で再度の尋問の請求があったというだけで，<u>別にこれについて疎明の提出もなく，法廷に顕出された全証拠及び記録に徴し再度尋問の必要が認められない場合でも</u>，裁判所は必ず右尋問請求を許容しなければ違法であるということはできない。それ故第一審がその請求を採用しなかったのは相当である。（下線筆者）

という部分が判示事項〈1〉に関するものです。

裁判所は，証拠を採用するかどうかは「必要性」を検討してこれが認められれば採用するが，認められなければ採用しなくてよい，本件のような場合に，採用の義務はないというのは当然ですね。

でも，大切な話であれば，紙に書かれた供述より，直接証言を聞いてみたいのではないでしょうか。なぜ，本件で「必要なし」として却下されたのかは，控訴審判決を読んでみると分かります。

この最高裁の判決で重要なところは，「再度の尋問の必要性についての疎明」です。弁護人は本当に証人として尋問したかったのであれば，なぜ，尋問が必要なのかについて，疎明をすればよかったのです。これは，実務家として留意しなければなりませんね。

3　判示事項〈2〉について

判示事項〈2〉についての判決要旨は，

> 被告人甲の検察官調書中に共同被告人乙からの伝聞の供述が含まれているときは，刑訴第321条第1項第2号同第324条によりこれを被告人乙に対する証拠とすることができる。

324条1項は、「被告人以外の者の公判準備又は公判期日における供述で被告人の供述をその内容とするものについては、第322条の規定を準用する。」というものです。本件に即していえば、甲が公判において、乙から聞いた話を証言（又は被告人として供述）する場合ですね。

本件は、さらに甲供述が伝聞である場合、つまり、再伝聞の場合です。

これについて本判決は、

> 原審が弁護人の論旨第6点に対する判断において説示する理由によって、刑訴321条1項2号及び同324条により右供述調書中の所論の部分についての証拠能力を認めたことは正当である。

と、原審判決の理由をそのまま認めていますから、この部分を理解するには原審判決を読まなければなりません。

問題となったのは、被告人伊藤の検察官に対する供述調書で、この調書の中に「山畑から……という話を聞いた」という供述があったのです。原審はどのように判示しているのでしょうか。

> なるほど刑事訴訟法第324条は被告人以外の者の公判準備又は公判期日に於ける供述で、被告人又は被告人以外の者の供述を内容とするものの証拠能力について規定するが、検察官に対する供述調書中に現われている伝聞事項の証拠能力につき直接規定はない。しかし供述者本人が死亡とか行方不明その他刑事訴訟法第321条第1項各号所定の事由があるとき、その供述調書に証拠能力を認めたのは、公判準備又は公判期日に於ける供述にかえて書類を証拠とすることを許したものに外ならないから、刑事訴訟法第321条第1項第2号により証拠能力を認むべき供述書調中の伝聞に亘る供述は公判準備又は公判期日における供述と同等の証拠能力を有するものと解するのが相当である。

321条1項によって公判における供述に**代えて**証拠とすることが認められたというのであるから、324条にいう「被告人以外の者の公判準備又は公判期日における供述」と321条1項書面は同視できるということになるのですね。

それだけでは、分かりにくいと考えたのでしょうか、原審はさらに説明を加えます。

> 　換言すれば，検察官供述調書中の伝聞でない供述は刑事訴訟法第321条第1項第2号のみによってその証拠能力が決められるに反し，伝聞の部分については同条の外同法第324条が類推適用され，従って同条により更に同法第322条又は第321条第1項第3号が準用されて証拠能力の有無を判断すべきであり，伝聞を内容とする供述はそうでない供述よりも証拠能力が一層厳重な制約を受けるわけであるが，検察官に対する供述調書中の伝聞に亘る供述なるが故に証拠能力が絶無とはいえない。

　同条の文言そのままでは当てはまらないので324条の「類推適用」だというわけですね。

　そして，当てはめに入ります。少し長いですが，文章の流れを掴んで読んでいきましょう。

> 　これを本件についてみるに①被告人伊藤は原審において公訴事実に対して陳述したくはないと述べたのみで爾来極力その無罪を主張して来たものであり，その検察官の供述調書は同被告人に対しては刑事訴訟法第322条により証拠調が為されると共に放火未遂の共犯関係にある被告人田中昭三，同山畑，同大谷に対しては同法第321条第1項第2号により証拠として採用されたものである。この事は本件記録上明白で正当な処置と認められるのみならず弁護人の論旨もこの証拠能力を否定する趣旨とは認められない。②然るにこの伊藤の検察官に対する供述調書中の被告人山畑の供述を内容とする部分は被告人山畑にしてみれば被告人以外の者（伊藤）の供述で被告人（山畑）の供述を内容とするものというに該当するから，刑事訴訟法第324条第1項によって同法第322条が準用されて証拠能力の有無を判断すべきものである。而してそれは被告人山畑に不利益な事実の承認を内容とすることは自明であり，しかも関口方放火未遂の共犯の一員である被告人山畑が，同じくその共犯で所用のため実行行為に参加しなかった被告人伊藤に対する放火行為の結果の報告であるから，その供述が任意に為されたものと認めるのが当然である。それ故前記被告人伊藤の供述中山畑からの伝聞に関する部分は被告人山畑に対する関係に於ては刑事訴訟法第321条第1項第2号，第324条第1項，第322条に則って証拠能力があるというべきである。③所論はこの伝聞部分にも証拠能力を認めるのは，反対尋問権を保障した憲法第37条第2項に反すると主張するが，既に刑事訴訟法第321条によって証拠能力があると認められた供述調書の一部分たる伝聞事項のみについて反対尋問をすることは実質的に殆んど無意味であり，又被告人山畑やその弁護人が反対

第12章 伝聞法則に関する判例

尋問をしようとさえすれば，被告人伊藤は原審公判廷に常に出頭していたのであるから，いつでも適当な時期に反対尋問をする機会は十分にあったわけで，反対尋問権の確保を保障し得ないことを憂うる必要はない。それ故原判決が前記伊藤の検察官に対する供述調書を山畑から聞知した事項についての供述を含めその全部を証拠に引用したことは，被告人山畑に関する限りに於ては正当で論旨は理由がない。④しかしそれが，他の共犯者たる被告人大谷，同田中昭三に対する関係に於ても証拠能力を有するかというに，前記被告人伊藤の伝聞の供述は被告人山畑以外の被告人大谷，同田中昭三にとっては，被告人以外の者（伊藤）の供述で被告人以外の者（山畑）の供述を内容とするから刑事訴訟法第324条第2項により，同法第321条第1項第3号の規定が準用されるのみである。従ってそれが「犯罪事実の存否を証明するにつき欠くことができないときに限り」証拠能力ありとされるに過ぎない。然るに本件第一事実の放火未遂に関し原判決は被告人伊藤の検察官に対する供述調書以外に三浦正也の裁判官に対する第一回調書及び同人の検察官に対する供述調書を採用しており，しかもこれによって「判示日時場所に於て三浦正也，山畑，大谷，杉山の4名が一列に並んで一斉に雨戸めがけて火焔瓶を一本宛投げた」事実を認めることができ，前記伊藤の供述調書を引用しなくても，放火未遂の実行者が何人であるかの点を確認する資料に欠けた点をみないのである。してみれば，前記伊藤の供述調書中山畑から聞知した事実を供述する部分は「犯罪事実の存否を証明するにつき欠くことができない」証拠とはいえないから，原判決がこれを被告人田中昭三，同大谷に対しても証拠として引用したことは，結局証拠に関する刑事訴訟法の規定に反し，証拠能力のないものを証拠とした違法が存するとしなければならない。
（①〜④筆者）

①の部分は分かりますね。共同被告人として同一の手続で審理されている場合でも「被告人以外の者」か「被告人」かは，被告人一人一人について考えるのです。ですから，被告人甲と同乙が併合審理されている場合であっても，甲にとって乙の供述は「被告人以外の者の供述」として証拠能力を考えることになるのです。落ち着いて考えれば分かることですが，慌てて勘違いしないように気をつけましょう。

そこで，被告人山畑の供述を含む本件供述調書は，被告人山畑については，322条，他の被告人については，321条1項3号が問題となるわけです。

②，③は，322条，321条1項3号の要件を考えるのにも参考となりますね。

4　判示事項〈3〉について

判示事項〈3〉は憲法判断ですが，判決要旨は，

> 右のように伝聞の供述を含む供述調書を証拠とすることは憲法第37条第2項によって許されないものではない。

です。

一定の場合に，反対尋問を経ない供述調書や伝聞供述に証拠能力を認めることが憲法37条2項に違反しないことについては，すでに**最大判昭24・5・18刑集3巻6号789頁，最大判昭25・9・27刑集4巻九号1775頁**があります。これらの判決を確認してみましょう。

5　判示事項〈4〉について

> 独立した犯罪事実でなく，犯行の謀議の一過程に属する事実について共同被告人の一人の自白だけで認定しても，憲法第38条第3項に違反するものではない。

という判決要旨です。本文を見ても，

> 第一審判決判示第五の（二）は，横川重次方における強盗殺人未遂の犯行の謀議の一過程の判示で，独立した犯罪事実ではないのであつて，このような謀議の一過程に属する事実のみについて被告人の自白だけで認定しても，憲法38条3項に違反するものでないことは当裁判所の判例の趣旨に徴し明らかであつて，所論は理由がない。（下線筆者）

「独立した犯罪事実でない」というだけのあっさりした判示ですね。**補強証拠**の問題ですので，これに関する判例は又まとめて検討しましょう。

12－10　最決昭53・6・28刑集32巻4号724頁

1　何を判示した判例か

326条2項に関する判例です。同項は，「被告人が出頭しないでも証拠調を行うことができる場合において，被告人が出頭しないときは，前項の同意があつ

第12章　伝聞法則に関する判例

たものとみなす。但し，代理人又は弁護人が出頭したときは，この限りでない。」というものですから，実際に適用される例は極めて少ないですし，最高裁が同項について判断したものも，判例集に登載されたものとしてはこれだけです。

> 刑訴法326条2項は，被告人が秩序維持のため退廷を命ぜられ同法341条により審理を進める場合においても適用される

というのが決定要旨ですから，341条についても確認しておきましょう。

結論だけ覚えるのであれば，簡単ですね。でも，どうしてこのようなことが問題になったのか，なぜ，本決定のような解釈になったのか，を理解することが大切でしょう。

なぜ，このような事態になったのかについて，この決定は何も判示していませんから，原審（東京高判昭50・1・23高刑集28巻1号1項）を見る必要があります。

2　原審の認定した審理の経過

（1）検察官は原審第2回公判期日において，被告人四戸の関係で合計235点にのぼる書証および証拠物（被告人らの供述調書，身上関係書類等いわゆる乙号証を除く）と19名にのぼる証人（逮捕警察官・共犯者等）の取調を申請したが，原審はこのうち証人のみを採用し，書証については全部の採否を留保した。

（2）原審第3回以降第6回公判期日までは右検察官申請の証人尋問が行われたが，被告人らは，あるいは正当な理由がなく出頭を拒否し，監獄官吏による引致を著しく困難にしたとして刑訴法286条の2により，（―被告人四戸は原審各公判期日当時保釈出所中であり同条の適用はされていないこと前記のとおりである―）あるいは公判期日に出頭しても裁判長の訴訟指揮に従わず，法廷の秩序維持のため退廷させられ刑訴法341条により，それぞれ審理が進められ，また弁護人らも各公判期日の冒頭において，いわゆる統一公判を要求し，他の審理形態による裁判には応じられないとして退廷したり，又は法廷の秩序維持のため裁判長から退廷を命ぜられたりしており，各証人尋問には全く立ち会わなかった

（3）その間，検察官は第4回公判期日において，証拠調に関する意見と題する書面を提出し，前記の各書証について刑訴法326条2項により証拠として採用して欲しい旨陳述した。

（4）第7回公判期日において，原審は留保中の各書証につき検察官から刑訴規則192条により提示を求めたうえ，第8，第9の両公判期日において，右のうち相当数の書証を刑訴法326条2項により採用し取り調べた（一部は検察官において撤回）。
　（5）また，被告人らの供述調書等いわゆる乙号証については原審第8回公判期日において検察官から取調の請求があつたが，原審は同期日においてはその採否を留保し，第9回公判期日に至つて刑訴法326条2項により採用した。
　（6）原審の全審理を通じて被告人・弁護人らが原審のした前記証拠調に関し，具体的に異議を申立てたことは全くなかった。

　「法廷闘争」の状況，審理の経緯はわかったでしょうか。

3　弁護人の主張と最高裁の判断

　弁護人は，326条2項のいわゆる**同意擬制**は，被告人があえて公判に出頭しないことをもって，同意の意思を推定するものであるから，被告人が退廷を命ぜられた場合には当てはまらないと主張したのです。
　これに対し，本決定で最高裁は，まず，326条の趣旨を明らかにしました。

　なお，所論にかんがみ職権により判断すると，刑訴法326条2項は，必ずしも被告人の同条一項の同意の意思が推定されることを根拠にこれを擬制しようというのではなく，被告人が出頭しないでも証拠調を行うことができる場合において被告人及び弁護人又は代理人も出頭しないときは，裁判所は，その同意の有無を確かめるに由なく，訴訟の進行が著しく阻害されるので，これを防止するため，被告人の真意のいかんにかかわらず，特にその同意があったものとみなす趣旨に出た規定と解すべきであ（る）

　というのです。このように解せば，被告人が退廷を命じられたときにも同項の適用があることは自ずから導かれますね。

　同法341条が，被告人において秩序維持のため退延させられたときには，被告人自らの責において反対尋問権を喪失し，この場合，被告人不在のまま当然判決の前提となるべき証拠調を含む審理を追行することができるとして，公判手続の円滑な進行を図ろうとしている法意を勘案すると，同法326条2項は，被告人が秩序維持

第12章　伝聞法則に関する判例

> のため退廷を命ぜられ同法341条により審理を進める場合においても適用されると解すべきである。

　自らの責めにおいて反対尋問権を喪失するという点については，**最判昭29・2・25刑集 8 巻 2 号189頁**が引用されています。

　同判決は，

> 　本件のごとく被告人が証人審問の機会を与えられていたにかかわらず，その審問を妨害し，秩序維持のため遂に退廷させられたような場合には，被告人自らの責において反対尋問権を喪失したものというべきであって，証人審問の機会を与えられなかったものということはできない。しかのみならず，本件のように被告人の弁護人が終始証人尋問に立会い且つ被告人のためにその証人を尋問しているときは被告人の反対尋問権は弁護人によつて行使されているものというべきであって，被告人自身がその審問に立会っていなくとも差支えないことは，当裁判所大法廷屡次の判例の趣旨とするところである。

というものです。法律の世界の基本的な考え方です。
というものです。

　なお，本決定は，原審判示を「結論において相当」としました。
　原審は，
　　①重要な証人の取調のあることを知りながら，出頭拒否ないし法廷の秩序を乱すなどの不当な言動により当該公判期日における証人審問権を喪失した
　　②検察官申請の各書証についてもなんら意見を述べなかった
　　③この後の公判期日においても同様の状態が継続することが予想された
　　④弁護人・被告人の実質的な反対尋問が期待できなかった
　　⑤被告人・弁護人が公訴事実の存否そのものについては敢て争わないもののようにも考えられた
　　⑥326条 2 項による採用に当たっては，被告人・弁護人らの意見陳述の機会を与えていたのに，弁護人らは何ら具体的な意見を述べることなく推移した

などの事情を挙げて，

> このような事情のもとでは，原審（注，1審）が前記各書証を刑訴法326条2項により証拠として採用したことは違法ではない

と結論づけたのです。

確かに，この事件では，原審の判断は間違っていないでしょうが，このように判示すると，①～⑥のような事情がない限り，被告人が退廷を命じられた場合には，326条2項は適用されないとの解釈であると受け取られることになります。そうすると，今後の類似の事案では，①～⑥のような事情はなかったとして，326条2項の適用を否定する主張が可能となります。

そこで，最高裁は，法の趣旨から，（特別な事情の有無を考えることなく）同項の適用を認めるとして，同項の解釈を明らかにしたのです。

原審と本決定を読み比べてみると，具体的事案，事例問題についての論じ方がよく分かるでしょう。

12-11　最決平18・11・7刑集60巻9号561頁（328条書面）

1　何が判示されたか

刑訴法328条について最高裁が初めて判示したものです。判示事項は，ずばり，

> 刑訴法328条により許容される証拠

というのですから，刑訴法を学ぶ者，法律実務家は絶対に知っておかなければならない重要な判決だということが分かります。

判決要旨を読みましょう。

> 刑訴法328条により許容される証拠は，信用性を争う供述をした者のそれと矛盾する内容の供述が，同人の供述書，供述を録取した書面（刑訴法が定める要件を満たすものに限る。），同人の供述を聞いたとする者の公判期日の供述又はこれらと同視し得る証拠の中に現れている部分に限られる。

刑訴法328条のこれまでの問題を勉強したことのある人ならば，何が判示されたか分かりますね。この要旨を読んで，理解できれば，伝聞法則についてよく分かっているといえます。

2 どのような証拠が問題となったのか

判決文を読んで，どのような証拠が問題となったのかを確認しましょう。

問題となったのは，消防司令補北村輝夫作成に係る「聞込み状況書」です。判決文には，この書面の内容と1，2審の公判の経緯が本判決にまとめられています。

> 1　第1審において，証人足立勝美の証言の後，弁護人が，消防司令補北村輝夫作成に係る「聞込み状況書」（以下「本件書証」という。）を証拠請求し，検察官の不同意意見を受けて，刑訴法328条による証拠採用を求めたが，第1審裁判所が，提示命令によりその内容を確認した後，同条の書面には当たらないとして請求を却下した
> 2　本件書証には，上記北村が，上記足立から火災発見時の状況について聞き取ったとされる内容が記載されており，その内容には上記証言の内容とは異なる点が含まれていた
> 3　本件書証は，聞き取りの相手に記載内容を読み聞かせ，署名・押印を求める形式になっておらず，実際上もそのような手続は取られていないことが認められる。
> 4　原判決は，刑訴法328条により許容される証拠は，現に証明力を争おうとする供述をした者の当該供述とは矛盾する供述又はこれを記載した書面に限られると解されるところ，本件書証は，上記北村の供述を記載した書面であるから，同条の許容する証拠には当たらないとして，第1審の証拠請求却下を是認する判断をした。

本件書証は，北村の供述を書面に記載した北村の「供述書」なのでしょうか。それとも，北村が足立の供述を録取した足立の「供述録取書」なのでしょうか。

第1審弁護人が本件書証を証拠請求したのは，足立は前に消防指令補に違うことを話しているのではないかという趣旨，つまり，足立の供述内容が問題となるのですから，これは，足立の供述録取書と解すべきでしょう。北村の足立の話を聞いたという経験を問題にしているのではないのです。そうすると，本件書証を足立供述録取書ではなく，北村供述書であるとした原審の判断はすこ

しおかしいようです。

原審は，これを北村の供述であると考えた上で，刑訴法328条によって許容される証拠は足立供述・足立供述録取書（「自己矛盾供述」）に限るとして本件書証の証拠請求却下を是認しています。

3 最高裁の判断
（1） 決定文の確認

刑訴法328条は，単に「第321条乃至第324条の規定により証拠とすることができない書面又は供述であつても，公判準備又は公判期日における被告人，証人その他の者の供述の証明力を争うためには，これを証拠とすることができる。」というので，誰の書面・供述でなければならないかということを明らかにしていません。実務の大勢は「自己矛盾供述」に限るという解釈によっていましたが，古い判例ではあるものの，高裁レベルで自己矛盾供述に限るという判決と限らないという判決があったのです（最高裁の判断がない事項については高裁判決が判例となることは分かりますね）。

最高裁は，この点について，自己矛盾供述に限るという立場を明らかにして，「限らない」という高裁判例を変更しました。

> ①刑訴法328条は，公判準備又は公判期日における被告人，証人その他の者の供述が，別の機会にしたその者の供述と矛盾する場合に，矛盾する供述をしたこと自体の立証を許すことにより，公判準備又は公判期日におけるその者の供述の信用性の減殺を図ることを許容する趣旨のものであり，②別の機会に矛盾する供述をしたという事実の立証については，刑訴法が定める厳格な証明を要する趣旨であると解するのが相当である。
> ③そうすると，<u>刑訴法328条により許容される証拠は，信用性を争う供述をした者のそれと矛盾する内容の供述が，同人の供述書，供述を録取した書面（刑訴法が定める要件を満たすものに限る。），同人の供述を聞いたとする者の公判期日の供述又はこれらと同視し得る証拠の中に現れている部分に限られるというべきである。</u>
> （①〜③筆者）

分かりますか？この判示は正確に理解してほしいところです。「公判準備又

は公判期日における供述」という意味は分かりますね。被告人，証人その他の者とありますが，その他の者としてはどのような者が考えられるのでしょうか。これは，手続の復習です。

（2） どのように考えられているか

さて，内容に入りましょう。まず，①です。上に見たように328条によってどのような書面を認めることができるのかは，同条の文言からははっきりしません。そのような場合には，328条の趣旨を考える必要があります。

これについて，最高裁は，328条の趣旨を考え，同条による証拠は何のために何を立証するかということを明らかにしたのです。

つまり，公判準備又は公判期日において証人等が供述をした場合に，その者が別の機会にそれと同じ供述をしているのか，異なる供述をしているのかを考えるのです。同じ供述をしているのであれば，問題はないのですが，異なる供述をしているとしたら要注意ですね。裁判所は公判準備又は公判期日において聞いた内容によって事実を認定していくのですから，事実認定が誤った方向に導かれる危険があります。

そこで，「この人間は別の機会には異なる供述をしている。したがって，公判準備・公判期日における供述は信用できない。」と主張して「別の機会にした異なる供述」を裁判所に提出し，事実認定を慎重にして貰おうとするのです。裁判所が刑罰法令を適正に適用実現するためには，裁判所が事実認定を誤らないことが大切です。328条は，この刑訴法の目的を達するために認められた規定なのです。

328条による証拠が何を立証するのかというのは，当然のようですが，これまであまりはっきり論議されてこなかったところです。「私が見た男は赤い服を着ていました」という証言に対し，「私が見たのは黄色い服を着た男です。」という法廷外の供述によって，「黄色い服を着ていた」事実を立証することができるのではなく，「法廷供述とは異なる供述をしていた。だから，赤い服を着ていたという証言は信用できない。」ということを立証するのです。

この結果，328条によって認められるのは，いわゆる自己矛盾供述，すなわち，信用性を争おうとする法廷供述の供述人自身の法廷外供述に限られるということになります。

単純に「328条書面は自己矛盾供述に限る」と覚えないでください。最高裁が法の趣旨からこの解釈を導き出した道筋を理解して欲しいのです。したがって，328条書面が何を立証するのか，という点がとても大切です。別の機会にした供述の内容を立証するのではないのです。異なる供述をした事実を立証するのです。

②は少し分かりにくいですね。「厳格な証明」とは何をいうか，覚えていますね。自己矛盾供述に限るという解釈が，法の趣旨から導かれるとしても，328条の文言上は，単に「321条〜によって証拠とすることができない書面」というのですから，自己矛盾供述を記載した書面であれば，どんな書面でも証拠として認められるように見えます。しかし，「事実の認定は証拠による」（317条）という証拠裁判主義は事実認定に厳格な証明を必要とするという意味ですから，328条による証拠も厳格な証明によるというのは当然でしょう。この部分の判示の趣旨は，後につづく③の判示を見ると分かるのですが，要するに，328条の「第321条ないし第324条の規定により証拠とすることができない書面又は供述であっても」の部分を考えればよいのです。321条には，供述不能や相反供述といった要件があり，322条には，自白・不利益事実の承認等の要件がありますね。323条，324条も同様です。328条の「……証拠とすることができない書面または供述」というのは，これらの要件を満たさない書面または供述を意味する，いいかえれば，これらの要件を満たせば，321条ないし324条によって証拠能力を認めるべき書面または供述をいうと解するのです。③で示されるように，実質的には，供述録取書だけが問題になります。

③は結論です。何を立証するのかが明らかとなったので，328条により認められるのは，自己矛盾供述に限られること（①による結論），別の機会に矛盾する供述をした事実につき厳格な証明が必要であるとする結果，供述書・供述者の署名押印のある供述録取書，公判における供述が対象となること（②），さらに①から，②で対象とできるもののうち，という部分は，矛盾する内容の供述が現れている部分に限られるということになるのです。

もう少し詳しく説明すると，これは，刑訴法321条1項柱書を思い出せば，分かります。「被告人以外の者が作成した供述書又はその者の供述を録取した書面で供述者の署名若しくは押印のあるものは，次に掲げる場合に限り，これ

を証拠とすることができる。」というものでしたね。328条の場合には，「次に掲げる場合」でなくても証拠とすることができる，と考えればよいのです。被告人の供述でも同じですね。被告人供述も同じです。328条は，321条乃至324条……というので，328条による証拠には「伝聞供述」の場合も含まれることになります。どんな場合か考えておくとよいでしょう。証人尋問中に「伝聞」部分があると，相手方から異議の申立があります（異議の申立をしないと，伝聞について「同意」したことになります）が，これが，すでに行われた別の証人の供述で公判証言と矛盾している場合には，328条によって認められる場合があるのです。異議を申し立てられ，裁判長から意見を求められたときに，すぐに答えることができますか？

さて，ここまでが，本判決の重要なところです。

後は，本件書証への当てはめになります。

> 本件書証は，前記足立の供述を録取した書面であるが，同書面には同人の署名押印がないから上記の供述を録取した書面に当たらず，これと同視し得る事情もないから，刑訴法328条が許容する証拠には当たらないというべきであり，原判決の結論は正当として是認することができる。

供述録取書の供述者の署名押印というのは，なぜ必要だったか，思い出しましょう。

4 「弾劾証拠」と「増強証拠」，「回復証拠」

さて，この最高裁の判決によって，328条による証拠は「増強証拠」として用いることができないことが明らかになりました。

本判決では「供述の信用性の減殺を図る」と明言していますね。

それでは，「回復証拠」として用いることはできないのでしょうか。従来，328条による証拠は，増強証拠として用いることはできないことについては，異論はありませんでしたが，回復証拠は認められるという見解が有力でした。

この点について，本判決は何も述べていない（回復証拠が問題になったケースではないので当然ですね）ので，まだ最高裁の判断はなされていないと考える見方と，判決文にあるとおり，証明力の減殺，すなわち，弾劾証拠としてのみ

用いることができるということを判示したと考える見方があります。

　公判廷における供述と異なる供述をした書面が公判証言の証明力を弾劾するために証拠として認められた場合に，さらに公判供述と同旨の供述をした書面をさらに公判供述の証明力の判断資料として提出することは，裁判所の真実発見のために認めてもよいような気がします。考えてみてください。

12−12　最決昭54・10・16刑集33巻6号633頁（任意性の調査）

1　何が判示されたか

> 刑訴法325条にいう任意性の調査の時期

についての判例です。325条はあまりなじみのない分かりにくい条文です。決定要旨は

> 刑訴法325条にいう任意性の調査は，必ずしも当該書面又は供述の証拠調の前にされなければならないわけのものではなく，裁判所が右書面又は供述の証拠調後にその証明力を評価するにあたってしても差し支えない。

というものです。裁判所が自由に判断できるということのようですが，もう少し詳しい理由が知りたいですね。

2　決定の内容を考えよう

　決定文を確認しましょう。

> ①刑訴法325条の規定は，裁判所が，同法321条ないし324条の規定により証拠能力の認められる書面又は供述についても，さらにその書面に記載された供述又は公判準備若しくは公判期日における供述の内容となった他の者の供述の任意性を適当と認める方法によって調査することにより，任意性の程度が低いため証明力が乏しいか若しくは任意性がないため証拠能力あるいは証明力を欠く書面又は供述を証拠として取り調べて不当な心証を形成することをできる限り防止しようとする趣旨のものと解される。②したがって，刑訴法325条にいう任意性の調査は，任意性が証拠能力にも関係することがあるところから，通常当該書面又は供述の証拠調べに先

立つて同法321条ないし324条による証拠能力の要件を調査するに際しあわせて行われることが多いと考えられるが，必ずしも右の場合のようにその証拠調べの前にされなければならないわけのものではなく，裁判所が右書面又は供述の証拠調後にその証明力を評価するにあたってその調査をしたとしても差し支えないものと解すべきであり，これと同趣旨に帰する原審の判断は相当である。(①，②筆者)

325条の趣旨→325条の調査の方法についての解釈という論述の運びは，法律文書を書くときの基本です。

325条の趣旨を明快に論じたものであってきちんと理解しておく必要がありそうです。

原審(**東京高判昭53・9・27刑集33巻6号647頁**)は，

刑訴法325条の任意性の調査は，必ず検察官をしてその供述の任意性について立証させねばならぬものではなく，裁判所が適当と認める方法によってすれば足りるのであって，その調査の方法についても格別の制限はなく，当該調書の内容自身も調査の一資料となるものであり，その時期は証拠調後でもよいと解される。原審は，取調べについての当該供述者の公判廷での証言，取調べ済みの関係証拠，当該供述調書の内容等から，任意性を調査し，これを認めたものであることは記録上明らかであつて，かかる原審の措置には，何ら違法のかどはない。

です。趣旨にさかのぼった考察はありませんが，実際に何をもとに判断したのか，という事実関係は分かりますね。

この決定で引用されている判例を確認しておきましょう。

まず，**最判昭28・2・12刑集7巻2号204頁**は，

「相被告人後藤進が，司法警察官に対してなした供述調書の任意性の調査は，裁判所が適当と認める方法によってこれを行うことができるものであり，必ずしも証人の取調によつて認定するの要なく(本件において，第1審裁判所は，所論供述調書の任意性について丹羽地区警察署刑事主任伊予田潜を証人として取り調べている)第1審が所論各証人を必要ないものと認めてこれを取り調べなかった措置を是認した原判決は正当であ(る)」

というもの，**最判昭28・10・9刑集7巻10号1904頁**は，

> 「調書の任意性について，第1審裁判所が特段の証拠調をした形跡のないことも所論のとおりである。所論はかくのごとき場合，右供述の任意性について検事の立証を待たずして，その供述調書を証拠とすることは憲法38条，刑訴319条に違反するというのであるが，右のごとき供述調書の任意性を被告人が争ったからといつて，必ず検察官をして，その供述の任意性について立証せしめなければならないものでなく，裁判所が適当の方法によって，調査の結果その任意性について心証を得た以上これを証拠とすることは妨げないのであり，これが調査の方法についても格別の制限はなく，また，その調査の事実を必ず調書に記載しなければならないものではない。かつ，当該供述調書における供述者の署名，捺印のみならずその記載内容すなわちその供述調書にあらわれた供述の内容それ自体もまたこれが調査の一資料たるを失わないものと云わなければならない。」

です。併せて読めば，325条の任意性の調査がどのようになされているか分かるでしょう。

第13章　自白に関する判例

13-1　最判昭23・4・17刑集2巻4号364頁

　自白の任意性に関する基本判例の一つです。もっとも，判示事項は次のとおり多岐にわたっています。

〈1〉　弁論更新前における刑訴第43条第2項の違反
〈2〉　6カ月以上の拘禁後の自白
〈3〉　11歳の小学児童の証言の証拠能力
〈4〉　刑訴第201条第1項の取調をした旨の記載を欠く証人尋問調書の証拠能力
〈5〉　偽証の罰を告げなかったときの証言の効力
〈6〉　公訴事実を争わない共同被告人と訴訟費用の連帯負担

　ここでは，**判示事項〈2〉**を読んでおきましょう。

　被告人Aが勾留されたのは所論のとおり昭和21年12月19日であり，又同被告人の原審における自白は昭和22年6月5日の第1回公判以後同年8月30日の第3回公判を通じてなされているのであって，右勾留後第1回公判期日までに約6ヶ月，第3回公判期日までには250日余を経過していること明かではあるが，<u>本件事案の内容，取調の経過，相被告人の供述内容等諸般の事情に鑑み</u>，右程度の勾留は，未だ不当に長い拘禁とはいえないから，被告人Aの右の自白を証拠とすることができないものということはできない。（下線筆者）

　これも，結論だけであれば，特に学ぶべきところはないように見えますが，6カ月とか，250日という数字で判断せず，事案の内容等を考えて判断するという基本が明らかですね。自分が向き合う事案が「不当に長い」かどうかについて，どのような事実を取り上げて判断していけばよいのか，という解決のヒントが示されています。

　他の判示事項についても是非学習してください。

第13章　自白に関する判例

13-2　最大判昭23・7・14刑集 2 巻 6 号856頁

1　本判決の判断

これも大変古い判例です。

自白が強制によるものであって証拠能力がないと争われた事案ですが，大法廷はどのように判断したのでしょうか。

> 論旨は右各自白は強制によるものであるから，証拠力はないと主張するけれども，本件において，右の自白が強制に基くものであるとみるべき何等の証拠もない。ただ，被告人は原審公判において，裁判長から司法警察官の第 1 回訊問調書中，キンに対する殺意のくだりを読み聞かされた際に「その時は警察官に叱られたので，左様に殺すつもりで殴ったと申上げましたが実際は殺す気がなかったのであります」と述べ，また第 1 審公判においても，同様右調書について「係官がそうだらうそうだらうと申すのでとうとうそうだと申しておいたのでありましたが云々」と述べていることは記録上明らかであるけれども，これだけのことによって，直ちに，右自白が強制にもとずくものであるということのできないのは勿論であるのみならず，この点に関して，原審でも，第 1 審でも，被告人からも，弁護人からも，右訊問の衝にあたった栃木県警察署の大野警部補を証人として訊問の申請をした事実のないところからみても，被告人の右の供述も，強く右訊問の不公正を主張した趣旨ではなく，要するに，公判において，キンに対する殺意を否認したのに過ぎないと解するのほかなく，その他事件の全般を通じて右自白が強制にもとずくものであることを思はせる何等の根跡もない本件においては，弁護人の右の論旨は，とうてい採用することはできない。

自白の任意性は，検察官に立証責任がありますが，それでも，まず，被告人・弁護人からどのような点で任意性に疑いがあるのかを明らかにしなければ，立証のしようがありません。この判決も，単に被告人が捜査段階の自白は違うと言って公判で否認に転じただけで，とくに任意性に疑いがある具体的事情の存在を明らかにしていないことが任意性を肯定する根拠となっています。

2　同様の判例～最大判昭23・11・17刑集 2 巻12号1565頁

同様の判示が**最大判昭23・11・17刑集 2 巻12号1565頁**にもあります。この判

第13章　自白に関する判例

決の判示事項は多岐にわたりますが，自白について，「検事の理屈責めと強制の有無」が判断されています。

弁護人は，被告人の自白を録取した聴取書が検事の理詰めによって供述したものであるから，強要による自白であると主張しました。

これに対して大法廷は，

> しかし検事の理屈攻めが果して強制にあたるか否かは，具体的の事実によって各場合に判断せらるべきであつて，何等具体的の事実を主張立証することなく漫然として検事の理詰を以て強制だとすることはできない。

と判示しました。

場合によっては理詰めの追及による自白の任意性が否定されることがあるようですね。

13-3　最大判昭26・8・1刑集5巻9号1684頁

判示事項は，

> 自白の任意性についての判断と経験則違反および審理不尽

です。

自白の任意性について，原判決が警察官の強制による自白であることを推認させるような証拠があるのにこれを信用できないとしたのは経験則に反する言われ無き独断だとしたのです。

最高裁は，取調べ状況について，詳細な事実認定をした上で，

> 以上のように，本件記録中には，被告人の警察署における供述が強制若しくは拷問による自白であることを推認させるような幾多の証人の供述が存在するのである。殊に，直接，取調の衝に当った警察官自身が被告人の取調は被告人に手錠をはめたままで行われたこと，午前2時頃まで取調べたこと，警察官が4人がかりで被告人を取調べたこと，警察官の一人が被告人を殴ったことのあることを認めていることは前述のとおりである。もとより，これらの証拠をいかに判断して，被告人の警察における自白が任意にいでたものであるかどうか，従って，その自白に証拠能力が

429

あるかどうかを決定することは事実審たる原審の自由裁量に委ねられているところではあるが，その自由裁量たるや，合理的判断にもとづくものでなければならず，経験則に反するものであってはならないことは勿論である。原審は果して右のごとき警察官の証言をいかに判断したのであろうか。

本件において記録を精査しても右各供述の真実性を疑うに足りるような資料は存在しないのであるから，原審が若し右各警察官自身の以上のごとき供述を以て，措信するに足らないものとしたのであるならば，それは原審のいわれなき独断であって，経験則に反する判断といわなければならない。又，若し，真実，以上のようなことが行われたにしても，それについて何らか斟酌すべき事情があると思われるならば，原審としてこれを証拠にとる以上，その間の事情を十分に審理しなければなるまい（たとえば，被告人が自殺を企てるおそれがあって，これを阻止する必要上，やむなく，手錠をはめたまま取調をしたというような事情があったかどうかのごとき。尤も被告人が自殺を図つたことは記録上窺われるけれども，そのおそれのために特に手錠を用いたという事情は見られない）。しかるに，原審がかかる事情について，特段の審理をした形跡もない。特段の事情の斟酌すべきものもなく，以上各証人の供述するようなことが真実行われたものとするならば，<u>かかる状況の下になされた被告人の警察における供述は，強制，拷問によるものであることを思わせる十分の理由があるものといわなければならない</u>。要するに原審が右のごときいろいろの証人の供述があるにかかわらず，これを排斥するに足る納得すべき事由もなく，たやすく被告人の警察における供述を証拠として本件犯罪事実を認定したことは前に述べたような経験則の違反若しくは審理不尽の違法あるものと断ぜざるを得ない。
（下線筆者）

「強制・拷問」による自白であるとされた事例です。このような強引な取調べが行われてはならないでしょう。任意性に疑いを差し挟む具体的事情としてどのような事情があるのか参考としましょう。

13-4　最判昭27・3・7刑集6巻3号387頁

1　自白の任意性についての判断例

検事に対する自白の任意性についての審理不尽の一事例

が判示事項です。審理不尽については前に学びました。覚えていますね。

さて，自白の任意性の問題ですが，たとえ司法警察員の取調べの際に暴行等が加えられても，検察官が自ら暴行を加えるという事例は希有でしょう。任意性に疑いがあるような警察の取調べに引き続いて，検察官が取り調べる場合に，検察官に対してした自白は任意性があるのでしょうか。

最高裁は，検事に対する被告人の自白が，その一両日前警察署における刑事の取調の際に長時間にわたる肉体的苦痛を伴う訊問の結果した自白を反覆しているに過ぎないのではないかとの疑があるときは，警察における肉体的苦痛と検事に対する自白との間に因果関係がなかったかどうかについて十分な審理を尽くさずに検事に対する自白を犯罪事実認定の証拠とするのには，審理不尽の違法があるとしました。

本判決には，取調べを行った司法警察員の尋問結果がそのまま引用されていますが，要旨は，朝から夜遅くまで，刑事室部屋の畳敷き部分と板の間部分の境目の高低のある敷居部分にゲートルをつけたまま正座させて自白するまで取り調べたというものです。

最高裁は，司法警察員に対する自白について，

> このような取調べによって得られた自白は長時間に亘る肉体的苦痛を伴う訊問の結果なされたものであり，それは同被告人等の任意にもとづく供述とは到底認めることはできない。

としました。

それでは，検察官に対する自白はどう評価されたのでしょうか。

> 検事の訊問は一両日に亘る警察における取調の翌日，その警察署から直接前記検察庁支部に連行されて行われ，その訊問の内容も司法警察官作成の意見書記載の犯罪事実を読み聞かせた上為されたものであることがわかる。しかも，その際護送の警察職員が附添っていて，自白を示唆したと被告人等が供述していることは前記のとおりである。されば，かような状況の下になされた検事に対する自白は特段の事情のない限り，同被告人等がその前日警察において長時間の肉体的苦痛を伴う訊問の結果した反覆自白しているに過ぎないのではないかとの疑が極めて濃厚である。かかる疑を打ち消すべき特段の事情は本件記録上これを発見することはできない。

第13章 自白に関する判例

> 若しそうとすれば，検事に対する右被告人の自白と警察における長時間の肉体的苦痛との間に因果関係がないとは言い切れない，すなわち，右検事に対する被告人の自白も多分に任意性を欠くの疑を包蔵するものと云わなければならない。

　拷問を受けて自白した被疑者がその自白を覆すのは容易ではないでしょう。単に検察官は暴行等任意性を失わせるような取調べをしなかったというだけでは足りないのです。
　この点について十分に取り調べなかったのは「審理不尽」であるとされたのです。

2 同様の問題についての判例

　同様の問題についての判例をいくつか読んでみましょう。

（1） 最判昭32・7・19刑集11巻7号1882頁

　要旨は，

> 1　被告人の警察官に対する自白が強要によるものとして，その任意性が認められない場合，ただその一事をもって，その後における被告人の検事および予審判事に対する自白までも，当然に任意性を欠くものと断定することはできない。
> 2　被告人が警察において令状によらないで抑留せられ，その間に自白を強要されている本件において，判示の如き事情の存する以上は，その後において，適法な勾留がなされ，自白強要の事実が存しなくとも，検事および予審判事に対する被告人の自白は，その任意性に疑があるものと認めなければならない。

　「予審判事」というのが出てくることから分かるように，旧法時代の判例です。令状によらずに不法に留置され，暴行を受けて自白をしたという事例です。
　戦後（第2次世界大戦後）間もなく，警察にもまだ古い体質が残っていたころの事件です。
　憲法・刑訴法がどのような取調べを無くそうとして，自白の任意性を求める規定を設けたのかがよく分かりますから，判文を確かめてください。
　さて，最高裁は，被告人が主張したとおりの警察官の暴行を認めた上で，

> 八丈島警察署においての被告人の自白は，暴力による肉体的苦痛を伴う取調の結

果されたものであり，被告人の任意に基くものとは到底認めることができない。

と判示しました。1審も原審もこの点は一致しています。これで想像がつくと思いますが，被告人は八丈島で取調べを受けたのです。今でも同じですが，予審判事の訊問は東京に連れてこなければできない，そういう中での事件です。

さて，それでは，その後の検事・予審判事のもとでの自白はどう評価すべきでしょうか。

> 原判決は前記のように被告人に対する起訴前の強制処分による予審判事の訊問調書及び検事の聴取書を証拠としている。①なるほど，被告人が右予審判事及び検事の取調を受けたのは八丈島警察署ではなく，身柄が東京に移されてから後であり，かつ，警察の取調を受けおわってから相当の日数を経過した後のことでもあり，被告人もまた原審公判において，検事からも予審判事からも直接強制を加えられなかったと供述していることでもあるから，警察における自白に任意性を認め得ないからといって，直ちに右予審判事及び検事に対してなした自白までも任意性を欠いたものとすることは勿論できないのである。②しかしながら，被告人は強制処分としての適法な勾留がなされる直前まで，相当長期間に亘り令状によらない警察留置を受けていたばかりでなく，その間に前叙の如く自白を強要されていたものである以上は，たとえ，予審判事及び検事において被告人の取調にあたり細心の注意を払ったものとしても，被告人が予審判事による勾留訊問の際になした自白及びその直後に検事に対しなした自白が，その直前まで継続していた警察の不法留置とその間の自白の強要から何等の影響も受けずになされた任意の自白であると断定することは到底できないものというべく，その他，予審判事及び検事が取調をなした時期が終戦の翌年のことであって，未だ刑訴応急措置法さえ制定されていなかった昭和21年9月当時のことであるという本件の特殊事情等をも併せ勘案するならば，その自白の任意性については，疑を懐かざるを得ないものといわなければならないのである。（①，②筆者）

①予審判事・検事の取調べ自体に任意性を疑わせるものはない，②その前の自白を強要された状況に照らせば，その影響を受けない任意の自白と断定できないという論旨ですね。判決は，この事件当時の時代背景をも考慮に入れているようですが，警察段階の取調べの違法が検察官の取調べに引き継がれるのか，遮断されるのかというのは，現在でも自白の任意性を考えるときに重要です。

433

第13章　自白に関する判例

（2）　最判昭32・5・31刑集11巻5号1579頁

> 勾留中の被疑者に対する糧食差入禁止とその間またはその後に作成された自白調書の証拠能力

が判断された事例です。

　刑訴法81条は接見禁止を定めていますが，同条ただし書によれば，糧食の差入れの禁止はできないのです。したがって，本件のような事例は起こりえないと思われますが，最高裁は，警察における7日間にわたる糧食差入れの禁止が行われたことは「窺うに難くない」としてこれを認めました。その上で，これが自白の任意性にどう影響するかについて次のように判示しています。

　　しかし，①本件のように勾留されている被疑者に対し，捜査の必要のため糧食の授受を禁じ，またはこれを差し押えることは法の明文をもつて禁止するところである（刑訴81条，207条参照）。②そして，自白の証拠能力は，刑訴319条1項前段の規定する強制，拷問，脅迫，長期拘禁等の事由によるものはもとより，更に同項後段の規定により任意になされたものでないことに合理的な疑のあるものについてもまた存しないのである。③そして右合理的な疑の存否につき何れとも決し難いときはこれを被告人の不利益に判断すべきでないものと解するを相当とする。④しかるに，本件において原判決は前示のとおり警察における糧食差入禁止の行われた事実を認め，しかもこの糧食差入禁止の期間と自白の時日との関係上，外形的には糧食差入禁止と自白との間に因果の関係を推測させ，少なくともその疑ある事案であるにかかわらず，本件糧食差入禁止が何故行われたか，そしてまたそれと自白との因果関係の存否並びに叙上疑の存否について考究することなく，単に「このことだけを理由として直ちにその間又はその後に作成せられた供述調書の証拠能力，証明力を否定することはできないものと解すべく，」と断じ，何等特段の事由を説示することなく「しかもその他記録に徴し，また当審における事実取調の結果に照しても前記被告人の司法警察員に対する各供述調書の証拠能力，証明力を否定するに足るべき状況は発見できない。」という理由のみをもって所論を排斥し，ただちに一審判決を維持したのであって，この点において原判決は審理不尽，理由不備の違法あるものというべく，破棄を免れない。（①〜④筆者）

　この判示のうち②，③は重要ですね。②は「強制，拷問」等319条のあげる

事由は例示であることを明らかにしています。③は，任意性に疑いがあるかどうかはっきりしない場合は，被告人の利益に判断すべきであるというのです。

④は，これまでの判例と同様ですね。

（3） 最判昭27・11・25刑集 6 巻10号1245頁

もっとも，最高裁は違法な取調べがあると直ちに任意性を否定するわけではありません。この判決は，

> 司法警察員に対する被告人の第 1 回乃至第 3 回に亘る各供述調書の証拠調については，弁護人から意見なく，被告人もまた争わないところであり，その任意性についての抗弁はないのである。だから該各供述調書が仮りに所論のとおり不法逮捕拘禁中に作成されたものであるとしても，その一事をもっては直ちに所論の違法ありとはいえない。

というものです。

任意性を欠く自白の証拠能力は，例え，被告人が同意しても認めるべきではないでしょう。そこで，この判決要旨は，単に，

> 司法警察員が作成した被告人の供述調書は，それがかりに不法逮捕拘禁中に作成されたものであっても，その一事をもって，ただちに無効と解すべきではない。

とされています。

自白の任意性について，いわゆる違法排除という立場では説明しにくい結論ですね。

13 - 5　最判昭38・9・13刑集17巻 8 号1703頁

> 手錠を施されたまま取調を受けた被疑者の自白の任意性

について判示されたものです。

判決要旨は，

> 勾留されている被疑者が，捜査官から取り調べられる際に，さらに手錠を施され

第13章　自白に関する判例

> たままであるときは，反証のない限り，その供述の任意性につき一応の疑いをさしはさむべきである。

というものです。実際，被疑者の取調べは，手錠を外して行うのが原則です。

それでは，手錠をしたままの取調べによる自白は，それだけで任意性を否定されるのでしょうか。

まず，最高裁は，手錠をしたまま取り調べることがなぜ問題なのかについて判示しています。

> すでに勾留されている被疑者が，捜査官から取り調べられるさいに，さらに手錠を施されたまゝであるときは，その心身になんらかの圧迫を受け，任意の供述は期待できないものと推定せられ，反証のない限りその供述の任意性につき一応の疑いをさしはさむべきであると解するのが相当である。

「心身に何らかの圧迫を受けて任意の供述ができない」というのが理由です。「取調官と対等な人間として扱われていない」というのが問題なのか，「手錠をされているという肉体的・精神的苦痛から虚偽の供述をしかねない」というのかははっきりしませんね。

そこで，続く本件取調べについての判断を読んでみましょう。

> しかし，本件においては，原判決は証拠に基づき，検察官は被告人らに手錠を施したまゝ取調を行ったけれども，終始おだやかな雰囲気のうちに取調を進め，被告人らの検察官に対する供述は，すべて任意になされたものであることが明らかであると認定しているのである。したがって所論の被告人らの自白は，任意であることの反証が立証されているものというべ（きである。）

「終始おだやかな雰囲気」であった事実を立証することによって反証がなされたというわけですね。

手錠をかけたままの取調べがあったのではないかという点が問題となった事例として，**最判昭41・12・9刑集20巻10号1107頁**があります。

第13章 自白に関する判例

13-6 最判昭41・7・1刑集20巻6号537頁（約束による自白）

1 どのような判例か

> いわゆる約束による自白の証拠能力

という判示事項について，

> 自白をすれば起訴猶予にする旨の検察官のことばを信じた被疑者が，起訴猶予になることを期待してした自白は，任意性に疑いがあるものと解するのが相当である。

という判断を示したもの（判決要旨）です。

これだけで十分であるように見えますが，事実を確認すると，どのような場合に「約束による自白」として証拠能力を否定できるかがわかるでしょう。
まず，弁護人の主張が要約されています。

> 論旨は，原判決が，被告人の司法警察員および検察官に対する各供述調書の任意性の有無について，被告人に賄賂を贈った国富祺一郎の弁護人である弁護士岡崎耕三が，「昭和36年8月28日岡山地方検察庁において本件の担当検察官である三笠検事に面談した際，被告人のため陳弁したところ，同検事より，被告人が見えすいた虚構の弁解をやめて素直に金品収受の犯意を自供して改悛の情を示せば，検挙前金品をそのまま返還しているとのことであるから起訴猶予処分も十分考えられる案件である旨内意を打ち明けられ，且つ被告人に対し無益な否認をやめ卒直に真相を自供するよう勧告したらどうかという趣旨の示唆を受けたので，被告人の弁護人である弁護士楠朝男を伴って児島警察署へ赴き留置中の被告人に面接し，『検事は君が見えすいた嘘を言っていると思っているが，改悛の情を示せば起訴猶予にしてやると言っているから，真実貰ったものなら正直に述べたがよい。馬鹿なことを言って身体を損ねるより，早く言うて楽にした方がよかろう。』と勧告したところ，被告人は，同弁護士の言を信じ起訴猶予になることを期待した結果，その後の取調べ即ち同日第2回目の取調べから順次金品を貰い受ける意図のあったことおよび金銭の使途等について自白するに至ったものである。」旨の事実を認定したうえ，「自白の動機が右のような原因によるものとしても，捜査官の取調べそれ自体に違法が認められない本件においては，前記各供述調書の任意性を否定することはできない。」

第13章　自白に関する判例

と判示したのが，判例に相反するというのである。

検事が直接被疑者に約束した事例ではないのですね。
続いてこれに対する最高裁の判断を読みましょう。

　よって案ずるに，右福岡高等裁判所の判決は，所論の点について，「検察官の不起訴処分に附する旨の約束に基く自白は任意になされたものでない疑のある自白と解すべきでこれを任意になされたものと解することは到底是認し得ない。従って，かかる自白を採って以て罪証に供することは採証則に違反するものといわなければならない。」と判示しているのであるから，原判決は，右福岡高等裁判所の判例と相反する判断をしたこととなり，刑訴法405条3号後段に規定する，最高裁判所の判例がない場合に控訴裁判所である高等裁判所の判例と相反する判断をしたことに当るものといわなければならない。そして，本件のように，被疑者が，<u>起訴不起訴の決定権をもつ検察官の，自白をすれば起訴猶予にする旨のことばを信じ，起訴猶予になることを期待してした自白は，任意性に疑いがある</u>ものとして，証拠能力を欠くものと解するのが相当である。（下線筆者）

前半は「判例違反」の判断ですから，直接自白の任意性の問題には関係ありません。最高裁は，弁護人が取り上げた高裁の判例を是認して本件原審判決を否定しました。

2　任意性に関する判断の基準

　もっとも，この判決は，なぜ任意性が否定されるのか，その理由は明示していませんね。引用された判例（**福岡高判昭29・3・10判決特報26号71頁**）にも言及がありません。このヒントは，判決文と要旨を読み比べることにあります。判決要旨に省略されていたのは「起訴不起訴の決定権を持つ」という点で，これがとても重要でしょう。被疑者についての生殺与奪といってもよい権限を持つ検察官が言ったところに問題があるのです。例えば，起訴不起訴の決定は検察官が行うことを熟知している被疑者に司法警察員が同様のことを言ってもただちに任意性に疑いがあると断ずることはできないと思われます。

　「自白の任意性を否定した事例」と簡単にいうことがありますが，319条は「任意にされたものでない疑いがある」かどうかを問題としています。そこで，

この判決でも，「任意性に疑いがある」としていますね。ここは正確に理解しておきましょう。

　弁護人の主張にあった事実関係を読むと，この「約束」が弁護人を介してなされたことが分かりますね。この事案の検察官と弁護人の関係がどのようなものであったかまでは分かりませんが，問題の「約束」は，検察官→相被疑者の弁護人→被疑者の弁護人→被疑者という経路で伝えられているのです。相被疑者の弁護人，被疑者の弁護人としては，どのように行動すべきだったのでしょうか。難しい問題ですね。

13-7　最大判昭45・11・25刑集24巻12号1670頁

1　何が判断された判例か

> 偽計による自白の証拠能力

が問題となった事案です。大法廷は，

> 　偽計によって被疑者が心理的強制を受け，その結果虚偽の自白が誘発されるおそれのある場合には，偽計によって獲得された自白はその任意性に疑いがあるものとして証拠能力を否定すべきであり，このような自白を証拠に採用することは，刑訴法319条1項，憲法38条2項に違反する。

という判断を示したのです。

　事実は次のようなものです。

> 　当初伏見警察署での取調では，被告人の妻貞子は，自分の一存で本件拳銃等を買受けかつ自宅に隠匿所持していたものである旨を供述し，被告人も，本件拳銃は妻貞子が勝手に買ったもので，自分はそんなものは返せといっておいた旨を述べ，両名共被告人の犯行を否認していたものであるところ，その後京都地方検察庁における取調において，検察官増田光雄は，まず被告人に対し，実際は貞子がそのような自供をしていないのにかかわらず，同人が本件犯行につき被告人と共謀したことを自供した旨を告げて被告人を説得したところ，被告人が共謀を認めるに至ったので，被告人を貞子と交替させ，貞子に対し，被告人が共謀を認めている旨を告げて説得

第13章 自白に関する判例

> すると，同人も共謀を認めたので直ちにその調書を取り，更に同人を被告人と交替させ，再度被告人に対し貞子も共謀を認めているがまちがいないかと確認したうえ，その調書を取り，被告人が勾留されている伏見警察署の警部補福島信義に対し，もう一度被告人を調べ直すよう指示し，同警部補が被告人を翌日取り調べた結果，所論主張の被告人の司法警察員に対する供述調書が作成された，というのである。

　確かに，被告人及び妻の当初の供述は，常識的に見ると不自然であるように見えます。しかし，このような方法で両者を騙して共謀を認めさせてよいのでしょうか。

> 　思うに，捜査手続といえども，憲法の保障下にある刑事手続の一環である以上，刑訴法１条所定の精神に則り，公共の福祉の維持と個人の基本的人権の保障とを全うしつつ適正に行なわれるべきものであることにかんがみれば，捜査官が被疑者を取り調べるにあたり偽計を用いて被疑者を錯誤に陥れ自白を獲得するような尋問方法を厳に避けるべきであることはいうまでもないところであるが，もしも偽計によって被疑者が心理的強制を受け，その結果虚偽の自白が誘発されるおそれのある場合には，右の自白はその任意性に疑いがあるものとして，証拠能力を否定すべきであり，このような自白を証拠に採用することは，刑訴法319条１項の規定に違反し，ひいては憲法38条２項にも違反するものといわなければならない。

　任意性を要求する趣旨として，刑訴法１条の基本精神と「虚偽自白誘発防止」があげられていますね。最高裁の自白の任意性についての考え方を示すものでしょう。
　さて，これに基づいて本件自白の任意性の判断をします。

> 　これを本件についてみると，原判決が認定した前記事実のほかに，増田検察官が，被告人の取調にあたり，「奥さんは自供している。誰がみても奥さんが独断で買わん。参考人の供述もある。こんな事で２人共処罰される事はない。男らしく云うたらどうか。」と説得した事実のあることも記録上うかがわれ，すでに妻が自己の単独犯行であると述べている本件被疑事実につき，同検察官は被告人に対し，前示のような偽計を用いたうえ，もし被告人が共謀の点を認めれば被告人のみが処罰され妻は処罰を免れることがあるかも知れない旨を暗示した疑いがある。要するに，本件においては前記のような偽計によつて被疑者が心理的強制を受け，虚偽の自白が

> 誘発されるおそれのある疑いが濃厚であり，もしそうであるとするならば，前記尋問によって得られた被告人の検察官に対する自白およびその影響下に作成された司法警察員に対する自白調書は，いずれも任意性に疑いがあるものといわなければならない。

　ここで説明されているのは，「虚偽自白」のおそれですね。
　原判決が自白の任意性について十分に検討していないのは審理不尽であるというのは，これまでの判例と同様です。

2　任意性が問題となった他の事例

　任意性がどう判断されるかについては，たくさんの判例を読んで感覚を掴んでいくほかないように思われます。いくつかの例を挙げておきます。
　（１）　最決昭59・2・29刑集38巻3号479頁（高輪グリーンマンション・ホステス殺人事件）
　任意捜査に関する裁判例の講で検討した判例です。判示事項にはなっていませんが，自白の任意性も争われました。

> 　本件事案の性質，重大性を総合勘案すると，本件取調べは，社会通念上任意捜査として許容される限度を逸脱したものであったとまでは断ずることができず，その際になされた被告人の自白の任意性に疑いを生じさせるようなものであったとも認められない。

　（２）　最決平元・7・4刑集43巻7号581頁
　任意捜査に関する裁判例の章で検討した判例です。
　判示事項には含まれていませんが，被疑者に対する長時間の取調べの結果得られた自白の任意性についての判断もなされています。
　（３）　最決平元・1・23判時1301号155頁（接見制限と自白）
　弁護人の接見と自白について検討した事例です。判例集に登載されたものではないのですが，自白の任意性や弁護人の接見交通権のあり方を考えるのによい事例です。

> 　所論は，贈収賄事件に関する被告人Ｂの自白調書を証拠とするのは憲法31条，34

条，38条に違反するという。そこで検討するに，原判決の認定によれば，昭和41年12月2日当時，同被告人に対しては詐欺被告事件の勾留と恐喝被疑事件の勾留が競合していたが，同日は，担当検察官が余罪である贈収賄の事実を取り調べていたところ，同被告人は，午後4時25分から4時45分まで弁護人Sと接見した直後ころ，右贈収賄の事実を自白するに至ったのであり，また，同日以前には，11月30日に弁護人Nと同Sが，12月1日に弁護人Kと同Tがそれぞれ同被告人と接見していたというのである。他方，記録によれば，K弁護人は，12月2日午後4時30分ころ同被告人との接見を求めたところ，担当検察官が取調中であることを理由にそれを拒んだため接見できず，その後同日午後8時58分から50分間同被告人と接見したことが認められるものの，前記のように，右自白はS弁護人が接見した直後になされたものであるうえ，同日以前には弁護人4名が相前後して同被告人と接見し，K弁護人も前日に接見していたのであるから，接見交通権の制限を含めて検討しても，右自白の任意性に疑いがないとした原判断は相当と認められる。したがって，憲法違反をいう所論は，前提を欠き，適法な上告理由に当たらない。

なお，本件の前に**最決昭57・5・25判時1046号15頁**（千葉大チフス菌事件）は，自白の信用性が争われた事案ですが，「弁護人鈴木元子外7名の上告趣意のうち，弁護人となろうとする者との接見交通権の侵害があったとして，憲法34条前段，37条3項違反をいう点については，記録によれば，右弁護人となろうとする者との接見が拒否されていた期間中，弁護人鈴木元子については適法に接見が認められていることが明らかであるので，所論は前提を欠（く）」としていう判断を示しています。

（4） **最決昭57・3・16判時1038号34頁**（勧銀大森支店宿直行員強盗殺人事件）

1審無期懲役，原審無罪となった強盗殺人事件の上告審決定です。最高裁は，検察官の上告を棄却しました。

第1審は，その取調べた多数の証拠に基づき，被告人の弁解は採用し難いものとして，被告人を本件の真犯人と断定し，無期懲役刑を言い渡したのに対し，原審は，更に詳細な事実調をした上で，第1審判決と判断を異にし，被告人の弁解は排斥し難く，同判決が有罪の証拠とした各証拠の信用性に疑問があるとしたほか，被告人の自白については任意性に疑いがあるとして，同判決を破棄し無罪の言渡をした。これに対する所論の論難は詳細かつ多岐にわたるが，被告人の自白の任意性の点に

> ついては一まずおき，右自白を含む各証拠の信用性に関する主な点について，当裁判所の判断を示すこととする。

このように，最高裁は，任意性の判断をせずに，まず，信用性の判断をしたのです。この判断は極めて長文にわたるものです。

そして，被告人の自白に信用性がなく，他に被告人を犯人であるとするのに十分な証拠がないとして，

> してみると，本件における主な争点の一つである被告人の自白の任意性の点については判断するまでもなく，疑わしきは被告人の利益に，との刑事裁判の鉄則に従い，被告人に対し無罪の言渡をした原判決は，結論において首肯するに足りるものとして，これを維持するのが相当である。

と判示し，上告を棄却しました。

本来，自白の任意性（証拠能力）が認められて初めて信用性（証明力）を判断すべきでしょう。実際には，自白の任意性を認めながら信用性に欠けるとして無罪を言い渡す事例は少なくありません。ところが，本件では，最高裁はあえて自白の任意性について判断することをしませんでした。具体的事案について適切な結論を導くためには，何を判断すればよいかという合理的な判断ですね。

13-8　最判昭28・10・9刑集7巻10号1904頁

自白の任意性をどのように調査するかについて判示したものです。
判示事項は，

> 〈1〉　被告人の供述調書の任意性立証の要否
> 〈2〉　右供述調書の任意性の調査方法
> 〈3〉　右供述調書の任意性調査と公判調書

であり，これに対する判断は，

> 《1》　被告人が供述調書の任意性を争ったからといって，必ずしも検察官にその

第13章　自白に関する判例

供述の任意性について立証させねばならないものではない。
《2》　右供述調書の任意性の有無の調査は，裁判所が適当と認める方法によってこれを行うことができ，かつ供述調書の方式のみでなく内容自体も右調査の資料となしうる。
《3》　右供述調書の任意性調査の事実は，これを必ず調書に記載しなければならないものではない。

です。
　判文は次のとおりです。特に理由を示していませんが，証拠能力の有無の判断ですから，当然といえるでしょう。

　記録によれば，第1審第3回公判期日において検察官が，被告人に対する検察官の第2回供述調書の取調べを請求したのに対し，被告人及び弁護人は，右は，検事の威嚇にもとずく供述調書で証拠能力がないと思考するからこれを証拠とすることに異議があると述べたこと，裁判官は右異議にかかわらずこれにつき証拠調べを施行したこと，第1審判決は右供述調書を有罪事実認定の証拠としたことは明らかであるが，右調書の任意性について，第1審裁判所が特段の証拠調をした形跡のないことも所論のとおりである。
　所論はかくのごとき場合，右供述の任意性について検事の立証を待たずして，その供述調書を証拠とすることは憲法38条，刑訴319条に違反するというのであるが，右のごとき供述調書の任意性を被告人が争ったからといって，必ず検察官をして，その供述の任意性について立証せしめなければならないものでなく，裁判所が適当の方法によって，調査の結果その任意性について心証を得た以上これを証拠とすることは妨げないのであり，これが調査の方法についても格別の制限はなく，また，その調査の事実を必ず調書に記載しなければならないものではない。かつ，当該供述調書における供述者の署名，捺印のみならずその記載内容すなわちその供述調書にあらわれた供述の内容それ自体もまたこれが調査の一資料たるを失わないものと云わなければならない。

　きちんと理解して置く必要のある判例だといえます。

13-9 最判昭23・4・17刑集2巻4号357頁（補強法則）

1 自白の補強法則についての判例

応急措置法の判例ですが，内容は同じです。ここで学びたいのは**判示事項2**

> 贓物故買の知情の唯一の証拠が自白である場合と刑訴応急措置法第10条第3項

で，最高裁は，犯罪事実を認定した直接の証拠は被告人の自白のみであっても，他の諸般の証拠を被告人の自白に対する補強証拠として，犯罪事実を認定した場合には，被告人の自白を唯一の証拠として，これを認定したものということはできないと判示しました。なぜでしょうか。

> 　原判決は，被告人の自白のみを証拠として，知情の点，すなわち被告人は，その買受けた物件が盗品であることを知っていたという事実を認定したのであるから違法である，というのであるが，なるほど，この点の直接の証拠は，被告人の自白のみではあるが，これら売買の事実は，被告人の自白の外，売主たる窃盗犯人小島重子に対する司法警察官の訊問調書，同じく売主である窃盗犯人野澤晧の原審公判における供述が証拠として引用せられているのみならず，さきに，（二）の事実よりわずか半月程前に，被告人が（一）の物件を買受けた際に，被告人は，売主たる窃盗犯人森嘉之吉に対し，これは忍びか，たゝき品かと聞いたので，森は静岡の方の忍びだと告げたという事実は，原判決引用の森嘉之吉に対する司法警察官の訊問調書で，立証せられているところであり，原審はこれら諸般の証拠を被告人の自白と綜合して，すなわち，如上諸般の証拠を被告人の自白に対する補強証拠として（二）および（三）の売買についても，被告人は，その盗品であることを知っていたものと認定したのであって，所論のように，被告人の自白を唯一の証拠として，これを認定したものでないことは原判文を検討すれば，極めて明らかである。論旨は理由がない。

主観的な要素については補強証拠は不要であるとして引用される判例ですが，よく読むと，判決要旨のとおり，知情についての直接証拠は存しないが，間接証拠によって認定できるとしているので，単に補強証拠は不要であるというのではないようですね。補強証拠の範囲については他の判例もまとめて検討した

第13章　自白に関する判例

方が良さそうです。

2　補強証拠の範囲についての判例
（1）　最決昭40・10・19刑集19巻7号765頁

> 被告人が昭和39年3月6，7日頃，佐々木金十郎から投票並びに投票取纏めの選挙運動を依頼され，その報酬として金1,000円の供与を受けたとの受供与罪につき，被告人の捜査段階における自白と，右日時頃被告人から，「佐々木金十郎から金を貰つて来たがお前にもやる，選挙のときは佐々木金十郎に投票してくれ」と頼まれ，自分の分として金500円貰つたとの旨の被告人の妻木村カネの供述とを綜合し，右受供与罪の事実を認定した原判決の措置は，刑訴法319条2項に違反しない。

（2）　最判昭42・12・21刑集21巻10号1476頁（補強証拠）

判示事項は，

> 〈1〉　憲法38条第3項にいう「本人の自白」
> 〈2〉　道路交通法第64条第118条第1項第1号のいわゆる無免許運転の罪と補強証拠の範囲

です。

判示事項1は，憲法の解釈ですね。憲法38条3項の「本人の自白」には，公判廷における被告人の自白を含まないというもので，**最大判昭23・7・29刑集2巻9号1012頁，同昭27・6・25刑集6巻6号806頁**を引用しています。

この2つの大法廷判決は，50年以上のものですが，憲法38条について詳細な判示をしていますから，ぜひ読んでください。

さて，**判示事項の〈2〉**が重要です。

> 《2》　道路交通法第64条，第118条第1項第1号のいわゆる無免許運転の犯罪事実を認定するにあたつては，運転行為のみならず，運転免許を受けていなかつたという点についても，被告人の自白のほかに，補強証拠の存在することを要するものと解すべきである。

なぜ，必要なのか，判決文を読みましょう。

第13章　自白に関する判例

> 　原判決は，道路交通法64条，118条1項1号のいわゆる無免許運転の罪について「無免許という消極的身分の如きその主観的側面については，被告人の自白だけでこれを認定して差支えないと解するのが相当」であると判示し，被告人が免許を受けていなかった事実については，補強証拠を要しない旨の判断を示している。しかしながら，無免許運転の罪においては，運転行為のみならず，運転免許を受けていなかったという事実についても，被告人の自白のほかに，補強証拠の存在することを要するものといわなければならない。そうすると，原判決が，前記のように，無免許の点については，弁護人の自白のみで認定しても差支えないとしたのは，刑訴法319条2項の解釈をあやまったものといわざるを得ない。ただ，本件においては，第一審判決が証拠として掲げた坂本光弘の司法巡査に対する供述調書に，同人が被告人と同じ職場の同僚として，被告人が運転免許を受けていなかった事実を知つていたと思われる趣旨の供述が記載されており，この供述は，被告人の公判廷における自白を補強するに足りるものと認められるから，原判決の前記違法も，結局，判決に影響を及ぼさないものというべきである。

（3）　最判昭51・10・28刑集30巻9号1859頁（共犯者の自白）

> 　共犯者2名以上の自白による被告人の有罪認定と憲法38条3項

を判示事項として

> 　共犯者2名以上の自白により被告人を有罪と認定しても憲法38条3項に違反しない。

旨を示したものですが，特に理由を示してはいません。

　引用された判例は，**最大判昭23・7・14刑集2巻8号876頁，最大判昭23・7・19刑集2巻8号912頁，最大判昭33・5・28刑集12巻8号1718頁，最判昭51・2・19刑集30巻1号25頁**です。確認しておいてください。

　この判決には，補足意見があります。その中でも団藤裁判官の補足意見は勉強になります。

447

第14章　裁判に関する判例

14–1　最決平19・10・16刑集61巻7号677頁

1　何を判示したのか

判示事項は，

〈1〉　有罪認定に必要とされる立証の程度としての「合理的な疑いを差し挟む余地がない」の意義

〈2〉　有罪認定に必要とされる立証の程度としての「合理的な疑いを差し挟む余地がない」の意義は，直接証拠によって事実認定をすべき場合と情況証拠によって事実認定をすべき場合とで異なるか

であり，これについての決定要旨は，

《1》　有罪認定に必要とされる立証の程度としての「合理的な疑いを差し挟む余地がない」というのは，反対事実が存在する疑いを全く残さない場合を言うものではなく，抽象的な可能性としては反対事実が存在するとの疑いを入れる余地があっても，健全な社会常識に照らしてその疑いに合理性がないと一般的に判断される場合には有罪認定を可能とする趣旨である。

《2》　有罪認定に必要とされる立証の程度としての「合理的な疑いを差し挟む余地がない」の意義は，直接証拠によって事実認定をすべき場合と情況証拠によって事実認定をすべき場合とで異ならない。

とても抽象的な判示事項と決定要旨ですね。いままで，何気なく使っていた「合理的疑いを容れない」(beyond the reasonable doubt) とか，「合理的疑いを超える」という意味を改めて最高裁が示したものです。裁判員にも納得して貰える有罪認定に必要な証明の程度ということでしょうか。

第14章　裁判に関する判例

2　事案の概要

　事案は，とても変わっています。まるで，刑法の「教室設例」のようです。

　離婚訴訟中であった被告人が，妻の実母Aらを殺害する目的で，アセトン等から生成したトリアセトントリパーオキサイド（過酸化アセトン。以下「TATP」という。）相当量に，点火ヒーター，乾電池等を使用した起爆装置を接続して，これをファイルケースに収納し，更に同ケースを定形外郵便封筒内に収納するなどして，同封筒から同ケースを引き出すことにより上記起爆装置が作動して上記TATPが爆発する構造の爆発物1個（以下「本件爆発物」という。）を製造した上，定形外郵便物としてAあてに投かんし，情を知らない郵便配達員をしてこれを高松市内のA方に配達させ，Aをして同封筒から同ケースを引き出させてこれを爆発させ，もって，爆発物を使用するとともに，Aらを殺害しようとしたが，Aを含む3名の者に重軽傷を負わせたにとどまり，Aらを殺害するに至らなかったとして，爆発物取締罰則違反，殺人未遂に問われた事案である。

　殺人の実行の着手はいつか，という刑法の問題ができそうですね。
　被告人が犯行を全面的に否認したことから，第1審は（**高松地判平17・10・4刑集同号701頁**），

　（1）被告人は，本件爆発物の爆発事件（以下「本件爆発事件」という。）が発生する8日ほど前までに，自宅のパソコンからインターネットを利用して，TATPを含む爆発性物質の生成方法や起爆装置の製造方法等を記載したサイトにアクセスし，閲覧しており，実際にプラスチックケースに入った爆発性物質を取り扱っていた事実も推認できる
　（2）被告人は，本件爆発事件発生前に，本件爆発物に使われたとみられる分量のTATPを生成し得るアセトン等を購入していたほか，本件爆発物に使用された起爆装置の起爆薬など多数の構成部品と同種又は類似の物を新たに購入し，あるいは以前から入手しており，被告人方からは，TATPの成分が付着した金属粉末も発見された
　（3）本件爆発物を収納した封筒にちょう付されていた24枚の切手中9枚は，本件爆発事件発生の前日，長尾郵便局（香川県さぬき市所在）に設置された自動販売機から発行・発売されたものであるところ，被告人方から発見押収された切手3枚は，上記切手9枚の発行・発売の2分後に，同じ自動販売機から発行・発売された

ものであった

　(4) 同封筒にちょう付されていた差出人を示す紙片は，クレジットカード会社のホームページの高松支店の地図付き案内ページを利用し，これをカラープリンターでラベルシートに印刷して作成されたものであるところ，被告人は，本件爆発事件発生の6日前に上記ホームページを閲覧していた上，被告人方からは上記印刷が可能なカラープリンター及び同種ラベルシートが発見された

　(5) 同封筒は，本件爆発事件発生の前日の一定の時間帯に高松南郵便局管内の投入口が比較的大きい郵便ポストに投かんされたものとみられるが，被告人は，上記の時間帯に，同郵便局管内の同封筒が投かん可能な郵便ポストの設置されている場所へ行っていた

という事実を認定し，これらの事実を総合すれば，被告人が本件爆発物を製造し，Ａあてに郵送したと認められるとしました。

　上告審における弁護人の主張は，上記(2)の点に関し，被告人が，その購入したアセトン等を他の使途に費消した可能性や，上記(3)の点に関し，上記封筒にちょう付されていたその余の切手中，少なくとも10枚を被告人が購入し得なかった可能性等を指摘して，原判決は，情況証拠による間接事実に基づき事実認定をする際，反対事実の存在の可能性を許さないほどの確実性がないにもかかわらず，被告人の犯人性を認定したなどとしたものです。

　最高裁は，次のように判示しました。

　刑事裁判における有罪の認定に当たっては，合理的な疑いを差し挟む余地のない程度の立証が必要である。ここに合理的な疑いを差し挟む余地がないというのは，反対事実が存在する疑いを全く残さない場合をいうものではなく，抽象的な可能性としては反対事実が存在するとの疑いをいれる余地があっても，健全な社会常識に照らして，その疑いに合理性がないと一般的に判断される場合には，有罪認定を可能とする趣旨である。そして，このことは，直接証拠によって事実認定をすべき場合と，情況証拠によって事実認定をすべき場合とで，何ら異なるところはないというべきである。本件は，専ら情況証拠により事実認定をすべき事案であるが，原判決が是認する第1審判決は，前記の各情況証拠を総合して，被告人が本件を行ったことにつき，合理的な疑いを差し挟む余地のない程度に証明されたと判断したものであり，同判断は正当であると認められる。

特に新しい結論が示されているわけではありません。いままで当然のように考えていたことについて，改めて明文をもって示したということに尽きます。しかし，法律実務家としては，立証が十分であるかどうかを論ずるときに，この基準に従った論旨を展開する必要があるでしょう。

反対事実があり得るではないか，と論ずるだけでは足りないのです。「健全な社会常識に照らして，合理的」な可能性でなければならないのです。犯罪事実を争う弁護人であれば，被告人がその犯罪を犯さなかった可能性……本件でいえば，購入した爆発物の原料アセトンを他の用途に費消した可能性があることを抽象的な可能性として示すだけでは十分ではありません。「他の使い方をした」という立証をしなければならないというものではありませんが，被告人が他のどのような用途に使う可能性があったのか，「なるほど，そのような使い方をするのも十分あり得るな」と一般の人に思わせるようなものでなければならないのです。

直接証拠による場合であっても，情況証拠による場合であっても，証明の程度は変わらないという判示もとても重要です。

法科大学院では，たくさんの証拠について評価をして事実を認定していくという訓練まではできないのが現状ですが，実務家はもちろん，司法修習生にとってもこれが最も大切になってきます。ともすれば，直接証拠があれば認定が甘く，間接証拠しかないと，認定が厳しくなりがちです。どちらにしても「合理的な疑いを差し挟む余地」があるかどうかを判断基準とすること，両者の証明の程度に変わるところはないことはしっかり胸に刻んでおく必要があるでしょう。

14−2 最決昭41・11・22刑集20巻9号1035頁

判示事項

{ 犯罪の主観的要素を同種前科の内容によって認定することの適否 }

について，

第14章　裁判に関する判例

> 犯罪の客観的要素が他の証拠によって認められる事案において，詐欺の故意のごとき主観的要素を，被告人の同種前科の内容によって認定しても違法でない。

と判断した決定です。

決定本文でも判示事項に関する部分はかっこ書で

> 犯罪の客観的要素が他の証拠によって認められる本件事案の下において，被告人の詐欺の故意の如き犯罪の主観的要素を，被告人の同種前科の内容によって認定した原判決に所論の違法は認められない

とあるだけで，要旨とほぼ同文ですね。原判決を是認したというのですから，原判決を確認すれば，理解が深まるでしょう。

> 所論は被告人は宗教活動の為の資金に充てる布施として受取ったもので詐欺の犯意はないというけれども，被告人自身昭和38年9月19日神戸地方裁判所尼崎支部で本件と同様手段による詐欺罪に因り懲役刑に処せられ現在なおその刑執行猶予期間中の身であり，本件行為もその態様に照し詐欺罪を構成するものであることの認識があったと思われるのに，又しても本件犯行に及んでおり，その動機も当時の被告人の生活状態等に照し首肯でき(る)

原判決を読んで欲しいのですが，同種前科の存在がなくても詐欺の故意は認められたのではないかと思われます。しかし，同じ手段の詐欺で執行猶予中でありながら故意を否定するというのは確かに受け入れがたいでしょう。そこで，原判決もわざわざこれに言及したのではないかと思われます。

14−3　最(大)判昭41・7・13刑集20巻6号609頁

> 起訴されていない犯罪事実を量刑の資料として考慮することと憲法第31条第39条

を判示事項とする大法廷判決です。

この判決要旨である

453

第14章　裁判に関する判例

> 起訴されていない犯罪事実をいわゆる余罪として認定し，実質上これを処罰する趣旨で量刑の資料に考慮することは許されないが，単に被告人の性格，経歴および犯罪の動機，目的，方法等の情状を推知するための資料としてこれを考慮することは，憲法第31条，第39条に違反しない。

は，刑訴法を学んだひとなら誰でも知っていると思います。しかし，本当に理解したといえるためには，なぜ問題になるのか，なぜ憲法違反でないのか，をきちんと論じられなければなりませんね。大法廷はどのように判示したのでしょうか。

> 刑事裁判において，起訴された犯罪事実のほかに，起訴されていない犯罪事実をいわゆる余罪として認定し，実質上これを処罰する趣旨で量刑の資料に考慮し，これがため被告人を重く処罰することは許されないものと解すべきである。けだし，右のいわゆる余罪は，公訴事実として起訴されていない犯罪事実であるにかかわらず，右の趣旨でこれを認定考慮することは，刑事訴訟法の基本原理である不告不理の原則に反し，憲法31条にいう，法律に定める手続によらずして刑罰を科することになるのみならず，刑訴法317条に定める証拠裁判主義に反し，かつ，自白と補強証拠に関する憲法38条3項，刑訴法319条2項，3項の制約を免れることとなるおそれがあり，さらにその余罪が後日起訴されないという保障は法律上ないのであるから，若しその余罪について起訴され有罪の判決を受けた場合は，既に量刑上責任を問われた事実について再び刑事上の責任を問われることになり，憲法39条にも反することになるからである。（下線筆者）

実質上余罪を処罰する趣旨で量刑を重くすることは許されない→なぜなら，……と理由が述べられていますね。憲法に定められた刑事裁判の基本原理の総復習のようです。

それでは，余罪があることを考慮することは全く許されないのでしょうか。

> しかし，他面刑事裁判における量刑は，被告人の性格，経歴および犯罪の動機，目的，方法等すべての事情を考慮して，裁判所が法定刑の範囲内において，適当に決定すべきものであるから，その量刑のための一情状として，いわゆる余罪をも考慮することは，必ずしも禁ぜられるところではない（もとより，これを考慮する程度は，個々の事案ごとに合理的に検討して必要な限度にとどめるべきであり，従っ

てその点の証拠調にあたっても，みだりに必要な限度を越えることのないよう注意しなければならない。）。このように量刑の一情状として余罪を考慮するのは，<u>犯罪事実として余罪を認定して，これを処罰しようとするものではない</u>から，これについて公訴の提起を必要とするものではない。<u>余罪を単に被告人の性格，経歴および犯罪の動機，目的，方法等の情状を推知するための資料として考慮することは，犯罪事実として認定し，これを処罰する趣旨で刑を重くする</u>のとは異なるから，事実審裁判所としては，両者を混淆することのないよう慎重に留意すべきは当然である。
（下線筆者）

　余罪を処罰するのではなく，被告人の性格等を推知する趣旨で考慮するのだというのですね。余罪があること→余罪を処罰するというのと，余罪がある→たとえば，被告人の犯罪傾向が強いことが推認される→従って情状が重いというのでは違うというわけです。このように，それによって何を認めるのか，その結果どういう効果が発生するのかという精密な検討をしないで，単に「余罪を持ち出すのはけしからん」といっても裁判所が納得しないであろうことが分かるでしょう。

　なお，ここで情状として具体的に挙げられている事情を理解するのも重要です。「被告人の性格，経歴および犯罪の動機，目的，方法」ですね。248条に挙げられた事情「犯人の性格，年齢及び境遇，犯罪の軽重及び情状並びに犯罪後の情況」と同じ趣旨でしょう。量刑事情の立証というのは，このような事情を明らかにする立証なのです。

　逆にいえば，検察官が法廷で余罪の存在を明らかにしようと考えるときは，これらを推知させる事実との位置づけを明らかにする必要があるでしょうし，弁護人はそれを超えるものであるかどうかを厳しく判断する必要があるということになります。

　さて，判決は，このような原則を示して，これを当てはめます。

　本件についてこれを見るに，原判決に「被告人が本件以前にも約6ヶ月間多数回にわたり同様な犯行をかさね，それによつて得た金員を飲酒，小使銭，生活費等に使用したことを考慮すれば，云々」と判示していることは，所論のとおりである。しかし，右判示は，余罪である窃盗の回数およびその窃取した金額を具体的に判示していないのみならず，犯罪の成立自体に関係のない窃取金員の使途について比較

第14章　裁判に関する判例

的詳細に判示しているなど，その他前後の判文とも併せ熟読するときは，右は本件起訴にかかる窃盗の動機，目的および被告人の性格等を推知する一情状として考慮したものであって，余罪を犯罪事実として認定し，これを処罰する趣旨で重く量刑したものではないと解するのが相当である。従って，所論違憲の主張は前提を欠き採るを得ない。

　自分ならどう書くか，と考えてみましょう。判決が参考になるでしょう。

第15章　上訴に関する判例

15-1　最(大)判昭30・12・14刑集 9 巻13号2760頁（免訴と上訴）

1 何を判断したものか

簡単な判断ですが，大法廷判決ですから，重要なようですね。判示事項は，

> 免訴判決に対する被告人の上訴権

です。

最高裁は，

> 免訴判決に対しては被告人から無罪を主張して控訴することはできないとして被告人の控訴を棄却した判決に対しても，無罪を主張して上告することはできない。

と判示しました。判決文によれば，

> 免訴判決に対しては被告人から無罪を主張して上訴できないことは，当裁判所の判例の趣旨とするところであつて，右同旨の理由により，被告人等の控訴を理由なしとした原判決に対しても亦被告人等から無罪を主張して上告の申立をすることは許されない

というのです。この判決が引用している 2 つの大法廷判決のうち，一つは，「免訴判決に対しては被告人から無罪を主張して上訴できない」というもので，もう一つは，「免訴判決に対して無罪を主張する被告人等の控訴を理由なしとした控訴審決に対しても無罪を主張して上告の申立をすることは許されない」というもので，本判決はこれらの総まとめのようなものです。

免訴（刑訴法337条）は，確定判決を経たときなど，もはや裁判所には審判が許されないという事態があるときに言い渡されます（1-1）。

しかし，それでも，訴えを起こされた被告人がはっきり「無罪」と認めてほ

しいと考えるのも無理からぬところです。

2 引用された判決の内容

引用された判決ではどのように判示しているでしょうか。

まず，**最大判昭23・5・26刑集 2 巻 6 号529頁**です。現行刑訴法施行前の事件ですね。

被告人は，不敬罪で起訴されたのですが，大赦があり，事件は免訴判決で終結したのです。

裁判所は，まず，恩赦制度について述べます。

> そもそも恩赦は，ある政治上又は，社会政策上の必要から司法権行使の作用又は効果を，行政権で制限するものであって，旧憲法下でいうならば，天皇の大権に基いて，行政の作用として，既に刑の言渡を受けたものに対して，判決の効力に変更を加え，まだ，刑の言渡を受けないものに対しては，刑事の訴追を阻止して，司法権の作用効果を制限するものであることは，大正元年勅令第20号恩赦令の規定に徴し明瞭である。であるから，どの判決の効力に変更を加え，又は，どの公訴について，その訴追を阻止するかは，専ら，行政作用の定むるところに従うべきである。

次に裁判所は，被告人が免訴判決を受けることになった「大赦令」についての解釈を示します。

> 前記大赦令に，同日前に刑法第74条の罪を犯したものは赦免せられるとあるは，まだ刑の言渡を受けないものに対しては，前示刑法第74条の罪を犯したりとの嫌疑をもって起訴せられ，その具体的公訴事実について，現に公訴の繋属中なるものについて，その訴追を阻止するという趣旨に解しなければならぬ。即ち本件公訴の如きは，まさに，前示刑法第74条に該当する罪ありとして，特定の具体的事実について提起せられたものであることは，前に述べたとおりであるから，本件の公訴は右大赦の勅令によって，その訴追を阻止せられたものと解しなければならぬ。
>
> しかして，大赦の効力に関しては，前示恩赦令は，大赦は，大赦ありたる罪につき，未だ刑の言渡を受けないものについては，公訴権は消滅する旨（恩赦令第 3 条）を定めている。即ち，本件のごとく公訴繋属中の事件に対しては，大赦令施行の時以後，公訴権消滅の効果を生ずるのである。

それでは，公訴権が消滅した被告事件はどのように処理されるのでしょうか。旧法ですから，条文の数が違いますが，内容は同じです。関係する旧法の条文は，判例集に載っていますから確認しておきましょう。

> 　しかして，裁判所が公訴につき，実体的審理をして，刑罰権の存否及び範囲を確定する権能をもつのは，検事の当該事件に対する具体的公訴権が発生し，かつ，存続することを要件とするのであって，公訴権が消滅した場合，裁判所は，その事件につき，実体上の審理をすゝめ，検事の公訴にかゝる事実が果して真実に行われたかどうか，真実に行われたとして，その事実は犯罪を構成するかどうか，犯罪を構成するとせばいかなる刑罰を科すべきやを確定することはできなくなる。これは，不告不理の原則を採るわが刑事訴訟法の当然の帰結である。本件においても，既に大赦によって公訴権が消滅した以上，裁判所は前に述べたように，実体上の審理をすることはできなくなり，たゞ刑事訴訟法第363条に従って，被告人に対し，免訴の判決をするのみである。従って，この場合，被告人の側においてもまた，訴訟の実体に関する理由を主張して，無罪の判決を求めることは許されないのである。若し，訴訟の実体に関する問題をいうならば，被告人側にいろいろの主張はあるであらう。公訴にかゝる事実の存在を争ふこともその一であり，その事実の法律上罪とならぬことを主張するのもその一であり，その他，各種の免責事由の主張等いろいろあるであらうけれど，既に公訴の基礎をなす公訴権が消滅する以上，これらは一切裁判所が取上げることができないと同様，被告人も，また，これを主張して無罪の判決を求めることはできないのである。本件において，被告人および弁護人が特に強調するところの，刑法不敬罪の規定は昭和21年5月19日，即ち本件被告人の行為のなされた当時には既に失効していたという主張に関しても，畢竟これは被告人の本件所為が罪となるか，ならぬかの争点に関するものであって，大赦によって本件公訴権は消滅し，実体上の審理が許されないことは前説明のとおりであるから，被告人等も，また，かゝる理由に基いて，無罪を主張することは許されないのである。

　「公訴権が消滅する以上，一切裁判所が取り上げることはできない」というのが眼目ですね。
　どうも，1審は，事実審理をしてしまったようです。

> 　しかるに，原審は控訴審として本件を審理するにあたり，大赦令の施行にもかか

第15章　上訴に関する判例

> わらず，依然本件公訴につき実体上の審理をつゞけ，その結果，被告人の本件所為は刑法第74条第1項に該当するものと判定し，その上で前記大赦令を適用して，その主文において被告人を免訴する旨の判決をしたのである。右の如く原審が大赦令の施行にもかかわらず実体上の審理をなし，その判決理由において被告人に対し有罪の判定を下したことは，前段説明したような大赦の趣旨を誤解したものであつて，違法たるを免れず，その違法はまさに本判決をもつて，これを払拭するところであるが，原判決がその主文において，被告人に対して，免訴の判決を言渡したのは結局において正しいといわなければならぬ。

これでは，被告人も，不敬罪は廃止を待つまでもなく違憲だと叫びたくなるでしょうね。

ここまでは1審の審理についてです。

それでは，1審で実体審理を許さず，免訴判決で終わった事件について，控訴ができるでしょうか。

> しかして大赦の場合には，裁判所としては免訴の判決をする一途であり，被告人の側でも，無罪を主張して，実体の審理を要求することはできないのであるから，原審がした免訴の判決に対して無罪を主張して上訴することもまた違法であるといわなければならない。

この判決には，たくさんの意見があります。新しい時代の不敬罪に関する事件です。新しい判決ですから，裁判官もいろいろ考えたようです。法律論の展開のしかたを感得することができるでしょう。

もう一つの大法廷判決は，昭和29年11月10日（刑集8巻11号1816頁）です。

23年判決が1審免訴の場合，無罪（実体審理）を求める控訴は不可というものでしたが，この判決は，

> 免訴判決に対する検察官の控訴を棄却した判決に対しては，被告人から無罪を主張して上訴することはできない

というものです。この判決も，23年判決を引用しただけで，特に理由は示していません。30年判決との違いは，控訴が検察官によるものだという点ですね。

3　最判平20・3・14刑集62巻3号185頁（横浜事件）

　応用編です。通常の手続の中で免訴判決に対して無罪を求める上訴ができないことは分かりましたが，非常救済手続である再審の場合はどうか，が問題となった事例です。
　判示事項は3点あります。
　第1は，

> 　旧刑訴法適用事件につき再審が開始された場合，その対象となった判決の確定後に刑の廃止又は大赦があったときは，再審開始後の審判手続きにおいて免訴に関する規定の適用を排除して実体判決をすることができるか。

です。裁判所の結論は，

> 　旧刑訴法適用事件についての再審が開始された場合，その対象となった判決の確定後に刑の廃止又は大赦があったときは，再審開始後の審判手続きにおいても，同法363条2号，3号の適用を排除して実体判決をすることはできず，免訴判決が言い渡されるべきである。

でした。
　旧法事件ですし，判決要旨もそのままでは分かりにくいですね。
　旧法363条には，「左の場合に於ては判決を以て免訴の言渡を為すべし」とあり，2号に「犯罪後の法令に因り刑の廃止ありたるとき」，3号に「大赦ありたるとき」と定められています（もちろん原文はカタカナ書です）。
　判示事項の第2は，

> 　旧刑訴法適用事件についての再審開始後の再審手続において，被告人は免訴判決に対して無罪を主張して上訴することができるか

であり，判決要旨は，

> 　旧刑訴法適用事件についての再審開始後の再審手続においても，被告人は免訴判決に対して無罪を主張して上訴することはできない。

というものです。（1）の判例を前提とした判断であることが「再審手続きに

第15章 上訴に関する判例

おいても」という書き方で分かりますね。

判示事項の第3は，再審手続に関する論点です。

> 旧刑訴適用事件について再審が開始され，第1審判決及び控訴審判決が言い渡されて更に上告に及んだ後に，当該再審の請求人が死亡しても，再審の手続きが終了しない場合

であって，その要旨は，

> 旧刑訴適用事件について再審が開始され，第1審判決及び控訴審判決が言い渡されて更に上告に及んだ後に，当該再審の請求人が死亡しても，同請求人が既に上告審の弁護人を選任しており，かつ，同弁護人が引き続き弁護活動を継続する意思を有する限り，再審の手続は終了しない。

です。

それでは，判決を検討しましょう。

まず，裁判所が認定した事実の経過を年表風にまとめてみました。

昭和20年8月29日～9月15日　横浜地裁で被告人5名に治安維持法違反の罪により有罪判決（自白を証拠とした），確定

平成10年8月14日　被告人5名の妻らが再審請求

平成15年4月15日　再審開始決定（ポツダム宣言受諾により治安維持法は実質的に効力を失ったので，再審開始事由「刑の廃止」に当たる），検察官即時抗告

平成17年3月10日　東京高裁即時抗告棄却（自白の信用性を疑うという理由）

平成18年2月9日　治安維持法違反の罪については，昭和20年10月20日の大赦令によって被告人は大赦を受けたとして免訴判決，弁護人無罪を求めて控訴

平成19年1月19日　東京高裁，控訴棄却。弁護人上告

弁護人の主張は「弁護人は，無この救済という再審制度の趣旨に照らし，再審の審判においては，実体的審理，判断が優先されるべきであるから，その判断をせず，旧刑訴法363条2号及び3号を適用して被告人5名を免訴した本件第1審判決は誤りであり，被告人の側には本件第1審判決の誤りを是正して無

罪を求める上訴の利益が認められるべきであるのに，本件第1審判決の判断を是認した上，上訴の利益を認めなかった本件原判決は，同法511条等の解釈適用を誤っている」というものです。

再審開始決定やその即時抗告棄却決定が，治安維持法の効力や自白の信用性について正面から判断をしたのに対し，再審判決が「その後大赦令があったから免訴」という形式的な判断にとどまったのですから，被告人遺族や弁護人が不満を募らせたのは分かるような気もしますね。

これに対して，裁判所は，

> 再審制度がいわゆる非常救済制度であり，再審開始決定が確定した後の事件の審判手続（以下「再審の審判手続」という。）が，通常の刑事事件における審判手続（以下「通常の審判手続」という。）と，種々の面で差異があるとしても，同制度は，所定の事由が認められる場合に，当該審級の審判を改めて行うものであって，その審判は再審が開始された理由に拘束されるものではないことなどに照らすと，その審判手続は，原則として，通常の審判手続によるべきものと解されるところ，本件に適用される旧刑訴法等の諸規定が，再審の審判手続において，免訴事由が存する場合に，免訴に関する規定の適用を排除して実体判決をすることを予定しているとは解されない。

つまり，非常救済制度であっても，通常の手続き変わらないことを判示しています。きちんと理由を示して結論を述べていますね。通常審判手続きと差異がある→しかし，再審制度は改めて審判を行うもので，再審開始理由に拘束されない→審判手続きは原則として通常の審判手続きによるという流れです。

このような原則を示した上で本件にこれを当てはめます。

> これを，本件に即していえば，原確定判決後に刑の廃止又は大赦が行われた場合に，旧刑訴法363条2号及び3号の適用がないということはできない。したがって，被告人5名を免訴した本件第1審判決は正当である。そして，通常の審判手続において，免訴判決に対し被告人が無罪を主張して上訴できないことは，当裁判所の確定した判例であるところ，再審の審判手続につき，これと別異に解すべき理由はないから，再審の審判手続においても，免訴判決に対し被告人が無罪を主張して上訴することはできないと解するのが相当である。

「再審の審判手続」したがって，免訴判決は正当であり，免訴判決に対して無罪を求める上訴を認めないのは通常手続きでも同じであるということになりますね。裁判所が引用した判例は，前講で学んだ3つの大法廷判決です。

本判決の今井裁判官の補足意見は，免訴は有罪を前提としたものではなく，審理を打ち切るという被告人の利益にもなる制度であり，無罪判決の場合と同様に刑事補償が可能であることを指摘し，古田裁判官は，本件免訴判決について刑事補償が可能であることについて刑事補償法の解釈を示しています．刑事補償法を参照しながら補足意見も読んでみましょう。

15-2 最決平19・12・13刑集61巻9号843頁（無罪判決後の勾留）

1 決定の内容

勾留中の被告人に1審で無罪判決が言い渡されると，勾留状が失効し，被告人は釈放されます。

検察官が控訴しても，通常はそのまま審理が進みますが，問題は，我が国に滞在資格のない外国人の場合です。勾留状が失効したとたんに我が国に滞在する根拠がなくなりますから，入国管理局は退去強制手続きに入ります。退去強制を阻止して我が国で裁判を受けさせるには，控訴裁判所が勾留するほかありません。

このような事例が，**最決平12・6・27刑集54巻5号461頁**でした。同決定は，

> 裁判所は，被告人が罪を犯したことを疑うに足りる相当な理由がある場合であって，刑訴法60条1項各号に定める事由（以下「勾留の理由」という。）があり，かつ，その必要性があるときは，同条により，職権で被告人を勾留することができ，その時期には特段の制約がない。したがって，第一審裁判所が犯罪の証明がないことを理由として無罪の判決を言い渡した場合であっても，控訴審裁判所は，記録等の調査により，右無罪判決の理由の検討を経た上でもなお罪を犯したことを疑うに足りる相当な理由があると認めるときは，勾留の理由があり，かつ，控訴審における適正，迅速な審理のためにも勾留の必要性があると認める限り，その審理の段階を問わず，被告人を勾留することができ，所論のいうように新たな証拠の取調べを待たなければならないものではない。また，裁判所は，勾留の理由と必要性の有無

> の判断において，被告人に対し出入国管理及び難民認定法に基づく退去強制の手続が執られていることを考慮することができると解される。

という判断を示しました（この事件は，強盗殺人事件で，控訴審で1審判決が破棄され有罪となっています）。

平成19年の決定は，この平成12年決定を引用して，1審で無罪判決を受けた外国人被告人の勾留を認めたものです。

判示事項は，

> 第1審裁判所で犯罪の証明がないとして無罪判決を受けた被告人を控訴裁判所が勾留する場合と刑訴法60条1項にいう「被告人が罪を犯したことを疑うに足りる相当な理由」の有無の判断

です。平成12年決定の判示事項が「第一審裁判所が犯罪の証明がないことを理由として無罪の判決を言い渡した場合と控訴審における勾留」ですから，これを前提にさらにその要件の検討を進めたものだということが分かりますね。

2　事実の経過

決定理由を読みましょう。まず，前提となる事実です。

> 本件は，覚せい剤取締法違反等の事実により勾留のまま地方裁判所に起訴された被告人につき，第1審裁判所が，犯罪の証明がないとして無罪判決（以下「本件無罪判決」という。）を言い渡し，刑訴法345条の規定により勾留状が失効したところ，検察官の控訴を受けた控訴裁判所において，職権で，被告人を再度勾留（以下「本件再勾留」という。）し，これに対して弁護人が異議を申し立てたものの，棄却されたことから，更に特別抗告に及んでいる事案である。被告人は，外国人であり，本件無罪判決により釈放された際，本邦の在留資格を有しなかったため，入国管理局に収容されて退去強制手続が進められていたが，本件再勾留により拘置所に身柄を移されたものである。

繰り返し確認していますから間違いないと思いますが，勾留状の失効に関する規定や，特別抗告の規定について確認しましょう。

さて，弁護人の主張はどのようなものでしょうか。決定は次に弁護人の主張

第15章　上訴に関する判例

を示します。

> 所論は，上記被告事件の訴訟記録が控訴裁判所に到達した日の翌日に，本件再勾留がされたことを指摘しつつ，第1審の無罪判決後に控訴裁判所が被告人を勾留できるのは，少なくとも，当事者の主張，証拠，公判調書等の第1審事件記録につき十分な調査を行った上で，第1審の無罪判決の理由について慎重に検討した結果，第1審判決を破棄して有罪とすることが予想される場合に限られると解すべきであるのに，原決定はこのような解釈によることなく，控訴裁判所が，慎重な検討のための時間的余裕のないままに，「罪を犯したことを疑うに足りる相当な理由」があると即断したことを是認し，かつ，本件が「第1審判決を破棄して有罪とすることが予想される場合」に当たらないことも明らかなのに，これを看過しているなどとして，本件再勾留が違法であると主張する。

　弁護人も，無罪判決後に控訴裁判所が被告人を勾留することができることについては認めているのですね。ただ，勾留の理由がないといっているのです。

3　裁判所の判断

　これに対する最高裁の結論は次のとおりです。

> そこで検討すると，第1審裁判所において被告人が犯罪の証明がないことを理由として無罪判決を受けた場合であっても，控訴裁判所は，その審理の段階を問わず，職権により，その被告人を勾留することが許され，必ずしも新たな証拠の取調べを必要とするものではないことは，当裁判所の判例が示すとおりである。しかし，刑訴法345条は，無罪等の一定の裁判の告知があったときには勾留状が失効する旨規定しており，特に，無罪判決があったときには，本来，無罪推定を受けるべき被告人に対し，未確定とはいえ，無罪の判断が示されたという事実を尊重し，それ以上の被告人の拘束を許さないこととしたものと解されるから，<u>被告人が無罪判決を受けた場合においては，同法60条1項にいう「被告人が罪を犯したことを疑うに足りる相当な理由」の有無の判断は，無罪判決の存在を十分に踏まえて慎重になされなければならず，嫌疑の程度としては，第1審段階におけるものよりも強いものが要求されると解するのが相当である。</u>そして，このように解しても，上記判例の趣旨を敷えんする範囲内のものであって，これと抵触するものではないというべきである。

まず，注目したいのは，345条の趣旨が示されているところです。確かに，裁判は判決の宣告によって確定するのではありませんから，宣告と同時に勾留状が失効するという規定については，その趣旨を考える必要があります。

その上で，その趣旨に照らして，無罪判決が言い渡されたという事実を嫌疑の相当性を判断するときに加味しなければならないと判示したのです。

これは，平成12年決定と判断の基準が異なるように見えますが，平成12年決定は，控訴審において勾留の理由の存否の判断をするためには特別の証拠調べが必要かどうかが問題となっており，最高裁もその限りで判断をしているのです。それに対して，今度は，1審記録を検討して判断することを前提に，相当な理由がなかったと主張されたので，その判断基準を明示したということになりますから，平成12年決定と矛盾するものではないと考えられます。

このような判断基準を示した上で，本件についての判断がなされました。

> これを本件について見るに，原決定は，記録により，本件無罪判決の存在を十分に踏まえて慎重に検討しても，被告人が，上記起訴に係る覚せい剤取締法違反等の罪を犯したことを疑うに足りる相当な理由があると認められるとして本件再勾留を是認したものと理解でき，その結論は，相当として是認することができる。

抽象的な理解としては，これで足りるのですが，なお，より理解を深めるためには，原審決定（**東京高決平19・9・28刑集61巻9号888頁**）を読むのがよいでしょう。

ちょっと長いのですが，「勾留の理由」の存在の判断事例として参考になります。

> 1　本件勾留に至る経緯
> （1）本件公訴事実は，「被告人は，氏名不詳者と共謀の上，みだりに，営利の目的で，覚せい剤を輸入しようと企て，平成18年10月23日（現地時間），マレーシア・クアラルンプール国際空港において，日本航空第724便に搭乗するに当たり，同航空会社従業員に対し，覚せい剤であるフェニルメチルアミノプロパンの塩酸塩2276.02ｇを透明ビニール袋で4包に小分けした上，これらを隠匿した黒色ハードスーツケースを，千葉県成田市所在の成田国際空港までの機内預託手荷物として運送委託し，情を知らない前記クアラルンプール国際空港関係作業員らをしてこれを

同航空機に搭載させて同空港を出発させ、同航空機により、同月24日午前6時54分ころ、前記成田国際空港に到着させ、情を知らない同空港関係作業員らをしてこれを同航空機から機外に搬出させて本邦内に持ち込み、もって覚せい剤を本邦に輸入するとともに、同日午前7時22分ころ、同空港内東京税関成田税関支署第2旅客ターミナルビル旅具検査場において、携帯品検査を受けるに際し、前記のとおり覚せい剤を携帯しているにもかかわらず、同支署税関職員に対し、その事実を秘して申告しないまま同検査場を通過して輸入してはならない貨物である覚せい剤を輸入しようとしたが、同支署税関職員に発見されたため、その目的を遂げなかったものである。」というのである。

（2）被告人は、公訴事実記載の覚せい剤が隠匿されたスーツケースを携帯して成田国際空港の旅具検査場を通過しようとしたところを現行犯逮捕され、勾留された上で、同年11月13日、本件公訴事実により千葉地方裁判所に起訴された。

（3）1審の審理において、被告人は、自己が携帯したスーツケースから覚せい剤が発見されたのは間違いないが、覚せい剤が隠匿されていることを知らなかったとして故意を争った。千葉地方裁判所は、平成19年8月22日、被告人に対して無罪の判決を言い渡したが、その理由の骨子は、「被告人は、Bという人物から金や宝石の運搬の仕事として本件を依頼され、仕事をする上で本件スーツケースを携帯した方がいいと勧められて同人が持参したスーツケースを本邦に持ち込んだものであって、覚せい剤の密輸という本件の真相についてはBから説明されていなかったものと認められるから、本件覚せい剤を運搬する確定的な故意がなかったといえる。本件スーツケースに違法薬物を含む何らかの違法物品が隠匿されているのではないかとの疑いを抱かせるに足りる事情は存するものの、その一方で、本件スーツケースに覚せい剤が隠匿されていることを知らなかったという被告人の弁解を裏付ける事情も複数認められるのであって、この点も含めて考慮すれば、未だ違法薬物を隠匿所持していることの認識を未必的にも有していたと推認するのに十分な事情とはいえず、結局被告人の弁解を排斥できない。」というのである。なお、被告人は、この無罪判決を受けて釈放されたが、本邦滞在資格がないため、収容令書により東京入国管理局に収容された。

（4）千葉地方検察庁検察官は、この無罪判決には事実誤認があると判断して、同月27日に控訴を申し立て、同年9月6日当庁が本件控訴記録を受理し、控訴事件は当庁第5刑事部（控訴審裁判所）に配点された。東京高等検察庁検察官は、同日、控訴審裁判所に対し、被告人につき職権による勾留状の発付要請の申立てを行い、同裁判所は、同月7日、受命裁判官により被告人に対する勾留質問を行った上、刑

訴法60条1項各号の事由があるとして，職権により勾留状を発付した。
2　論旨〔1〕について
　所論は，刑訴法345条が無罪判決等が告知された場合にはその確定を待たずに勾留状が失効するとした趣旨からすると，控訴審裁判所が第1審の無罪判決後に「罪を犯したことを疑うに足りる相当な理由」があるとして被告人を勾留することができるのは，少なくとも，当事者の主張，証拠，公判調書等の第1審事件記録について十分な調査を行った上で，第1審の無罪判決の理由について慎重に検討した結果，第1審判決を破棄して有罪とすることが予想される場合に限られると解すべきであるのに，本件勾留は，そのような十分な調査と慎重な検討を行う時間的な余裕がないままに「罪を犯したことを疑うに足りる相当な理由」があると認定したものであるから，本件勾留は，刑訴法345条及び60条の解釈を誤り，憲法31条，34条の保障する人身の自由を侵害し，国際人権（自由権）規約9条3項，14条2項に違反するとともに，最高裁平成12年6月27日第一小法廷決定・刑集54巻5号461頁の趣旨に反し，必要以上に被告人の人身の自由を制約するものであって，勾留権限の濫用であるというのである。
　そこで検討すると，第1審裁判所が犯罪の証明がないことを理由として無罪を言い渡した場合と控訴審における勾留に関しては，所論も引用する上記最高裁決定が，「第1審裁判所が犯罪の証明がないことを理由として無罪の判決を言い渡した場合であっても，控訴審裁判所は，記録等の調査により，右無罪判決の理由の検討を経た上でもなお罪を犯したことを疑うに足りる相当の理由があると認めるときは，勾留の理由があり，かつ，控訴審における適正，迅速な審理のためにも勾留の必要性があると認める限り，その審理の段階を問わず，被告人を勾留することができ」る旨判示しているところである。これを本件についてみると，後記3で検討するとおり，この最高裁決定の趣旨を踏まえて検討しても，なお被告人には勾留の要件が認められる。
　所論は，控訴審裁判所が事件記録の送付を受けて1日も経たないうちに勾留状を発付したことをもって，十分な調査と慎重な検討を行う時間的な余裕がないままに「罪を犯したことを疑うに足りる相当な理由」があると認定したものであり，上記最高裁判例の趣旨に反し，勾留権限の濫用であると主張する。しかし，所論が指摘するところを考慮しても，控訴審裁判所が第1審の無罪判決の理由を踏まえて必要な検討を行った上で原裁判を行うことは十分に可能であり，必要な検討を行うことなく原裁判をしたことを疑わせる事情はないのであるから，所論は採用できない。
　したがって，原裁判には所論がいうような刑訴法の解釈を誤った違法はなく，憲

法違反，国際人権規約違反，判例違反及び勾留権限の濫用の違法をいう所論はいずれも前提を欠くのであって，採用できない。
3　論旨〔2〕について
　(1)　所論は，被告人に対して無罪の言渡しをした第1審判決は正当であり，被告人には，「罪を犯したことを疑うに足りる相当の理由」が認められないという。
　しかし，本件記録を精査し，被告人に対し無罪の言渡しをした第1審判決の理由を踏まえて慎重に検討した上でも，なお被告人が本件公訴事実記載の犯罪を犯したことを疑うに足りる相当の理由があることは明らかであるから，所論は理由がない。
　(2)　所論は，(ア)被告人は，無罪判決後東京入国管理局の収容施設に身柄を移され，同施設に生活の本拠があるから，住居不定には当たらないし，退去強制手続が執行されたとしても，スイス国内の妹の自宅に身を寄せて居住する予定であるから，住居不定には当たらない，(イ)本事件にかかる関係証拠は，既にすべて第1審で取り調べられており，今後被告人が罪証を隠滅する余地も必要もない，(ウ)被告人は，東京入国管理局に身柄を管理されているのであるから，逃亡するおそれはないとして，刑訴法60条1項各号の事由は存しないと主張するとともに，(エ)控訴審手続においては，被告人が審理に出頭しなくとも審理ができないわけではなく，被告人は弁護人を送達受取人として届け出ており，弁護人は控訴事件の審理に必要が生じた場合には被告人を出廷させることを誓約する旨の誓約書を提出していたのであるから，勾留の必要性は極めて乏しいというのである。
　しかし，(ア)についてみると，刑訴法60条1項1号の「定まった住居」とは，日本国内における生活の本拠と解されるところ，入国管理局の収容施設は，出入国管理及び難民認定法に基づく退去強制手続を行うため容疑者を一時的に収容するための施設であり，生活の本拠とは認められないから，被告人には同号の事由が認められる。
　(イ)についてみると，本件事案の内容に加え，第1審裁判所における審理の状況からすると，現時点においても，被告人が国外にいる関係者と連絡を取るなどして，日本に渡航した経緯等について罪証を隠滅するおそれがあるから，同項2号の事由が認められる。
　(ウ)及び(エ)についてみると，被告人は，自らの負担により日本を退去し逃亡する余地があり，また，退去強制となった後所在を隠して，控訴審裁判所の審理手続を回避することも考えられるのであるから，同項3号の事由も認められ，控訴審における適正，迅速な審理のためには，被告人を勾留する必要があると認められる。
　(3)　以上によれば，被告人には刑訴法60条1項所定の勾留の要件が認められ

のであり，論旨は理由がない。

　この決定について注意しなければならないのは，無罪判決後の再勾留に必要は嫌疑の程度は，判決時の嫌疑より高いものを要するというのではなく，検察官が一応の嫌疑があるとして審理を求めたという1審段階の勾留に必要な嫌疑の程度より高いものが必要だとしている点です。弁護人は，控訴審において1審の無罪判決を覆すことができる程度の新たな立証見込みがなければ再勾留はできないと主張したのですが，最高裁はそのような要件を加えてはいません。単純化すると，1審の勾留の嫌疑の程度＜無罪判決後の控訴審の勾留の嫌疑の程度＜＜有罪判決を言い渡すことのできる嫌疑の程度，ということになります。

事項索引

あ行

移監命令 …………………………196
異議の申立 ……………………75,81
意　見 ……………………………21
移送同意 …………………………197
移送命令 …………………………196
１号書面 …………………………377
一罪一勾留の原則と常習犯 ……236
一事不再理 ………………………321
著しく正義に反する ……………261
一斉検問 …………………………114
一般指定書 ………………………58
違法収集証拠排除法則 …………352
違法な公権力の行使 ……………19
引　致 …………………………191,207
引致すべき場所 …………………192
エンジンキーの取り上げ ………179
押収に関する処分 ………………139
押収物の還付 ……………………164
おとり捜査 ………………………94
　　——の意義 …………………95

か行

回復証拠 …………………………422
会話の秘密録音 …………………186
片手錠をかけられたままの自白 …201
仮還付 ……………………………165
仮納付 ……………………………282
鑑　定 …………………………153,396
鑑定書 ……………………………168
鑑定嘱託書 ………………………168
鑑定処分許可状 ………………153,168
鑑定人 ……………………………397
関連事件 ………………………307,329
関連性 ……………………………144
偽計による自白 …………………439

羈束（法規）裁量 ………………258
起訴状謄本送達の趣旨 …………288
起訴状に対する釈明 ……………295
起訴猶予 …………………………256
供　述 ……………………………231
供述写真（ビデオ）……………404
強制採尿 …………………………167
強制採尿令状 ……………………174
強制手段 …………………………69
強制処分 …………………………183
強制処分法定主義 ………………70
強制捜査 …………………………69
強制手続 …………………………67
共同被告人 ………………………349
業務の通常の過程において作成された書面 …………………………405
緊急性 ……………………………69
緊急逮捕 ………………………103,206
緊急配備検問 ……………………100
具体的指定書 ……………………58
経験則違反 ………………………429
警察官職務執行法 ………………74
警察犬の臭気鑑別 ………………374
警察比例の原則 …………………106
刑事免責 …………………………366
刑訴法の目的 ……………………7
結論において正当 ………………79
厳格な証明 ……………………343,421
嫌疑不十分 ………………………256
現行犯逮捕 ………………………138
　　——に伴う捜索差押え ……214
検察官事務取扱検察事務官 ……282
検察官の訴追裁量権 ……………256
検察事務 …………………………282
検　証 ……………………………396
　　——の意義 ………………140,184
現場供述 …………………………401

事項索引

現場指示 …………………………401
現場写真 …………………………346
公安条例 …………………………87
合　議 …………………………21
後見義務 …………………………23
公訴棄却判決 …………………………4
公訴権濫用 …………………………256
公訴事実の同一性 ………………298,326
控訴審 …………………………25
控訴理由 …………………………25
公訴を提起し略式命令を請求 …………282
交通検問 …………………………114
交通事件原票 …………………………282
公判調書の閲覧 …………………………29
公判手続の更新 …………………………340
公判前（期日間）整理手続 ……………332
公判前整理手続 …………………61,295
合理的な疑い …………………………22,449
勾留取消 …………………………196
呼気検査 …………………………230
国際捜査共助 …………………………392
国際捜査共助法 …………………………367
国選弁護人 …………………………32
告訴調書 …………………………248
告訴の意義 …………………………248
告訴の起算日 …………………………243
告訴の客観的不可分 …………………251
告訴の方式 …………………………246

さ行

再　起 …………………………256
再現実況見分調書 …………………………398
罰　条 …………………………318
採尿手続 …………………………109
裁判の公開 …………………………13
裁判の執行 …………………………125
差し押さえるべき物 …………………………118
三者即日処理 …………………………282
328条書面 …………………………417
事件単位の原則 …………………………56
事件番号 …………………………331

事後審 …………………………25
自己矛盾供述 …………………………420
事実誤認 …………………………25
事実の取調 …………………………37
実況見分 …………………………396
自動車検問 …………………………100
自動速度監視装置による運転者の容ぼう
　の写真撮影 …………………………91
自白の任意性 ……………201,427,429
司法警察職員 …………………………47
氏名の黙秘権 …………………………226
釈　明 …………………………313
写真撮影 …………………………86
射　程 …………………………89
主意的訴因 …………………………306
自由裁量 …………………………258
宿泊を伴う取調べ …………………………75
取材の自由 …………………………157
取材ビデオテープの差押え …………155
準現行犯 …………………………217
準抗告 …………………………117,194
　――の申立権 …………………………64
証拠開示 …………………………61
証拠開示命令 …………………………331
上告理由 …………………………28
証拠書類 …………………………345
証拠能力 …………………………108
証拠の標目 …………………………400
証拠排除 …………………………360
証拠物たる書面 …………………………338
証拠保全 …………………………59,61,382
肖像権 …………………………86
証人審問権 …………………………382
小法廷 …………………………87
初回接見 …………………………52,54
職権発動を促す申立 …………………………197
嘱託証人尋問調書 …………………………366
職務質問 ………………74,99,179,353
　――の継続のための制止 …………179
所持品検査 …………………………99,353
職権主義 …………………………21

474

事項索引

職権による証拠調べ……………………20
書面の意義が証拠となる証拠物 ………345
迅速な裁判の保障 ………………………3
身体検査 ………………………………150
身体検査令状 …………………………168
身体の捜索 ……………………………150
審判の対象 ……………………………323
信用性の状況的保障 …………………378
審理不尽 …………………………25, 429
既に無罪とされた行為 ………………255
接見交通権 ……………………………46
接見指定 ………………………………47
絶対的特信情況 ………………………391
訴因の拘束力 …………………………323
訴因の特定 ……………………………291
訴因変更の要否 ………………………308
訴因変更命令 …………………………308
増強証拠 ………………………………422
捜索押収許可状の記載事項 …………117
捜索差押え ……………………………117
──に付随するものとして許容される
　写真撮影 …………………………140
捜索すべき場所 …………………118, 135
捜索に現在する者の身体の捜索 ……150
捜索に必要な処分 ……………………175
相対的特信情況 ………………………388
相当性 …………………………………69
訴訟条件 ………………………………251
──の法令違反 …………………25, 134
訴追裁量権 ……………………………322
疎　明 …………………………………62

た行

退去強制手続き ………………………380
代　署 …………………………………234
大法廷 …………………………………87
逮　捕 …………………………………209
　──の呈示 …………………………363
　──の緊急執行 ……………………362
　──に伴う差押え …………………138
　──に伴う捜査差押え ……………103

　──に伴う捜索 ……………………209
　──の現場 ……………209, 222, 224
代用監獄 ………………………………192
弾劾的捜査感 …………………………51
弾劾証拠 ………………………………422
長時間の取調べ ………………………82
直接利用 ………………………………365
通信の秘密 ……………………………183
通信傍受 ………………………………182
通訳人 …………………………………26
罪となるべき事実の特定 ……………302
DNA鑑定 ………………………………372
提出命令 ………………………………156
手錠をしたままの取調べ ……………436
手続的正義の観点 ……………………381
伝聞供述 ………………………………80
伝聞証言 ………………………………75
電話傍受 ………………………………182
同意擬制 ………………………………415
同一目的 ………………………………365
当事者主義 …………………………21, 22
謄本の証拠能力 ………………………347
毒樹の果実 ………………………361, 365
特信情況 ………………………………391
特段の事情 ……………………………85
特に信用すべき情況 …………………390
特別抗告 ………………………………117
特別司法警察員 ………………………207
特別弁護人 ……………………………43
取調受忍義務 …………………………51

な行

内国の拘束力 …………………………323
2号後段書面 …………………………387
2号前段書面 …………………………380
任意性の調査 …………………………423
任意捜査 …………………………67, 94
　──と強制捜査の限界 ……………69
　──の原則 …………………………171
任意提出 ………………………………167
任意提出書 ……………………………168

475

事項索引

は行

判決（決定）要旨 …………………………1
犯罪行為が終わったとき ………………272
犯罪の顕著な証跡 ………………………221
判示事項 ……………………………………1
判示の事情 …………………………………35
反対意見 ……………………………………21
犯人を知った日 …………………………243
反覆自白 …………………………………431
判文参照 ………………………………35, 70
判　例 ………………………………………28
非供述証拠 ………………………………346
被告人以外の者 …………………………412
被告人質問調書 …………………………377
筆跡鑑定 …………………………………374
必要性 ………………………………………69
必要的弁護事件 ……………………………38
必要的弁護制度の趣旨 ……………………41
必要な処分 ……………………125, 129, 186
表現の自由 …………………………………14
不意打ち …………………………………303
不起訴 ……………………………………255
付審判請求 …………………………………32
プライバシー ……………………………183
別件捜索 …………………………………161
別件逮捕 …………………………………198
弁論の分離・併合 …………………………24
包括的差押え ……………………………163
報告義務 …………………………………228
傍聴人がメモをとる権利 …………………12
法廷警察権 ……………………………12, 17
冒頭陳述 …………………………………294
報道の自由 ………………………………156
法令適用の誤り ……………………………25
補強証拠 …………………………………413
補強法則 …………………………………445
補足意見 ……………………………………21
ポリグラフ検査 …………………………375
本還付 ……………………………………165

ま行

前の供述を信用すべき特別の情況 ……388
麻薬取締官 ………………………………207
面会接見 ……………………………………55
免　訴 ……………………………………457
免訴判決 ……………………………………4
黙示の同意 …………………………………80
黙秘権 ……………………………………227

や行

約束による自白 …………………201, 437
有形力の行使 ………………………………67
有罪認定に必要とされる立証の程度
　………………………………………449
要旨の告知 ………………………………341
要証事実 …………………………………398
余　罪 ……………………………………454
予試験 ……………………………………152
予備的訴因 ………………………………306

ら行

立証責任 ……………………………………22
略式手続 …………………………………282
留置施設 …………………………………192
留置場所 …………………………………192
留置場所変更 ……………………………191
理由不備 ……………………………………25
量刑不当 ……………………………………25
　──の主張 ……………………………134
領置調書 …………………………………168
令状主義を潜脱する意図 ………………364
令状の効力 ………………………………175
令状の呈示 …………………………124, 125
朗　読 ……………………………………341

判例索引

最判昭23・4・17刑集2巻4号357頁……445
最判昭23・4・17刑集2巻4号364頁……427
最大判昭23・5・26刑集2巻5号517頁……266
最大判昭23・5・26刑集2巻6号529頁……458
最大判昭23・6・9刑集2巻7号658頁……351
最大判昭23・7・14刑集2巻6号856頁……428
最大判昭23・7・14刑集2巻8号876頁……447
最大判昭23・7・19刑集2巻8号912頁……447
最大判昭23・7・29刑集2巻9号1012頁……446
最大判昭23・10・6刑集2巻11号1275頁…265
最判昭23・10・30刑集2巻11号1435頁………41
最大判昭23・11・7刑集2巻12号1565頁……428
最大判昭23・12・1刑集2巻13号1679頁……351
最判昭24・5・18刑集3巻6号789頁……413
最判昭24・11・30刑集3巻11号1857頁……227
最判昭25・9・21刑集4巻9号1751頁……351
最大判昭25・9・27刑集4巻九号1775頁……413
最大判昭26・8・1刑集5巻9号1684頁……429
最判昭26・9・14刑集5巻10号1933頁……266
最大判昭26・11・15刑集5巻12号2393頁……389
最大判昭26・12・5刑集5巻13号2471頁……255
最大判昭27・3・7刑集6巻3号387頁……430
最判昭27・4・17裁判集刑第63号299頁……351
最判昭27・5・6刑集6巻5号736頁……345
最大判昭27・6・25刑集6巻6号806頁……446
最判昭27・7・11刑集6巻7号896頁……250
最大判昭27・11・25刑集6巻10号1245頁……435
最大判昭28・2・12刑集7巻2号204頁……424
最大判昭28・5・12刑集7巻5号1023頁……80
最判昭28・10・9刑集7巻10号1904頁
　………………………………………424, 443
最判昭28・10・15刑集7巻10号1934頁
　………………………………………393, 397
最判昭28・10・27刑集7巻10号1971頁……350
最大判昭28・12・16刑集7巻12号2550頁…248
最判昭29・2・25刑集8巻2号189頁……416
最大判昭29・5・11刑集8巻5号664頁……80

最決昭29・6・3刑8巻6号802頁……350
最判昭30・1・11刑集9巻1号14頁……387
最判昭30・5・10刑集9巻6号1006頁……266
最決昭30・11・22刑集9巻12号2484頁……120
最大判昭30・12・14刑集9巻13号2760頁
　………………………………………206, 457
最決昭31・12・13刑集10巻12号1629頁……350
最判昭32・1・22刑集11巻1号103頁……408
最大判昭32・2・20刑集11巻2号802頁
　………………………………………226, 230
最判昭32・5・24刑集11巻5号1540頁……255
最判昭32・5・31刑集11巻5号1579頁……434
最判昭32・7・19刑集11巻7号1882頁……432
最判昭32・7・25刑集11巻7号2025頁……397
最判昭33・2・13刑集12巻2号218頁………20
最大決昭33・2・26刑集12巻2号316頁……343
最大判昭33・3・5刑集12巻3号384頁……266
最大判昭33・5・28刑集12巻8号1718頁
　……………………………………302, 312, 447
最大決昭33・7・29刑集12巻12号2776頁……117
最大判昭33・10・24刑集12巻14号3368頁……80
最判昭33・10・24刑集12巻14号3385頁……266
最決昭34・5・14刑集13巻5号706頁……248
最判昭35・3・24刑集14巻4号462号……337
最判昭35・3・24刑集14巻4号447頁……347
最判昭35・9・8刑集14巻11号1437頁
　………………………………………394, 396
最判昭35・9・9刑集14巻11号1477頁……349
最判昭36・5・26刑集15巻5号893頁……401
最大判昭36・6・7刑集15巻6号915頁……205
最大判昭37・5・2刑集16巻5号495頁
　………………………………………228, 231
最大判昭37・11・28刑集16巻11号1633頁
　（白山丸事件）………………………291, 303
最判昭38・7・9刑集17巻6号579頁………90
最判昭38・9・13刑集17巻8号1703頁……435
最決昭39・4・9刑集18巻4号127頁……191

477

判例索引

最大判昭40・4・28刑集19巻3号270頁……308
最判昭40・10・19刑集19巻7号765頁………446
最決昭41・2・21判時450号60頁……………374
最判昭41・4・21刑集20巻4号275頁………275
最判昭41・7・1刑集20巻6号537頁…………437
最大判昭41・7・13刑集20巻6号609頁……453
最決昭41・7・26刑集20巻6号728頁 ………57
最決昭41・11・22刑集20巻9号1035号 ……452
最判昭41・12・9刑集20巻10号1107頁 ……436
最判昭42・12・21刑集21巻10号1476頁 ……446
最決昭43・2・8刑集22巻2号55頁 ………375
最決昭44・4・25刑集23巻4号248頁、同
　275頁…………………………………………336
最大決昭44・11・26刑集23巻11号1490頁
　（博多事件）…………………………………156
最大判昭44・12・24刑集23巻12号1625頁
　（京都府学連事件）……………………………86
最大判昭45・11・25刑集24巻12号1670頁
　……………………………………………………439
最決昭45・12・17刑集24巻13号1765号……243
最大決昭46・3・24刑集25巻2号293頁……276
最判昭46・6・22刑集25巻4号588頁………316
最大判昭47・12・20刑集26巻10号631頁
　（高田事件）……………………………………1
最決昭50・5・30刑集29巻5号360頁………280
最判昭51・2・19刑集30巻1号25頁 ………447
最判昭51・3・16刑集30巻2号187頁
　………………………………………67, 77, 182
最判昭51・10・28刑集30巻9号1859頁……447
最判昭51・11・18裁判集202号379頁 ………158
最決昭52・8・9刑集31巻5号821頁………198
最決昭53・2・16刑集32巻1号47頁………318
最決昭53・3・6刑集32巻2号218頁………326
最決昭53・6・20刑集32巻4号670頁
　（米子銀行強盗事件）…………………99, 353
最決昭53・6・28刑集32巻4号724頁………413
最大判昭53・7・10民集32巻5号820頁 ……55
最決昭53・9・7刑集32巻6号1672頁
　…………………………………………104, 352
最判昭54・7・24刑集33巻5号416頁………32
最決昭54・10・16刑集33巻6号633頁………423

最決昭55・4・28刑集34巻3号178頁 ………56
最決昭55・7・17刑集34巻4号329頁………331
最決昭55・9・22刑集34巻5号272頁………114
最決昭55・10・23刑集34巻5号300頁
　……………………………………167, 174, 185
最決昭55・12・17刑集34巻7号672頁
　（公訴権濫用～チッソ川本事件）…256, 266
最決昭56・4・25刑集35巻3号116頁
　……………………………………………293, 295
最判昭56・6・26刑集35巻4号426頁………263
最決昭56・11・20刑集35巻8号797頁………188
最判昭57・3・16判時1038号34頁（勧銀大
　森支店宿直行員強盗殺人事件）……………442
最決昭57・5・25判時1046号15頁 …………442
最決昭57・8・27刑集36巻6号726頁………194
最決昭57・12・17刑集36巻12号1022頁 ……377
最大判昭58・6・22民集37巻5号793頁……14
最判昭58・9・6刑集37巻7号930頁
　…………………………………………310, 323
最決昭58・12・19刑集37巻10号1753頁……343
最決昭59・1・27刑集38巻1号136頁
　……………………………………322, 323, 326
最決昭59・2・29刑集38巻3号479頁
　（高輪グリーンマンション・ホステス殺
　人事件）……………………………………75, 441
最決昭59・12・21刑集38巻12号3071頁 ……346
最判昭61・2・14刑集40巻1号48頁…………91
最判昭61・3・3刑集40巻2号175頁
　…………………………………………349, 405
最判昭61・4・25刑集40巻3号215頁
　……………………………………108, 213, 365
最判昭62・3・3刑集41巻2号60頁 ………374
最判昭63・2・29刑集42巻2号314頁
　（水俣病事件）…………………………12, 266
最決昭63・10・25刑集42巻8号1100頁 ……297
最決平元・1・23判時1301号155頁…………441
最決平元・1・30刑集43巻1号19頁 ………156
最大判平元・3・8民集43巻2号89頁
　（レペタ訴訟）…………………………………12
最決平元・7・4刑集43巻7号581頁
　……………………………………………82, 441

最決平2・4・20刑集44巻3号283頁‥‥‥‥164
最決平2・6・27刑集44巻4号385頁‥‥‥‥138
最決平2・7・9刑集44巻5号421頁‥‥‥‥155
最判平成3・5・10民集45巻5号919頁‥‥‥55
最判平成3・5・31裁判集民事163号47頁‥‥56
最判平4・9・18刑集46巻6号355頁‥‥‥‥251
最決平4・12・14刑集46巻9号675頁‥‥‥‥29
最決平5・10・19刑集47巻8号67頁‥‥‥‥‥43
最決平6・9・8刑集48巻6号262頁‥‥‥‥144
最決平6・9・16刑集48巻6号420頁
‥‥‥‥‥‥‥‥‥‥‥‥‥‥‥‥‥‥172, 174
最大判平7・2・22刑集49巻2号1頁
‥‥‥‥‥‥‥‥‥‥‥‥‥‥‥‥‥‥366, 393
最決平7・2・28刑集49巻2号481頁‥‥‥‥‥12
最決平7・3・27刑集49巻3号525頁‥‥‥‥‥37
最決平7・4・12刑集49巻4号609頁‥‥‥‥195
最決平7・6・20刑集49巻6号741頁‥‥‥‥378
最決平8・1・29刑集50巻1号1頁‥‥‥‥‥217
最決平9・1・30刑集51巻1号335頁‥‥‥‥230
最決平10・5・1刑集52巻4号275頁‥‥‥‥162
最大判平11・3・24刑集53巻3号514頁
‥‥‥‥‥‥‥‥‥‥‥‥‥‥‥‥‥‥‥46, 56
最判平11・12・16刑集53巻9号1327頁‥‥‥182
最判平12・2・22裁判集民事192号397頁‥‥‥58
最判平12・6・13民集54巻5号1635頁‥‥‥‥52
最決平12・6・27刑集54巻5号461頁‥‥‥‥464
最判平12・7・12刑集54巻6号513頁‥‥‥‥186
最判平12・7・17刑集54巻6号550頁‥‥‥‥372
最決平12・10・31刑集54巻8号735頁
‥‥‥‥‥‥‥‥‥‥‥‥‥‥‥‥‥‥371, 392
最判平13・4・11刑集55巻3号127頁‥‥‥‥300
最判平14・7・18刑集56巻5号433頁‥‥‥‥305
最判平14・10・4刑集56巻8号507頁‥‥‥‥121
最判平15・2・14刑集57巻2号121頁‥‥‥‥360
最判平15・2・14刑集57巻2号121頁
（大津覚せい剤事件）‥‥‥‥‥‥‥‥‥‥360
最大判平15・4・23刑集57巻4号487頁
‥‥‥‥‥‥‥‥‥‥‥‥‥‥‥‥‥‥‥‥324
最判平15・10・7刑集57巻9号1002頁
‥‥‥‥‥‥‥‥‥‥‥‥‥‥‥‥‥‥321, 326
最決平15・11・26刑集57巻10号1057頁

‥‥‥‥‥‥‥‥‥‥‥‥‥‥‥‥‥‥371, 389
最決平16・7・12刑集58巻5号333頁‥‥92, 94
最判平17・4・19民集59巻3号563頁 ‥‥‥‥54
最決平17・9・27刑集59巻7号753頁‥‥‥‥398
最判平17・11・25刑集59巻9号1831頁‥‥‥‥59
最判平18・2・13刑集60巻10号857頁‥‥‥276
最判平18・10・26刑集60巻8号537頁‥‥‥329
最判平18・11・7刑集60巻9号561頁‥‥‥‥417
最判平18・12・8刑集60巻10号837頁‥‥‥232
最判平19・2・8刑集61巻1号1頁‥‥‥‥141
最判平19・10・16刑集61巻7号677頁‥‥‥449
最判平19・12・13刑集61巻9号843頁‥‥‥464
最判平19・12・25刑集61巻9号895頁‥‥‥331
最判平20・3・14刑集62巻3号185頁
（横浜事件）‥‥‥‥‥‥‥‥‥‥‥‥‥‥461
最判平20・4・15判時2006号159頁‥‥‥‥‥92
最判平20・6・25刑集62巻6号1886頁‥‥‥334
最判平20・8・27刑集62巻7号2702頁‥‥‥394
最判平20・9・30刑集62巻8号2753号‥‥‥334
東京高判昭28・3・15刑集7巻10号1937頁‥‥393
福岡高判昭29・3・10判決特報26号71頁‥438
大阪高判昭31・6・19刑集15巻6号953頁
‥‥‥‥‥‥‥‥‥‥‥‥‥‥‥‥‥‥‥‥208
仙台高判昭34・10・15刑集14巻4号460頁
‥‥‥‥‥‥‥‥‥‥‥‥‥‥‥‥‥‥‥‥348
福岡高判昭34・10・17刑集14巻4号475頁
‥‥‥‥‥‥‥‥‥‥‥‥‥‥‥‥‥‥‥‥338
東京高判昭35・2・11高刑集13巻1号47頁
‥‥‥‥‥‥‥‥‥‥‥‥‥‥‥‥‥‥‥‥246
東京高決昭36・7・28東高時報12巻7号
128頁‥‥‥‥‥‥‥‥‥‥‥‥‥‥‥‥‥285
福岡高決昭42・3・24高刑集20巻2号114
頁‥‥‥‥‥‥‥‥‥‥‥‥‥‥‥‥‥‥‥236
東京高判昭42・6・20高刑集20巻3号386
頁‥‥‥‥‥‥‥‥‥‥‥‥‥‥‥‥‥‥‥340
東京高判昭44・6・20高刑集22巻3号352
頁‥‥‥‥‥‥‥‥‥‥‥‥‥‥‥‥‥‥‥214
大阪高判昭49・3・29高刑集27巻1号84頁
‥‥‥‥‥‥‥‥‥‥‥‥‥‥‥‥‥‥‥‥160
東京高判昭49・8・29高刑集27巻4号374
頁‥‥‥‥‥‥‥‥‥‥‥‥‥‥‥‥‥‥‥281

判例索引

東京高判昭50・1・23高刑集28巻1号1頁……414
東京高判昭52・6・14高刑集30巻3号314頁）……258
東京高判昭53・9・27刑集33巻6号647頁…424
名古屋高判昭54・2・14刑集34巻5号314頁……168
広島高判昭55・9・4刑集35巻3号129頁……296
東京高判昭57・6・24刑集37巻10号1753頁……344
高松高判昭59・1・24判時1136号158頁……321
東京高判平2・11・29高刑集43巻3号202頁……285
東京高判平4・10・15高刑集45巻3号101頁……131
東京高判平5・4・14判夕859号160頁……141
東京高判平5・4・28高刑集46巻2号44頁……218
福高平5・11・16判時1480号82頁……54
大阪高判平6・4・20高刑集47巻1号1頁……124,126
東京高判平6・5・11高刑集47巻2号237頁……146
東京高判平8・6・20判時1594号150頁……385
東京高判平8・7・16高刑集49巻2号354頁……26
福岡高判平12・12・26刑集56巻6号366頁……308
大阪高判平16・4・22判夕1169号316頁……246
仙台高判平18・7・25刑集61巻1号12頁……143
東京高決平19・9・28刑集61巻9号888頁…467
東京地決昭33・5・8刑集12巻12号2781頁……119
浦和地判昭39・3・11刑集31巻5号980頁……198
福岡地小倉支決昭42・3・2高刑集20巻2号123頁……237
東京地決昭49・4・27刑裁月報6巻4号530頁……136
名古屋地判昭52・3・1判時870号130頁……241
東京地判昭52・9・13刑集月報9巻9～10号681頁……346
水戸地決昭55・4・17……57
仙台高裁秋田地判昭56・8・25刑集36巻12号1028頁……377
広島地決昭57・8・6刑集36巻6号729頁……195
京都地判平4・10・22刑集48巻6号278頁……145
東京地決平7・3・9刑集49巻3号617頁……196
大阪地判平7・9・22判夕901号277頁……385
徳島地判平10・9・11判時1700号113頁…141
福岡地判平11・12・21刑集56巻6号353頁……306
東京地決平12・11・13判夕1067号283頁……205
東京地判平12・12・21刑集60巻10号874頁……278
京都地判平13・7・16刑集56巻8号513頁……122
和歌山地決平14・3・22判夕1122号131頁……404
鹿児島地判平15・9・2……272
高松地判平17・10・4刑集61巻7号701頁……450

著者紹介

渡辺咲子（わたなべ　さきこ）

東京大学理学部卒業
昭和53年検事任官
東京地検・名古屋地検・同一宮支部・千葉地検・横浜地検川崎支部検事、外務省（領事移住部付兼条約局法規課付）、東京地検検事、法務省法務総合研究所教官、東京地検特別公判部副部長、浦和地検交通部長、東京高検検事を歴任。平成15年4月1日退官、同年4月2日より明治学院大学法学部、平成16年4月1日より同大学法科大学院教授

主要著書

『刑事手続（上）』［共著］筑摩書房（1988年），『犯罪捜査』刑事裁判実務体系［共著］青林書院（1991年），『大コンメンタール刑法第8巻』［共著］青林書院（1991年），『大コンメンタール警察官職務執行法』［共著］青林書院（1993年），『大コンメンタール刑事訴訟法第2巻』［共著］青林書院（1994年），『犯罪現場の擬律判断』立花書房（1997年），「Q＆A選挙と捜査』立花書房（1996年），『大コンメンタール刑事訴訟法第3巻』青林書院（1997年），『憲法を話そう』立花書房（1997年），『生の事件と刑事法』立花書房（2001年），『刑事訴訟法制定資料全集　昭和刑事訴訟法編（1）』［共著］信山社（2001年），『新刑事手続』［共著］悠々社（2002年），『刑事訴訟法講義［第5版］』不磨書房（2008年）

判例講義 刑事訴訟法

2009年8月25日　第1版第1刷発行
2009年11月25日　第1版第2刷発行

著　者　渡辺咲子

発　行　不磨書房
〒113-0033　東京都文京区本郷6-2-10-501
TEL03-3813-7199／FAX 03-3813-7104

発　売　㈱信山社
〒113-0033　東京都文京区本郷6-2-9-102
TEL03-3818-1019／FAX 03-3816-0344

Ⓒ WATANABE Sakiko　印刷・製本／亜細亜印刷・渋谷文泉閣
2009, Printed in Japan

ISBN978-4-7972-8565-9 C3332

編集代表
石川　明・池田真朗・宮島　司・安冨　潔
三上威彦・大森正仁・三木浩一・小山　剛

5733-0101　定価 本体1,000円(税別)

法学六法'10

初学者・一般の方へのエントリー六法!!

見やすい横組・2色刷

全67法令：542頁

初学者に必要十分の情報量

編集代表
石川　明・池田真朗・宮島　司・安冨　潔
三上威彦・大森正仁・三木浩一・小山　剛

5742-0101　定価 本体1,280円（税別）

標準六法'10

法曹志望者のスタンダード六法!!

見やすい横組

標準六法'10

編集代表
石川　明　池田真朗
宮島　司　安冨　潔
三上威彦　大森正仁
三木浩一　小山　剛

standard edition of Japanese laws

全117法令：1090頁

信山社
5742-0101

法学教育 に、一般利用 に、大学院入試 に

不磨書房

プライマリー 法学憲法〔第2版〕

石川明・永井博史・皆川治廣 編　飯島暢・伊川正樹・今井良幸
上村都・大内義三・大窪久代・大濱しのぶ・笠原毅彦・狩野敬子
河原田有一・河村好彦・小池和彦・土屋孝次・中路喜之・永松正則
日向野弘毅・藤井まなみ・本間学・谷田川知恵・渡邊森児

定価：2,900円（税別）

フレームワーク 法学入門

石川明 編　　　　　　　　　　　定価：2,400円（税別）

刑事訴訟法講義〔第5版〕

渡辺咲子 著　　　　　　　　　　定価：3,400円（税別）

LSノート 刑事訴訟法

長井圓 著　　　　　　　　　　　定価：3,600円（税別）

プライマリー 刑事訴訟法〔第2版〕

椎橋隆幸 編著　小木曽綾・香川喜八朗・清水真・滝沢誠・
檀上弘文・堤和通・中野目善則・成田秀樹・宮島里史・柳川重規

定価：2,900円（税別）

トピック社会保障法〔第3版〕

本沢巳代子・新田秀樹 編著　小西啓文・田中秀一郎・根岸忠
橋爪幸代・原田啓一郎・増田幸弘・脇野幸太郎　定価：2,400円（税別）

比較判例ジェンダー法

浅倉むつ子・角田由紀子 編著　相澤美智子・大西祥世
岡田久美子・小竹聡・齋藤笑美子・申惠丰・中里見博・糠塚康江・
谷田川知恵

定価：2,900円（税別）

発行　不磨書房　　発売　信山社　　Email：order@shinzansha.co.jp

信山社　刑事訴訟法判例総合解説シリーズ

分野別判例解説書の決定版　　　　　　　　　　　実務家必携のシリーズ

実務に役立つ理論の創造

第1　捜査

1　職務質問と所持品検査
2　任意捜査と有形力の行使　　　　　　加藤克佳
3　任意捜査において許される捜査方法の限界　　寺崎嘉博
4　任意同行と被疑者の取調べ　　　　　鈴木敏彦
5　国際的な犯罪　　　　　　　　　　　渡辺咲子
6　逮捕に関する諸問題　　　　　　　　長沼範良
7　勾留に関する諸問題　　　　　　　　高部道彦
8　身柄拘束と被疑者の取調べ　　　　　洲見光男
9　被疑者の弁護人　　　　　　　　　　神田安積
10　令状による捜索差押え　　　　　　　宇藤崇
11　令状によらない捜索差押え　　　　　多田辰也
12　強制採尿・通信傍受等の強制捜査　　大澤裕

第2　公訴・公判手続

13　検察官の起訴裁量とそのコントロール　五十嵐さおり
14　公訴　　　　　　　　　　　　　　　波床昌則
15　起訴状　　　　　　　　　　　　　　田中開
16　被告人　　　　　　　　　　　　　　山口雅高
17　被告人の勾留・保釈　　　　　　　　中川博之
18　訴因変更　　　　　　　　　　　　　佐々木正輝
19　弁護人　　　　　　　　　　　　神田安積・須賀一晴
20　公判準備
21　公判手続・法廷秩序　　　　　　　廣瀬健二
22　**迅速な裁判／裁判の公開**　　　　羽渕清司

第3　証拠

23　証拠裁判主義・自由心証主義　　　　安村勉
24　違法収集証拠の排除法則　　　　　　渡辺修
25　証人尋問(1)　　　　　　　　　　　　木口信之
　　証人尋問(2)　　　　　　　　　　　　秋山敬
26　科学的証拠　　　　　　　　　　　　小早川義則
27　自白　　　　　　　　　　　　　　　渡辺咲子
28　伝聞法則　　　　　　　　　　　　　杉田宗久
29　伝聞の意義　　　　　　　　　　　　堀江慎司

第4　1審の裁判・上訴・再審

30　実体裁判　　　　　　　　　　　　　朝山芳史
31　裁判の効力　　　　　　　　　　　　中野目善則
32　**上訴の申立て**　　　　　　　　　　大渕敏和
33　上訴審の審理と裁判
34　再審と非常上告

各巻 2,200円～3,200円（税別）　※予価

刊行にあたって

　判例総合解説シリーズは、「実務に役立つ理論の創造」を狙いとして各法律分野にわたり判例の総合的解説をするものですが、このたび刑事訴訟法についても刊行を開始する運びとなりました。
　現在、刑事訴訟法の分野でも膨大な裁判例が集積され、それらの裁判例に接することは、判例データベースの普及により容易になっています。しかしながら、多くの裁判例の中から適切な判例を検索・抽出し、判例の射程を見極めたり、判例理論を見出したりすることは、必ずしも容易ではありません。さらに、判例に対する理解を深め、その位置づけを知るためには、学説の動向にも留意する必要があります。こうした観点から、本シリーズは、刑事訴訟法の主要なテーマごとに、判例を整理し、判例の推移や学説の動向を考慮した上での理論的検討を加えて、判例についての解説を行うものです。法曹実務家、研究者、法科大学院生、法執行機関の職員など、多くの方々の執務や研究の一助になれば幸いです。
　この場を借りて一言申し上げたいことは、本シリーズの監修者の1人である松浦繁氏が2006年11月に逝去されたことです。企画・立案の段階から精力的に参画された同氏を失ったことは痛恨の極みでした。ここに深甚なる哀悼の意を表するとともに、同氏のご霊前に本シリーズの刊行を報告することにつき読者のご海容をお願いする次第です。

2007年初冬　監修者　渡辺咲子・長沼範良

渡辺　咲子　著

刑事訴訟法講義
【第5版】

ISBN 978-4-7972-8560-4 C3332

定価：本体3,400円＋税

Law of Criminal Procedure

法科大学院未修者の
　　基礎と実務を養成

第1章　刑事訴訟のあらまし
§1　刑事手続とその理念
　1　刑事手続とは
　2　わが国の犯罪
　3　刑事手続の原則
　4　刑事手続に関する法律・規則
§2　刑事手続の概要
　1　捜　査
　2　公訴の提起
　3　裁判所の役割
　4　刑事裁判の原則
　5　公判手続と裁判
§3　裁判所と法廷の登場人物
　1　裁　判　所
　2　裁判の管轄
　3　法廷と裁判記録
　4　法廷の登場人物たち
第2章　捜　査
§1　捜査総論
　1　捜査機関
　2　捜査の原則
　3　強制捜査
　4　捜査の始まりと終わり
　5　犯罪の被害者と捜査
　6　告　訴
§2　捜査各論
　1　死体の捜査
　2　死体発見場所の捜査
　3　証拠物の入手
　4　科学的捜査
　5　参考人の取調べ
　6　被疑者の取調べ
　7　逮捕・勾留
　8　勾　留
　9　逮捕・勾留の諸問題
　10　被疑者の防御活動
第3章　公　訴
　1　検察官の事件処理
　2　公訴の提起

第4章　第一審の公判手続
　1　被告人の地位と身柄の拘束
　2　公判手続の基本原則
　3　起訴から第1回公判までの手続
　4　冒頭手続
　5　弁論の分離・併合，公判手続の停止，更新
　6　訴因変更
　7　証拠調べ
　8　証拠調べ終了後の手続
　9　被害者参加
第5章　証　拠
　1　証拠調べの原則
　2　供述証拠の取扱い
　3　証拠調べのやり方
　4　裁判所のする検証・捜索等
　5　自白と被告人質問
第6章　裁　判
　1　終局裁判――訴訟を終了させる裁判
　2　終局前の裁判――訴訟を終わらせる裁判以外の裁判
　3　裁判の効力
第7章　上　訴
　1　上訴の意義
　2　控　訴
　3　上　告
　4　抗　告
第8章　裁判確定後の救済手続
　1　確定後の裁判の変更
　2　再　審
　3　非常上告
第9章　裁判の執行
　1　訴訟費用の負担
　2　費用の補償・刑事補償
　3　裁判の執行
　4　裁判確定後の事務

成文堂